Kerstin Plehwe

Female Leadership

DIE MACHT DER FRAUEN

Von den Erfolgreichsten der Welt lernen

Hanseatic Lighthouse

Frauen von heute warten nicht auf das Wunderbare – sie inszenieren ihre Wunder selbst.

Katharine Hepburn
Hollywoodschauspielerin

WIDMUNG

Gewidmet allen Frauen der Vergangenheit, bekannt und unbekannt, jung und alt, die oft unter größten Entbehrungen, unter Lebensgefahr und gegen unermessliche Widerstände ihrer Berufung gefolgt sind. Sie sind für immer Sterne am Himmelszelt der Vorbilder dieser Welt.

Und für alle, Männer und Frauen der Gegenwart und der Zukunft, die auf der Suche nach besseren Lösungen und Wegen für eine bessere Welt sind und dabei auch vor sich selbst nicht Halt machen.

Schließlich für alle, die unabhängig von Geschlecht, Hautfarbe und Herkunft bereit sind, Führung zu übernehmen und daran glauben (wollen), dass sie gelingen kann.

FL

STARKE FRAUEN – STARKE VORBILDER

Liebe Leserin,
lieber Leser,

empowerment lautet das neue Schlag- und Zauberwort der internationalen Frauen- und Gleichstellungspolitik. Frauen stark machen, Frauen befähigen – neben den notwendigen ideologischen Debatten nimmt sich der empowerment-Ansatz durch seine Klarheit aus. Starke, fähige Frauen sind ganz von selbst dazu in der Lage, sich ihre Hälfte des Himmels und der Erde zu erobern. Der empowerment-Ansatz ist durch und durch relitätsbezogen und nimmt Frauen in ihrer alltäglichen Lebenswelt in den Blick. Der Charme des Ansatzes besteht in seiner Einfachheit und Universalität.

Unter dem Stichwort empowering women firmieren die vielfältigsten Maßnahmen und Programme, von der Personalentwicklung in Unternehmen oder Behörden bis hin zur Entwicklungszusammenarbeit. Wie überall gilt auch hier: Am besten lernt es sich durch Abgucken. Was in der Politik als best practice oder Leuchtturmbeispiel bezeichnet werden, sind im echten Leben schlicht „Vorbilder". Starke Frauen orientieren sich auch an starken Vorbildern, ganz im Sinne der alten Weisheit „Vorbilder sind wie Sterne: Man kann sie nicht erreichen, sich aber an ihnen orientieren".

Eben solche Sterne hat Kerstin Plehwe ausgewählt und mit viel Feingefühl portraitiert. Frauen aus Politik, Wirtschaft, Gesellschaft und dem Sport, die darüber sprechen, was sie an- und umtreibt. Starke Frauen allesamt, die durchaus zum Vorbild taugen und die so eben jene Orientierung bieten, die es für gelungenes empowerment braucht.

Ich unterstütze dieses Buchprojekt ausdrücklich, weil ich überzeugt davon bin, dass wir nicht genug weibliche Vorbilder haben können. Starke Frauen sind starke Vorbilder – je mehr, je unterschiedlicher, je bunter desto besser.

Ich wünsche Ihnen eine gewinnbringende Lektüre.

Sabine Leutheusser-Schnarrenberger
Bundesministerin der Justiz

TEIL I

DIE FEMALE LEADER DIESES BUCHES

KAPITEL 1

WIE DIESES BUCH ENTSTAND

Dieses Buch ist das Ergebnis einer faszinierenden Reise. Einer Reise in viele nahe und ferne Länder und ihre vielfältigen Städte. Die Reise begann, etliche Monate vor dem eigentlichen Start, in einer Sushi-Bar in New York. Ich war dort mit einer Kundin und erfuhr während eines Abendessens ganz nebenbei Zahlen, Daten und Fakten über die weltweite Benachteiligung von Frauen, die mir nicht nur gewaltig den Appetit vergehen ließen, sondern vor allem den Wunsch in mir weckten, etwas dagegen zu unternehmen. So entstand das Konzept für ein Buch mit „großen" Frauen von heute, welches durch seine Verkaufserlöse Projekte für die „großen" Frauen von morgen, also junge Mädchen und Frauen weltweit, finanziell unterstützen und zudem seine Leser inspirieren soll, sich auf ihren eigenen „Leadership-Weg" zu begeben.

Da dies nicht mein erstes Buch ist, machte ich mir wenig Sorgen um die Umsetzung der Idee. Das Buch wurde detailliert konzipiert und geplant, doch die fast einjährige Umsetzung gestaltete sich viel zeit- und arbeitsintensiver, aber auch viel bereicherder als ich es mir jemals an diesem ersten Abend vorgestellt hätte.

Die Reisen für dieses Buch führten mich zu Menschen, von denen eine einzigartige Faszination ausgeht. Nicht nur, weil sie über die Maßen erfolgreich sind. Erfolg hat Menschen immer fasziniert. Sondern auch, weil sie oft mehrfach in ihrem Leben erfolgreich Grenzen überwunden haben. Grenzen gesellschaftlicher Möglichkeiten und Konventionen, finanzielle Grenzen, Grenzen körperlicher Leistungsfähigkeit, Grenzen psychischer und emotionaler Belastungen. Alle Frauen haben auf ihrem Weg viel mehr gefunden als bloßen Erfolg.

Jenseits ihrer persönlichen Grenzen haben sie viel von sich selbst gefunden, extrem viel gegeben und einen Weg beschritten, auf dem sie deutliche Spuren für die gesamte Gesellschaft hinterlassen haben. Sie alle sind ideale Wegweiser für das, was an Potential in jedem von uns vorhanden ist und zeigen, dass vieles, auch das für unmöglich Erachtete, für jeden von uns möglich werden kann.

Und noch etwas eint diese Menschen und dies war ein weiterer Grund, dieses Buch zu schreiben. Es sind alles Frauen. Frauen die Geschichte geschrieben haben oder dabei sind ihren Teil zur Geschichte unserer Gesellschaft beizutragen und ebendiese Geschichten werden heute noch zu wenig erzählt.

Wer sich auf die Suche nach herausragenden Persönlichkeiten begibt, findet in den Geschichtsbüchern großteils Männer. Dabei hat es sie immer gegeben, die großen Frauen, die *Female Leader* der Welt.

Frauen wie Kleopatra, Jeanne d'Arc, Kaiserin Maria Theresia, Käthe Kollwitz, Frida Kahlo, Aenne Burda, Marie Tussaud, Wilma Rudolph oder Astrid Lindgren und viele – auch uns Unbekannte – haben Großes geleistet, oft gegen massive Widerstände und haben damit weltweit unauslöschliche Spuren hinterlassen. Ob als Unternehmerinnen, Politikerinnern, Sportlerinnen oder Künstlerinnen, starke Frauen hat es immer gegeben. Nur sind sie oft unbekannt geblieben, wurden verspottet, ignoriert oder bekämpft.
Aber bei genauerem Hinsehen entdecken wir sie, die vielen Erfinderinnen, Entdeckerinnen oder Kämpferinnen für Gerechtigkeit und Freiheit. Und dann erkennen wir auch, warum kein geringerer als Napoleon Bonaparte, der Inbegriff männlicher Macht und Dominanz, fast ehrfürchtig von seiner preußischen Gegnerin, der jungen Königin Luise von Preußen, als seiner „großen Feindin" sprach.

Frauen haben, egal zu welchem Zeitpunkt der Geschichte, Großartiges erbracht und geleistet. Geändert haben sich lediglich die Umstände, unter denen Frauen leben und wirken. Das führt mich zu einer der Kernfragen dieses Buches: Welche Umstände und welche Persönlichkeitsmerkmale braucht es, um heutzutage als Frau erfolgreich zu sein?

Mein bisheriger beruflicher Weg brachte mich schon mit vielen Führungspersönlichkeiten in Kontakt. Aber meine Wege für dieses Buch gingen noch weiter. Sie führten mich zu herausragenden Frauen aus den Bereichen Politik, Wirtschaft, Zivilgesellschaft, Sport und Kultur. Und sie führten mich zu Nobelpreisträgerinnen, Olympionikinnen, Wissenschaftlerinnen, Politikerinnen, Top-Managerinnen, Künstlerinnen und Unternehmerinnen. Aus den verschiedensten Teilen der Welt kommend, nahmen Sie sich Zeit für den Dialog mit mir, erzählten ihre Geschichte, sprachen über Herausforderungen, Vorbilder, Erfahrungen, ihren beruflichen Werdegang und ihre Familien. Sie erinnerten sich in unseren Gesprächen an ihren Lebensweg, ihren Umgang mit schwierigen Situationen und die entscheidenden Erkenntnisse die sie in ihrem Leben gewonnen haben. In Ihren Worten (und auch die Übersetzungen der Interviews bleiben bewusst nahe an diesen Worten) lassen sie uns teilhaben an dem, was ihren Erfolg ausmacht bzw.

ausgemacht hat, auch wenn sie diesen selbst oft gar nicht als herausragend betrachten.
In einigen Fällen war es nicht möglich, das Gespräch persönlich zu führen, dann haben wir statt dessen telefoniert. Eine ganze Reihe von Frauen hat sich die Zeit genommen, einen umfangreichen Fragenkatalog zu beantworten, wieder andere haben in einem persönlichen Statement ihre Sicht auf Erfolg und *Female Leadership* aufgeschrieben. Und eben diese unmittelbaren, unverfälschten Einsichten, bieten eine wunderbare Möglichkeit die Ingredienzien oder Bausteine von Erfolg zu verstehen sowie von den Lebenserfahrungen und Weisheiten dieser Frauen direkt zu profitieren. Denn wann hat man schon die Chance, die Gedanken einer Nobelpreisträgerin oder Supersportlerin nachzuvollziehen? Im Gesamtbild ergibt sich schließlich für jeden von uns die Möglichkeit, zu einer eigenen Definition von *Female Leadership* zu kommen.

Alle in diesem Buch portraitierten Frauen leisten durch ihre Arbeit und ihre Persönlichkeit unterschiedlichste Beiträge in unserer globalen Gesellschaft und sind herausragende Beispiele für das, was möglich ist. Selbstverständlich ist die Zusammenstellung der *Female Leader* nicht vollständig und erhebt auch keinen Anspruch auf Vollständigkeit. Es gäbe noch von vielen zu berichten, so viele weitere Einsichten zu teilen. Zudem entstehen täglich überall in der Welt neue *Female Leader* und prägen das Bild von weiblicher Führung neu. Dennoch galt es eine Auswahl zu treffen.

Ich habe mich bei der Auswahl der Frauen um Ausgewogenheit bemüht, damit möglichst viele unterschiedliche Lebensgeschichten in diesem Buch Raum finden. Alter und Jugend, privater Hintergrund und berufliches Umfeld waren neben dem Herkunftsland und dem Maß des persönlichen Erfolges wichtige Kriterien für die weltweite Auswahl der so genannten „Alpha-Frauen". Neben dem nachweisbaren Erfolg ist allen Frauen gemein, dass Sie auf die ihnen eigene Art motivieren, führen und inspirieren und damit herausragende Beispiele für die verschiedenen Aspekte erfolgreicher Führung sind.

Die Begegnungen mit den *Female Leadern* dieses Buches, aber auch mit vielen faszinierenden weiblichen Führungspersönlichkeiten auf meinem beruflichen Weg, z.B. Angela Merkel während der Bundestagswahl 2009 oder Hillary Clinton im Rennen um die US-Präsidentschaft 2008 haben mich zusätzlich motiviert, dieses Buch zu schreiben und das Wissen über die Frauen der Macht zu teilen.

Da Wissen alleine aber nicht ausreicht, wurde Teil III des Buches für Sie konzipiert. Dort geht es darum, aus Wissen eigene Erfahrung zu generieren. Denn wissenschaftlich ist lange bewiesen: Erst durch die Anwendung von Gelerntem wird Wissen für den Mensch konkret nutzbar, und meine Hoffnung ist es, dass Ihnen dieses Buch auch ein guter Praxisratgeber sein wird.

Erfolgreich leben in einer komplexen Gesellschaft

Trotz einer weltweit steigenden Anzahl an so genannten Erfolgsratgebern ist die Zahl derjenigen, die sich selbst als glücklich, erfolgreich und reich empfindenden nicht im gleichen Maß angestiegen. Wir verfügen heute dank Internet und moderner Technologien, weltweiter Vernetzung und digitaler Großdatenbanken über mehr Wissen denn je zuvor. Doch haben wir die Probleme unserer Gesellschaft gelöst? Nein. Fühlen sich die Menschen heute besser und sicherer als noch vor 30 Jahren? Nein – im Gegenteil.

Viele Menschen haben das Gefühl, unserer schnelllebigen Zeit und dem enorm fordernden Berufsalltag nicht dauerhaft gewachsen zu sein. Viele können sich zudem des Gefühls nicht erwehren, dass sich viele Dinge in unserer Gesellschaft nicht zum Besseren verändern. Ob Umweltkatastrophen, Terror oder aber nach wie vor Millionen von Opfern fordernde Krankheiten wie AIDS oder Malaria und steigende Kinderarmut (übrigens auch in Industriestaaten!) – Probleme gibt es unzählige. Nicht zu vergessen die noch weit verbreitete Unterdrückung von Frauen oder ganz einfach persönliche Überbelastung durch Job und Familie, die bis zum Burnout, zur totalen Erschöpfung oder Depression führen kann.

Es zeigt sich: Trotz allen Wissens, trotz aller Technologien fehlen auch heute nach wie vor viele Antworten auf immer brennendere Fragen. Und oft auch fehlen die Führungspersönlichkeiten, die den Menschen erfolgreich Orientierung geben. Dort wo früher staatliche Strukturen noch einigermaßen verlässlich Hilfe und Orientierung boten, geraten diese heute in vielen Bereichen an ihre Grenzen der Belastbarkeit. In der Konsequenz grassieren Misstrauen und Skepsis gegenüber Parteien und Obrigkeiten. Verstärkt findet man auch den Hang zum sturen, auf das eigene Umfeld gerichteten Blick geradeaus: Für sich selbst, die eigene Familie, den eigenen Job. Da kann man wenigstens etwas tun, so ein gängiges Gefühl von vielen.

Dennoch wissen wir alle im tiefsten Inneren, dass dies nicht die Lösung für eine bessere Welt ist, die sich die meisten wünschen und die nächste Generation sich von uns (zumindest in den Grundzügen) erwartet. Die *Female Leader* dieses Buches haben für sich und oftmals auch für das Land in dem sie arbeiten und leben Antworten auf die großen und die kleinen Fragen des Lebens gefunden. Und sie haben das Potential andere zu ermutigen, sich auf die Suche nach Antworten zu begeben.

Oft war ich in den Gesprächen fasziniert von der Direktheit und Klarheit dieser Frauen in den vielen Fragen des Lebens. Zudem stellte ich oft erstaunt fest, wie selten sich das öffentliche Bild von weiblichen Führungspersönlichkeiten mit meinen Gesprächserlebnissen und persönlichen Begegnungen deckte. Und wie so oft in meinem Beraterleben zeigte sich wieder, dass das echte Leben um vieles anders aussieht, als das, was in der Presse, in Fachbüchern oder Biografien zu lesen oder auf Konferenzen zu hören ist. Im Lauf der vielen Gespräche und Reisen für dieses Buch wurde mir einmal mehr deutlich, wie wichtig es ist, Menschen selbst zu Wort kommen zu lassen, eigene Interpretationen oder rhetorische Strategien zu vermeiden, einen freien Gesprächsverlauf zuzulassen und – in unserer schnelllebigen Zeit ebenso wichtig – sich Zeit zum Zuhören und Verstehen zu nehmen. Oftmals wurden die Gespräche noch im Nachgang des reinen Interviews ohne Fotografen oder Aufnahmegeräte, in Cafes, Privatwohnungen oder in Restaurants fortgesetzt – ein wunderbares Zeichen für die verbindende Kraft des persönlichen Gesprächs.

Alle Interviews wurden nicht nur in großer Offenheit geführt, sie waren oftmals zeit- und erinnerungsintensiv und fanden abseits von den großen Scheinwerfern der Öffentlichkeit oder der Hektik des Alltags statt. Mehr als einmal wurden dabei Tränen vergossen, auf einer oder auch auf beiden Seiten, aber immer waren sie überlagert von dem, was all meine Gesprächspartnerinnen ausgemacht hat: Optimismus und Kraft.

Alle Gespräche zeigen unschätzbar wertvolle Facetten, Lebenserfahrungen und Weisheiten dieser weltweit bewunderten und oftmals mehrfach ausgezeichneten Frauen, auch wenn die Interviews aus Platzgründen nicht immer in der Gesamtlänge wiedergegeben werden konnten. Wer aber die Sicht dieser Frauen kennenlernen will, wer verstehen will, was diese überaus erfolgreichen Menschen ausmacht, für den sind die Interviews, Fragenkataloge und Statements in Teil II des Buches eine wahre Schatzkiste.

Das Führen und Erleben dieser Gespräche und das, was schon bei mir selbst an neuen Denkprozessen und Ansichten ausgelöst wurde, lässt mich zutiefst dankbar sein. Dankbar für das Engagement meines Teams, was diese Gespräche oft mühsam koordiniert und vorbereitet hat, dankbar für die Möglichkeit, diese Frauen zu treffen und dankbar für die Zeit, die sich diese zeitlich so eingespannten Frauen für unsere Gespräche genommen haben. Es lässt mich aber auch hoffen, dass es Ihnen, liebe Leserinnen und Leser, beim Lesen ebenso geht. Dass auch bei Ihnen eigene Erlebnisse und Erinnerungen wach, neue Denkprozesse ausgelöst werden und Mut geweckt wird, den eigenen Träumen zu folgen. Mein Rat an Sie wäre deswegen auch, dass Sie sich für dieses Buch Zeit lassen, Ihren Lieblingsstift für Markierungen oder entstehende Gedanken benutzen und ein Heft, in dem Sie das notieren, was Ihnen beim Lesen des Buches durch den Kopf geht.

Im Nachgang werden Sie, so hoffe ich, auf Basis Ihrer Notizen, mehr über Ihre persönliche Leadership Agenda und Ihre persönlichen Erfolgspotentiale wissen. Mögen die in diesem Buch sichtbaren, unterschiedlichsten Facetten von Erfolg sich für Sie zu einem bunten, spannenden Puzzle über die vielfältigen Aspekte weiblicher Führung verbinden und das so entstehende Gesamtbild von *Female Leadership* als persönliche Inspiration – als Anstoß für Veränderung und Motivation für Ihren eigenen Weg dienen.

Und am Ende des Tages (oder des Buches) beantwortet sich dann vielleicht auch die Frage, die sich die deutsche Bundeskanzlerin Angela Merkel, die iranische Friedensnobelpreisträgerin Shirin Ebadi, die US Außenministerin Hillary Clinton oder die koreanische Geschäftsfrau Hyun Jeong Eun sicher nicht stellen, die aber viele Andere in ihrem Umfeld beschäftigt: Die Frage, ob Frauen anders führen.

Meine Antwort dazu nach den Erfahrungen aller Gespräche: Ja, Frauen führen anders, aber eigentlich ist das nicht das Entscheidende.

Das Entscheidende ist, dass jeder Mensch, ob Mann oder Frau, an sein kreatives Potential, seine Einzigartigkeit und sein Führungstalent glaubt, es entfaltet und für die vielfältigen Aufgaben in unserer Gesellschaft zur Verfügung stellt. Es steht außer Frage, dass dazu von *Female Leadership* gelernt werden kann. Ebenso ist es unbestritten, dass Frauen Kompetenzen haben, die heute in Politik und Gesellschaft händeringend benötigt werden. Zum Beispiel die Fähigkeit, Menschen zu involvieren und Vertrauen zu schaffen. Aber jede Fähigkeit, jeder Unterschied, jede Stärke, alles liegt, wie immer im Leben im Auge des Betrachters. Deswegen wünsche ich Ihnen bei der Suche nach Ihrer persönlichen Antwort und der Weiterentwicklung Ihrer besonderen Fähigkeiten viel Spaß, Erfolg und Inspiration. Mögen die Einsichten der Dialoge und der Fragenkataloge, die Gedanken führender Frauen und auch Männer, die konkreten Empfehlungen für persönliches Leadership in Kapitel 8 oder auch nur eines der wunderbaren Zitate dieses Buch Ihnen zu mehr persönlichem Erfolg und Zufriedenheit verhelfen und unserer Gesellschaft zu mehr Ausgeglichenheit. Einen besonderen Beitrag haben Sie bereits jetzt mit dem Kauf dieses Buch geleistet, denn die Einnahmen unterstützen den Auf- und Ausbau dringend benötigter Mädchen- und Frauenbildungsprojekte z.B. in Indien, Nepal, Mali und Bolivien. Damit Bildung, eine wichtige Grundlage von Wohlergehen, eben kein männliches Privileg wie derzeit noch in vielen Ländern unsere Welt bleibt und so tatsächlich mehr *Female Leader* entstehen können.

TEIL II

FEMALE LEADERS IN DER POLITIK

KAPITEL 2

DIE HOHE KUNST DER FÜHRUNG: FEMALE LEADER IN DER POLITIK

Wenige Bereiche der Gesellschaft stellen größere Anforderungen an die Eigenschaften von Führungspersönlichkeiten als die Politik. Und in wenigen Bereichen finden sich, historisch betrachtet, mehr Frauen als in der Politik. Ob in Ägypten Kleopatra oder Nofretete, im alten Rom Julia Agrippina die Jüngere oder in den europäischen Herrschaftshäusern: Frauen wie Isabella Königin von Kastillien, Katharina von Medici oder die unglückliche schottische Königin Maria Stuart hatten mächtige Positionen inne, bauten diese äußerst zielstrebig aus und zeichneten sich allesamt durch einen, Frauen bis heute oft abgesprochenen, außerordentlichen Instinkt für Macht und Strategie aus.

> **„GLÜCK IST KEIN ZIEL, ES IST EIN NEBENPRODUKT."**
>
> *Eleonor Roosevelt*

Auch spätere einflussreiche Politikerinnen, oftmals die ersten Frauen in der jeweiligen Position, wie Alexandra Kollontai, Indira Gandhi, die israelische Ministerpräsidentin Golda Meir, Margret Thatcher oder die pakistanische Premierministerin Benazir Bhutto, sie alle hatten ihn, den bisher eher Männern nachgesagten, großen Machtinstinkt. Hinzu kommt, wie im Fall von Evita Peron und der „großen Dame Amerikas" Eleanor Roosevelt, das machtvolle und höchst individuelle Gestalten der Position der Ehefrau. Eleanor Roosevelt beispielsweise war die dekorative Rolle als First Lady des Landes von Anfang an nicht genug. Sie setzte sich in der ihr eigenen, zähen und pragmatischen Art höchst glaubwürdig für die sozial Schwachen und Benachteiligten ein, insbesondere für Frauen und Farbige. Sie nutzte dabei geschickt und für die 30er Jahre höchst innovativ die Medien, gab eigene Pressekonferenzen, verfasste regelmäßige Zeitungskolumnen, absolvierte zahllose Rundfunkauftritte und reiste als spätere Vorsitzende der UN-Kommission für Menschenrechte durch die ganze Welt. Zu Recht wurde sie vom Time Magazine das „Symbol von Hoffnung, Vernunft und menschlicher Würde" genannt.

Einen ganz anderen Weg, ohne eine machtvolle „Startposition" inne zu haben, aber begabt und von außerordentlicher Entschlossenheit in allem was sie tat, legte Rosa Luxemburg zurück. Als polnische Jüdin und Sozialistin

Rosa Luxemburg

hatte sie im aufgeheizten Klima vor dem ersten Weltkrieg einen besonders schweren Stand und ihre kompromisslose Kritik als Journalistin an den europäischen Großmächten, ihre Aufrufe für Demokratie, gleiches Wahlrecht und Organisationsfreiheit brachten ihr etliche Gefängnisaufenthalte, kontinuierliche Verfolgungen und zuletzt 1919 den Tod durch ein Freikorpskommando mit Mordauftrag ein.

Aber all das schien sie nicht zu schrecken. Über viele Jahre auf der Flucht, oft unter verschiedenen Namen im Verborgenen lebend und schreibend nahm sie in Kauf, kein Leben in Frieden führen zu können. Die glühende Pazifistin liebte „gewaltige" Probleme und sah sie immer als Ansporn. Ihre brillanten Reden und analytischen Fähigkeiten, mit der sie schnell zur Wortführerin des linken Parteiflügels der SPD wurde, haben ebenso wie ihr berühmter Ausspruch: „Freiheit ist immer die Freiheit der Anders denkenden" in den Geschichtsbüchern dieser Welt einen festen Platz eingenommen.

„FREIHEIT IST IMMER DIE FREIHEIT DER ANDERS DENKENDEN."

ROSA LUXEMBURG

Gleiches gilt für die erste Frau, die je den Friedensnobelpreis erhielt, Baronin Bertha von Suttner. In Prag geboren und in Wien gestorben hat sie sich als Schriftstellerin ihr gesamtes Leben fast missionarisch für den Frieden, später auch gegen Antisemitismus und die Benachteiligung von Frauen eingesetzt. Es ließ sie kalt, dass sie damit einen krassen Gegensatz zum gängigen Zeitgeist Ihres Umfeldes darstellte. Ihr berühmter Antikriegsroman „Die Waffen nieder!" und auch die vorausschauende Erkenntnis der atomaren Gefahren des Radiums, die sie schon 1911 in einem Roman festhielt, machten sie nicht nur zu einer großen Friedenskämpferin und zur einzigen Frau die an der ersten Haager Friedenskonferenz 1899 teilnahm, sondern auch zu einer glaubensstarken Visionärin, von der die Gesellschaft kurz vor dem ersten Weltkrieg mehr nötig gehabt hätte.

Ebenfalls vielfach ausgezeichnet und in Deutschland oft als unprätentiöse, aber höchst beeindruckende Verkörperung des Themas weiblicher Führung gesehen, ist Dr. Angela Merkel, die amtierende deutsche Bundeskanzlerin. Tatsächlich ist die nähere Betrachtung sowohl ihres Weges zur Macht als auch ihr Umgang mit der Macht mehr als spannend. Von der Tochter eines evangelischen Pfarrers und Einser-Schülerin in der ehemaligen

DDR zur begabten Wissenschaftlerin und mächtigsten Frau Deutschlands aufgestiegen – was waren da die Treiber des Erfolges, fragen sich viele. Denn allen Kritikern zum Trotz kann ihr der Erfolg nicht abgesprochen werden. Seit 2006 wird Angela Merkel vom Forbes Magazine regelmäßig in die Liste der mächtigsten Frauen der Welt aufgenommen, sie hält zahlreiche internationale Doktorwürden und Ehrungen, seit Juni 2011 auch die höchste zivile amerikanische Auszeichnung, die Freiheitsmedaille. Und die nähere Betrachtung zeigt, ebenso wie die von den *Female Leadern* dieses Buches benannten Schlüsselfaktoren des Erfolges: Die Kraft von Beharrlichkeit.

Angela Merkel ist und war nach eigenem Bekunden nie eine Frau der schnellen Entscheidungen. Beharrlichkeit und Geduld, die Kunst auf den richtigen Moment warten zu können um dann, mit der ihr eigenen perfekten Vorbereitung, ein optimales Ergebnis zu erzielen, das sind nur wenige der herausragenden Fähigkeiten der deutschen Kanzlerin. Von den Männern wurde sie, wie viele *Female Leader* zu Beginn ihrer Karriere oft unterschätzt. Als Ostdeutsche, Protestantin und „Mädchen" des ehemaligen Bundeskanzlers Helmut Kohl wurde sie von politischen Gegnern nicht nur falsch eingeschätzt, sie erhielt auch viel zu wenig Beachtung. Dies konnte der sachlichen und höchst pragmatischen Politikerin nur Recht sein. Als Physikerin kann Merkel perfekt unterscheiden zwischen Ursache und Wirkung, eine exzellente Grundlage für den täglichen Umgang mit Macht. Und wenn sich dieses Wissen, wie in ihrem Fall, mit Klugheit und dem Mut verbindet, Chancen des politischen Alltags für die eigene Karriere zu nutzen, dann wird etwas besser verständlich warum sie in Rekordzeit das erreicht hat, was ihre männerdominierte Partei noch niemals vorher hatte: die Position der Parteivorsitzenden, Kanzlerkandidatin und ersten weiblichen und zudem jüngsten Kanzlerin Deutschlands.

Wie sie das geschafft hat und welche ihrer vielen Fähigkeiten ihr auf diesem Weg geholfen haben, werden Sie vielleicht fragen. Mit Sicherheit haben die ihr eigene, von vielen als wohltuend empfundene Sachlichkeit, ihre Zähigkeit und Zielstrebigkeit dazu beigetragen. Aber weder das, noch die nach eigenen Aussagen bestehende Faszination für das, was sie nicht konnte, z.B. Eiskunstlaufen,

Dr. Angela Merkel, Bundeskanzlerin der Bundesrepublik Deutschland

Foto: www.angela-merkel.de

erklären das Phänomen Merkel. Trifft man Angela Merkel, dann fallen drei Dinge auf: Die extrem gute Vorbereitung auf die Gesprächssituation, die große Professionalität und die zurückhaltende, aber dennoch greifbare Freundlichkeit einer Frau, die unglaublich viel Häme und Kritik auf ihrem Weg nach oben einstecken musste, aber allen – auch sich selbst – gezeigt hat, dass sowohl ihre Kritiker als auch Parteifreunde Recht haben, wenn sie sagen: Wer Angela Merkel unterschätzt hat schon verloren. Und wer dann auf ihren Schreibtisch blickt und das silbergerahmte Porträt von Katharina der Großen sieht, versteht instinktiv, dass *Female Leadership* in der Politik sowohl in der Vergangenheit als auch in Gegenwart und Zukunft seinen festen Platz hat und haben wird.

Dafür muss eine Politikerin weder so intensiv geliebt noch gehasst werden, wie Russlands Zarin Katharina oder die indische Ministerpräsidentin Indira Gandhi. Spannenderweise scheint die Welt, vor allem die mediale, auf Frauen in politischen Schlüsselpositionen oft emotionaler zu reagieren, als die Frauen es selbst sind. Dies hat zur Folge, dass insbesondere zu Wahlkampfzeiten Frauen gegenüber mit extrem unfairen und oft unglaublich vorurteilsbehafteten Waffen gekämpft wird. Hillary Clinton hat dies in Ihrem Kampf um die US Präsidentschaft ebenso wie andere Frauen im Kampf um die Spitzenposition mehrfach leidvoll miterleben müssen. Da brauchen Frauen ein besonders dickes Fell. Margret Thatcher, die „Eiserne Lady" Englands, formulierte es sehr treffend, als sie sagte: „Es macht keinen Sinn zu empfindlich zu sein, wenn Du in der Politik bist. Entscheidend ist, dass Du das, was Du tust mit Argumenten und Prinzipien rechtfertigen kannst. Dies ist das Wichtigste."

Und eben diese Einstellung scheint auch Amerikas Außenministerin und ehemalige Präsidentschaftskandidatin Hillary Clinton zu teilen, denn auch Ihr Wahlkampf um das höchste Amt des Landes war, wie für US-Wahlen nahezu typisch von Unfairness gekennzeichnet. In ihrem Fall kam aber die spezielle Note der Häme gegenüber Frauen dazu. Das Ergebnis kennt die Welt: Amerika war nicht bereit für eine Frau im höchsten Amt des Landes. War Hillary Clinton zu empfindlich?

Hillary Rodham Clinton, Außenministerin der Vereinigten Staaten von Amerika

Foto: United States Department of State

Hat sie Fehler in ihrem Wahlkampf gemacht? Letzteres bestimmt. Aber zu empfindlich? Manche Kritiker halten ihr kaltes Kalkül vor, inklusive des Kalküls der Tränen einer Frau. Andere sahen in ihren berühmten Tränen in New Hampshire, den Mut einer Frau zu sich selbst zu stehen – eine Fähigkeit die ich bei vielen *Female Leadern* dieses Buches immer wieder beobachten konnte.

Was war in New Hampshire passiert? Hunderttausende erlebten Dank YouTube und TV wie Hillary Clinton während ihrer Kandidatur gegen Barack Obama an die Grenzen ihrer psychischen Belastbarkeit kam und unter Tränen am 7. Januar 2008 in einem Coffee Shop im Rahmen von Rückfragen ihren eigenen Leistungsanspruch und ihre Motivation für Amerika bekannte: „Ich sehe was in diesem Land passiert und ich will uns als Nation nicht zurückfallen sehen. Das ist sehr persönlich für mich, nicht nur politisch." – und Ihre Tränen rollten.

Wenn man Hillary Clinton heute erlebt, die Mischung aus eiserner Disziplin, Loyalität zu Ihrem Land und ihrem ehemaligen politischen Gegner Barack Obama, der großen Souveränität und der – wie ich finde – nach wie vor hohen Authentizität, dann wird deutlich was Frauen in politischer Führung häufig ausmacht: Das Empfinden und unbedingte Handeln für das große Ganze – eine typische Eigenschaft eines *Female Leaders*. Und wenn ich an eigene Wahlkampferfahrungen mit ihr im Jahr 2008 in den USA denke, dann erinnere ich mich an eine starke Frau, oft polarisierend aber immer überzeugt von ihrer Sache, eine weitere Eigenschaft eines typischen *Female Leaders*.

IRINA BOKOVA

DAS GESPRÄCH

IRINA BOKOVA

*1952 | Erste Generaldirektorin der UNESCO und ehemalige bulgarische Außenministerin

Irina Bokova ist eine bulgarische Diplomatin und Politikerin. Seit dem 15. November 2009 leitet sie als erste Frau in der Geschichte der Organisation die UNESCO als Generaldirektorin. Sie studierte am Moscow State Institute of International Relations, an der University of Maryland in Washington und an der John F. Kennedy School of Government der Harvard University. Ihre Karriere begann Sie im Jahr 1977 in der Abteilung für Menschenrechtsfragen des bulgarischen Außenministeriums. An der Ständigen Vertretung Bulgariens bei der UNO in New York war sie zudem für politische und rechtliche Angelegenheiten zuständig. Sie spielte eine entscheidende Rolle beim Übergang der osteuropäischen Länder zur Demokratie und wirkte am Entwurf der neuen bulgarischen Verfassung mit. Nach ihrer Amtszeit als Außenministerin von 1996 bis 1997, wurde sie 2001 zum Mitglied des Parlaments gewählt. Von 2005 bis 2009 war sie Botschafterin von Bulgarien in Frankreich und Monaco, UNESCO-Botschafterin.

Für Ihre Leistungen haben ihr zahlreiche namhafte Universitäten auf der ganzen Welt die Ehrendoktorwürde verliehen. Irina Bokova wurde 1952 geboren, sie ist verheiratet und hat einen Sohn und eine Tochter.

Unser Gespräch in Paris, Januar 2011

KP: Erzählen Sie mir von Ihrer Kindheit. Ist sie glücklich gewesen? Wie war es, in Bulgarien aufzuwachsen?

IB: Ich wuchs in einer sehr glücklichen Familie auf und machte viele interessante Erfahrungen, besonders in Bezug auf meinen späteren Beruf. Meine Familie kommt aus einem kleinen Dorf, das im westlichen Teil von Bulgarien liegt. Es ist eine multikulturelle Gegend, die Mehrheit der Menschen ist muslimisch. Sie kommen nicht aus der Türkei, aber sie haben den Islam als ihre Religion angenommen.

Da wir muslimische Nachbarn hatten, nahm ich nicht nur an unseren eigenen Feierlichkeiten teil, sondern auch an den muslimischen. Das war eine wichtige Erfahrung, denn so wurde mein Interesse für Geschichte und die politische Umwelt geschärft. Da ich aus dieser Gegend stamme, war ich besonders an der Geschichte des Balkans und des südöstlichen Europas interessiert. Somit hatten diese Erfahrungen Einfluss auf meine eigene spätere Geschichte. Ebenso hatten meine Eltern Einfluss auf meine zukünftigen Interessen, besonders meine Mutter.

KP: Lebt Ihre Mutter auch in Paris?

IB: Nein, sie lebt in Sofia, aber sie kommt ziemlich oft nach Paris. Meine Mutter hat mich, was das Thema der Geschlechter angeht, stark beeinflusst. Sie kommt aus einer sehr armen Familie. Meine Großmutter war Analphabetin und meine Mutter gehörte zur ersten Generation der Familie, die zur Schule ging. Nach dem Krieg, als sie bereits verheiratet war und die Schule abgeschlossen hatte, ging sie an die Universität, studierte Medizin und machte ihren Doktor. Ich erinnere mich, dass ich in meiner Kindheit mit ihr zusammensaß und mit ihr in ihre Bücher schaute.

KP: Hat Ihr Vater Ihre Mutter unterstützt?

IB: Ich denke, das hat er getan. Aber er war auch eher nicht so traditionell. Es ist schwer, dies aus der jetzigen Zeit heraus zu beurteilen, weil ich mich nicht gut daran erinnere. Für mich war es einfach normal, dass sie mit mir und meinem Bruder lernte, so dass wir unsere Prüfungen bestanden. Heute denke ich, dass es für sie sehr schwer gewesen sein muss.

KP: War es für Ihre Mutter schwierig, weil es so zeitintensiv war?

IB: Ja, sie sorgte für ihre Familie und hatte einen zeitaufwändigen Beruf. Aber sie war ein gutes Beispiel für jeden, der wirklich etwas erreichen will. Sie hielt mir Vorträge über die Gleichheit der Geschlechter und brachte mir bei, dass es nicht das einzige Ziel für eine Frau sein sollte, für ihre Familie zu sorgen. Das hat mich wirklich sehr beeinflusst.

„ES GIBT KEINE DINGE, DIE FRAUEN MIT SICH BRINGEN, DIE BESSER SIND. FRAUEN SIND ANDERS."

KP: Wie viele Kinder waren Sie in Ihrer Familie?

IB: Da waren nur mein Bruder und ich.

KP: Also bestand Ihre erste Lektion darin, dass Frauen ihren Weg gehen sollten.

IB: Ja und die Ausbildung für Frauen war meiner Mutter auch sehr wichtig.

KP: Was denken Sie, wie würde Ihre Mutter Sie als Kind beschreiben? Was würde sie über Sie sagen?

IB: Ich weiß es nicht, ich habe sie nie gefragt.

KP: Also frage ich Sie: Wie würden Sie sich selbst als Kind beschreiben?

IB: Ich war in der Schule in allem sehr gut. Meine Mutter war uns betreffend sehr ehrgeizig. Sie ließ uns fremde Sprachen lernen, ich bekam bereits mit fünf Jahren Englisch-Unterricht. Ich ging in den Kindergarten und danach auf eine englischsprachige Schule, womit sie mein Interesse für die Welt und Fremdsprachen weckte und förderte. Ich denke, ich war sehr ehrgeizig. Mein Vater war auch ein ambitionierter und disziplinierter Mann. Er stellte immer klar, dass wir sehr hart arbeiten sollten, um etwas zu erreichen und dass wir es selbst erreichen müssten. Wir sollten uns nicht auf irgendjemanden verlassen. Mein Bruder und ich sind auch sehr disziplinierte Menschen und meines Erachtens beruht das auf dem Einfluss unserer Eltern. Ich war recht ehrgeizig und meine Eltern vertrauten mir sehr. Sie hatten nicht das Gefühl, als müssten sie strenge Regeln vorgeben und vertrauten zum Beispiel darauf, dass ich immer pünktlich nach Hause kommen würde. Aufgrund dieser

Tatsache, wollte ich sie niemals enttäuschen und hatte so eine ziemlich freie Beziehung zu meinen Eltern. Ich habe versucht, dieselbe auf Vertrauen basierende Art von Beziehung mit meinen eigenen Kindern zu haben.

KP: Hatten Sie als junge Frau ein Vorbild?

IB: Nein, ich denke nicht. Ich bewunderte ein paar Führungspersönlichkeiten wie Indira Ghandi oder Vigdís Finnbogadóttir, die erste Präsidentin von Island. Aber sie waren für mich nicht Vorbilder im eigentlichen Sinn. Es war nicht so, dass ich je so sein wollte wie sie. Ich habe niemals vorgehabt, eine so große Organisation zu leiten und gehörte nie zu den Menschen, die unbedingt eine Führungsposition haben mussten. Ich hatte in meiner Heimat die Gelegenheit, Innenpolitik zu machen, sie jedoch nicht genutzt, weil ich solch eine Position nur inne haben wollte, um wirklich etwas zu bewegen. Ich wollte keine Ministerin oder so etwas in der Art werden, nur um eine wichtige Position inne zu haben.

KP: In Ihrer Führungsrolle bei der UNESCO hatten Sie überwiegend mit Männern zu tun. Hat Ihnen das was ausgemacht?

IB: Ja, es machte mir etwas aus. Das ist auch der Grund, warum mein eigenes neues Team zu 50 % aus Frauen besteht. Ich wollte eine Botschaft daraus machen und zeigen, dass wir gegen Ungleichheit sind. Ich selber habe meist die Erfahrung gemacht, die einzige Frau zu sein: viele der Konferenzen, an denen ich teilnahm, waren von Männern dominiert. Heute bemerke ich, dass Anstrengungen unternommen werden und dass mehr Frauen im privaten Sektor in Führungspositionen Einzug halten. Aber noch sind wir nicht am Ziel angelangt.

KP: Wenn Sie sich Ihre Beiträge auf diesen Konferenzen, an denen hauptsächlich Männer teilnahmen, anschauen, sehen Sie etwas, das nur Frauen mit sich bringen?

IB: Als ich auf einer Konferenz in Davos war, sprachen wir während eines Abendessens über Frauen in Führungspositionen. Wir stellten fest, dass Frauen nicht in Führungspositionen sind, etwa weil sie besser sind. Es gibt keine Dinge, die Frauen mit sich bringen, die besser sind.

Frauen sind anders. Zuerst erreichen wir diese Positionen, weil wir es genauso gut können wie Männer. Aber wir haben andere Erfahrungen gemacht. Durch unser privates Leben und unsere Familie sind wir zu unterschiedlichen Erkenntnissen gekommen. Ich denke nicht, dass unsere Erfahrungen besser sind, nur anders. Aber diese Erfahrungen wurden bisher oft ignoriert. Das ist der Grund, warum die Gleichheit der Geschlechter und das aktive Miteinbeziehen von Frauen so wichtig ist. Denn nur aus der Gesamtheit der Erfahrungen kann eine Gesellschaft geschaffen werden, die die Bedeutung von Vielfältigkeit versteht und davon profitiert.

KP: Sie meinen also Mixed Leadership ist ein gutes Führungsprinzip?

IB: Oh ja, absolut.

KP: Betrachten wir die Balance zwischen Beruf und Familie: Sie haben zwei Kinder und sind verheiratet. Wie gehen Sie mit all den Anforderungen um, die an Sie gestellt werden?

IB: Ich denke, das ist eine Art ewiges Dilemma. Es ist einfach die Natur: Frauen sind hin und hergerissen zwischen der Mutterschaft, diesen Verantwortlichkeiten und dem Wunsch zu beweisen, dass auch sie etwas beitragen können. Die Suche nach der Balance ist eine ewige Frage. Zuerst, denke ich, muss die Gesellschaft Rahmenbedingungen schaffen, damit Frauen sich einbringen und für ihre Familie sorgen können. Es sollten mehr und bessere Einrichtungen für die Kinderbetreuung geben. Ich weiß, dass die Regierungen und Gemeinden solche Bedingungen schaffen, aber es müsste auch Unterstützung für Mütter, die die Balance suchen, aus der Gesellschaft selbst kommen. Zudem wissen wir alle, dass das Alter, in dem Kinder Tageseinrichtungen oder die Vorschule besuchen, ein entscheidendes Alter ist. Also müssen wir selbst Verantwortung übernehmen. In meinem Fall war es eine Kombination daraus, dass meine Kinder in den Kindergarten gegangen sind und meine Mutter mir bei der Aufsicht der Kinder geholfen hat. Obwohl es mehr Einrichtungen für Kinder gibt, sind die meisten Gesellschaften weit davon entfernt zu verstehen, wie wichtig die Nahtstelle zwischen Elternsein und Kinderbetreuung ist.

KP: Viele Frauen haben mir berichtet, dass sie, obwohl sie eine Balance zwischen ihrem Job und ihrer Familie geschaffen haben, oft keine Zeit mehr für sich selbst hatten. War das jemals ein Thema für Sie? Wie sind Sie damit umgegangen?

IB: Ich liebe Sport! Ich gehe Skilaufen oder spiele Tennis. Aber es kommt auf die Verantwortlichkeiten an, die ich im Moment habe. Es gab Zeiten, da konnte ich es nicht tun. Es beginnt alles mit der Erziehung unserer Kinder. Wir müssen unseren Kindern beibringen, einander zu respektieren und ihnen, insbesondere den Jungs, beibringen, das zu respektieren, was andere Menschen und vor allem Frauen tun. Dann werden sie denselben Respekt in ihrer eigenen Familie haben. Das ist sehr wichtig.

KP: Verstehen Ihre Kinder was Sie tun?

IB: Ich denke, sie tun es. Ich sehe, dass mein Sohn sich sehr um seine Tochter kümmert und dass er seine Frau und das, was sie tut, respektiert. Ich denke, dass Mütter ihre Söhne erziehen müssen, damit sie ihre zukünftige Frau respektieren und unterstützen.

KP: Wie alt ist Ihr Sohn?

IB: Er wird 37 und meine Tochter ist 34.

KP: Wie stehen Sie zur Diskussion um die Frauenquote?

IB: Am Anfang war ich sehr dagegen, da es Frauen degradiert. Sie sollten Positionen nicht bekommen, nur weil sie Frauen sind. Auf der anderen Seite kann ich eine grundlegende Veränderung in den Ländern sehen, in denen diese Quote eingeführt wurde. Nun tendiere ich dazu, dass wir die Quote für eine begrenzte Zeit brauchen, um diesen Prozess anzustoßen und zu fördern.

KP: Was wäre Ihr Rat an junge Frauen von heute, die ihren Weg gehen und eine Führungsposition erreichen wollen?

IB: Ich denke, dass die Gleichheit der Geschlechter nicht wie ein Kampf der Geschlechter gehandhabt werden sollte. Meines Erachtens sollte es eher ein gesellschaftliches Thema sein, das untrennbar mit dem Verständnis von Rechten, Würde und genereller Gleichheit verbunden ist. Das andere Thema ist, dass junge Frauen sich oft entscheiden müssen, ob sie eine Familie wollen oder eine Karriere. Wir sehen, dass immer mehr Frauen nicht heiraten, weil sie sich für eine Karriere entschieden haben. Das Leben heutzutage drängt die Frauen mehr und mehr auf diese Schiene. Aber Frauen brauchen beides, um ein Gleichgewicht in ihrem Leben zu erreichen und wir müssen beides haben, um zu verstehen, worum es im Leben geht. Ich kenne ein paar sehr erfolgreiche Frauen, die sagen, dass je erfolgreicher sie wurden, sie umso mehr jemanden brauchten, mit dem sie diesen Erfolg teilen konnten. Zusätzlich ist es grundlegend wichtig für junge Mädchen und Frauen, eine Ausbildung zu bekommen.

Es gibt keine Demokratie in unseren wunderschönen Ländern. Warum? Frauen haben nicht die gleiche Entscheidungsbefugnis wie Männer.

Vigdis Finnbogadottir
erste Präsidentin Islands

RUTH DREIFUSS

DAS GESPRÄCH

RUTH DREIFUSS

*1940 | Erste Bundespräsidentin der Schweiz

Ein Traum von Generationen Schweizer Frauen erfüllte sich, als Ruth Dreifuss am 9. Dezember 1998 zur Bundespräsidentin gewählt wurde. Dabei gilt Ruth Dreifuss als Frau, Jüdin, Sozialistin und Ex-Gewerkschafterin nicht eben als prädestiniert für diese Funktion.

Geboren 1940 in St. Gallen erlebte die Politikerin das starke Engagement ihrer Eltern in der Flüchtlingshilfe. Nach ersten beruflichen Schritten als Sozialarbeiterin und Redakteurin absolvierte sie das Abendgymnasium, studierte Nationalökonomie und arbeitete jahrelang in der Entwicklungshilfe.

Von 1981 bis 1993 engagierte sich Ruth Dreifuss als Sekretärin des Schweizerischen Gewerkschaftsbundes insbesondere für soziale Fragen sowie Frauenanliegen und baute Beziehungen zur Internationale Arbeits Organisation (ILO) auf. Auch in dieser Position in der Gewerkschaftsbewegung war sie die erste Frau.

Foto: Edouard Rieben

Anfang 1993 wählte sie das Schweizer Parlament als zweite Frau in die Landesregierung, den Bundesrat. Ruth Dreifuss ist Ehrendoktorin unter anderem zweier Universitäten in Israel und lebt in Genf.

KP: Würden Sie ein wenig von Ihrer Jugend und Ihren Berufs- und Bildungsschritten erzählen? Wussten Sie von klein auf in welche Richtung Sie beruflich wollen?

RD: Ich wusste es sicher nicht von Beginn an, aber lassen Sie mich meine Familie kurz beschreiben. Ich wuchs in einer traditionellen Familie auf, zumindest so lange mein Vater lebte. Das heißt, er war der Ernährer der Familie. Er war ein nicht sehr erfolgreicher Kaufmann, aber äußerst verantwortungsbewusster und überaus liebender Mensch. Ich habe noch einen Bruder, der älter ist als ich. Unsere Mutter blieb weitgehend zu Hause und half meinem Vater, solange er noch einen unabhängigen Job hatte. Meine Familie war auch traditionell, was die Zukunftsperspektiven der Kinder anbelangte. Da mein Bruder in der Schule viel besser war als ich, war auch von Anfang an klar, dass alles unternommen werden musste, um ihm ein Studium zu ermöglichen. Ich hingegen war sehr interessiert an allem, was in der Welt und in der Natur passierte, aber nicht am Schulbetrieb. Für mich war deshalb offensichtlich, dass es eher gut wäre, wenn ich einen Beruf hätte, um vor der Heirat oder später, falls die Ehe nicht andauern würde, meinen Lebensunterhalt verdienen zu können.

KP: Woran lag das, dass Sie nicht an der Schule interessiert waren?

RD: Der Schulbetrieb war sehr langweilig. Er störte mich beim Lesen. Und die Antworten, die ich da bekam, waren weniger präzise und weniger begeisternd als die Antworten, die mir mein Vater als Autodidakt geben konnte. Aber ich sagte ja zu Beginn, dass meine Familie traditionell war. Mein Vater war ein sehr extrovertierter, sehr präsenter Typ, meine Mutter eine bescheidene und ruhige Frau, die es sich zum Ziel gesetzt

Lebendige Erinnerungen, Genf im September 2010

hatte, die Familie gut zu betreuen. Erst als mein Vater starb, merkten wir, wie stark diese Frau war und wie gut sie sich im Beruf und als Oberhaupt der Familie behaupten konnte. Ich spürte allerdings den finanziellen Druck der Familie und für mich war klar, dass ich zunächst eine Sekretariatsausbildung absolvieren sollte, was ich auch getan habe und mich auch sonst bei der Berufswahl an weiblichen Modellen orientieren würde. Dieses Modell war erst mal meine Mutter. Sie war Sozialarbeiterin und so bin ich dann wie meine Mutter auch Sozialarbeiterin geworden.

KP: War das für Sie zu dieser Zeit etwas typisch weibliches?

RD: Ja, zu dieser Zeit sehr. Doch war dieser Beruf für mich nicht wirklich überzeugend. Einerseits, weil mir immer mehr bewusst wurde, dass sich viele soziale Probleme nicht im Einzelfall lösen lassen. Der andere Grund war, dass mein intellektueller Hunger nicht genügend Nahrung bekam. Ich wurde dann Journalistin. Gleichzeitig wuchs aber der Wunsch, auf die Universität zu gehen, sodass ich das Abitur nachholte und Wirtschaft studierte. Ich war damals schon in der Sozialdemokratischen Partei und fand, dass wir zu wenig über Wirtschaftsfragen wissen.

KP: Wie hat Ihre Mutter darauf reagiert?

RD: Meine Mutter war zu dieser Zeit schon tot. Ich verlor meinen Vater im Alter von 16 und meine Mutter im Alter von 21 Jahren. Ich habe das Studium abgeschlossen und noch zwei Jahre als Assistentin an der Uni gearbeitet, immer mit dem Willen mich soweit weiterzubilden, dass es meinem politischen Engagement nützlich sein kann. Dann war ich zehn Jahre in der schweizerischen Entwicklungshilfe tätig. Das war ein tiefer Wunsch, den ich hatte: Probleme global anzupacken und dort zu helfen, wo sie die Menschen am dringendsten quälen, wie Hunger, Krankheit und Unterentwicklung. Ich war aber auch die ganze Zeit über in der Partei sowie in der Gewerkschaft aktiv und wurde dann in der Gewerkschaftsbewegung zu einer der fünf Leiter des Dachverbandes der Schweiz gewählt.

KP: Worauf lässt es sich zurückführen, dass Sie den Drang hatten, politisch etwas zu bewirken und gleichzeitig für eine weniger privilegierte gesellschaftliche Schicht zu arbeiten und zu wirken?

RD: Mein brennendes Interesse für die Politik im Allgemeinen hat sicher damit zu tun, dass ich 1940 geboren bin, in einer Zeit des Krieges und der grausamen Rassenverfolgung. Dieser Krieg ging dann fast nahtlos über in die Zeit des Kalten Krieges und der Atombedrohung. Ich habe das alles aber auch aus dem Blickwinkel der Kolonisation und dem Kampf für die Selbstbestimmung der Völker Asiens und Afrikas betrachtet. Am Anfang bin ich die Politik von ihrer dramatischsten Seite angegangen.

KP: Wie alt waren Sie ungefähr, als Sie merkten, dass Sie sich in die große Politik einbringen wollen?

RD: Ich glaube, das geht wirklich in die Kindheit zurück. Die Diskussionen am Familientisch waren natürlich auch genährt von diesen verschiedenen Bedrohungen.

KP: Waren Sie politisch mit Ihren Eltern auf einer Linie?

RD: In den Grundeinstellungen ja: gegen den Faschismus, gegen den Krieg, für mehr Solidarität mit Mitmenschen. Was das Parteipolitische anging: mein Vater weigerte sich einer Partei beizutreten. Er war ein strenger Antikommunist und Antifaschist. Er war ein Liberaler. Ich war hingegen schon sehr früh linksorientiert. Durch eine größere Aufmerksamkeit auf das Innenleben der Schweiz und ihre eigenen Ungerechtigkeiten wurde ich auch immer mehr in die schweizerische Politik gezogen. Ich habe gefühlt, dass ich hier eine Verantwortung habe, dass ich hier handeln kann, ich Bürgerin in diesem Land bin und dass es politische Rechte gibt, für die ich noch kämpfen musste. Als Frau hatte ich ja noch keine Stimmrechte auf eidgenössischer Ebene, bis ich 31 wurde.

„ABER WIE FÜHLT MAN SICH, WENN MAN EINE GESCHLOSSENE TÜR ÖFFNET? WOHL!"

KP: Waren die Frauen in der Schweiz damals organisiert?

RD: Ja, sicher. Wir haben gekämpft mit einer Ausdauer und einer Beharrlichkeit, die bewunderswert ist, wenn man zurückblickt – 100 Jahre lang. Ich bin in dieser Phase, in diesem langen Kampf erwachsen geworden. Außerdem hatten zu dieser Zeit Ausländer in der Schweiz einen unwürdigen Status. Die soziale Situation, die ich als Sozialarbeiterin gut kannte, hat mich anhaltend zur Schweizer Aktivistin gemacht.

KP: In welchen Feldern waren Sie als Sozialarbeiterin aktiv?

RD: Ich war in verschiedenen Bereichen aktiv, vor allem im Kinderschutz und in der Psychiatrie. Aber hinter jedem Schicksal stand natürlich die Frage, wie die Menschen lebten und welche Chancen sie nicht bekommen werden oder nicht bekommen hatten. Die gewerkschaftliche Arbeit war ein gutes Mittel für mich, um in diesem Bereich zu arbeiten. Sie hatte für mich einen doppelten Sinn: einerseits die Mobilisierung der Kräfte der Menschen, die ihr Schicksal in die Hand nehmenwollten und ihre Lage in der Gesellschaft verbessern wollten. Und andererseits, die schweizerische Politik zu beeinflussen, da ich nicht in einem Berufsverband, sondern an der Spitze der Gewerkschaft stand, und zwar als Lobbyistin und Interessenvertreterin für diese politischen Anliegen.

KP: Hatten Sie damals auf der Gewerkschaftsebene schon mehr Frauen um sich?

RD: Die Gewerkschaftsbewegung war hauptsächlich eine männliche Bewegung. Das hat sich aber glücklicherweise mittlerweile sehr stark geändert.

KP: Haben Sie selber je Herabsetzungen erlebt?

RD: Ich habe sie nicht empfunden. Vielleicht waren sie da. Aber wie fühlt man sich, wenn man eine geschlossene Tür öffnet? Wohl!

KP: Wenn man hinter der geschlossenen Tür etwas findet, was einen nicht mit offenen Armen aufnimmt, hat Sie das jemals beschäftigt?

RD: Nein. Ich wusste, dass diese Tür seit eh und je geschlossen war und das es etwas Neues ist, wenn man da eindringt. Aber man muss es tun. Man muss nur schauen, dass diese Tür offen bleibt und viele weitere hinter her kommen.

KP: Ihre Wahl zur ersten Schweizer Bundespräsidentin war hochspannend und hatte eine Vorgeschichte. Wie war die?

RD: Viel spannender war meine Wahl, sechs Jahre früher, in den Bundesrat. Im Schweizer politischen System werden die sieben Mitglieder einzel vom Parlament gewählt. Unter ihnen wählt das Parlament dann auch den Bundespräsidenten oder eben die Bundespräsidentin, für ein Jahr, so zu sagen als „primus inter pares". Als eine Vakanz in der Regierung 1993 sich öffnete, hatte sich meine Freundin und Mitgewerkschafterin Christiane Brunner zur Wahl gestellt. Sie behauptete, dass es mit dieser nicht repräsentativen Regierung so nicht weitergehen kann und führte eine sehr kluge, öffentlichkeits orientierte und aktive Kampagne, was sonst unüblich ist. Eine Frau sagt: „Ich will in den Bundesrat. Ich bin da und ich kann." Die Kampagne ging über zwei Monate und mobilisierte immer mehr Bürgerinnen und Bürger. Die Sozialdemokratische Partei, getragen von diesem wachsenden Wunsches in der Bevölkerung, besonders bei den Frauen, Christiane Brunner als einzige Kandidatin vorgeschlagen. Doch das Parlament wählte einen nicht offiziell nominierten Kandidaten, einen Mann. Die Partei äußerte mit ziemlich großem Druck den Wunsch, dass der Mann, der gewählt wurde, die Wahl nicht annimmt. Er verlangte eine Woche Bedenkzeit und während dieser Woche war die Hölle los.

KP: Was geschah in dieser Zeit?

RD: Es gab einen Aufschrei in der Partei und in der Bevölkerung. Zum zweiten Mal wurde eine offizielle Kandidatin der SP nicht gewählt. Die Partei fühlte sich gedemütigt und pochte darauf, dass das Parlament ihre offizielle Nominationen berücksichtige. Das Parlament fühlte sich ebenfalls provoziert, da Druck auf den von ihm Gewählten stattfand. Die Frage war, wie man aus dieser Krise kommen konnte. Ich hatte den Wahlkampf von Christiane sehr aktiv mitgetragen und hatte dadurch noch mehr an Bekanntheit gewonnen. Diejenigen, die die Spannung im Parlament beruhigen wollten, verlangten von der SP, dass sie zwei Kandidaten aufstellen müsste, um eine Auswahl zu erlauben. So kam es innerhalb kürzester Zeit, dass Christiane und ich als offizielle Kandidatinnen aufgestellt wurden.

KP: War das für Sie ok, auf einmal mit in dem Wettbewerb zu stehen?

RD: Das war nicht leicht, weill ich zwei guten Genossen, und ganz besonders meiner Freundin Christiane, mit meiner Wahl den Weg zum hohen Amt versperrte. Dieser Wechsel kam ungeplant und abrupt in meinem Leben. Aber ich machte mich in wenigen Stunden daran, die Ärmel hochzukrempeln und an die Arbeit zu gehen. Ich war zehn Jahre sehr glücklich als Bundesrätin.

KP: Hatten Sie das Gefühl, dass, weil eine Frau am Tisch saß, die Verhandlungen einen anderen Verlauf oder eine andere Qualität erhielten?

„ICH HABE NIE EIN ‚NEIN' ALS DEFINITIV ERACHTET. EINE NACHT DARÜBER SCHLAFEN UND DANN WIEDER MIT EINEM NEUEN VORSCHLAG FÜR DIE SACHE KÄMPFEN."

RD: Es ist eine Frage, die immer wieder gestellt wird und es ist eine Frage, die ich a priori ablehne. Ich betrachte das Stimm- und Wahlrecht der Frau als ein Menschenrecht, das keine spezielle Berechtigung braucht. Prinzipiell soll man von Frauen nicht mehr verlangen als von Männern. Aber es ist klar, dass wir als Frauen unsere Erfahrungen mitbringen und das sind oft sehr verschiedene Erfahrungen. Wir bringen andere Sensibilitäten mit, aber das hat eben mit dieser Erfahrung und Sozialisation zu tun. Es ist gut, wenn eine Regierung solche Bereicherungen bekommt und aufnimmt. Die Diskussionen waren und werden dadurch auch vertieft.

KP: War es eine fachlich vertiefte Diskussion oder eine ganzheitliche Diskussion?

RD: Die Diskussionen waren ganzheitlicher. Aber sie waren hart. Vielleicht waren sie ein wenig zurückhaltender, aber nicht weniger hart als unter Männern.

KP: Führen oder kommunizieren Frauen anders als Männer?

RD: Frauen legen mehr Wert auf Kommunikation, aber ich möchte es nicht allgemein behaupten. Wir gehören noch zu den Pionieren weiblicher Führung. Auf jeden Fall waren wir bemüht und bestrebt, gut zu arbeiten. Wir hatten noch das Gefühl, der Klasse zeigen zu müssen, dass wir es auch gut können.

KP: Das hört man von vielen Frauen, dass sie das Gefühl haben, noch mehr leisten und besser sein zu müssen. Was glauben Sie, warum ist das so? Fehlt es den Frauen an Selbstvertrauen?

RD: Nein, ich glaube nicht, dass es uns an Selbstvertrauen fehlt. Wenn ich an mich denke, hatte ich zum Beispiel den tiefen Wunsch, die Frauen nicht zu enttäuschen. Ich wäre niemals in der Regierung gewesen, wenn es die Frauenbewegung nicht gegeben hätte.

KP: Waren Sie jemals in der Situation, dass Sie alleine standen, um für den Wandel zu kämpfen?

RD: Nein, nie. Ich bin immer Teil einer Bewegung gewesen. Das heißt zweierlei: einerseits in der Bewegung für Lösungen und Strategien sich einzusetzen, die richtig und Erfolgsversprechend sind, andererseits nach außen den beschlossenen Weg zu erklären und verteidigen. Schwierig war es, als Bundesrätin nicht nur meine eigene Ueberzeugung zu vertreten, sondern die Beschlüsse der Regierung und sogar des Parlamentes. War ich in der Minderheit, musste ich einfach die nächste Runde vorbereiten. Ich habe nie ein „Nein" als definitiv erachtet. Eine Nacht darüber schlafen und dann wieder mit einem neuen Vorschlag für die Sache kämpfen.

KP: Würden Sie sich als einen sehr positiven Menschen beschreiben?

„ES GIBT NICHTS SCHÖNERES, ALS SICH MIT PROBLEMEN AUSEINANDERZUSETZEN, NACH LÖSUNGEN ZU SUCHEN, UND SIE UMZUSETZEN."

RD: Ich hatte sehr viel Spaß an der Gewerkschaftsarbeit und am Regieren. Es gibt nichts Schöneres, als sich mit Problemen auseinanderzusetzen, nach Lösungen zu suchen, und sie umzusetzen.

KP: Welche Probleme müssten aus Ihrer Sicht noch gelöst werden?

RD: Für die Frauen und Männer besteht immer noch die Schwierigkeit, die Familie, die berufliche Tätigkeit und das gesellschaftliche Engagement unter einen Hut zu bringen. Es fehlt an Modellen und an Beispielen. Es ist immer noch so, dass viele Mädchen ihre Zukunft in so genannten weiblichen Berufen sehen.

KP: Hatten Sie jemals Vorbilder?

RD: In der Politik, ja. Sicher ganz hochstehende wie Gandhi oder Mandela, aber auch Menschen wie Pierre Mendès-France. Leider hatte ich nur sehr wenige weibliche Vorbilder, wobei es wichtig ist für kleine Mädchen, solche zu haben und sich zum Beispiel als Kanzlerin, Bundesrätin oder Präsidentschaftskandidatin der Vereinigten Staaten sehen zu können.

KP: Was würden Sie Kindern mitgeben?

RD: Die Bewegung zur Gleichstellung von Frau und Mann ist die größte, friedliche und dauerhafte Revolution des 20. Jahrhunderts. Sie hat die Gesellschaft tief geändert. Sie beweist etwas sehr wichtiges: Ziele sind erreichbar. Es braucht aber Arbeit, Ausdauer, Mut, Fantasie, Selbstvertrauen und Mitmenschen, die in dieselbe Richtung gehen.

GRETE FAREMO

DAS GESPRÄCH

GRETE FAREMO

*1955 | Norwegische Verteidigungsministerin

Die norwegische Arbeiterpartei spielte in Grete Faremos Familie eine zentrale Rolle: Ihr Vater, der 1955 in Arendal geborenen Ministerin, war Mitglied der Arbeiterpartei, seine Tochter engagierte sich schon früh in deren Jugendorganisation. Nach dem Studium der Rechtswissenschaft an der Universität von Oslo begann Grete Faremo ihre berufliche Laufbahn 1979 im Finanzministerium.

In den folgenden Jahren wechselte die Ehefrau und Mutter mehrfach zwischen dem privaten und dem öffentlichen Sektor: Sie war Geschäftsführerin, Vizepräsidentin, Vorstandmitglied und -vorsitzende verschiedener Unternehmen, darunter Microsoft und die Storebrand Insurance Company, sowie Ministerin für Entwicklungszusammenarbeit, Justizministerin, Öl- und Energieministerin.

Seit 2009 ist die Politikerin der Arbeiterpartei norwegische Verteidigungsministerin.

KP: Lassen Sie uns mit dem Jahr 1955 in Arendal beginnen. Können Sie mir etwas darüber erzählen, wie Sie aufgewachsen sind?

GF: Ich wuchs sehr behütet in einer stabilen Familie mit meinen Eltern und drei Brüdern auf. Im Zweiten Weltkrieg war mein Vater Kriegsgefangener. Er war in einem Arbeiterlager – leider muss ich das sagen – in Deutschland. Aber er kam frei und zeigte für sich und die Gesellschaft starkes Engagement. Er setzte sich für den Aufbau der Demokratie ein und legte schließlich den Fokus auf die Bildungsarbeit. Er war mir überaus wichtig. In der Familie war ich das einzige Mädchen und mein Vater ermutigte mich sehr, da er mein Potential erkannte.

KP: Würden Sie sagen, dass er ein Vorbild war? Oder hatten Sie überhaupt Vorbilder als junges Mädchen?

GF: Nein, aber der Einfluss meines Vaters war recht stark. Ich glaube, dass mein Engagement in der Politik und für die Gesellschaft auf seinen Anstrengungen und den Gesprächen, die ich mit ihm als junges Mädchen führte, beruhen.

KP: War Ihr Vater ein politischer Mensch?

GF: Ja. In den 40er Jahren war er Bürgermeister. Als ich ungefähr 10 Jahre alt war, erzählte er mir vom Zweiten Weltkrieg. Es ist für ein Kind vielleicht etwas ungewöhnlich, aber ich fing dann an, Biographien von Norwegern, die am Zweiten Weltkrieg teilgenommen hatten, zu lesen. Die menschliche Würde und der Umstand, für Menschen in jeder Situation zu sorgen, wurden für mich sehr schnell zu etwas, das ich nicht nur als Symbol bezeichnen würde. Diese beiden Faktoren waren für sein Verhalten sehr wichtig und gehörten auch zu den entscheidenden Elementen meiner Erziehung.

KP: Sie sagten, dass Sie Biographien schon im Alter von zehn Jahren gelesen haben. Welche Rolle spielte Ihre Mutter für Sie in diesem Alter?

„VON MIR WURDE ALS JUNGER MENSCH UND TEENAGER ERWARTET, VERANTWORTUNG ZU ÜBERNEHMEN."

GF: Sie machte alle Arbeit und mein Vater heimste die Lorbeeren ein. Ich hatte alle Freiheiten, aber gepaart mit Verantwortung. Von mir wurde als junger Mensch und Teenager erwartet, Verantwortung zu übernehmen. Zu Hause gab es keine Streitereien, aber es entwickelte sich ein starkes Gefühl, verantwortungsbewusst zu sein.

KP: Beide Eltern förderten Sie also von klein an?

GF: Ja. Sie eröffneten mir auch alle Möglichkeiten und meinten, dass der Himmel die einzige Grenze wäre.

KP: Arbeitete Ihre Mutter?

GF: Außer zu Hause arbeitete sie nicht. Mein Vater fing 1965 als Parlamentarier an. Aber schon ab 1962 war er unter der Woche nicht zu Hause. Ich war erst sieben Jahre alt, als er von Montags bis Freitags

Grete Faremo (Mitte vorne) sang als Jugendliche in einer Popband

weg war und nur am Wochenende nach Hause kam. Aber meine Eltern hatten eine starke Beziehung zueinander und erst später begriff ich, dass ich mich gefühlt hatte, als wäre mein Vater nie weg gewesen.

KP: Wie würden Ihre Eltern Sie als Kind beschreiben?

GF: Meine Eltern machten immer einen Scherz: Sie sagten, dass ich als Erwachsene geboren wurde. Ich bin mir nicht sicher, ob das auf der Tatsache beruht, dass sie mit mir kaum Sorgen und Probleme hatten. Vermutlich lag es an meinem verantwortungsvollen Verhalten.

KP: Wussten Sie schon sehr früh, welche Richtung Sie für Ihre Karriere einschlagen wollten?

GF: Nein, überhaupt nicht. Ich bin in einem kleinen Ort aufgewachsen und hatte den Vorteil, mich durch meine Leistungen im dortigen Handballteam bemerkbar gemacht zu haben. Im Alter von 14 Jahren war ich auch Sängerin einer Pop-Band. Tatsächlich bekam ich eine Menge positives Feedback und eine Art von Bestätigung, dass ich im Sport und beim Singen gut war. Deshalb hatte ich schon sehr früh das Selbstvertrauen, etwas leisten zu können.

KP: Und in der Schule?

GF: Ich war sehr gut in Mathematik und Physik. Und in den späten 60er Jahren erwartete man von den Jungs, dass sie gut in diesen Fächern sind. Ich erinnere mich noch, dass ich so 12 oder 13 Jahre alt war, als mein Lehrer den Jungs eine Drohung aussprach, indem er ihnen sagte, dass sie, wenn sie nicht härter arbeiteten, von einem Mädchen geschlagen werden würden. Können Sie sich das Wettkampfdenken, das sich von da an in mir entwickelte, vorstellen?

KP: War das eine weitere positive Bestätigung für Sie?

GF: Und wie!

KP: Aber es hatte keine negativen Auswirkungen in der Klasse?

GF: Nein, die hatte es nicht. Für mich war das ein echter Schub: Ich arbeitete härter, weil ich die Jungs wirklich schlagen wollte. Und ich schaffte es.

KP: Wurden die Jungs auch besser?

GF: Ich bin mir nicht sicher. Das könnte ich jetzt nicht sagen. Aber meine Eltern erlaubten mir aufgrund meiner guten Noten, auszugehen und zu singen. Sie sagten, solange ich auch weiterhin eine gute Schülerin wäre, wäre es für sie in Ordnung, wenn ich ausginge und sänge. Sie schufen diesen Ansporn und das brachte mich dazu, in der Schule außergewöhnliche Leistungen zu erbringen. Meine Eltern waren sehr gut darin, solche Anreize zu schaffen, die mich dazu brachten, hart zu arbeiten.

KP: Können Sie sich an Ihre erste Erfahrung mit Führung erinnern?

GF: In der Tat, das kann ich. Ich glaube, ich war zwischen 28 und 29 Jahre alt, als ich zur Leiterin der Personalabteilung im öffentlichen Dienst gemacht wurde. Ich kam als Ersatz für einen älteren Kollegen. Später lud er mich zum Mittagessen in eines der besten Restaurants in Oslo ein. Ich machte mir Sorgen, dass er die Situation und meine Arbeit schlecht machen würde. Aber tatsächlich dankte er mir für die Art und Weise wie es voran ging: so hatte er neue Möglichkeiten, konnte aber seine Integrität und Würde den Kollegen gegenüber aufrecht erhalten. Und ich habe einen guten Job gemacht.

KP: Sie haben sowohl in der politischen Welt als auch in der Geschäftswelt gearbeitet und dort jeweils eine Menge verändert. Vielleicht wissen Sie es, aber in Deutschland ist es eher unüblich, dass jemand aus dem öffentlichen Dienst in die Geschäftswelt wechselt. Normalerweise verbleibt man in diesem Sektor für eine lange Zeit und wechselt lediglich die Ministerien. Man pflegt eher weniger den Umgang mit der Geschäftswelt. Somit ist es eine großartige Erfahrung, dass Sie beide Welten kennenlernen konnten. Warum waren Sie in beiden Sektoren tätig?

GF: Ich denke, dass ich eine neugierige Person bin. Ich bin auch der Meinung, dass es mir mein juristischer Hintergrund ermöglichte, Jobs in beiden Gebieten zu machen. Das heißt, es sind

Grete Faremo bei einem Truppenbesuch in Afghanistan

Neugierde und Ausbildung. Ich war übrigens nie Teil der Osloer Institutionen.

KP: Sie meinen die politischen Institutionen?

GF: Genau. Für mich machte es Sinn, bedeutende Themen der Gesellschaft zu erforschen – aus beiden Perspektiven – dem öffentlichen und privaten Sektor. Meine Neugier brachte mich dazu, 1986 das damals größte politische Projekt in Oslo zu bekommen: die Immobilie in Anker Brygge. Das ist ein Entwicklungsbereich für Immobilien in der Nähe des Meeres. Die ganze Sache wurde zu dieser Zeit sehr kontrovers betrachtet und viele meiner politischen Kameraden standen dem ziemlich negativ gegenüber. Das erweckte natürlich meine Neugier, da das Projekt den Osloern im Stadtzentrum in einer völlig neuen Art und Weise einen Zugang zum Meer geöffnet hätte. Ich war neugierig und fragte mich, warum die demokratische Partei tatsächlich so gegen das Projekt war.

KP: Konnten Sie durch Ihre Tätigkeit in den zwei Sektoren spezifische Unterschiede zwischen diesen beiden in den Voraussetzungen zum erfolgreichen Führen feststellen?

GF: Ich denke, die Unterschiede zwischen den Sektoren sind nicht so groß, wie Menschen, die nur einen Sektor kennen, glauben würden. Ein Unterschied ist die in der Regel schwächer ausgeprägte öffentliche Sichtbarkeit einer Führungspersönlichkeit des privaten Sektors und eine weniger klare schriftliche Festlegung

Grete Faremo (Mitte) im Gespräch mit der afghanischen Bevölkerung

der Führungsrolle. Das überlässt und verlangt von der Führungspersönlichkeit eine größere Verantwortung, in dem Sinne, die Macht nicht zu missbrauchen.

KP: In vielen europäischen Ländern ist im privaten Sektor der Anteil der Frauen in Führungspositionen sehr gering.
Wie sieht es Ihrer Erfahrung nach in Norwegen aus und wie dachten und denken Sie über Vielfalt in Ihrem Job und Ihrer Karriere?

GF: Ich denke, dass es in den letzten 20 Jahren einige Veränderungen gegeben hat. In der Politik wie auch im privaten Sektor stellen wir fest, dass das Verhältnis der Geschlechter gut ist. Dennoch sucht man noch immer vergeblich nach einer stärkeren Ausgeglichenheit zwischen Männern und Frauen, was die Topmanagerpositionen angeht, sowohl im öffentlichen als auch im privaten Sektor. Im Großen und Ganzen haben wir in Norwegen eine ziemlich gute Balance zwischen Männern und Frauen, allerdings nicht in den Spitzenpositionen. Das hat sich sehr geändert, seit es die Gesetzesänderung gibt.

KP: Aber dennoch gibt es einige Frauen in führenden Positionen. Sie sind eine davon. Wie würden Sie *Female Leadership* beschreiben?

GF: Ich denke, dass es in dem Topmanagement eher um die Individuen als um das Geschlecht geht. Aber es gibt dessen ungeachtet einige Verschiedenheiten, die in Richtung des Geschlechts deuten. Einer dieser Unterschiede dreht sich um die Sprache: es hat damit zu tun, wie man andere involviert. Frauen haben strukturiertere Prozesse, sind aber nicht so effizient, wenn es um individuelle Eins-zu-eins-Beziehungen geht. Denken Sie nur mal an Männer in Spitzenpositionen, die sich zum Angeln, in den Geschäftsclubs oder auf dem Golfplatz treffen. Das ist etwas, das Frauen in diesen Positionen anders angehen. Wir arbeiten weniger in informellen Strukturen. Auch die Sprache, die Frauen benutzen, ist oft einladender und motivierender. Und wir kommen wahrscheinlich weniger bestimmt rüber: wir nutzen weniger Statements und neigen seltener zu Schwarz-Weiß-Denken. Aber ich habe keine wissenschaftlichen Belege dafür.

KP: Zurückblickend auf Ihr Leben, was wäre Ihr Rat an Frauen, die erfolgreich werden wollen?

GF: Sucht Euch Eure Manager gut aus. Man muss wirklich gut darüber nachdenken wo, wie und für wen man seine Fähigkeiten und Talente einsetzt.

GABRIELE HEINISCH-HOSEK

DAS GESPRÄCH

GABRIELE HEINISCH-HOSEK

*1961 | Bundesministerin für Frauen und Öffentlichen Dienst

„Finde Deinen eigenen Weg" heißt eine Kampagne der österreichischen Bundesministerin für Frauen und Öffentlichen Dienst im Bundeskanzleramt, der Sozialdemokratischen Partei Österreichs (SPÖ), Gabriele Heinisch-Hosek. Die Politikerin, die gleichzeitig auch die Frauenvorsitzende der Sozialdemokratischen Partei Österreichs (SPÖ) ist, wurde 1961 in Guntramsdorf, einem kleinen Ort südlich von Wien geboren. Nach dem Abitur 1980 studierte Gabriele Heinisch-Hosek Deutsch und Kunst auf Lehramt und legte 1992 eine zusätzliche Prüfung für das Lehramt an Sonderschulen für Schwerhörige und Gehörlose ab. Sie arbeitete von 1985 bis 2002 als Lehrerin, begann aber parallel 1990 ihre politische Karriere, zunächst im Gemeinderat, ab 1999 im Nationalrat. 2008 wurde Gabriele Heinisch-Hosek Sozial- und Gesundheitslandesrätin der Niederösterreichischen Landesregierung, im Dezember dann Bundesministerin und seit 2009 ist sie zudem Frauenvorsitzende der SPÖ. Sie ist verheiratet und hat keine Kinder.

Foto: Astrid Knie

KP: Erzählen Sie mir etwas von Ihrer Familie und Kindheit.

GH: Vielleicht beginne ich mit meinen Eltern, wobei ich sagen muss, dass mein Vater seit 21 Jahren tot ist. Meine Mutter ist jetzt 73 Jahre alt und lebt in einem Seniorenheim. Ich war ein Wunschkind, obwohl meine Mutter schon 24 Jahre alt war, was für das erste Kind zu dieser Zeit schon sehr spät war. Drei Jahre später kam dann mein Bruder. Mein Vater war von Beruf Maschinenschlosser und meine Mutter musste von meiner Großmutter her Schneiderin lernen. Das war wirklich sehr traditionell. Sie sollte Schneiderin werden, damit sie die Kleidung für ihre Kinder selbst nähen konnte, wollte aber immer etwas ganz Anderes tun, zum Beispiel in einem Büro arbeiten. Ihre Schulbildung ist nicht sehr gefördert worden, weil meine Großeltern vier Kinder hatten und so war es klar, dass die Kinder so bald wie möglich Geld verdienen sollten. Meine Mutter hat eine Lehre absolviert und sehr zeitig meinen Vater kennengelernt. Wir sind in jeder Hinsicht in sehr kleinen Verhältnissen aufgewachsen – klein im Sinne von beengten Räumlichkeiten, aber auch klein im Sinne von finanziellen Möglichkeiten.

„ES WAR SCHON KLAR, DASS WENN MEIN VATER ETWAS GESAGT HAT, ES NICHT IN FRAGE GESTELLT WURDE. DIE HIERARCHISCHE STRUKTUR MEINES ELTERNHAUSES SOLLTE ES IN MEINEM LEBEN NICHT GEBEN."

KP: Hat das Ihre schulische Laufbahn beeinflusst?

GH: Ich gehöre zu dieser so genannten Baby-Boomer-Generation und habe zu Beginn der 70er Jahre schon von kostenlosen Büchern in der Schule profitiert. Zu dieser Zeit fing es langsam an, dass man gratis Zugang zu den Hochschulen hatte und kein Schulgeld mehr bezahlen musste. Ich gehörte also zur ersten Generation, die davon profitierte. Ich habe in Österreich die Hauptschule besucht – das entspricht der deutschen Mittelschule – danach die Oberstufe in einem Gymnasium absolviert und habe maturiert (Anm. d. A.: das Abitur gemacht). Weil ich das in der Volksschule schon wollte, habe ich danach den Beruf der Lehrerin ergriffen.

KP: Sie wussten schon so früh in der Volksschule, dass Sie Lehrerin werden wollten?

GH: Ja, das ist eine seltsame Geschichte. Schon in der Volksschule wollte ich meiner Lehrerin beim Hefte anschauen helfen. Ich habe mich damals schon für solche Dinge interessiert und es war seit der dritten oder vierten Klasse der Volksschule immer mein Wunschberuf, Lehrerin zu werden. Ich habe mich in der Klasse deswegen immer nützlich gemacht: Blumen gegossen oder vorbereitend in die Hefte geschaut, bevor sie die Lehrerin korrigierte. Später habe ich die Pädagogische Hochschule in Niederösterreich besucht und die Lehramtsprüfung für Deutsch und Bildnerische Erziehung für die Mittelstufe der Hauptschule abgelegt. Ich habe mich aber davor und dazwischen schon für Freizeitpädagogik interessiert.

KP: Pädagogik und Kinder haben für Sie eine wichtige Rolle gespielt, richtig?

GH: Ja, sehr. Ich war in einer großen Organisation, den Niederösterreichischen Kinderfreunden und bin seit meinem 16. Lebensjahr, zehn Jahre lang jeden Sommer mit Kindern weggefahren. Es waren überwiegend Kinder aus sozial schwachen Familien. Ich konnte mich da gut hinein versetzen, da ich ja auch aus einer sozial benachteiligten Familie kam. Bei den Kinderfreunden habe ich auch den partnerschaftlichen Umgang mit Kindern kennengelernt. Das war etwas, was ich von zu Hause so nicht kannte: meine Eltern wollten zwar immer das Beste für uns, aber es war schon klar, dass, wenn mein Vater etwas gesagt hat, es nicht in Frage gestellt wurde. Die hierarchische Struktur meines Elternhauses sollte es in meinem Leben nicht geben.

KP: Was war Ihre wichtigste, prägendste Erfahrung dieser Zeit?

GH: Der respektvolle partnerschaftliche Umgang mit Kindern, den ich bei den Kinderfreunden gelernt habe – Kindern zuzuhören und ihre Meinung ernst zu nehmen – hat mich auch später für mein Studium geprägt und mir in meiner Tätigkeit als Lehrerin sehr geholfen.

KP: Wie hätten Ihre Eltern und Lehrer Sie beschrieben? Was charakterisierte Sie als Kind?

GH: Das waren so die „typischen" Mädchen-Attribute: ich war fleißig, angepasst, eine gute Schülerin, unauffällig in Bezug auf Aussehen und Verhalten, hilfsbereit und herzeigbar – in dem Sinne, dass andere aufgefordert wurden, sich ein Beispiel an mir zu nehmen. Ich war in jeder Hinsicht total in eine Rolle hineingepresst.

KP: Im Laufe des Lebens entwickelt sich ja auch die Kraft, Rollen hinter sich zu lassen. Wie würden Sie sich denn heute beschreiben?

GH: Heute würde ich mich als eine Persönlichkeit beschreiben, die sowohl optisch als auch im Verhalten hervorsticht. Ich bin trotzdem nicht laut und vordergründig, sondern überlegt, dazu sehr selbstbewusst, mutig, konfliktfreudig und bodenständig. Ich habe aber nie Konflikte angezettelt.

KP: Das ist ja eine beachtliche Entwicklung – vom angepassten Kind zur starken auffälligen Persönlichkeit. Was hat diese Entwicklung beeinflusst?

GH: Einer dieser Faktoren war die Möglichkeit, die Oberstufe in der Bundeshauptstadt Wien zu besuchen. Da musste ich immer allein vom Land nach Wien fahren, das ich quasi nicht kannte, und habe dort ganz andere Menschen kennengelernt. Bei den Kinderfreunden bin ich außerdem politisiert worden. Diese Zeit war für mich ganz entscheidend, um aus meiner Rolle herauszukommen. Dann hat mich nichts und niemand mehr aufgehalten: ich habe zwar keinen Unsinn angestellt, aber ich wusste, dass es noch viel mehr da draußen gibt, als die kleine Welt, in der ich aufgewachsen bin.

KP: Woher wussten Sie das?

GH: Ich habe das gespürt und es wurde in der Begegnung mit Menschen auch widergespiegelt. Es wurde etwas Normales, weltoffen zu sein und auch andere Meinungen zu akzeptieren und nicht nur das, was der Papa oder der eigene kleine Freundeskreis sagt. Mit 14 oder 15 Jahren hat diese Wandlung begonnen, auch wenn ich trotzdem noch zu Hause verwurzelt war. Ich habe bis 24 noch daheim gewohnt, was aber auch finanzielle Gründe hatte: eine eigene Wohnung musste man sich ja erst mal leisten können. Meine Eltern haben mir ein altes Auto gekauft und ich habe Nachhilfe gegeben, um mir mein eigenes Geld zu verdienen und davon das Benzin und die Versicherung zu bezahlen. Mit 24 habe ich dann meinen jetzigen Mann kennengelernt und lebe seitdem mit ihm zusammen.

„ICH GLAUBE, WIR FRAUEN SOLLTEN UNS SEHR INTENSIV MIT DEM THEMA „MACHT" BESCHÄFTIGEN, DENN WER MACHT HAT, KANN VERÄNDERN."

KP: Haben Sie Kinder?

GH: Nein, ich habe keine eigenen Kinder.

KP: Sie sagten, dass Sie im Umgang mit Kindern Wert auf Respekt und gegenseitiges Zuhören legen. Spiegeln sich diese Werte auch in Ihrem Führungsstil im Umgang mit Erwachsenen wieder?

GH: Ich bin absolut teamorientiert. Was ich über die Jahrzehnte weiterentwickelt habe, ist meine Einstellung, dass ich Menschen akzeptiere, so wie sie sind und mich nicht für etwas Besseres halte, nur weil ich Chefin bin. Natürlich muss ich Entscheidungen treffen und trage dafür die Verantwortung, aber ich versuche, viele politische Entscheidungen im Vorfeld mit meinem Team zu besprechen und darüber zu diskutieren. Wenn ich mich am Ende anders entscheide, ist das eine andere Frage, aber ich brauche die unterschiedlichen Meinungen und Zugänge zu einem Thema, damit ich meine eigene Meinung verifizieren und meine Entscheidung gut treffen kann. Dieser Weg ist zwar oft mühsam, aber das vorherige sorgfältige Abwägen und das Vermeiden von überstürzten Entscheidungen hat sich in der Regel in meiner Tätigkeit als Ministerin als der bessere Weg erwiesen, vor allem dann, wenn wir politische Forderungen formuliert haben.

KP: Haben Sie das Gefühl, dass Sie als Frau anders führen?

GH: Ich habe die Erfahrung gemacht, dass der Ton oftmals gemäßigter ist und man sehr viel respektvoller miteinander umgeht. In Männerrunden bin ich immer sehr respektvoll behandelt worden, aber wahrscheinlich kommt es auch auf Einen selber an. Ich muss schon ausstrahlen, dass ich eine Führungspersönlichkeit bin und dann werde ich auch als diese wahrgenommen. Wenn man sich nur als Teil des Ganzen sieht und nichts verändern möchte, dann ist das sehr viel schwieriger. Wenn ich führen möchte, muss ich

Die Ministerin mit ihrem Mann Walter Heinisch und ihrem schwerstbehinderten Patenkind André, den sie über Jahre tagtäglich bis zu seinem Tod betreut hat und den sie bis heute als „mein Kind" bezeichnet.

auch für mich selbst das Gefühl haben, dass ich führen kann.

KP: Also ein Thema des Selbstbewusstseins?

GH: Ja. Deswegen macht man aber dennoch nicht alles richtig.

KP: Und was die Führung anbelangt...

GH: Ich glaube nicht, dass Frauen und Männer prinzipiell anders führen, weil es meiner Meinung nach keine Frage des Geschlechts ist, sondern mit den anerzogenen Rollen zusammenhängt. Männer werden als die Starken und Ernährer erzogen, die die Familie im Kleinsten und das Unternehmen im Großen versorgen müssen. Sie müssen die Verantwortung alleine tragen, sind oft einsam und der Führungsstil ist oftmals aggressiv. Frauen werden seit Jahrtausenden dazu erzogen, dass sie auf die Kinder und die Familie zu schauen haben und es wird erwartet, dass sie alles im Griff haben. Daher treffen Frauen eher ganzheitliche Entscheidungen, das heißt sie treffen nicht nur eine Entscheidung, sondern sie überlegen, welche Auswirkungen diese Entscheidung auf ihr Umfeld hat. Dieses Rollenverständnis wird sich sicher noch ändern, wenn mehr Frauen in Führungspositionen kommen – jetzt sind es ja viel zu wenige und es wird noch einige Zeit dauern. Aber es ist durch wissenschaftliche Untersuchungen bewiesen, dass gemischte Teams bessere Ergebnisse erzielen.

KP: Geht es letzendlich auch um Macht?

GH: Ja, ganz genau. Es geht um das Machtbewusstsein: Macht ist an sich nichts Negatives. Es ist die Möglichkeit, gegen den Widerstand des Anderen etwas durchzusetzen. Das kann aber auch etwas Gutes für die Allgemeinheit, eine Gruppe oder auch für den Einzelnen sein. Frauen haben damit oftmals einen etwas vorsichtigeren Umgang als Männer. Frauen sind nicht aufgrund ihrer Weiblichkeit die besseren Zuhörer, sondern weil sie zu Macht und zu den Machtstrukturen in den oberen Etagen noch einen anderen Zugang haben.

KP: Wie ist denn Ihre Sicht zur Macht?

GH: Obwohl ich mich schon seit längerem mit dem Thema beschäftige, bin ich mir meiner Macht oft noch nicht bewusst. Ich glaube, wir Frauen sollten uns sehr intensiv mit dem Thema „Macht" beschäftigen, denn wer Macht hat, kann verändern. Ich lerne diese Macht auch einzusetzen, weil ich gesellschaftspolitisch etwas für die Frauen verändern möchte. Meine Macht besteht darin, dass ich mich überall, wo ich will, einbringe – in jedem einzelnen Fachbereich, so oft ich will, und das mache ich. Ich würde jeder Frau raten, sich ihrer eigenen Macht bewusst zu werden. Frauen brauchen Machtbündnisse. Sie haben zwar wie die Männer Netzwerke, aber mehr in die Breite und nicht in die Höhe.

„SICH SELBST FÜHREN, HEISST, SICH SELBST BEOBACHTEN, SICH SELBST REFLEKTIEREN UND DARAUF ZU ACHTEN, NICHT ABGEHOBEN ZU SEIN."

KP: Sehen Sie andere Punkte, wo Frauen Nachholbedarf haben, um die Führungsebene tatsächlich erfolgreich gestalten zu können?

GH: Die formellen Rahmenbedingungen sind da. Den Weg in die Führungsetage tun sich viele Frauen aber dennoch nicht an, weil sie mehr vom Leben wollen als nur eine Spitzenposition, die sie dann auf Kosten ihrer Familie und ihres persönlichen Wohlbefindens haben. Ich glaube, dass man das Umfeld verbessern muss, so dass Frauen diese Möglichkeiten auch besser annehmen können. Das heißt, dass mehr Kinderbetreuungseinrichtungen zur Verfügung gestellt und wenn schon Kinder da sind, Frauen bei den Gehaltsverhandlungen besser behandelt werden müssen. Frauen brauchen die Sicherheit, dass sie für das, was sie wert sind, auch das entsprechende Gehalt verlangen können. Wenn sich aber die Gesellschaft und vor allem die Männer verändern, dann steht unserem Weg nach oben nichts mehr im Wege – sofern wir uns das antun wollen.

KP: Was müsste sich sonst noch ändern?

GH: Gedankliche Barrieren bei Voll- und Teilzeit. Es ist natürlich sehr stressig und heutzutage noch nicht üblich, dass Führungspositionen auch in Teilzeit möglich sind. Schließlich heißt es ja, dass man nicht ersetzbar sei und ohne einen selbst nichts funktionieren würde. Es geht also schon um grundlegende Einstellungen, was die Arbeitsbewertung und die Anwesenheit am Arbeitsplatz angeht. Da wird sehr viel Druck ausgeübt und das spüren Frauen viel mehr als Männer, weil von Frauen nach wie vor erwartet wird, dass sie sich um den Haushalt und um die Kinder kümmern. Und es ist so, dass Männer trotz der Frauenbewegung und vieler Verbesserungen in den Gesetzen eigentlich nichts an sich selber ändern mussten. Das ist jetzt unser Part, das müssen wir Frauen einfordern. Männer, ändert Euch.

KP: Frau Ministerin, Sie sagten, dass Sie in Ihrer Führungsposition immer mit Respekt behandelt wurden. Waren Sie dennoch jemals in der Situation, dass Sie das Gefühl hatten, Vorbehalte auflösen zu müssen, weil Sie eine Frau waren?

GH: Im beruflichen Bereich als Lehrerin eher nicht. So wie in Deutschland auch, ist der Lehrerberuf ja eher ein weiblicher Beruf und wir hatten zudem eine Chefin. Da ist man sehr partnerschaftlich miteinander umgegangen. Im Gemeindeparlament in meiner Heimat war ich natürlich in der Minderheit, aber nie auf den Mund gefallen. Da musste ich mir schon das eine oder andere Mal vehement Respekt verschaffen, wenn Männer dumm und frauenfeindlich dahergeredet haben. So was musste ich bewusst abstellen, weil Männer das auch als Sport verwendet haben: sie wollten testen, ob ich es merke und ob und wie ich reagiere. Das war ein Spiel und hat einige Zeit gedauert, war dann aber auch vorbei.

KP: Wie sind Sie mit diesem Spiel umgegangen?

GH: Die erste Zeit habe ich das beobachtet und mich gefragt, ob die das wirklich so meinen. Dann wurde es mir zu viel und ich musste mutig sein, weil die Männer in der Mehrheit sind und oft auch Frauen über die schlechten Witze lachen. Ich habe dann lautstark gesagt, dass ich diese Witze nicht hören will. Das war ihnen erst mal unangenehm. Wenn sie mich dann trotzdem weiter heruntergemacht haben, habe ich einfach weitergeredet. Man muss das Gefühl dafür haben, dass hier Unrecht getan wird und Vorurteile herrschen. Und dann muss man das sofort und immer wieder sagen. Steter Tropfen höhlt den Stein und irgendwann hören sie damit auf. So ist das bei mir gewesen. Danach kam ich immer in Führungspositionen, wo das Messen an Männern kein Thema mehr war, weil klar war, wer hier die Führungsposition inne hat.

KP: Wie führen Sie sich selbst?

GH: Dazu gehört auf jeden Fall Disziplin. Diese Disziplin kann auch manchmal negativ sein, wenn sie zu Perfektionismus führt. Und etwas, was wir Frauen uns oft selbst zuschreiben, ist die Frage an uns selbst, ob wir das überhaupt können, bevor wir einen neuen Auftrag annehmen. Diese Selbstzweifel und die Unsicherheit, ob wir für etwas überhaupt geeignet sind, gibt es auch in meinem Leben. Man muss es halt einfach probieren. Ich lerne an mir selber, dass ich mir in den letzten Jahren immer mehr zutrauen musste, weil ich ja auch Entscheidungen treffen musste. Sich selbst führen, heißt, sich selbst beobachten, sich selbst reflektieren und darauf zu achten, nicht abgehoben zu sein, sondern auf Augenhöhe mit den eigenen Mitarbeitern umzugehen und sie in die Entscheidungsprozesse mit einzubeziehen. Ich muss mich immer wieder hinterfragen und brauche unbedingt das Feedback einiger weniger Vertrauter. Mein größter Vertrauter ist mein Ehemann, der die Medien verfolgt und mir sagt, wenn ich zum Beispiel in Diskussionen über und nicht mit den Menschen bin. Man braucht gewisse Regulative, lernt dadurch aber auch, sich besser einzuschätzen und zu disziplinieren.

KP: Viele Frauen sagen, dass es bei all den Anforderungen und Erwartungen, Stärke kostet, auch mal Nein zu sagen und die richtige Balance zu finden.

GH: Dieses Problem habe ich bei weitem noch nicht gelöst. Hätte ich nicht meine Beraterinnen und Berater um mich herum, würde ich immer Ja sagen. Mit meinem Partner versuche ich Nischen-Wochenenden einzurichten. Er ist sehr tolerant und das geht sehr gut. Aber mir selbst gegenüber bin ich sehr hart und schenke mir kaum Zeit für mein Wohlbefinden, aber noch geht's.

KP: Die nächste Generation steht ja vor vielen Herausforderungen. Was wäre Ihr Rat an die jungen Menschen, die sich gut gerüstet auf den Weg nach oben machen wollen?

GH: Das Allerwichtigste, was ich jungen Menschen mitgeben möchte, ist, die eigene Neugierde zu behalten und sich immer weiterzubilden. Für junge Menschen ist es wichtig, verschiedene Wege zu kennen, wie man sich Wissen aneignet. Sie müssen angesichts der vielen Herausforderungen mutig sein und sich vor allem mit Familie und Freunden ein positives Umfeld bewahren, da wir in einer Welt leben, in der sehr viel Egoismus vorgelebt wird und wir angehalten werden, auf uns selbst zu schauen, Karriere zu machen und Geld zu verdienen. Man soll also seine Mitmenschen nicht vergessen, aber trotzdem jede neue Herausforderung aufsaugen.

Die Männer sind natürlich alle dafür, dass mehr Frauen in der Politik tätig sein sollen. Vorausgesetzt natürlich, es handelt sich nicht um die eigene Frau.

Konrad Adenauer
erster Bundeskanzler der Bundesrepublik Deutschland

MALARNDIRRI MCCARTHY

DAS GESPRÄCH

MALARNDIRRI MCCARTHY

AUSTRALIEN

*1970 | Ministerin für Kinder, Familie, Frauen und Bundesangelegenheiten

Spiritualität ist für die 1970 geborene Malarndirri McCarthy die Basis ihres Lebens. Die Yanyuwa-Frau aus dem australischen Northern Territory gehört zu den Li-Antha Wirriyarra, einer indigenen Gruppe, die dem Meer spirituell stark verbunden ist.

Ihre professionelle Karriere begann die Australierin 1989 als Journalistin, Nachrichtensprecherin und Publizistin. Gemeinsam mit ihrem Mann gründete McCarthy eine Radiostation, ein Kultur- und Medientrainingszentrum sowie zwei Festspiele.

2005 wurde die Aborigine als Mitglied der „Australian Labor Party" für Arnhem in das Northern Territory Parlament gewählt. Seit ihrer Wiederwahl 2008 ist sie Ministerin sowie eines von fünf indigenen Mitgliedern und eine von acht Politikerinnen des 25-köpfigen Northern Territory Parlaments. Sie ist mit Norm Grogan verheiratet, mit dem sie zwei gemeinsame Kinder hat.

KP: Malarndirri, wo und wie sind Sie aufgewachsen?

MM: Meine Mutter und ihre Familie kommen aus Borroloola, im Golf von Carpentaria. Dort gibt es vier verschiedene Sprachgruppen: die Yanyuwa, die Garrawa, die Mara und die Kwarandji. Mein Vater hingegen ist kein Aborigine, er stammt aus Sydney und lebte als Lehrer in Borroloola. Ich hatte wunderbare Eltern, die mir viel darüber beibrachten, eine Frau der Yanyuwa zu sein und wie wichtig es ist, vorausschauend zu sein, wenn man in zwei Welten lebt. Als ich aufwuchs, war das ziemlich schwierig. Australien hatte einige sehr strenge Richtlinien, die die das Zusammenleben von Aborigines und Nicht-Aborigines sehr schwer machten. So trennten sich meine Eltern, als ich fünf Jahre alt war. Mein Vater lebte in Alice Springs. Und so musste ich zwischen Borroloola und Alice Springs, wo ich zur Schule ging, pendeln.

KP: Haben Sie noch Kontakt zu Ihrem Vater oder hat dies die Familie getrennt?

MM: Ich hatte immer eine sehr enge Beziehung zu meinen Eltern und auch heute noch ist mein Vater ein guter Freund. Meine Mutter starb allerdings vor drei Jahren. Das war eine ziemlich harte Zeit. Doch wuchs ich mit dem Wissen auf, dass zwischen diesen beiden außergewöhnlichen Menschen eine starke Liebe bestand. Zudem waren meine Großeltern sehr vorausschauend in dem Sinne, dass sie wussten, dass es für die nächste Generation in dieser Region sehr wichtig werden würde, beide Lebensweisen zu verstehen.

KP: Erlebten Sie während Ihrer Jugend und zu Anfang Ihrer Karriere Schwierigkeiten auf Grund Ihrer Herkunft?

MM: Es gab immer irgendwelche Schwierigkeiten. Wie ich schon sagte, gab es früher keine perfekte Beziehung zwischen Aborigines und Nicht-Aborigines, also zwischen dem weißen und schwarzen Australiern. Besonders in den letzten zehn Jahren haben wir als Land an der Aussöhnung gearbeitet. Als ich aufwuchs, war ich umgeben von Disharmonie. Aber es gab ein starkes Bestreben in mir, so viel wie möglich zu lernen und zu tun, was immer ich konnte, um die, die ich liebte, zu ermutigen.

KP: Wie empfanden Sie dieses Bedürfnis nach Bildung? War das etwas, was von innen heraus kam oder wurde Ihnen das von den Menschen, die Sie liebten, näher gebracht?

MM: Ich lernte bereits in jungen Jahren, auf mich selbst gestellt zu sein und auf eigenen Füßen zu stehen. Als ich älter wurde, ging ich nach Sydney auf das Gymnasium. Ich lernte, dass es im Leben tatsächlich um die Einstellung geht. Sicherlich wurde ich dann erwachsener und erfahrener. Ich habe viele Dinge im Leben gesehen, aber ich wurde auch durch meine spirituellen Werte als Frau der Yanyuwa gestützt. Die spirituelle Verbindung, die meine Leute zum Land haben, zum Meer und zur eigenen Verwandtschaft, war für mich der Fels,

Malarndirri MacCarthy vor dem Uluru (Ayers Rock), einem für die Aborigines mystischen Ort

um die Schwierigkeiten zu überstehen, die sich mir auf meinem Weg darboten.

KP: Bitte erzählen Sie mir etwas mehr über Ihre spirituelle Verbundenheit.

MM: Wir Yanyuwa haben eine unglaublich starke Verbindung zum Land, zum Meer, zu den Tieren und zueinander. Zum Beispiel sind die Schwestern meiner Mutter auch meine Mütter. Und die Kinder meiner Schwester sind auch meine Kinder. Wir haben eine verwandtschaftliche Beziehung, die auf Spiritualität und gegenseitiger Unterstützung beruht, so dass kein Kind ohne Mutter ist. Als meine Mutter vor drei Jahren starb, übernahmen ihre Schwestern automatisch die Rolle einer Mutter für mich und die einer Großmutter für meine Kinder. So haben wir nie das Gefühl, alleine zu sein. Es gab immer eine Mutter. Diese mütterliche Verbindung ist ein Symbol für die Verbindung zum Land in Yanyuwa. So haben wir ein tiefes Verständnis dafür, woher wir kommen. Ich komme aus dem Land des Meeres, den Inseln nördlich von Borroloola. Ich bringe meinen Kindern bei, auf die Dinge zu achten, die wichtig sind für ihre Verbundenheit, weil wir das so seit tausenden Jahren weitergeben.

KP: Angesichts dieser spirituellen Verbindungen, was fühlen Sie, wenn Sie sehen, wie die Natur von Menschen herausgefordert und zerstört wird?

MM: Wir hatten gerade vor drei Jahren einen schweren Kampf auszufechten. Es ging um den McArthur-Fluss, der ein wichtiges Wassersystem direkt neben dem Land der Yanyuwa darstellt. Ein Bergbauunternehmen wollte den Fluss umleiten und das hatte schwerwiegenden Einfluss auf unsere spirituelle Verbindung zum Land. Es war eine Zeit unglaublichen Konflikts für mich als Frau der Yanyuwa, aber auch als Angehörige des Parlaments, denn es war meine Regierung, die das Verlegen des Flusses zum Teil unterstützte. Es war eine unglaubliche Herausforderungen, ein gewisses Gleichgewicht zu erhalten.

KP: Was war der Hauptbestandteil, um diese Balance zu finden und zu erhalten?

MM: Man muss wirklich einen Sinn für die eigene Identität haben. Man muss wissen, wer man ist. Was sind deine Werte? Für was steht man ein? Was ist es, das dich definiert? Mich definiert mein Bewusstsein, wer ich als Frau der Yanyuwa bin, meine spirituellen Werte und meine Verbindung zur Familie und meinesgleichen, aber auch, dass ich weiß, dass wir durchhalten und einen Weg finden müssen, um miteinander zu leben.

KP: Das ist beeindruckend. Lassen Sie uns kurz zu Ihrer Ausbildung zurückkommen. Wie ging es in Sydney für Sie weiter?

„HÖRT AUF EUER INNERES. HÖRT AUF EUREN KÖRPER. HÖRT ZU, WAS ER EUCH SAGT. ES GIBT KEINEN BESSEREN WEGBEGLEITER."

MM: Ich ging in Sydney aufs Internat und das war eine interessante Erfahrung. Ich ging mit vielen Mädchen zur Schule, die aus der ländlichen Region von South Wales stammten. Und wieder war es ein Lernprozess für mich: ich erfuhr etwas über die Aborigines in New South Wales und etwas über ihre Anstrengungen. Als ich in meinem letzten Jahr war, legte mir mein damaliger Englischlehrer, der heute noch ein guter Freund von mir ist, eine Stellenanzeige für eine Journalistin mit Aborigine-Wurzeln für die Australian Broadcasting Corporation (ABC) hin. Mein Lehrer ermutigte mich und meinte, ich sollte mich bewerben, was ich tat, obwohl ich es für verrückt hielt. ABC ist ein wichtiger australischer Sender und ich hatte an sich nicht vor, sofort zu arbeiten, sondern zur Uni zu gehen. Aber mir wurde der Job in Darwin angeboten. So konnte ich im Northern Territory, meinem Heimatland, arbeiten.

KP: Bevor Sie die Stellenanzeige sahen, hatten Sie da schon eine Idee, was für einen Job Sie wollten – unabhängig von der Universität?

MM: Ich war mir ziemlich sicher, dass ich etwas im Bereich Journalismus machen wollte. Mich störte das falsche Bild der Aborigines im Fernsehen und in den Zeitungen. Es machte mich ziemlich krank, die meist negativen Bilder zu sehen, da ich aus eigener Erfahrung mit meinem Volk wusste, dass wir nicht derart schlimm waren, wie wir dargestellt wurden. Es gab viel Wut in mir, die Dank der Unterstützung meiner Eltern in eine positive Richtung gelenkt wurde. Ich dachte zwar nicht, dass ich allzu viel verändern könnte, aber ich könnte ein wenig Einfluss darauf nehmen, dass die Aborigines nicht so schlecht dargestellt wurden.

KP: Gingen Sie noch auf die Universität oder blieben Sie beim Journalismus? Und wie sind Sie dann zur Politik gekommen?

MM: Ich blieb beim Journalismus und lernte den Job während der Arbeit. Ich hatte nie in Erwägung gezogen, in die Politik zu gehen, weil ich mit dem, was ich tat, glücklich war. Aber es gibt einfach Momente im Leben, an denen man an einen Scheideweg gelangt. Es gab diesen einen bestimmten Moment, der eine unglaublich große Veränderung mit sich brachte: Der Beauftragte für Arnhem ging in Rente und man suchte jemanden, der die Aborigines von Arnhem repräsentieren konnte. Mit der Unterstützung meiner Familie wurde ich für die Australien Labour Partei vorausgewählt und gewann 2005 die Wahl. Das alles geschah binnen weniger Monate, und ich hatte nie das Gefühl, dass ich nicht in die richtige Richtung ging.

KP: Wie haben Sie Ihre Rolle in der Politik und in den Medien wahrgenommen?

MM: Es war eine unglaubliche Veränderung, weg von einer Journalistin, die in den Medien arbeitete, hin zu einer Politikerin, die mit den Medien arbeiten musste. Der wichtigste Faktor aber war, dass ich meine Entscheidung, in die Politik zu gehen, nie in Frage gestellt habe. Der ausschlaggebende Grund war sicher, den Aborigines von Arnhem und dem Northern Territorry zu dienen. Aufgrund meiner Herkunft habe ich mich selbst unter Druck gesetzt, zudem ist das Tempo wirklich hoch und erschöpfend.

KP: Was ist Ihr Erfolgsrezept gegen die Erschöpfung?

MM: Ich ziehe mich nach innen, in mein spirituelles Zentrum zurück. Wenn ich mich unglaublich erschöpft fühle, muss ich innehalten und mir die Zeit nehmen, meine persönliche Stärke und meinen Fokus wiederzufinden. Was ich in meiner Position festgestellt habe, ist, dass jeder jederzeit etwas von einem will. Es gibt so viele Dinge, die erledigt werden wollen, aber man muss den Fokus auf dem ruhen lassen, was man wirklich tun muss.

KP: Wie bleiben Sie fokussiert?

MM: Ich versuche mir den inneren Frieden zu bewahren und auf das konzentriert zu bleiben, was ich zu tun habe. Es ist wichtig, dass ich meine Meetings mit Freude angehe. Es geht darum, in mir selbst das Zentrum zu finden. Mein Rat an die Frauen in der Welt lautet: Hört auf euer Inneres. Hört auf euren Körper. Hört zu, was er euch sagt. Es gibt keinen besseren Wegbegleiter.

KP: Ihre beiden Söhne sind 12 und 17 Jahre alt. Denken Sie, dass es für junge Menschen einfach ist, in einer Welt, die von den Medien beherrscht wird, auf ihren Körper und ihren Geist zu hören?

MM: Ich kann nur das weitergeben, was ich weiß, und hoffen, dass meine Jungs, wenn sie älter werden, in der Lage sein werden, sich auf diese Werte zu beziehen. Ich glaube, sie müssen noch durch ihre eigenen Aufgaben und Herausforderungen im Leben gehen. Aber ich hoffe, dass das, was ich ihnen beigebracht habe, ihnen zugute kommt und ihnen zum rechten Zeitpunkt in ihrem Leben hilft.

KP: Wenn Sie sich die Veränderungen in der Welt anschauen, glauben Sie, dass wir eine Brücke zwischen der schnelllebigen modernen Welt und dem Kontakt zu Natur, Spiritualität und innerem Frieden bauen müssen?

MM: Ich denke, dass die nächste Generation von den Medien und dem Informationszeitalter eingenommen ist. Das macht es für die ältere Generation zu einer Herausforderung – der jüngeren Generation beizubringen, wer sie sind. Aber ich denke, da ist etwas in jedem von uns. Egal, wie viele Filme man anschaut oder wie viel man auf Facebook chattet, wir haben dennoch eine innere Stimme und ein Verlangen in uns, das uns sagt, dass diese Dinge nicht alles im Leben sind. Egal, in welche Situationen man im Leben gelangt, jedes Individuum wird früher oder später seine Spiritualität entdecken.

KP: Können Sie mir etwas mehr über die Stellung der Frau in Ihrer Kultur erzählen?

MM: Sicher. In der Kultur der Yanyuwa sprechen Männer und Frauen unterschiedliche Sprachen. Ich glaube, das ist ziemlich einzigartig. Aber wenn wir nicht aufpassen, werden wir unsere Sprache verlieren, denn die nächste Generation wird wieder der amerikanischen Pop- Kultur und dem Fernsehen ausgesetzt sein. Englisch ist die Sprache, die überall gesprochen wird. Wir sind uns dessen sehr wohl bewusst und wir, als Volk des Northern Territory, müssen lernen damit umzugehen. Der zweite wichtige Punkt ist, dass die Yanyuwa Frauen zusammenhalten. Sie sprechen über anstehende Themen und Probleme. Wir versuchen mit dem „Frauen-Angelegenheiten" zurechtzukommen und genauso verhält es sich bei den Männern. Sie kümmern sich um die „Männer-Angelegenheiten".

KP: Was beinhalten denn „Frauen-Angelegenheiten"?

MM: „Frauen-Angelegenheiten" kann vieles beinhalten: Familienthemen und sicher auch Beziehungen zum Land und zum Meer. Zum Beispiel haben wir einen bestimmten Tanz, um die Lieder und Zeremonien der Frauen zu bewahren. Der Meerjungfrauentanz ist sehr wichtig für uns, um unsere Kultur zu bewahren und unser Wissen an Frauen weiterzugeben. Genauso verhält es sich bei den Männern, sie haben ihre eigenen Tänze, ihr Wissen und ihre Kultur, welche sie an Männer weitergeben.

KP: Gibt es so etwas wie *Female Leadership* in Ihrer Kultur?

MM: Es gibt ein Gefühl dafür, wer die Anführer sind. Es gibt in der Kultur der Yanyuwa nicht nur einen Anführer. Wenn man etwas Bestimmtes über einen bestimmten Ort wissen will, muss man zur dortigen Familiengruppe gehen. Es hat sich in unsere Kultur herauskristallisiert, dass keine Person alleine das Wissen bewahrt. Das Wissen wird geteilt. Wenn jemand etwas nicht weiß, sagt man ihm, wohin er gehen muss und welche Person etwas über das Thema weiß.

KP: Wenn Sie die Welt der Politik und der Unternehmen betrachten und sehen, dass Frauen mehr und mehr an Führungspositionen gelangen, was fühlen Sie dabei?

MM: Ich fühle mich unglaublich stolz, Frauen zu erleben, die aufstehen und Führungspositionen in Parlamenten rund um die Welt erlangen, auch in Deutschland. Ich habe so viel über die Kanzlerin gehört und in Australien haben wir Julia Gillard, unsere Premierministerin. Es ist außergewöhnlich, wie sie mit den Herausforderungen, denen sie nach der Wahl gegenüberstand, umging. Ich denke, es sagt etwas über Australien aus, dass wir nun endlich eine Premierministerin haben.

KP: Würden Sie sagen, dass Frauen einen anderen Führungsstil haben als Männer?

MM: Absolut. Ich denke, Frauen bringen Sensibilität und ein Verständnis mit, das wahrscheinlich so nie bemerkt worden wäre ohne Frauen am Tisch. Es herrscht ein gewisses Bewusstsein bei Männern vor, wenn eine Frau in einem Meeting mit am Tisch sitzt. Dieses Bewusstsein ist eine tolle Sache, weil es die Menschen zweimal über ihre Entscheidungen und den Einfluss, den diese Entscheidungen auf die Menschen haben, nachdenken lässt.

KP: In Deutschland gibt es eine große Debatte über Frauenquoten in Vorständen und in Firmen, was bedeutet, dass eine gewisse Anzahl an Sitzen im Vorstand mit Frauen besetzt sein muss. Gibt es ähnliche Diskussionen in Australien?

MM: Darüber würde ich gerne mehr erfahren. Wir sprechen darüber im Allgemeinen, besonders auf Frauenkonferenzen im ganzen Land. Wir sprechen darüber, wie viele Frauen wir in den örtlichen Regierungen haben und wie viele in Vorständen. Wir sind uns dieser Debatte bewusst und wir werden sicherlich die Entwicklung in Deutschland zu diesem Thema verfolgen. Aber ich denke, es gibt auch eine andere Seite der Frauen, die nicht vergessen werden sollte: Frauen werden immer wieder klarstellen, dass sie keine Position haben wollen, für die sie sich nicht qualifiziert fühlen. Ich denke auch, dass das etwas ist, das uns einzigartig macht. Wir wollen in diesen Positionen sein, aber auch sicher gehen, dass wir dafür bereit sind.

KP: Wenn Sie die nächste Generation betrachten, was ist die wichtigste Lektion, die Sie gelernt haben, die Sie gerne weitergeben würden?

MM: Ich denke, der wichtigste Rat ist, niemals aufzugeben. Man geht immer wieder durch Phasen im Leben, die einen glücklich oder traurig machen und das fordert einen heraus. Man wird hinfallen, aber die Frage ist, ob man liegen bleiben wird. Die Herausforderungen im Leben definieren den Charakter.

FARAH PANDITH

DAS GESPRÄCH

FARAH PANDITH

*1968 | Erste Sonderbeauftragte für die muslimische Gemeinde im US-Außenministerium

Sie war gerade 21 Jahre alt, als sie mit ihrer Abschlussrede am renommierten Smith College in Massachusetts die damalige First Lady beeindruckte. Barbara Bush höchstpersönlich ermöglichte Farah Pandith den Karrierestart an der US Agency for International Development (USAID). Doch die Wurzeln für den Erfolg der ersten Repräsentantin US-amerikanischer Moslems liegen in ihrer Familie. Die Tochter einer hochgebildeten Ärztin aus Kaschmir wurde 1968 in Srinagar geboren, wuchs in Massachusetts auf und besuchte verschiedene Privatschulen. Nach dem Karrierestart bei der USAID machte Farah Pandith ihren Master in „Law and Diplomacy" (MALD) und arbeitete von 1997 bis 2009 u.a. als Vizepräsidentin des Bereichs „International Business" bei der Firma ML Strategies, LLC in Boston, als Leiterin des Nationalen Sicherheitsrats im Weißen Haus und als Beraterin des Büros für europäische und eurasische Angelegenheiten im Außwärtigen Amt.

Foto: State Gov

Heute besteht ihre Aufgabe darin, weltweit partnerschaftliche Beziehungen zu Moslems zu etablieren, die auf gegenseitigem Interesse und Respekt beruhen.

KP: Lassen Sie uns damit beginnen, wie Sie aufgewachsen sind. Wie wurden Sie erzogen?

FP: Ich bin nicht hier geboren worden, sondern kam als Baby mit meiner Mutter in die Vereinigten Staaten. Ursprünglich wollten wir hier nur den Bruder meiner Mutter besuchen, aber dann verschlechterte sich die politische Lage in Kaschmir und es war nicht mehr sicher, dort zu leben. Also drängte uns mein Vater dazu, aus Sicherheitsgründen in Amerika zu bleiben. Später kam er nach und meine Eltern entschieden, dass sie in die USA einwandern würden.

KP: Was machten Ihre Eltern beruflich?

FP: Meine Mutter absolvierte Prüfungen in Medizin, um in Amerika als Ärztin arbeiten zu können. Sie war so eine Art Wegbereiterin: die erste Frau in der Familie, die Arzt wurde, und damals Kaschmir – einen eher konservativen Teil Indiens – verlassen hatte, um in Delhi eine der besten Schulen für Frauen zu besuchen und Medizin zu studieren. Ich war ihr erstes Kind und da ich ein Mädchen war, wollte sie auch mir in Bezug auf Ausbildung und berufliche Chancen so viel wie möglich mitgeben.

KP: Wie reagierte Ihr Vater darauf?

FP: Meine Mutter war schon an der medizinischen Fakultät als meine Eltern sich verlobten. Es war eine arrangierte Hochzeit. Ihre Mutter starb früh, sodass sie bei ihrem Vater aufwuchs. Dennoch wusste sie, was sich ihre Mutter gewünscht hätte: dass ihre Tochter Medizinerin werden würde. Das Verständnis meiner Mutter für die Bedeutung von Bildung kam von ihrem Vater, der sie beeinflusst und unterstützt hatte, den Wunsch ihrer Mutter zu erfüllen. Meine Mutter wuchs in einer sehr intellektuell geprägten Umgebung auf und besonders mein Großvater war für seine klugen Ratschläge bekannt. Er versammelte Leute an seinem Tisch und diskutierte wichtige Themen wie Politik und Religion mit ihnen. Sie saß mit am Tisch und die Leute fragten sie nach ihrer Meinung. Meine Mutter war eine sehr starke und ausdrucksstarke Frau und wusste, dass ihre Mutter sich gewünscht hätte, dass sie Ärztin werden würde. Deswegen schlug sie diesen Weg ein.

KP: War Ihre Mutter ein Vorbild für Sie?

FP: Ja, meine Mutter und ihr gesamter Lebensweg waren für mich ein Vorbild. Mir wurden nie Grenzen gesetzt im Hinblick darauf, was ich alles tun könnte. Als ich ungefähr zehn Jahre alt war, ließen sich meine Eltern scheiden. Also wurde ich von meiner Mutter großgezogen. Damals hatte ich schon einen kleinen Bruder und meine Mutter war sehr erfolgreich. Sie war die medizinische Leiterin eines staatlichen Krankenhauses und sagte mir, dass sie dort nicht nur für sich selbst arbeiten würde, sondern auch für andere Menschen, die Hilfe brauchten. Das war das Umfeld in dem ich aufwuchs. Meine Mutter war die Brötchenverdienerin und stellte sicher, dass ich verstand, was in der Welt vor sich ging und dass ich der Gemeinschaft etwas zurückgeben würde.

KP: Hatten Sie damals schon eine Idee, was das sein würde?

FP: Zunächst nicht. Ich wuchs in Amerika auf, also würde ich dieser Gemeinschaft etwas zurückgeben müssen. Eine Amerikanerin zu sein und das eigene kulturelle Erbe zu bewahren war für meine Mutter kein Widerspruch, also erzog sie mich nach muslimischen Werten und brachte mir bei, andere Menschen zu respektieren und offen gegenüber anderen Kulturen und Religionen zu sein. Mein Bruder und ich gingen auf eine Privatschule in Boston und meine Mutter gab einen großen Teil ihres Verdienstes aus, um die Schule zu bezahlen. Der Grund dafür war, dass sie uns keine Möglichkeiten verweigern wollte und entschieden hatte, dass wir die bestmögliche Ausbildung bekommen sollten.

„ICH WAR IMMER DARAN INTERESSIERT, WAS IN MEINEM UMFELD VOR SICH GING UND WIE ICH ETWAS POSITIVES BEWEGEN KÖNNTE."

KP: Wie fühlen Sie sich heute, wenn Sie daran denken?

FP: Ich bin extrem dankbar, dass meine Mutter uns diese Chancen ermöglicht hat. Ich bin voller Liebe und Respekt gegenüber meiner Gemeinschaft in Kaschmir. Aber ich bin auch dankbar, dass ich in einem Land aufwachsen konnte, in dem man keine Grenzen hat und das mit einer Mutter, die verstand, dass es eine Menge Potential zu entwickeln galt. Meine Mutter sagte uns, dass es ihr nicht möglich wäre, uns etwas zu hinterlassen, wenn sie einmal stirbt. Aber was sie uns hinterlassen könnte, wäre Bildung. Dennoch gab es in meinem Umfeld niemals den Druck, dass ich Ärztin werden müsste. Aber ich sollte etwas finden, für das ich Leidenschaft empfand. Mir wurde beigebracht, ehrlich zu mir selbst und nett zu Anderen zu sein.

KP: Wer oder was hat Sie zu dieser Zeit noch beeinflusst?

FP: Eine weitere Sache, die mich beeinflusst hat, war die Tatsache, dass es damals in meiner Schule keine ethnische Vielfalt gab. Es gab keine anderen Menschen aus Indien, ich hatte keine muslimischen Freunde und wurde nie anders behandelt. Stattdessen ging es um Bildung, Familie und darum, der Gemeinschaft etwas zurückzugeben. Ich habe immer noch guten Kontakt zu meinen Freunden aus der Grundschule. Jemandes Glaube, Tradition und Abstammung spielt überhaupt keine Rolle. Der Bruder meiner Mutter, der ein Herzchirurg war, war zudem eine Quelle unglaublicher Inspiration für mich, im Hinblick auf das, was man aus sich machen kann. Er brachte uns auch bei, dass wir Amerikaner seien und dass es mit unserer Ausbildung keine Grenzen gäbe und wir werden könnten, was immer wir wollten. Auch inspirierten mich die Erfahrungen auf dem Smith College in Massachusetts. Dort wurde ich durch die berühmten Menschen aus Kunst, Musik, Diplomatie usw. inspiriert, die das College vor mir besucht hatten. Es spielte keine Rolle aus welchem Bereich sie kamen. Alle besaßen eine Leidenschaft für das was sie taten, waren engagiert und hatten dadurch einen echten Einfluss auf ihr Umfeld. Sie dachten in großen Zusammenhängen und ich wollte Teil dieser Geschichte sein. Ich verdoppelte meine Anstrengungen, weil ich den Menschen in meiner Umgebung helfen wollte.

KP: Wann stellten Sie fest, was Sie werden wollten? Wussten Sie das schon in sehr jungen Jahren oder entwickelte sich das mit der Zeit?

FP: Es kam mit der Zeit. Wenn man so sieben oder acht Jahre alt ist, wird man inspiriert und denkt darüber nach, was man werden könnte. Ich war immer daran interessiert, was in meinem Umfeld vor sich ging und wie ich etwas Positives bewegen könnte. Die ganze Zeit über in der Grundschule und High School strebte ich danach, Klassensprecherin und Mitglied des Schulparlaments usw. zu werden. Erste Erfahrungen mit Führung in der Schule mögen nicht allzu signifikant klingen, aber man lernt, wer man ist, wie man mit Menschen umgeht, am besten ein Thema zur Sprache bringt und Autoritäten überzeugt. Als ich auf der High School war, war ich immer an internationalen Angelegenheiten interessiert – nicht im Sinne von internationalen Beziehungen und Politik, sondern ich war an der Welt um mich herum interessiert. Ich reiste als junges Mädchen jeden Sommer nach Kaschmir. Das öffnete mir wirklich die Augen, wie privilegiert ich in Amerika war. Ich interessierte mich für eine Menge Studienbereiche, entschied mich aber für Politik, weil ich etwas über den Einfluss, den Politik auf Menschen haben kann, wissen wollte. Auf dem College war ich wieder sehr engagiert: Ich saß im Studiensenat und im Kabinett des Studienparlaments.

KP: All diese Dinge waren Erfahrungen mit Führung. Erinnern Sie sich noch an Ihre erste Erfahrung als Führungsperson?

FP: Die entscheidendste Erfahrung mit Führung, die meine Karriere mit formte, erlebte ich im Frühjahr 1989. Ich war gerade zur Präsidentin des Studentenrats gewählt worden, als eine farbige Schülerin einen mit rassistischen, verabscheuungswürdigen Worten beschmierten Zettel an ihrer Tür im Studentenwohnheim fand. Das Ganze wurde zu einer Angelegenheit von nationaler Tragweite. Das FBI war involviert und die Medien berichteten ausführlich darüber. Schließlich wurde eine Studentenkonferenz organisiert, bei der es meine Aufgabe war, vor dem versammelten Campus – einer aufgewühlten Studentenmenge – zu sprechen. Das Ziel sollte sein, darüber nachzudenken, wie man mit diesem Vorfall umgeht und für welche Werte wir stehen. Es lief tatsächlich alles gut und in den folgenden Tagen und Wochen entwarfen wir einen Aktionsplan. In diesem Herbst, dem gelichzeitigen Beginn meines Senior Jahres, wurde ich gebeten, die Eröffnungsrede zum Beginn des neuen Studienjahres zu halten. Mir war klar, dass ich über diesen rassistischen Vorfall sprechen musste und bereitete damit gleichzeitig die Bühne für unser selbstgewähltes Campusmotto: „Das Jahr der Vielfalt". Da nicht nur tausende von Menschen, sondern auch die damalige

First Lady, Barbara Bush, erwartet wurden, war ich sehr aufgeregt. Es war mein Aufgabe, ihr den Campus zu zeigen und etwas über das College zu erzählen. So lernte ich im September 1989 Barbara Bush kennen.

KP: Wie fühlte es sich an, im Alter von 21 Jahren die First Lady der Vereinigten Staaten zu treffen?

FP: Sie war früher auch auf dem Smith College. Ich fühlte mich unglaublich geehrt und verantwortlich, weil ich wollte, dass ich eine Studentin des Smith Colleges bin, auf die sie stolz sein konnte. Ich erinnere mich an diesen Tag mit einem Lächeln, weil ich damals noch keine Ahnung hatte, wie dieser Tag mein Leben verändern würde. Sie kam früher als erwartet, also hatte ich die Gelegenheit, mit ihr über alle möglichen Dinge zu reden. Es war ein wirklich netter und persönlicher Austausch. Dann zeigte ich ihr den Campus, stellte ihr einige Studenten vor und hielt meine Rede über Vielfalt und Respekt. Nach meiner Rede lehnte sie sich zu mir und sagte, dass es eine sehr gute Rede gewesen sei. Ich dankte ihr und das war es dann auch – zumindest dachte ich das. Im Anschluss hielt Sie ebenfalls eine Rede und am nächsten Tag rief mich das Weiße Haus an. Sie sagten mir, dass die First Lady meine Rede sehr gemocht hatte und fragten, ob sie eine Kopie davon haben könnten, weil sie sie gerne verwenden würde.

„WENN MAN LEIDENSCHAFT, BEGEISTERUNG UND HINGABE ZU SEINEM JOB ZEIGT, WIRD EINEM JEDER DABEI HELFEN, ZIELE ZU ERREICHEN."

KP: Wie lange haben Sie diese Rede vorbereitet? Fiel es Ihnen leicht?

FP: Es war eine sehr kurze Rede. Die Länge war nicht das Thema. Nachdem was im Frühling passiert war, wusste ich, was ich in der Sommereröffnungsrede sagen wollte. Die Botschaft, die ich der Studentenschaft vermitteln wollte, war, dass wir alle Teil einer Gemeinschaft sind und dass wir einander respektieren sollten. Diversität ist wichtig und wir ehren die Vielfalt. Das war die Botschaft der Rede. Es berührte eine Menge Menschen, weil es um die Kernwerte unseres Umfelds und unsere Gemeinschaft ging. Ich schickte die Rede ans Weiße Haus und hatte von da an öfter schriftlichen Kontakt mit der First Lady. Sie zitierte mich im ganzen Land und es war ein unglaubliches Gefühl. Ich war wirklich stolz. Ein paar Monate vor meinem Abschluss, fragte ich sie, welchen Ratschlag sie für eine Studentin im Abschlussjahr haben würde. Sie antwortete: „Ich weiß nicht wo und wie man einen Job bekommt, aber kommen Sie mich doch einfach im Weißen Haus besuchen."

KP: Wussten Sie damals schon, dass Politik etwas ist, mit dem Sie sich beschäftigen wollten?

FP: Nein, nicht unbedingt. Aber ich wusste, dass ich etwas tun wollte, bei dem ich im Leben der Menschen eine Rolle spielen und ihnen helfen könnte. Schon seit ich ein Kind war, wollte ich, dass die Stimmen der Menschen gehört werden. Auch heute ist es mir noch wichtig zu sagen, dass ich nicht in der Politik, sondern an Grundsätzen arbeite. Die Korrespondenz mit Barbara Bush veränderte mein Leben. Ich bekam meinen ersten Job nach dem College, weil ich zuvor ihre Stabschefin kennenlernte und mich mit ihr unterhalten hatte. So kam es, dass mein erster Job 1990 bei der Agency for International Development (USAID) war. Später – es war beinahe 20 Jahre später – lernte ich dann auch die nachfolgende First Lady, Hillary Clinton, kennen.

KP: Also wurde die Entwicklung ihrer Karriere stark durch weibliche Führungspersönlichkeit wie Barbara Bush und Hillary Clinton beeinflusst.

FP: Ja, das stimmt. Aber ich hatte auch männliche Chefs während meiner 20 jährigen Karriere, die mir Möglichkeiten eröffneten. Wenn man Leidenschaft, Begeisterung und Hingabe zu seinem Job zeigt, wird einem jeder dabei helfen, Ziele zu erreichen.

KP: Ich nehme an, dass Sie während Ihrer Zeit als Führungskraft meist von Männern umgeben waren. Machten Sie jemals eine schlechte Erfahrung, die auf der Tatsache, dass sie eine Muslimin und eine Frau sind, beruht?

FP: Nein. Ich arbeitete zum Beispiel mal für eine Anwaltsfirma mit einem männlichen Boss. Er unterstützte mich und meine Ideen immer und lies mich ansonsten frei arbeiten. Ich denke immer noch, dass man Ideen haben, andere Menschen überzeugen und sich gut ausdrücken können muss. Ich fühlte mich niemals anders als ein Mann, der Kompetenzen hat und Ziele erreichen will. Wenn man nicht an sich selbst glaubt, handelt man nicht selbstbewusst und überzeugt andere Menschen auch nicht. Da ich immer an mich glaubte, wurde ich immer mit Respekt behandelt.

KP: Nehmen Sie Ihren Führungsstil als unterschiedlich zu dem von Männern war?

FP: Nein. Ich denke, dass Führungsstil durch jemandes Mitgefühl, Ausrichtung und die Art, wie er mit Menschen umgeht, bestimmt wird. Aus der Perspektive des Geschlechts habe ich es nie betrachtet, immer aus der Perspektive des Selbstvertrauens. Ich habe richtig gute und schlechte männliche Führungspersönlichkeiten gesehen und dasselbe gilt für weibliche Führungskräfte. Man muss wissen, wer man ist und man muss seine inneren Werte kennen. Da ich meine Werte kannte und wusste, wer ich war, war ich in der Lage, Dinge abzuwehren, die nicht richtig oder ungerechtfertigt waren. Meine Religion spielte dabei übrigens nie eine Rolle. Aber meine lebenslange Erfahrung, die Werte, die mir beigebracht wurden und meine Eindrücke, die ich bei Reisen gewonnen habe, haben meinen Führungsstil geprägt.

KP: Obwohl für viele Frauen, das Geschlecht und die Religion niemals ein Thema waren, hatten sie doch mit Männern zu tun, die daraus ein Thema machten.

FP: Da stimme ich voll und ganz zu. In jedem Job, den ich hatte, gab es nur wenige Frauen. Ich war meistens von weißen Männern umgeben. Aber wenn man das Spiel spielt und sich beteiligt, denkt man von sich selbst nicht als Frau, sondern als Person, die wertvolle Erfahrungen mitbringt. Ich weiß nicht, wie man mich gesehen oder behandelt hat, denn ich war so sehr auf das Subjekt und die Verantwortung konzentriert, die mir gegeben wurden, das war das Einzige, was für mich zählte.

KP: Wenn man von diesen Erfahrungen ausgeht, gibt es da etwas, das Sie den jungen Frauen von heute, die ihre Träume verwirklichen, ihrem Weg folgen und ihre spezielle Führungsrolle ausfüllen wollen, gerne raten würden?

FP: Es gibt zwei Sachen, die ich einem jungen Mädchen gerne sagen würde: Zum einen: habe Träume und beschränke dich nicht selbst in irgendetwas. Es gibt keine Grenzen in Bezug auf das, was du erreichen kannst. Es ist nur deine eigene Mauer, die du aufbaust, wenn du denkst, dass du etwas nicht kannst. Natürlich kannst du es. Du kannst alles machen und kannst bzw. musst Träume haben. Zum zweiten: sei leidenschaftlich. Sei absolut leidenschaftlich bei dem, was du tust. Das Leben dreht sich nicht nur um die Arbeit. Man muss arbeiten, um seine Rechnungen zu bezahlen. Aber Arbeit ist Teil deines Lebens und es sollte nicht von der Person, die du bist, getrennt sein. Es spielt keine Rolle, in welchem Sektor du arbeitest. Du musst dich bei deiner Arbeit gut fühlen und deine Arbeit sollte für dich Sinn machen.

CHARLOTTE SAHL-MADSEN

DAS GESPRÄCH

CHARLOTTE SAHL-MADSEN

*1964 | Ministerin für Wissenschaft, Technologie und Innovation

Kunst, Business und Strategie sind die Schwerpunkte in Charlotte Sahl-Madsens Vita: Die dänische Wissenschaftsministerin war Direktorin und Präsidentin verschiedener kultureller Institutionen und Museen, darunter zehn Jahre lang Direktorin des Glasmuseums in Ebeltoft.

1964 im west-dänischen Holstebro geboren, testete die Politikerin der Dänischen Konservativen Volkspartei nach der Schule verschiedene Berufsfelder und startete kurzzeitig ein Jurastudium, um dann das Glasmuseum zu einem international anerkannten Museum zu machen. Es folgten führende Positionen bei LEGO und Danfoss, beides Säulen der dänischen Exportindustrie, bevor Charlotte Sahl- Madsen 2010 zur Wissenschaftsministerin ernannt wurde – in ihren Augen das wichtigste Ministerium.

Eines ihrer Ziele ist es, globales Bewusstsein zu stärken; ein neues Gesetz etwa soll garantieren, dass jeder dänische Student ein Semester im Ausland studiert.

KP: Wie würden Sie Ihre Kindheit beschreiben?

CS: Ich bin in Holstebro groß geworden, einem Dorf, in dem Kultur stark in das tägliche Leben integriert war. Es gab eine Menge internationaler Kunst und viele Konzerte, die in der Stadt stattfanden. Ich erinnere mich auch, dass ich das jüngste Mitglied aller Zeiten im Theater war, nachdem meine Großmutter vorgeschlagen hatte, ein Abonnement zu kaufen. Noch bevor ich auf die Schule kam, fanden einige meiner Geburtstagsfeiern in Museen statt. Es gab dort spezielle Spiele und Aktivitäten. Sie sehen also, dass die Kultur sehr in meine Kindheit integriert und wichtig für sie war. Meine Eltern waren keine Künstler; es war einfach die Art, wie wir in dieser Stadt lebten.

KP: Ist das speziell in Ihrer Stadt so oder in ganz Dänemark?

CS: Nein, das galt nur für diese Stadt. Das war in den 60er und 70er Jahren. Der westliche Teil von Jutland war nicht berühmt für sein kulturelles Erbe, aber der Bürgermeister war der Kultur damals sehr zugetan. Es stellte sich heraus, dass die Hälfte der Schüler unserer Oberschule sich in irgendeiner Form mit Kunst beschäftigte; Kunst war ein fester Bestandteil in unserem Alltagsleben.

KP:HatteIhreFamilieauchmitKunstzutun?

CS: Nein, überhaupt nicht. Mein Vater war beim Militär und hatte später sein eigenes Geschäft und meine Mutter entwarf Hüte. Sie war sehr kreativ. Ich denke, das hatte auch Einfluss auf meinen Führungsstil: Ich stand mit einem Bein im kreativen Teil der Welt: Kunst, Strategie und Entwicklung. Mit dem anderen stand ich im Geschäftlichen, in Finanzen und Struktur. Ich glaube, dass diese Balance zwischen der kreativen und der eher betriebswirtschaftlichen Struktur für mich sehr wichtig war. Ich habe es als Teenager nicht so gesehen, aber zurückblickend war das mehr oder weniger der rote Faden.

KP: Erinnern Sie sich an Ihre erste Führungserfahrung?

CS: Mit sechs oder sieben Jahren gründete ich ein Rollschuh-Team in unserer Nachbarschaft und natürlich sah ich mich selbst als Vorsitzende des Teams. Als ich allen Freunden sagte, was sie zu tun hätten, war ich sehr überrascht, weil sie es nicht taten. Ich stand da und sagte ihnen, was passieren würde und sie hörten einfach nicht zu. Das war meine erste Führungserfahrung.

KP: Was lernten Sie daraus?

CS: Da stand ich und forderte, anstatt zu erklären und einzubeziehen. Ich denke, das ist die Lektion, die ich gelernt habe. Man muss motivierend sein und Dinge erklären: warum ist diese Herausforderung relevant? Was werden die zu erwartenden Auswirkungen sein? Welche Schwierigkeiten sieht man und was könnte die Lösung sein? Welche Art von Gewinn ist in der Herausforderung für jeden enthalten? Wenn man nicht motivierend ist und diese Dinge erklärt, dann ist man keine Führungsperson. Einfach nur – wie ich damals – auf einer umgedrehten Box stehen und etwas verlangen, ohne Erklärung, das ist nicht genug.

KP: Aber Sie haben daraus Konsequenzen gezogen?

CS: In der Grundschule war ich dann Mitglied der Schülergewerkschaft. Die Diskussionen um die Herausforderungen an der Schule und das Finden von Lösungen gemeinsam mit den Lehrern war sehr inspirierend. Ich wurde auch schon früh zur Gymnastik-Trainerin ausgebildet. Hier gab es eine andere Art von Führung: Ich genoss es wirklich zu erklären, wie und warum wir Dinge auf eine gewisse Art und Weise tun sollten.

KP: Wie hätte Ihre Mutter Sie als Kind beschrieben?

CS: Wenn sie ein Wort über mich zu sagen hätte, denke ich, dass es „Entscheiderin" gewesen wäre. Ich würde mich selbst als neugieriges Kind beschreiben.

KP: Als Sie noch sehr jung waren, hatten Sie da irgendwelche Vorbilder?

CS: Meinen Vater. Er war zielstrebig und auf Dinge konzentriert. Er sagte: „Wenn man auf Hindernisse trifft, muss man einen Weg finden, sie niederzureißen oder einen Weg um sie herum finden. Es wird immer eine Lösung geben." Das hatte Einfluss auf mich und meine zwei Brüder. Uns wurde beigebracht, dass nichts unmöglich ist und wir trugen sehr früh Verantwortung. Vor der Schule brachte ich z.B. die Tageseinnahmen meines Vaters zur Bank. Er brachte uns auch bei, uns selbst zu organisieren. Ich sagte meinen Eltern einmal, dass ich wegen des Studiums gerade keine Zeit für die Familie hätte. Mein Bruder brachte beides unter einen Hut und so sagte mir mein Vater, dass, wenn ich nicht gleichzeitig studieren und Zeit für die Familie haben könnte, ich lieber nicht studieren sollte. Also musste ich einen Weg finden, zu studieren und Zeit mit meiner Familie zu verbringen. Ich glaube, das ist ein ziemlich gutes Beispiel dafür, wie ich erzogen wurde: Erfülle deine Pflichten, finde eine Lösung und weiter geht's.

„ERFÜLLE DEINE PFLICHTEN, FINDE EINE LÖSUNG UND WEITER GEHT'S."

KP: Wann wurde Ihnen Ihr Berufswunsch klar?

CS: Ich habe mich nicht mit meinen Eltern zusammengesetzt und meine Karriere geplant. Eher im Gegenteil: Ich wusste nicht so recht, was ich machen sollte. Ich schloss dann mit meinen Eltern eine Verabredung über ihre finanzielle Unterstützung. Ich konnte für ein paar Jahre verschiedene Dinge ausprobieren und herausfinden, was mich inspiriert und motiviert. Aber ich musste zustimmen, dass ich mich zu einem bestimmten Zeitpunkt an der Universität einschreiben würde. Ich hatte etwa fünf Jahre und habe unterschiedliche Sachen ausprobiert.

KP: Was für Dinge?

CS: Ich startete ein Kunstprojekt. Dann hatte ich die Idee, dass ich vielleicht Physiotherapeutin werden sollte. Ich dachte auch über Archäologie nach, weil ich an Geschichte interessiert war. Wie versprochen, bewarb ich mich dann aber an der Universität und fing 1987 mit dem Jura-Studium an.

KP: Stand Jura auch auf Ihrer Liste neben Physiotherapie und Archäologie?

CS: Nein, überhaupt nicht. Es gab einige Anwälte unter den Freunden meiner Eltern und herauszufinden, was wahr und was falsch ist, schien interessant zu sein. Dann allerdings wurde ich nach wenigen Monaten im Studium gefragt, ob ich Interesse hätte, Vize-Präsidentin eines Sportclubs zu werden. Ich dachte, diese potentielle Führungskarriere sei interessanter. Also ließ ich die Universität sein und so begann meine Karriere als Führungskraft.

„WENN MENSCHEN SAGEN, DASS ETWAS NICHT MÖGLICH IST, DANN BIN ICH FEUER UND FLAMME DAFÜR."

KP: Also verließen Sie die Universität für diesen Job?

CS: Ja. Ich war Anfang Zwanzig und auch noch Teil dieses Kunstprojekts, wo ich für die Sponsoren und die Verträge verantwortlich war. Der Gründer des Kunstmuseums fand es sehr inspirierend, die Geschäftswelt und ihre Denkweise mit den Künstlern zu verbinden. Das passte zu mir und ich war sehr glücklich über die Möglichkeit, mit ihm zu arbeiten.

KP: Also haben Sie immer eine unternehmerische Karriere verfolgt?

CS: Ja, in einer Zusammenstellung von Kunst und Gewerbe und Strategie. Dann kam ich an das Glasmuseum in Ebeltoft. Ich hatte gerade eine Ausstellung für das Kunstmuseum fertiggestellt, an der auch ein Glaskünstler beteiligt war und ich machte so ziemlich alles falsch. Seine Frau rief mich an und lud mich zum Mittagessen ein. Ich hatte das Gefühl, dass das für mich der Weg sein könnte, mich zu entschuldigen und so akzeptierte ich die Einladung. Was sie mir nicht sagte, war, dass ich auf ein Vorstandstreffen eingeladen war, auf dem sie mich fragen wollten, ob ich daran interessiert sei, das Glasmuseum von Ebeltoft zu leiten. Auch heute verstehe ich noch nicht, was passiert ist. Ich dachte, ich hätte es in den Sand gesetzt.

KP: Für sich selbst gesehen oder auch in den Augen des Künstlers?

CS: Ich bin mir nicht sicher, ob es irgendein Besucher bemerkt hat, aber in meinen Augen war es nicht gerade professionell, soviel steht fest. Wie auch immer, ich begann meine Arbeit am Glasmuseum 1990. Irgendwie gingen zehn

Jahre ins Land und ich weiß nicht wie, aber wir machten das Glasmuseum zu einem international anerkannten Kunstmuseum. Wir sagten, dass wir keine öffentlichen Gelder brauchen würden, sondern das Museum eigenständig und mit Sponsoren finanzieren würden. Also hatte ich wieder mit Kunst und Kreativität auf der einen Seite zu tun sowie mit dem Geschäft auf der anderen. Kunst-Sponsoring war zu dieser Zeit etwas relativ Neues in Dänemark und jeder sagte uns, dass das so nicht ginge. Das stellte sich als eine Art Motivation für mich heraus. Wenn Menschen sagen, dass etwas nicht möglich ist, dann bin ich Feuer und Flamme dafür.

KP: Nach zehn Jahren am Glasmuseum bewarben Sie sich bei der LEGO Stiftung. Wie kam es dazu?

CS: Wir hatten LEGO gebeten, den Bau eines neuen Gebäudes für das Glasmuseum zu unterstützen. Sie waren einverstanden und der Geschäftsführer kam eines Morgens zu Besuch. Ich gab ihm die best geführte Tour, die es jemals im Museum gegeben hatte. Am Ende sagte er, dass er nicht da sei wegen meiner Bewerbung für die Stiftung. Er fragte mich stattdessen, ob ich die Entwicklungsabteilung von LEGO leiten wolle und ob ich gleich die Woche darauf anfangen wolle. Ich sagte ihm, dass ich dafür nicht qualifiziert wäre, und er antwortete, dass man ihn gewarnt hätte, dass ich das sagen würde. Er schlug einige Tests mit Geschäftspsychologen und einige Übungen über unternehmerisches Verständnis und Geschäftsstrategien vor, danach würde er Schwarz auf Weiß sehen, ob ich nicht qualifiziert sei und Recht hatte. Das erschien mir ein fairer Deal. Es endete damit, dass er mir den Job noch immer anbieten wollte. Also fing ich

im Jahr 2000 bei LEGO an und leitete die Entwicklungsabteilung für den vorschulischen Bereich. Wir luden Forscher aus aller Welt ein, die uns mit ihren Erkenntnissen zur Kindesentwicklung, zu Lern- und Innovationstheorien unterstützten. Es war großartig und beeindruckend zu sehen, was für Erkenntnisse und Wissen tatsächlich verfügbar waren. Ich leitete die Entwicklungsabteilung etwa zwei Jahre und begann so mehr mit Vielfalts- und Diversitätsmanagement zu arbeiten. Ich musste ein Team mit 10 - 15 Forschern etablieren, das buchstäblich aus allen Ecken der Welt kommen und sehr verschiedene Kompetenzen haben sollte. Da ging es nicht ohne.

„ABER ICH MÖCHTE ETWAS BEWIRKEN UND ICH MÖCHTE SICHER GEHEN, DASS ICH BEI ALLEM, WAS ICH TUE, VERGANGENES VERBESSERE."

KP: Wie gelang Ihnen das? Sprangen Sie einfach ins kalte Wasser?

CS: Ja. Ich hatte einen sehr guten Diversity Berater und bekam viel Inspiration und Unterstützung von ihm. Zudem kontaktierte ich internationale Forscher, die sich mit diesem Thema beschäftigten. Zu dieser Zeit wurden eine Menge Forschungsprojekte gegründet, die sich mit der Führung kreativer Menschen beschäftigten. Am Ende kam ich zu dem Schluss, dass man als Führungskraft die Individuen, die Kompetenzen des Einzelnen und die Schwächen verstehen muss und dass man wissen muss, wie diese Kompetenzen ein aktiver Bestandteil des Teams bleiben. Man muss die Kräfte bündeln.

„FÜR MICH IST ES EIN ELEMENTARER GEDANKE, EINE WELT WEITERZUGEBEN, DIE BESSER IST ALS DIE, DIE ICH BEKOMMEN HABE."

KP: Ich nehme an, dass es auch in puncto männlich und weiblich ein gemischtes Team war?

CS: Wenn man sich die primären und sekundären Parameter von Diversity ansieht, sind die ersten Parameter Geschlecht, Alter, Nationalität und Bildung. Die sekundären Parameter bestehen aus dem kulturellen Hintergrund, der Religion, die Art und Weise, wie man das Leben sieht und wie man die Familienstruktur wählt, alles eher die sozialen Dinge. Wir haben sehr intensiv mit beiden Parametern gearbeitet.

KP: Sehen Sie Unterschiede bei Männern und Frauen?

CS: Ich denke nicht, dass man diese Frage mit Ja oder Nein beantworten kann. Zum Beispiel waren im Vision Labor eine Italienerin und eine Norwegerin, die komplett gegensätzliche Ansichten über männlichen und weiblichen Führungsstil hatten. In Norwegen gibt es sogar Frauenquoten für Vorstände. Ich bin sehr dagegen. Wenn man mich fragt, ob ich einem Vorstand angehören möchte, will ich auf Grund meiner Kompetenzen, Qualifikationen und Erfahrung gefragt werden und nicht wegen meines Geschlechts. Es sollte für einen Vorsitzenden des Vorstandes eher relevant sein, dass das Team vielfältig ist und dass beide Sichtweisen, die der

Kunden und die der Forscher, repräsentiert sind. Das sollte wichtiger sein als das Geschlecht. Und wenn man sich norwegische Vorstände anschaut, in die Frauen gezwungen wurden, dann denke ich, dass es weder für die Frauen noch für den Vorstand eine glückliche Zeit war. Sich auf die Vielfalt zu konzentrieren, ist für mich sehr viel relevanter als die Mann-Frau-Diskussion.

KP: Gab es irgendwelche Herausforderungen, denen Sie gegenüberstanden, weil Sie eine Frau sind?

CS: Ich habe vor Ihrem Besuch lange darüber nachgedacht. Nach LEGO wurde ich Präsidentin der Universe Stiftung. Ich habe viele Stunden gearbeitet. Ich gehöre nicht zu der Gruppe, die um acht kommt und um vier geht. Aber das ist meine eigene Wahl. Ich habe mich immer engagiert und wollte eine Menge Dinge machen. Ich war verheiratet, bin es aber nicht mehr. Ich habe zwei sehr inspirierende, bezaubernde und fordernde Neffen, die mich öfter sehen wollen als möglich. Natürlich habe ich einige Entscheidungen getroffen. Für mich ist es in Ordnung, der Karriere viele Stunden zu opfern. Aber es ist kein Karriere-Trip. Ich bin keine Karrierefrau, weil ich mich selbst nicht als eine sehe. Aber ich möchte etwas bewirken und ich möchte sicher gehen, dass ich bei allem, was ich tue, Vergangenes verbessere. Für mich ist es ein elementarer Gedanke, eine Welt weiterzugeben, die besser ist als die, die ich bekommen habe.

KP: War das der Grund, warum Sie von der Kunst über das Business zur Politik gekommen sind?

Charlotte Sahl-Madsen im Gespräch

CS: Ich muss zugeben, dass die Haltung Dinge zu verbessern mit ein Grund ist, warum ich die Position als Ministerin akzeptiert habe. Das ist eine treibende Kraft für mich. Ich habe hier die Möglichkeit, neue Ideen und Vorschläge zu präsentieren. Für mich ist es das wichtigste Ministerium überhaupt, weil wir, da wir uns auf die Universitätsausbildung und die Forschung konzentrieren, tatsächlich die Basis für die Zukunft legen. Wenn es auf den Einzelnen ankommt, müssen wir sicherstellen, dass jede Person die bestmögliche Ausbildung bekommt und wir müssen den Fokus auf die Firmen richten und sie auf die

Globalisierung vorbereiten. Wir müssen sicherstellen, dass sie sehr kompetente junge Menschen ausbilden, die mit neuen Ideen und Prozessen aufwarten, damit wir in der Firma Wachstum haben und auf diesem Weg das zukünftige Wachstum der Nation finanzieren. Obwohl ich selbst meine Universitätsausbildung nicht abgeschlossen und eine Karriere im Geschäftsleben und in der Politik gemacht habe, ist es wichtig für junge Menschen eine gute Bildung zu bekommen, weil die Anforderungen so hoch sind und es schwierig ist, diesen ohne Bildung zu begegnen. Sie müssen auch verstehen lernen, dass sie in der Zukunft viel mehr Einsicht in kulturelle und internationale Herausforderungen haben müssen.

KP: Wäre das Ihr Rat an junge Menschen? Würden Sie ihnen raten, dass sie mehr die globalen Möglichkeiten sehen sollen, um eine Ausbildung zu bekommen?

CS: Sicherlich. Gerade jetzt verändern wir das Universitätsgesetz in Dänemark. Wir wollen sichergehen, dass jeder Student einige Zeit während des Studiums im Ausland verbringt.

KP: Was wäre Ihr Rat an junge Führungskräfte?

CS: Sicherzugehen, dass sie den Blick auf das Globale richten und dass sie eine Denkweise haben, die sie darin unterstützt, nach Vielfalt Ausschau zu halten und das Gespür für Vielfalt zu verbessern. Der andere Rat lautet, interdisziplinär zu arbeiten: ein Ingenieur sollte zum Beispiel mit einem Soziologen zusammenarbeiten. Es ist so wichtig, in vielfältigen und interdisziplinären Gruppen zu arbeiten, um bessere Lösungsansätze zu finden. Wir müssen die Latte für Innovationen höher setzen. Und um das zu tun, müssen wir neue Wege in der Zusammenarbeit finden und die kompetentesten Menschen an einen Tisch bringen.

KP: Wenn etwas wie weibliche Führung existierte, wie wäre Ihre Definition?

CS: Abhängig vom kulturellen Hintergrund, aus dem man kommt, wird man dies auf verschiedene Weisen sehen. Auf jeden Fall ist der Lernprozess ein sehr wichtiger Teil von Führung. Und zudem ist es sehr wichtig, zu verstehen, was die Kompetenzen jedes einzelnen Teammitglieds sind, und daraus das volle Potential zu schöpfen. Es ist wichtig, Vielfalt in dem Sinne sicherzustellen, dass Männer und Frauen einem Team angehören. Weil ich an die Vielfalt glaube.

Ich kann Ihnen sagen, dass immer, wenn eine weibliche Führungskraft das Ruder in die Hand nimmt, stellt sie sich ihren Herausforderungen mit Mut und Entschlossenheit … Frauen legen bei der Arbeit Geduld an den Tag und sie brauchen die Zusammenarbeit.

Khaleda Zia
ehemalige Premierministerin von Bangladesh

RITA SÜSSMUTH

DAS GESPRÄCH

DEUTSCHLAND

RITA SÜSSMUTH

*1937 | Präsidentin des Deutschen Bundestages a.D. und Ehrenvorsitzende der Deutschen AIDS-Stiftung

Rita Süssmuths Meinungen wichen immer etwas von denen ihrer Parteikollegen ab. Dennoch oder vielleicht gerade deshalb zählte die Quereinsteigerin lange Jahre zu den beliebtesten und vertrauenswürdigsten Politikerinnen. 1937 in Wuppertal geboren, studierte die Tochter einer hoch engagierten, katholischen Familie zunächst Romanistik und Geschichte, dann folgten das Postgraduiertenstudium in Erziehungswissenschaften, Soziologie und Philosophie sowie 1964 die Promotion. Während ihrer wissenschaftlichen Karriere an verschiedenen deutschen Universitäten begann Rita Süssmuth 1971, sich auch in der Bonner Politik zu engagieren (wissenschaftl. Beirat f. Familienfragen) und trat 1982 in die CDU ein. 1985 wurde sie Bundesministerin für Jugend, Familie und Gesundheit und, als das Ministerium um die Zuständigkeit für Frauenfragen erweitert wurde, erste Bundesfrauenministerin. Auch während ihrer zehnjährigen Amtszeit als Bundestagspräsidentin von 1988 bis 1998 engagierte sich die Mutter einer Tochter insbesondere für Familien- und Frauenfragen, die Weiterentwicklung einer demokratischen Gesellschaft sowie gemeinnützige Themen, allen voran AIDS. Die „Kämpferin für ein modernes Frauenbild" ist Ehrendoktorin verschiedener Universitäten in Deutschland..

KP: Was haben Sie als junger Mensch gedacht, was aus Ihnen einmal beruflich wird?

RS: Unsere Kindheit war geprägt vom Krieg. Mein Vater war im Krieg; meine Mutter erkrankte schwer in dieser Zeit und ich habe schon mit sieben oder acht Jahren Verantwortung übernommen. Wir waren erst vier Geschwister, später fünf. Unsere Kindheit war auch geprägt von Ängsten, die Jahrzehnte lang nachgewirkt haben und auch heute nicht aus meinem Leben verschwunden sind. Ich sah immer wieder das Bedrohliche. Ich glaube nicht, dass ich in irgendeiner Weise prädestiniert war, das zu tun, was ich heute tue, weder in meiner jahrelangen Hochschularbeit, noch in der politischen Arbeit. Das Leben ist ein Prozess. Man kommt nicht als Führungsmensch auf die Welt. Da haben das Leben und unsere Erfahrungen einen ganz starken Anteil. Aber es kommt auch auf die Art und Weise an, wie das Erlebte und das Erfahrene reflektiert werden. Ich bin ein Mensch, der immer wieder Neuanfänge gewagt hat. Ich bin ständig auf der Suche. Ich frage mich auf welcher Bahn ich mich gegenwärtig befinde, denn mitunter verliert man auch seine Spur. Man muss sich immer wieder zurechtrücken, vergewissern, überprüfen.

Unser Gespräch, September 2010 in Berlin – Genuss und Inspiration

KP: Hatten Sie jemals Vorbilder, als jüngerer oder auch älterer Mensch?

RS: Ein ganz starkes Vorbild in meiner Familie war mein Vater. Ohne ihn hätte ich wahrscheinlich nach der Mittleren Reife den Beruf der Krankenschwester erlernt. Aber da hat er mir erklärt, dass ich erst mal mein Abitur machen soll und ich habe eingewilligt. Des Weiteren fand er, dass ich Jura studieren sollte.

Das wollte ich aber nicht und sagte ihm das auch. Ich habe entschieden, was ich für richtig hielt und meine große Liebe zur Philosophie weiterentwickelt. Mein Vater gehörte als Katholik in die Schule von Walter Dirks und hat mich auf die Sokratischen Dialoge gebracht. Stärkster Einfluss war für mich „Lerne denken". Die Frage, ob der Andere nicht auch Recht haben kann, stammt aus meinem Jugend- und jungen Erwachsenenleben. Es gab auch den Einfluss meiner Mutter. Auf Grund ihrer Krankheit war er sehr komplexer Natur.

KP: Und außer Ihrem Vater?

RS: Meine Großmutter war ein wichtiges Vorbild. Sie war eine ganz einfache Frau, eins von vierzehn Kindern, die uns wunderbar an die Welt der Oper herangeführt hat. Sie brachte mir bei, dass akademisch gebildete Menschen nicht unbedingt Menschenbildung haben. Mich hat aber auch immer meine Schwiegermutter beeindruckt. Sie war Schneiderin und arbeitete höchst gestalterisch, wie eine Innenarchitektin. Ich mochte sie sehr.

KP: Sie sprachen eben vom Zurechtrücken im Leben. Wie tun Sie das?

RS: Sie rücken sich zurecht, indem Sie spüren, dass Sie eine Auszeit brauchen. Dann stellt man immer wieder fest, ob man noch so entschieden ist und noch einen Blick für das hat, was jetzt ansteht, wo man sich zu Wort melden muss, obwohl ich politisch oder beruflich nur noch indirekt „aktiv" bin. Heute weiß ich, wie wichtig mir das gesellschaftliche und politische Engagement ist.

KP: Es gab also mehrere Auszeiten im Leben?

RS: Ja. Es gibt sie, insbesondere in Krisenzeiten. Diese können sehr stark davon bestimmt sein, ob ich gelebt werde oder ob ich selbst lebe. Das gehört ganz entscheidend zur Führungsqualität. Wenn ich auf jede Erwartung eingehe, dann werde ich gelebt. Sie können nicht „everybody's darling" sein. Wenn ich zu Kompromissen bereit bin, dann überlege ich, welche Kompromisse gut und welche untauglich sind. Darum geht es mir, wenn ich sage, dass man Zeit zum Überlegen brauche. Es gibt auch unabhängig von der Familie Phasen, die wichtiger als öffentliches Engagement sind. Wir sollten es nicht immer so dichotomisieren und als unvereinbare Gegensätze einander gegenüberstellen. Im Kern lebe ich eher das Bild des Lutherschen Apfelbäumchens: „Mach heute, als hättest du noch eine lange Zukunft. Bedenke dabei immer gleichzeitig: vielleicht wirst du den großen Baum nicht mehr erleben. Aber pflanze ihn."

KP: Steht der Rückzug bei Ihnen an?

RS: Nein, aber das kann ja morgen anstehen, sei es erzwungen oder aus Notwendigkeiten, die sich in meiner Lebenswelt ergeben. Ich wünsche mir eigentlich Menschen, die unsere alten Denkmuster überwinden. Diese alten Denkmuster sind davon bestimmt, dass es eine Zeit des öffentlichen Lebens und eine Zeit des Rückzugs gibt. Zur Führung gehört auch – und das habe ich erst spät erkannt – ein Stück Vertrauen zu sich selbst zu haben, Einfluss nehmen zu wollen und darauf zu vertrauen, dass ich Einfluss nehmen kann. Vieles habe ich immer noch nicht gelernt, aber ich werde es noch lernen. Das ist eine ganz wichtige Botschaft, damit wir bei *Female Leadership* nicht nur an Toppositionen denken.

KP: Denken Sie gerade an die viel diskutierte Frauenquote?

RS: Wir verengen das Thema der Führungspositionen auf Quoten. Da geht es doch nur darum, welche Rahmenbedingungen erfüllt werden müssten, damit ich Führung auch wahrnehmen kann. Aber es bestehen immer noch erhebliche Barrieren. Ein ganz wichtiges Motiv liegt für mich im Bildungsgedanken. Wir brauchen starke Menschen. Denn ohne Menschen, die sich ihrer eigenen Fähigkeiten und ihrer eigenen Grenzen bewusst sind, aber die auch erfahren, was wir gemeinsam an Stärke entwickeln können, kommen wir auch nicht dahin etwas ändern zu können und zu wollen. Die Quote ist nach all den Jahren der Freiwilligkeit ein notwendiger Regelmechanismus.

KP: Würden Sie sagen, dass Frauen anders führen als Männer?

RS: Nicht alle. Es gibt Frauen, die anders und kooperativ führen. Trotzdem haben bisher Männer entschieden, ob Frauen Führungspositionen erhalten und Frauen mussten lernen, dass sie über bestimmte männliche Führungskompetenzen verfügen müssen, da sie sonst nicht in die Führungsetagen hineingelassen werden.

KP: Was sind für Sie männliche Führungskompetenzen?

RS: Der Kern des männlichen Führens bedeutet immer noch: „Ich weiß es" und „Wer tüchtig ist, erreicht auch alles". Sie lassen Selbstzweifel stärker beiseite, sie wissen, dass sie es können und dass sie dieser Aufgabe gewachsen sind. Frauen überlegen viel länger, was sie für diese Aufgabe mitbringen und was sie nicht können. Ich finde das gut, aber es hat Nachteile für ihre Beteiligung. Ich erlebe auch oft Frauen mit einer Härte, wo ich mich frage: Um Gottes Willen, wohin wandern wir? Leistung, Tüchtigkeit, „Ich brauche niemanden". Das ist nicht das, was ich unter weiblicher Führung verstehe. Wir sind alle individuell verschieden, aber am wichtigsten ist es zu reflektieren, für was man steht. Reflektiere, was die anderen für dich sind. Wer bin ich und was tue ich für das Wohl des Anderen.

KP: Sie sagen, dass wir starke Männer und Frauen brauchen und die Entwicklung von Stärke fängt in der Kindheit an. Was glauben Sie, sind die Kerningredienzien, die man braucht, um diese Stärke entwickeln zu können?

RS: Das mit der Fürsorglichkeit verbundene „Wir" ist etwas ganz Wichtiges. Kinder sollen erleben, dass sie nicht allein auf der Welt sind. Dann brauchen wir kooperierendes Denken und Handeln.

Von Frauen in Führungspositionen erwarte ich, dass sie ihre Mediationsfähigkeit bei Konflikten mehr einbringen, Vertrauen in sich selbst haben und ein positives Zukunftsdenken.

KP: Tun die Frauen das mehr als die Männer?

RS: Nur ein Teil. Ich erlebe sehr viel Anpassung an die Welt, in der wir leben. Ein Teil der Frauen verliert auf dem Weg nach oben die Verbindung zu denen, für die sie eigentlich mitdenken müssten.

KP: Wie kann man diese Verbindung aufrecht erhalten?

RS: Frauen kommen nicht um Doppelstrategien herum. Sie müssen schauen, was von ihnen erwartet wird und was sie tun müssen, um andere für sich zu gewinnen. Wir nennen das heute Vernetzung. Aber es ist mehr als nur zu wissen, dass es da ein Netzwerk gibt. Es ist auch wichtig, sich die Frage zu stellen, wo man selbst steht und was wir brauchen, um uns selbst treu zu bleiben. Es gilt, Verstand sowie soziale und emotionale Kompetenzen zu fördern.

„ICH BIN EIN MENSCH, DER IMMER WIEDER NEUANFÄNGE GEWAGT HAT. ICH BIN STÄNDIG AUF DER SUCHE."

KP: Was glauben Sie, ist der Kern von dem, was wir brauchen, um uns selber treu zu bleiben?

RS: Dass wir, neben der Frage, wo wir im Erwerbsberuf unterkommen und wie viel wir verdienen, uns damit auseinandersetzen, was wir im Beruf verwirklichen wollen. Welche Verantwortung habe ich oder bin ich nur Empfänger von Anordnungen? Im Bereich Unternehmenskultur können wir viel bewirken. Frauen haben mehr Einfluss gewollt und jetzt geht es um die Frage, wie sie ihn wahrnehmen. Nur zur Stützung des bestehenden Systems oder zur Beteiligung an Veränderung zum Besseren.

KP: Sie waren ja in Ihrem beruflichen Leben immer von Männern und auch starken Männern umgeben. Heute ist es ja etwas natürlicher, dass Frauen in Führungspositionen sind, aber zu Ihrer Zeit war das noch gar nicht der Fall. Haben Sie jemals Ressentiments oder Vorbehalte Ihnen gegenüber erlebt, weil Sie eine Frau waren? Wenn ja, wie sind Sie damit umgegangen?

RS: Ja, ich habe sie mehrfach erlebt. Ich habe in den Sachthemen im Bereich Familienpolitik sehr viel Widerstand erlebt, zum Beispiel wenn es um das Recht auf einen Kindergartenplatz ging oder um die soziale Sicherung der Frauen. Ich stieß bei fast allen Vorschlägen zu diesem Thema auf Widerstand. Durchbrüche wurden nur durch Dranbleiben, immer wieder neue Argumente, Vorstöße und Koalitionen möglich. So sind viele dieser Projekte dann doch zum Ziel gebracht worden. Hartnäckigkeit einerseits und Koalitionen andererseits sind dabei ganz wichtig, weil wir gemeinsam mehr erreichen. Es ist wichtig, dass nicht nur Frauen die Bittsteller sind, man braucht einflussreiche

Männer, die für dieselben Ideen eintreten und vorstellig werden. Letztendlich brauchen wir auch Männer, die das dann mit durchfechten.

KP: Wie definieren Sie Ihren eigenen Führungsstil?

RS: Ich bin durchaus kooperativ und weiß, dass man Hilfe braucht, aber letztendlich habe ich immer auf die Stringenz von Argumenten gesetzt. Zudem habe ich manches Projekt durch intensivste Vorbereitung durchbekommen. Wahrscheinlich gilt auch heute noch der alte Satz: Frauen müssen besser sein als Männer. Frauen müssen auf die Stringenz der Argumente achten, wenn sie nicht abgewiesen werden wollen. Ich konnte wirklich klare in sich schlüssige Argumente vorbringen. Das war zugleich meine Stärke und Schwäche, weil Männer diese Logik gar nicht so gerne mögen. Meine zweite Stärke war, dass ich nicht so schnell aufgegeben habe. Ich ließ mich nicht so schnell durch das Argument „Kommt nicht in Frage", einschüchtern. Ich suchte stattdessen nach neuen Wegen, um das Ziel zu verwirklichen und verlor das Ziel selber nie aus den Augen. Ein Nein zu politischen Projekten erzeugte in mir eine starke Gegenenergie, nach dem Motto: „Das wollen wir doch mal sehen."

KP: Was glauben Sie, woher diese Stärke kommt? Ist das antrainiert oder angeboren?

RS: Ich weiß es nicht genau. Bei mir kommt die Stärke sicher durch meine harten Lebensumstände. Es scheint aber auch ein wenig zu meinem Charakter zu gehören, denn mein Vater sagte immer, dass es unglaublich schwierig war, mich von einer Sache abzubringen, wenn ich sie mir einmal in den Kopf gesetzt hatte.

KP: Haben Sie Ihre Ziele realistisch gesteckt, d.h. dass Sie etwas vielleicht nicht erwarten durften, aber doch gehofft haben?

RS: Ja, aber alles entsprang einer tiefen Überzeugung, ausgerichtet auf Handeln.

KP: Wo nehmen Sie die Kraft her, wenn Dinge mühsam sind?

RS: Zum einen habe ich aus der innersten Überzeugung Kraft geschöpft. Zum anderen hat mir mein Mann sehr viel Kraft gegeben. Er hat ja auch die Zeit der Widerstände, der kritischen Auseinandersetzungen und der Diffamierungen miterlebt. Mitunter bin ich an meine Grenzen gestoßen und konnte nicht mehr. Aber ich hatte Lebensthemen, die mir immer wieder Energie gegeben haben, Themen wie Migration, AIDS, Frauen und vor allem Ausgrenzung. Ich habe immer wieder aus Überzeugung gehandelt und bin bei meiner Linie geblieben. Zudem erhielt ich immer viel Unterstützung, nicht nur von Experten, sondern auch aus der Bevölkerung. Das gibt zusätzlich Kraft.

KP: Wie ist Ihre Tochter mit einer solch aktiven, überzeugten Mutter umgegangen?

RS: Ambivalent. Einerseits hätte sie es

natürlich lieber gehabt, wenn die Mutter mehr zu Hause gewesen wäre. Meine Tochter hatte eine enge Vater-Tochter-Beziehung und fand auch, dass der Vater zu kurz kam. Andererseits gab es so etwas wie eine bewundernswerte Unterstützung. Sie kritisierte mich, identifizierte sich aber besonders engagiert mit mir, wenn ich mein Rückgrat bei Gegenwind behielt.

KP: Es wird ja heute viel über die Doppelbelastung Familie-Beruf diskutiert. Haben Sie das als Belastung empfunden?

RS: Ja und zwar durchaus mit diesem ständig schlechten Gewissen, ob ich dem einen oder anderen gerecht werde. Das brauche ich gar nicht weiter zu erläutern, es ist einfach da. Man muss ständig nach neuen Balancen suchen. Aber auch heute kommt es letztendlich darauf an, Prioritäten zu setzen und zu wissen, was wichtig ist, selbst wenn Entscheidungen für Außenstehende vielleicht nicht sofort rational nachzuvollziehen sind. Zu entscheiden, wo man letztendlich die Priorität setzt, gehört auch zur Führung.

„FINDE HERAUS, WER DU SELBST BIST UND FINDE HERAUS, WER ZU DIR PASST."

KP: Frau Süssmuth, wenn wir auf die nächste Generation junger Frauen in Führungspositionen blicken, was würden Sie dieser Generation aus Ihrer Erfahrung heraus gerne mitteilen?

RS: Zunächst finde ich, dass wir nicht einfach unsere Erfahrung auf die nächste Generation überleiten sollten. Die heranwachsenden Frauen müssen ihre eigenen Erfahrungen machen. Aber wir haben die Verantwortung, sie immer wieder zu fragen, warum sie es so und nicht anders machen. Aufarbeitung von Zwängen und Reduktion von Zwängen: „Wie seht ihr eure Rolle in der Öffentlichkeit? Mischt euch ein!" Auch wenn es ein wenig stereotyp ist. Mir wäre außerdem wichtig, ihnen zu sagen: „Finde heraus, wer du selbst bist und finde heraus, wer zu dir passt. Mache Erfahrungen mit Menschen, die ganz anders sind als du. Interessiere dich für Andersdenkende und bleib nicht nur bei dir. Mach dich auf die Reise nach deiner eigenen Erweiterung." Ein weiterer Rat, den ich gebe: „Vergiss nicht all diejenigen, die du hinter dir zurückgelassen hast oder für die du verantwortlich warst, als du noch nicht so weit voran gekommen bist. Es geht nicht nur um deinen eigenen Erfolg, sondern Erfolg geht auch einher mit Verpflichtungen für andere."

KP: *Female Leadership*, was ist das für Sie?

RS: *Female Leadership* ist nicht nur ein Thema erfolgreicher Frauen. Ich denke dabei an meine Schwiegermutter. Sie war von der Schulbildung her eine einfache Frau, aber von ihr habe ich viel über *Female Leadership* gelernt - im Sinne ihrer Selbstführung und dem was ihr lebenswichtig war, vor allem ihrem Einsatz für andere. *Female Leadership* bedeutet für mich eigentlich Human Leadership. Das wünsche ich mir. Aus den Nachteilen

heraus, die wir als das so genannte schwache Geschlecht erfahren haben, sollten wir auf unsere Mitmenschen achten und Empathie entwickeln. Wir sollten nicht nur dem Intellekt folgen, sondern die Sachen mit Herz und Verstand angehen. Wichtig ist, nahe beim Menschen zu bleiben. Das würde ich aber nicht nur für *Female Leadership* beanspruchen, sondern für Leadership im Allgemeinen. Mir ist wichtig, miteinander auf Augenhöhe zu kommunizieren. Es ist wichtig, über meine Interessen die Interessen der anderen nicht zu vergessen und uns gemeinsam voranbringen. Das ist für mich *Female Leadership*.
Dazu gehört auch, sich auf Führung und Einflussnahme, das heißt Macht, einzulassen. Wir müssen uns dabei immer wieder selbst kontrollieren. Zu fragen ist: „Geht es nur noch um Machterhalt oder brauchst du Macht für ein Ziel, das du dir gesteckt hast? Wie weit ist die Macht ein dienendes Instrument oder ein verselbständigtes Instrument?"

Einflussnahme, das heißt Macht, einzulassen. Wir müssen uns nur auch immer wieder selbst kontrollieren: Geht es nur noch um Machterhalt oder brauchst du Macht für ein Ziel, was du dir gesteckt hast? Wie weit ist die Macht ein dienendes Instrument oder verselbständigtes Instrument?

Es spielt für mich keine Rolle, dass ich eine Frau bin. Ich betrachte mich selbst als Premierminister.

Margaret Thatcher
ehemalige britische Premierministerin

FEMALE LEADERS IN DER WIRTSCHAFT

KAPITEL 3

FASZINIERENDE PERSÖNLICHKEITEN: FEMALE LEADER IN DER WIRTSCHAFT

Noch heute begleiten uns im Alltag Namen von Frauen, die lange vor unserer Zeit, oft unter großen Entbehrungen und nicht selten aus schwierigen Verhältnissen stammend, Erfindungen getätigt oder Unternehmen aufgebaut haben, die im Kern oft ein Defizit der Gesellschaft erkannt, gelöst und wirtschaftlich höchst erfolgreich vermarktet haben. Namen wie Melitta Bentz, Esteé Lauder, Helena Rubinstein, Aenne Burda, Coco Chanel, Margarete Steiff oder Beatrix Potter stehen für weltbekannte Produkte und Unternehmen. Aber auch weniger bekannte Unternehmerinnen wie die amerikanische Architektin Florence Knoll, die Erfinderin und geniale Vermarkterin der Tupperware, Brownie Wise oder die kanadische Haarpflege-Expertin und Gründerin des ersten Franchise Martha Matilda Harper stellten jenes unternehmerische Talent unter Beweis, das Frauen früher oft abgesprochen wurde.

> **„WICHTIG IST VOR ALLEN DINGEN DER GLAUBE AN SICH SELBST UND AN DIE EIGENE KRAFT."**
>
> *AENNE BURDA*

Dabei waren die Ausgangsbedingungen der Frauen meist alles andere als motivierend. Noch im 17. und 18. Jahrhundert durften Erfinderinnen ihre Ideen oft nur unter dem Namen des Mannes für ein Patent anmelden. Frauen hatten wenig Chancen auf eigenständige Kredite oder die Möglichkeit der freien Entfaltung ihrer Talente. Im Gegenteil: im besten Fall lösten ihre Aktivitäten nur Befremden innerhalb der Gesellschaft aus, so zum Beispiel auch die Werke der 1827 geborenen Schriftstellerin Johanna Spyri, der Schweizer Kinderbuchpionierin und Erschafferin von Heidi, dem weltbekannten Mädchen aus den Bergen. Im schlechtesten Fall wurden die Aktivitäten der Frauen verboten, verfolgt oder ihre Ideen und Erfindungen ganz einfach für die Nachwelt vernichtet.

Aber viele Frauen mit großen Talenten fanden kreative Wege diese, zumindest zum Teil, zu entfalten. Sie schrieben oder komponierten unter männlichen Pseudonymen, fanden männliche Unterstützer für finanzielle Bürgschaften und meisterten alle Bürden der restriktiven Gesellschaft, ohne ihr eigenes Ziel aus den Augen zu verlieren. Coco Chanel wiederum, die eigenwillige und gesellschaftliche Konventionen schlichtweg ignorierende Gründerin des gleichnamigen Modeimperiums, das bis heute eine unangefochtene Spitzenposition in der internationalen Modewelt innehat, erfuhr zu Beginn ihrer Karriere keine Unterstützung. Im Gegenteil. Aufgewachsen in verschiedensten Armenvierteln Frankreichs und als uneheliches Kind, nach dem frühen Tod der Mutter, mit elf in ein Waisenhaus abgeschoben, verfügte sie zunächst weder über eine entsprechende Ausbildung noch über Kontakte in die Gesellschaft, die Jahre später ihre Kollektionen für teures Geld kaufen und ihr zu Weltruhm verhelfen sollten. Aber sie lernte früh etwas anderes Unschätzbares: sich durchzusetzen und an sich selbst zu glauben. Eigenschaften, die ihr auch viel später, lange nach ihren ersten Erfolgen und ihrem internationalen Durchbruch mit dem Duft Chanel No.5 1921, wieder den Weg zurück zum Erfolg bei ihrem – entgegen aller spöttischen Medienprognosen eingetretenem – fulminanten Comeback im Jahr 1954 ebneten. Das Chanel-Kostüm war geboren und ging ebenso in die Geschichtsbücher ein wie Coco Chanel, die arbeitsame Modezarin, die 1971, mitten in den Vorbereitungen ihrer neuen Kollektion, unerwartet in Paris verstarb.

Fleiß und die Fähigkeit zur Eigenmotivation sind ganz ohne Zweifel Eigenschaften, ohne die sich Erfolg nicht einstellt. Diese verkörperte auch Margarete Steiff, eine der großen deutschen Unternehmerinnen. Nicht nur ihren Nichten und Neffen, sondern auch ihren 400 Mitarbeitern und 1.800 Heimarbeiterinnen in Giengen im Osten Baden Württembergs war sie ein Vorbild an Tatkraft und Disziplin. Die

Coco Chanel

kreative Unternehmerin nahm aber noch eine zusätzliche Hürde. Als Kind war sie an der damals noch unerforschten Kinderlähmung erkrankt und saß seitdem im Rollstuhl. Ihre Beine blieben zeitlebens gelähmt, der rechte Arm war eingeschränkt beweglich. Das hinderte sie aber nicht daran, eine schöne Kindheit sowie eine Berufsausbildung als Schneiderin einzufordern und abzuschließen. Sie war die erste Frau, die in ihrem Heimatort über eine moderne Nähmaschine verfügte, mit der sie kurzerhand andersherum nähte, da sie das rechte Schwungrad nicht bedienen konnte. Und mit einer ebensolchen Nähmaschine entstand auch das erste Steiff-Tier, ein kleiner Elefant, der bereits 1886 zu Tausenden auf den Märkten der Umgebung und später, gefolgt von Teddys, Affen, Eseln, Kamelen und Giraffen auf dem hart umkämpften europäischen und amerikanischen Spielzeugmarkt verkauft wurde.

Dabei bewies die Unternehmerin oft Weitsicht und Besonnenheit. Zum einen, indem sie rechtzeitig gut ausgebildete Familienmitglieder in Schlüsselpositionen des Unternehmen holte, zum anderen, durch die bereits 1904 erfundene Absicherung gegen Plagiate: den berühmten Knopf im linken Ohr der Kuscheltiere. Noch heute ist Steiff im Familienbesitz und ist als Firmengruppe mit mehr als 1.000 Mitarbeitern und 90 Millionen Euro Umsatz ein exzellentes Beispiel für unternehmerische Tatkraft und Qualität „Made in Germany".

Im Gegensatz zu Margaretes Steiffs Traditionsberuf der Schneiderin, betrat Helena Rubinstein ein Berufsfeld, das es vorher nicht gegeben hatte. Sie wurde eine der ersten und erfolgreichsten Kosmetikerinnen. Und die Zeit war reif dafür. Die neue Freiheit und das neue Selbstbewusstsein der Frauen zu Beginn des 20. Jahrhunderts gingen einher mit einem neuen Körpergefühl und Rubinsteins, zunächst selbst angemischten Cremes, welche sie in die zwölf Cremetiegel füllte, die ihr die Mutter als Aussteuer mitgegeben hatte, begründeten ihr weltweites Imperium. Als sie, die kluge Tochter einer angesehenen jüdischen Familie aus Krakau, 1965 im Alter von 94 Jahren starb, hinterließ sie – über fünf Kontinente verteilt – 14 Fabriken, 32 Schönheitssalons und mehr als 100 Firmengesellschaften mit insgesamt 30.000 Beschäftigten. Das amerikanische Magazin Life bezeichnete sie mit gutem Grund als die „vielleicht erfolgreichste Geschäftsfrau der Welt", was ihrer Erzrivalin, der Kanadierin Elizabeth Arden, sicher einmal mehr einen Stich versetzt haben muss.

Wenn man die frühen Unternehmerinnen oder aktiven Ehefrauen von Unternehmern, wie die österreichische Hotelbesitzerin und große Gastronomin der internationalen Aristokratie Anna Sacher oder Bertha Benz, die Ehefrau und Unternehmerin an der Seite von Carl Benz, dem Erfinder des ersten modernen Automobils betrachtet, wird eines sehr deutlich. Oft haben neben oder hinter großen Männern, starke Frauen gestanden, die, wie im Fall von Anna Sacher, das Werk und Schaffen des Mannes nach dessen Tod zu noch

Helena Rubinstein

größerem Erfolg führten. Dabei war Sachers Führungsstil, für die damalige Zeit als durchaus revolutionär zu betrachten. Die kaisertreue und konservative Unternehmerin bezeichnete sich selbst auf Nachfragen als „Herr im Haus" und frönte gerne und ausgiebig ihrem ebenso unweiblichem Hobby, dem Rauchen von Zigarren. Die Kommunikation mit ihren Angestellten wurde als sowohl männlich wie auch weiblich beschrieben und der schnelle Wechsel vom barschen kurzen Befehlston in tiefer Stimme zur freundlichen, konversationsstarken Dame fiel ihr extrem leicht. Am herausragendsten war aber sicherlich, neben ihren kulinarischen Spitzenleistungen, ihr großes Verkaufs- und Repräsentationstalent. Noch lange bevor professionelles Marketing erfunden war, vermarktete Anna Sacher das Hotel ihres Mannes in den europäischen Königs- und Kaiserhäusern auf eine unnachahmliche, sehr persönliche und kreative Art. Eines der Ergebnisse ihrer Bemühungen, das so genannte Prominententischtuch, ist noch heute in einer Vitrine des gleichnamigen Hotels zu sehen.

Auch die in Straßburg geborene und 1850 in London gestorbene Marie Tussaud hatte beeindruckende Marketing-Fähigkeiten. Mit ihren selbst erstellten Wachsfiguren zog sie über 30 Jahre durch England und wurde durch ihre selbst organisierte Pressearbeit im ganzen Land berühmt. Schließlich bezog sie in London eigene Räume und schaffte so die Grundlage für die heute weltweit existierenden Museen Madame Tussauds. Entscheidend aber war neben Tussauds Fähigkeiten im Bereich Vermarktung, ihr Talent, was früh erkannt wurde. Ebenso wie viele andere *Female Leader* dieser Welt, hatte sie das Glück der frühen Förderung, in ihrem Fall durch den Arzt Dr. Cutius, der ihr später auch sein Erbe hinterließ.

Natürlich wurden damals im Verhältnis nur wenige Frauen in ihren Talenten früh gefördert, aber auch heute ist in diesem Bereich, vor allem in den Entwicklungsländern, noch viel zu tun – ein weiterer Grund für die Förderung von Mädchen und jungen Frauen durch dieses Buchprojekt.

Dankenswerterweise gibt es etliche

Frauen aus den obersten Etagen der Macht, die sich im Bereich Frauenrechte und Bildung engagieren. Dies ist nicht nur eine wichtige Investition, sondern auch ein positives Signal für andere Frauen auf der ganzen Welt. Mir fallen hierzu sofort Hillary Clinton ein, die sich sowohl beruflich wie privat sehr für Frauen einsetzt, aber auch meine Gesprächspartnerin in Indien, Ela Bhatt oder Oprah Winfrey, Amerikas erfolgreichste TV-Moderatorin, erste afroamerikanische Milliardärin und über alle Maßen erfolgreiche Unternehmerin. Letztgenannte inspiriert mich heute umso mehr, nachdem ich Details über ihren persönlichen Lebensweg erfahren habe. In ärmlichen Verhältnissen von einer minderjährigen Mutter geboren, wurde sie bereits als kleines Kind sexuell missbraucht. Mit 13 Jahren verließ sie die Familie und hatte als junges farbiges Mädchen im Amerika der 70er Jahren die Kraft ihrem großen rhetorischen Talent zu folgen. Die gute und beliebte Schülerin meisterte alle persönlichen und gesellschaftlichen Widrigkeiten und ist heute sicher mit Recht für viele Mädchen eines der großen und zudem omnimedial präsenten Vorbilder. Ich bin sicher, sie weiß wovon sie spricht, wenn sie sagt: „Glück ist das Zusammentreffen von Vorbereitung und Chance" – ein typischer Satz eines *Female Leaders*.

DOROTHEE BLESSING

DAS GESPRÄCH

DEUTSCHLAND

DOROTHEE BLESSING

*1967 | Co-Head Investmentbanking Deutschland und Österreich bei Goldman Sachs

Spaß an der Herausforderung und Organisation sind für Dorothee Blessing das A und O einer Frauenkarriere. Die 43 Jahre alte Investmentbankerin hat laut dem Manager Magazin zweifelsohne ein starkes Netzwerk in Deutschland.

Dorothee Blessing ist Spezialistin für M&A und Kapitalmarkttransaktionen und arbeitet seit 1991 - mit nur einer kurzen Unterbrechung bei der Deutschen Bank - für die US-Investmentbank Goldman Sachs. Nach Stationen in New York und London, ist sie seit 2005 eine von wenigen Partnern bei der Goldman Sachs AG in Frankfurt; seit 2011 ist sie Co-Head Investmentbanking in Deutschland und Österreich.

Sie gilt neben dem Deutschlandchef als Kopf des Frankfurter Büros. Dorothee Blessing ist verheiratet und hat drei Kinder.

Foto: Goldman Sachs

KP: Frau Blessing, wenn wir auf Ihre Schulzeit zurückblicken, was hat Sie geprägt?

DB: Unser starker Familienverband, aber sicher auch, dass beide Eltern berufstätig waren. Meine Mutter war die meiste Zeit Anwältin, mein Vater hat in verschiedenen Positionen im Bankgewerbe gearbeitet. Gewiss hat auch der Aufenthalt an unterschiedlichen Schulen in verschiedenen Ländern Einfluss auf mich genommen. Ich war zum Beispiel eine Zeit lang auf einem Internat in Frankreich und zum Schüleraustausch in den USA. Es war spannend, diese Erfahrung als Teenager gemacht zu haben. Das hat sich im Studium in St. Gallen und an der HEC in Paris dann auch fortgesetzt.

KP: Haben Sie zu dieser Zeit schon bestimmte Fähigkeiten bei sich entdeckt?

DB: Ich hatte immer schon sehr vielfältige Interessen an vielen unterschiedlichen Aktivitäten außerhalb der Schule und vor allem Sport und Musik haben für mich eine große Rolle gespielt. Ich habe mich eigentlich selten wirklich gelangweilt. Ich war auch immer jemand, der Interesse daran hatte, Sprachen zu lernen. Aber wenn Sie mich jetzt fragen, ob dort schon mein späterer beruflicher Weg vorgezeichnet gewesen wäre, etwa ein mathematisches oder womöglich ein betriebswirtschaftliches Interesse, muss ich sagen, dass das überhaupt nicht der Fall war. Obwohl ich dann Betriebswirtschaftslehre studiert habe, hatte ich zu diesem Zeitpunkt Banking oder womöglich Investmentbanking nicht als Berufsziel, sondern habe das eher als Allgemeinbildung gesehen.

Dorothee Blessing, Oktober 2010

KP: War es für Sie immer klar dass Sie Karriere machen oder hatten Sie alternative Planungen?

DB: Wenn ich eine Wunschplanung hatte, dann, dass ich irgendwann eine große Familie wollte. Aber nach dem Studium wollte ich erst einmal richtig arbeiten. Wo das hinführen würde – ich hatte ja keine Ahnung. Und mit 23 war ehrlich gesagt auch Karriereplanung ein Fremdwort für mich. Ich wollte als Berufsanfänger erst einmal loslegen, viel lernen und mir natürlich im Unternehmen eine Reputation aufbauen – viel weiter habe ich damals nicht gedacht. Karriereplanung oder mittelfristige Zielsetzungen kamen erst später; in den ersten Berufsjahren war die Zielsetzung einfach, alles bestmöglich zu machen und möglichst viel zu lernen. Insbesondere habe ich mir damals aber noch keine Gedanken gemacht ob, wann und wie man später alles vereinbaren kann. In meinem Beruf und bei Goldman Sachs habe ich soviele interessante Aufgabenstellungen und Herausforderungen gefunden, dass ich irgendwann auch Familie damit kombinieren wollte, es war also keine Entweder-oder-Entscheidung. So hat sich dann der Wunsch gefestigt, auch einen Weg zu finden, um Familie und Beruf zu verbinden. Wie und ob das klappen würde, dafür hatte ich damals allerdings wenig Ratgeber, sondern es war sozusagen „Learning by Doing".

KP: Und wie kamen Sie später zu Goldman Sachs?

DB: Ich habe mit meinem BWL- Studium bewusst einen Studiengang begonnen, der mir verschiedenste Wege offen gehalten hat. Im Abschlussjahr in St. Gallen wurde uns eine Vielzahl von Möglichkeiten angeboten; von Beratung, über Banking und eben auch Investmentbanking. Ganz ehrlich gesagt, wusste ich damals noch nicht einmal viel über Goldman Sachs. Investmentbanking war ja auch – im Gegensatz zu heute – ein Spezialgebiet, das in Deutschland im Aufbau begriffen war. Ich habe Goldman Sachs beim Campus Recruiting besser kennen gelernt und erste sehr positive Gespräche geführt. Mich hat damals das Umfeld gereizt. Das war eine sehr junge, offene, unternehmerisch denkende Gruppe, mit einem internationalen Team und einem Büro in Frankfurt, das gerade im Aufbau war. Und ich fand es unglaublich spannend, in einem angelsächsisch geprägten Unternehmen zu arbeiten, mit einer Kultur die sich von der vieler deutschen Unternehmen unterschied, mit der Perspektive, auch Zeit in London und New York zu verbringen. Als mir nach den Gesprächen ein Angebot als Analyst gemacht wurde, habe ich schnell für mich entschieden, dass ich das ausprobieren wollte.

KP: Aber ist Investment Banking der perfekte Ort Familie und Karriere unter einen Hut zu bringen?

DB: Wie gesagt, dass war für mich mit Anfang 20 nicht wirklich die Frage, ich wollte eine herausfordernde Tätigkeit mit einer steilen Lernkurve. Beides habe ich für mich gefunden. Sicherlich erscheint eine Tätigkeit im Investmentbanking auf den ersten Blick angesichts der geforderten zeitlichen und örtlichen Flexibilität als auch der ständigen Erreichbarkeit für Klienten und Teams erstmal schwierig mit Familie vereinbar zu sein. Aber meine Erfahrung ist: Das täuscht. Ich habe mir damals, bevor unsere erste Tochter auf die Welt kam, vorgenommen, es zu versuchen und habe dann Wege gesucht, meine wachsende Familie mit meinem Fulltime Job zu verbinden. Wir haben zusammen einen Weg gefunden, der bis heute ganz gut funktioniert hat. Ich will dies auch nicht zu sehr reduzieren, aber ich bin immer dem Motto gefolgt, wo ein Wille ist, da ist auch ein Weg. Und gerade in einer Kultur wie bei Goldman Sachs, wo leistungsorientiert, aber vor Allem ergebnisorientiert im Team gearbeitet wird, und einer Branche, wo Technologie über die letzten 20 Jahr mit Mobiltelefonen, Blackberries, iPads etc. Einzug gehalten hat, ist dies heute machbar. Man kann sich natürlich immer die Frage stellen: Gibt es vielleicht andere Berufswege, die sich aufgrund eines anderen Anforderungsprofils besser eignen? Ganz bestimmt. Aber das habe ich mir nie so überlegt, denn das war nicht mein Entscheidungskriterium, ich wollte es ja in meinem Job unter einen Hut bringen. Ich glaube, es ist dabei allerdings wichtig, immer auch im Auge zu behalten, dass man nicht dem Trugschluss „you can have it all" aufsitzt und jeder muss für sich definieren, was „unter einen Hut bringen heißt" – Vollzeit, Teilzeit, flexible Arbeitszeiten, eine Auszeit nehmen – hier gibt es unterschiedliche Modelle. Ich habe immer Vollzeit gearbeitet und es hat bisher gut funktioniert.

KP: Gab es in Ihrer Karriere wichtige Wegbegleiter?

DB: Ja, absolut. In den letzten 20 Jahren im Banking hatte ich zu unterschiedlichen Zeiten immer wichtige Mentoren, innerhalb wie außerhalb der Firma, die mich in meinem Werdegang begleitet haben. Ich war immer dankbar für Ratschläge, und oft auch erstaunt wie viele gute Anregungen und konstruktive Kritikpunkte man mit auf den Weg bekommen hat.

KP: Haben Sie es damals als normal empfunden, dass so wenige Frauen in führenden Positionen waren?

DB: Wissen Sie, ich habe mir damals darüber wenig Gedanken gemacht. Einerseits kannte ich das ja schon aus meinem Studium in St. Gallen und andererseits war das in unserer Branche damals Gang und Gäbe. Und ehrlich gesagt, hat man sich im Laufe der Zeit daran gewöhnt, dass man oft als einzige Frau mit am Verhandlungstisch sitzt. Hier hat sich über die letzten Jahre schon einiges geändert, aber noch nicht genug. So wie ich es sehe, erleben wir aktuell ein Umdenken bei vielen Unternehmen, was die Wahrnehmung von Frauen in Führungspositionen angeht. Natürlich gibt es viele sehr gut ausgebildete Frauen in globalen Unternehmen, die für Führungspositionen geeignet wären. Zu der fachlichen Qualifikation muss dann aber meiner Meinung nach auch eine betriebliche Kultur vorhanden sein, die Frauen im Unternehmen gezielt fördert und ihnen den Zugang zu leitenden Funktionen ermöglicht.

KP: Wie motivieren Sie sich?

DB: Ich suche mir neue Herausforderungen, bei denen ich meinen Beitrag leisten und Mehrwert schaffen kann. Teil der Motivation ist der Anspruch, den ich an mich selbst habe; ich glaube fest an eine intrinsische Grundmotivation. Und dann bin ich einfach auch neugierig, neue Dinge zu lernen und anzugehen.

KP: Hatten Sie jemals eine Situation, die Sie als Frau, aufgrund von dem was Ihnen entgegengebracht wurde, als schwierig empfunden haben?

DB: Ja, natürlich gibt es solche und solche Situationen. Aber auch da entwickelt man über die Jahre ein dickes Fell. Da gab es auch schwierige Situationen, aber ich glaube, dass man am Ende häufig durch

Leistung und praktische Erfahrung überzeugen kann, zumindest ist dass immer meine Art gewesen, mit schwierigen Situationen umzugehen. Neben schwierigen Situationen kann es aber auch mal von Vorteil sein, wenn man in einem Umfeld arbeitet, in dem es weniger Frauen gibt, so können sie die dadurch entstehende Visibilität auch für sich nutzen.

KP: Es wird viel über die unterschiedlichen Verhaltens- oder Führungsarten von Frauen und Männern diskutiert - wie sehen Sie das?

DB: Ich tue mich generell etwas schwer, Führungsstile, Arbeitsstile oder Verhalten nach Geschlechtern zu sortieren. Ich kenne viele starke Frauen und genau so viele starke Männern in diesen Bereichen. Führungsstile können unterschiedlichste Ausprägungen haben und hängen letztendlich von der einzelnen Person ab, das heißt von deren Persönlichkeit und Selbstverständnis; nicht, welchem Geschlecht die Person angehört. Frauen in Führungspositionen sind genauso unterschiedlich, wie Männer in Führungspositionen unterschiedlich sind. Ich persönlich finde es nur sehr wichtig, dass man, gerade als Frau, authentisch bleibt und nicht einen angepassten Führungsstil übernimmt.

KP: Welche Rolle spielt Geschlechtervielfalt bei Goldman Sachs?

DB: Diversität ist für uns von jeher keine Option, sondern ein „Must Have". „Being diverse is not optional – it is what we must be" heißt es in einem der 14 Business Principles von Goldman Sachs. Vielfalt und Diversität sind kein Selbstzweck. Wir stehen in einem globalen Wettbewerb, unsere Klienten werden immer internationaler und erwarten von uns neue Denkansätze. Diese können wir nur liefern, wenn wir auch intern und bei

Unser Gespräch in Frankfurt am Main, Oktober 2010

der Suche nach den besten Mitarbeitern diese Vielfalt fördern, und auch nur so kann man auf dem globalen Recruiting Markt bestehen.

KP: Wie empfehlen Sie Ihren Mitarbeitern ihre Karriere zu planen?

DB: Jeder sollte meines Erachtens seine Karriereplanung selbst in die Hand nehmen. Das mag auf den ersten Blick banal klingen, aber es reicht eben oftmals nicht nur, Spitzenleistungen zu erbringen und darauf zu hoffen, dass dies gesehen und gefördert wird und so die persönlichen Ziele irgendwann erreicht werden. Hier ist jeder Einzelne gefragt, sich aktiv einzubringen, seine persönlichen Ziele gegenüber anderen zu formulieren.

KP: Was ist Ihr Rat für alle Frauen, die erfolgreich werden wollen?

DB: Ein paar Punkte erscheinen mir hier wichtig: Grundsätzlich sollte jede Frau ihren eigenen Weg finden, der auch zu ihrem Lebensmodell passt, nur so bleibt man authentisch. Des Weiteren sollte man sich den Mut für schwierige Situationen und Herausforderungen bewahren. Und ein Thema, das gerade wir Frauen manchmal vernachlässigen, sind Netzwerke: ihr positiver Effekt sollte nicht unterschätzt werden. Daher: frühzeitig Kontakte knüpfen und diese auch pflegen.

Als Chef ist man überall einsam. Das gilt besonders für weibliche Chefs in einer männerdominierten Welt.

Robert Frost
US-amerikanischer Dichter, 1874-1973

ZUZANA HALKOVA

DAS GESPRÄCH

SLOWAKEI

ZUZANA HALKOVA

*1960 | Erste Frau im Vorstand von Henkel Central Eastern Europe

Das multikulturelle Denken liegt bei Zuzana Halkova in den Genen: die Großeltern der 1960 in Bratislava geborenen Slowakin repräsentieren vier Nationalitäten und drei Religionen. Zusätzlich zur Muttersprache spricht Zuzana Halkova Deutsch, Englisch, Ungarisch, Tschechisch und Russisch, was der Managerin bei Henkel sehr entgegen kommt, denn zu ihrem Verantwortungsbereich als Leiterin des Ressorts Human Resources gehören 31 Länder und über 9.500 MitarbeiterInnen.

Nach Berufsstart am Psychological Counseling Center in Bratislava und einer weiteren Station als Assistentin der Geschäftsführung bei der APOSTEX GmbH kam die promovierte Psychologin 1992 zu Henkel. Dort ist Zuzana Halkova heute nicht nur die erste Frau auf Vorstandsebene, sondern auch der erste Manager, der direkt aus der Region Zentral- und Osteuropa stammt. Zuzana Halkova ist mit dem österreichischen Psychologen Peter Schütz verheiratet.

KP: Frau Dr. Halkova, wenn wir auf Ihre Kindheit und Jugend zurückblicken, wie würden Sie Ihr Umfeld beschreiben?

ZH: Ich würde das hauptsächlich als ein sehr förderndes Umfeld beschreiben, weil meine Eltern unerschütterlich an meinen Bruder und mich sowie an unsere Fähigkeiten geglaubt haben. Es stellte sich nie die Frage, ob wir etwas erreichen wollten, sondern wie unsere Eltern uns dabei unterstützen konnten. Es wurde als Selbstverständlichkeit gesehen, etwas anzugehen und dabei Erfolg zu haben und ich glaube bis heute, dass es das Beste war, was man für den Lebensanfang mitbekommen konnte. Eine weitere wichtige Erfahrung war das Zusammenleben mit meiner Großmutter. Sie hat zwei Weltkriege erlebt und mir vermittelt, dass Herausforderungen da sind, um sich ihnen zu stellen. Wenn man etwas will, dann schafft man das auch. Es ist eine Ehrensache, Herausforderungen direkt ins Auge zu schauen und Wege zu finden, mit ihnen umzugehen.

Zuzana Halkova, 1962

KP: War Ihnen das schon als junges Mädchen bewusst?

ZH: Ich glaube, dass ich das am Anfang nicht so bewusst reflektieren konnte, weil ich ja ein Kind war. Ich habe das erst viel später im Berufsleben wahrgenommen, als ich schon aus der Entwicklungsphase heraus war, Erwartungen gestellt wurden und ich Verantwortung übernehmen musste.

KP: Hat sich Ihr beruflicher Weg für Sie schnell abgezeichnet?

ZH: Das hat sich entwickelt. Ich wollte eigentlich Ärztin werden. Mich haben schon sehr früh Menschen inspiriert, die wissenschaftliche Entdeckungen gemacht haben. Ich habe viel über berühmte Ärzte wie Hippokrates gelesen und wusste damals noch die Namen der Nobel-Preis-Träger. Weil ich beim ersten Versuch nicht Medizin studieren konnte, weil mein Vater nicht Parteimitglied war, habe ich dann Psychologie gewählt und war sechs Jahre in einer Beratungsstelle als Beratungs- und Entwicklungspsychologin tätig.

KP: Dabei blieb es aber nicht.

ZH: Nein. Ich hatte erkannt, dass ich weitere Entwicklung und Herausforderungen brauche. Meinen Eltern war immer bewusst gewesen, dass Fremdsprachen etwas sehr Wichtiges sind –

auch wenn wir nicht viel reisen konnten. Ich habe von meiner Großmutter Ungarisch gelernt und mit sieben Jahren die einzige Schule in der Slowakei besucht, in der man in frühem Alter Englisch lernen konnte. Als ich dann mit 30 Jahren vor der Entscheidung stand, wohin es weiter gehen könnte, war eine der Chancen, mit Englisch etwas zu gewinnen und so habe ich nach sechs Jahren die Beratungsstelle verlassen und nach einer Stelle Ausschau gehalten, wo ich die Fremdsprachen anwenden konnte.

KP: Und das war dann wo?

ZH: Der nächste Schritt war – und das habe ich noch kaum jemandem erzählt – dass ich eine Obst- und Gemüsehandlung geleitet habe, die gerade eröffnet hatte. Meine Aufgabe dort war es, ein vorher staatliches Unternehmen in ein erfolgreiches privatwirtschaftliches Unternehmen umzuwandeln. Dann wechselte ich zu einer kleinen Handelsorganisation. Dort habe ich zum ersten Mal mit einem Personalcomputer gearbeitet und war fasziniert davon, was technisch alles möglich ist.

Ich schaute aber intensiv nach weiteren Möglichkeiten und bekam schließlich nach sieben Monaten meine erste Stelle bei Henkel in Bratislava.

KP: Das klingt, als hätten Sie auf Ihrem Weg zu Henkel ganz verschiedene Erfahrungen gemacht. Das ist sehr spannend, wie sich aus heterogenen Erfahrungen ein Weg entwickelt.

ZH: Ich habe mich immer für unterschiedliche Perspektiven interessiert, wie zum Beispiel die Personen aus dem naturwissenschaftlichen Bereich, die ich schon genannt habe. Ich habe aber auch andere Sachen gelesen, wie z. B. über Roald Amundsen, der die Pole entdeckt hat, oder über Menschen, die die Erforschung der Grenzen der Erde, der Gewässer und der Luft als Herausforderung angegangen sind. Dazu gehört z. B. auch Sir Edmund Hillary, der als Erster den Mount Everest bestiegen hat.

Das waren alles sehr faszinierende Personen, die Sachen gemacht haben, zu denen man sehr viel Mut, Ambition und Glaube an den eigenen Erfolg braucht.

KP: Eine der Frauen im Buch erklomm als erste Bergsteigerin den Mount Everest...

ZH: Das ist toll. Solche Dinge sind mir immer eine Inspiration. Ich versuche auch stets alles so gut zu machen, wie es irgendwie geht.

KP: Woher wissen Sie, wann Sie Ihre Grenzen der bestmöglichen Leistung erreicht haben?

ZH: Wenn ich mit etwas beginne, habe ich Ambitionen und Erwartungen, wie gut etwas werden muss. Ob ich genug geleistet habe, zeigt sich dann im Laufe der Tätigkeiten. Wenn ich sehe, dass die Grenzen weitergehen, bin ich auch entsprechend ambitionierter und erhöhe die Erwartungen an mich selbst. Ob etwas in die richtige Richtung geht, kann ich selbstverständlich der Reaktionen von den Menschen oder Zielgruppe entnehmen, für die die Tätigkeit einen bestimmten Zweck erüllen soll. Ich muss beides berücksichtigen.

KP: Sie haben von Menschen gesprochen, die Sie bewundern, über die Sie reflektiert und recherchiert haben. Gibt es Frauen, die für Sie Vorbilder sind oder waren?

ZH: Mir gefallen z. B. Marie Sklodowska Curie und Maria Theresia, weil sie für ihre Zeit ungewöhnliche Leistungen in ungewöhnlichem Bereich erbracht haben – solche, die sich damals von einer Frau kaum jemand erwartet hätte. Und vieles davon, was sie entdeckt, bzw. eingeführt haben, hatte große Nachhaltigkeit in der Wissenschaft, bzw. Bildung.

KP: Sie tragen ja eine sehr hohe Verantwortung: Sie sind für über 9.500 Mitarbeiter in 31 Ländern verantwortlich. Wie halten Sie die Balance bei dieser Verantwortung und so viel Arbeit?

ZH: Für mich ist das nicht schwierig. Erstens macht mir diese Herausforderung Freude, es ist sehr bereichernd, mit vielen Menschen aus unterschiedlichen Kulturen zusammenzuarbeiten. Zweitens habe ich vor ein paar Jahren gelernt, sowohl in der Zukunft wie auch im Jetzt und Hier zu leben.

So kann ich mich zusätzlich zu großen und wichtigen Sachen auch Kleinigkeiten Freuen – einem guten Workout im Fitnesscenter, einem interessantem Gespräch mit Freunden oder einer spontanen Reise mit meinem Mann. So kann ich gut balancieren.

KP: Sie wirken sehr zielstrebig. Hatten Sie ein konkretes Bild wo Ihre berufliche Reise hingehen soll?

ZH: Eine konkrete Vision hatte ich nicht, aber ich wusste, dass ich einen Raum kreieren möchte, in dem ich auch weiterkommen kann. Dann habe ich Schritt für Schritt gearbeitet, um mir diesen Raum zu schaffen. Meistens habe ich als erstes gemerkt, dass es eine neue Chance gibt, für die ich mich dann auch eingesetzt habe. Dann galt es, meine Fähigkeiten in diesem neuen Bereich zu Stärken zu entwickeln. Und schließlich hatte ich dann schon auch eine Idee davon, was der nächste oder die nächsten zwei oder drei Schritte sein könnten. Das passierte immer versetzt. Je näher ich meinem Ziel kam, desto konkreter wurde es. Ich denke, dass eine Position im hohen Management nicht immer in frühzeitigen Visionen erscheinen muss, so wie es oft dargestellt wird.

KP: Ihr Konzern legt ja großen Wert auf Ausgewogenheit in Bezug auf den Anteil von Männern und Frauen in Führungspositionen. Haben Sie es dennoch vielleicht am Anfang Ihrer Karriere erlebt, dass Sie mehr leisten mussten und mehr Durchsetzungsvermögen benötigten, im Vergleich zu Männern?

ZH: Aus heutiger Sicht würde ich sagen, dass ich ziemlich gleiche Chancen wie die männlichen Kollegen hatte. Ich habe nie Vergleiche gezogen, weder zwischen Mann und Frau, noch zwischen älter und jünger und auch nicht zwischen Herkunftsorten. Das war Nebensache.

Viel eher stand ich im Wettbewerb mit mir selbst – ähnlich wie beim Golfspiel – ich konzentrierte mich darauf, dass meine Arbeit noch besser wurde.

KP: Ist das in den Medien, zumindest in Deutschland viel diskutierte Thema „Quote in Aufsichtsräten" für Sie relevant?

ZH: Meiner Meinung nach sind Quoten an sich nicht die Lösung. Vielmehr scheint es mir wichtig, sich als Unternehmen ehrliche und ambitionierte Ziele – und nicht nur für die Aufsichtsräte – zu setzen, und dann die Voraussetzungen zu schaffen, dass sich eine Frau in einem Unternehmen genauso einbringen kann, wie ein Mann. Sobald man konkrete Ziele verfolgt und die Voraussetzungen für das Engagement gegeben sind, ist das Thema Mann oder Frau als Problemstellung nicht mehr so relevant. Chancen am Anfang der Karriere zu bekommen, hängt zumindest in unserer Gesellschaft nicht mehr vom Geschlecht ab, Frauen haben einen hervorragenden Zugang zu Bildung; dass das in manchen Ländern im Gegensatz zu Osteuropa in der Technik nicht ausreichend genutzt ist, ist sehr schade.

> „ES IST SEHR WICHTIG, AN SICH ZU GLAUBEN UND AUCH DARAN ZU GLAUBEN, DASS MAN EINFLUSS AUF DAS EIGENE LEBEN UND DESSEN EREIGNISSE NEHMEN KANN."

Später sind allerdings für Frauen für ein Weiterkommen im Berufsleben andere Faktoren entscheidend. Wie kann es eine Frau schaffen, die für die Karriere oft verlangte internationale Mobilität mit der Familiengründung zu vereinbaren? Wie kann sie nach der Geburt eines Kindes einen guten Anschluss an ihren Job wieder finden? Dazu sollten Unternehmen Rahmenbedingungen schaffen, die es Frauen ermöglichen, ihre Karriere fortzusetzen.

KP: Jenseits vom eigenen Konzern – glauben Sie, dass die Voraussetzungen in den westlichen Ländern schon gut genug sind?

ZH: Ich glaube, dass die Voraussetzungen auch in einzelnen "westlichen" Ländern teilweise sehr unterschiedlich sind. Ich kenne mich nun in Osteuropa besser aus als in Westeuropa, aber soweit ich weiß, ist es etwas ganz anderes, in Deutschland seine Kinder in die Kinderbetreuung zu geben als in Frankreich. In Frankreich wird von der Frau erwartet, dass sie sich aktiv einbringt, arbeitet, und damit für die Familie mit ihrem Anteil einen aktiven Beitrag leistet. Es gibt hier einen ausgeklügelten Ausbildungssystem beginnend mit sehr frühen Kindesjahren und viel mehr Kinderbetreuungseinrichtungen. Es ist dann keine Überraschung, dass die Geburtenraten auch viel höher sind. Ich habe den Eindruck, dass z.B. in Deutschland die Rolle der Frau als Mutter und als Arbeitstätigen noch immer in einem gewissen Widerspruch gesehen wird und damit ist es auch schwieriger, sich als Frau und Mutter mit gutem Gewissen im Berufsleben durchzusetzen.
In Osteuropa mussten aus materiellen Gründen zwei Personen arbeiten, um die

In Frau Halkovas Büro, August 2010 in Wien

Familie ernähren zu können. Dadurch ist eine Frau relativ bald nach der Geburt wieder arbeiten gegangen und hatte einen natürlichen Betätigungsbereich, der sehr vergleichbar mit dem eines Mannes war.

KP: Auch wenn Ihr Schwerpunkt auf den osteuropäischen Ländern liegt, sind die einzelnen Länder doch wahrscheinlich noch mal sehr unterschiedlich. Wie gehen Sie mit den kulturellen Eigenheiten der Länder um?

ZH: Diese Länder sind verschieden und haben unterschiedliche Probleme wie auch Möglichkeiten – es gibt aber auch Gemeinsamkeiten, z.B. aus der räumlichen Nähe oder aus der Geschichte kommend. Für eine Zusammenarbeit in diesem Umfeld wird ein interessierter Zugang zueinander wie auch ein ein offenes Ohr gebraucht - gepaart mit der Überzeugung, dass man sich gewisse Chancen nur gemeinsam erarbeiten kann. Das Ausschlaggebende ist dann einerseits die Vertrauensbasis, andererseits die Kompetenz – auf dieser Basis kann man gut zusammenarbeiten, gleichgültig aus welchem osteuropäischen Land ein Mitarbeiter kommt.

KP: Wie aber schafft man Vertrauen, wenn es Vorbehalte gibt?

ZH: Da sind mindestens zwei Zugänge wichtig. Man muss wirklich gut zuhören und versuchen zu verstehen, worum es dem Anderen wirklich geht. Wenn man diese Beweggründe kennt, kann man auch die Argumentation auf die konkrete Person oder Gruppe besser abzielen. Gleichzeitig gilt es, dass ein großer Konzern ohne eine bewusst geschaffene Kommunikationsstruktur nicht leben kann, und diese muss man für die

Effizienz der Informationen wie auch Botschaften nützen. Wenn beides richtig gemacht wird: Vertrauen schaffen bzw. Kommunikation richtig strukturieren, dann kann das sehr gut funktionieren.

KP: Glauben Sie, dass Frauen in verschiedenen Situationen anders führen?

ZH: Ganz spontan gesagt, in meiner Beobachtung sind heutzutage die meist erwähnten „typischen weiblichen" Fähigkeiten – z.B. bessere Teamfähigkeit und Einfühlungsvermögen – eher im Basis- und Mittelmanagement feststellbar als in den „oberen Etagen". Je höher man kommt, umso mehr braucht man Selbstsicherheit, ein hohes Durchsetzungsvermögen, eine gewisse Unabhängigkeit im Denken – und das gepaart mit einem ausgezeichnetem Verständnis der eigenen Organisation. Dann sind die unterschiedlichen Führungsstile vielmehr auf die Persönlichkeit und nicht, als an Mann oder Frau zurückzuführen. Ich kann mir aber gut vorstellen, dass sich die „weiblichen" Eigenschaften mit zunehmenden Anzahl der Frauen im Management in allen Etagen mehr geltend machen und damit zum Unternehmensergebnis beitragen – dieser Zusammenhang wurde schließlich auch schon in der Praxis bewiesen.

KP: Braucht eine Frau Empathie, um weiterzukommen?

ZH: Sie kann die Empathie sehr gut nutzen, solange sie einen Bezug zur Realität hat.

KP: Wie würden Sie Ihren eigenen Führungsstil beschreiben?

ZH: Ich denke, ich kann sehr gut die Ziel- und die Menschenorientierung balancieren.

KP: Was wäre ein wichtiger Ratschlag, den man jemandem für ein erfolgreiches Berufsleben mitgeben sollte?

ZH: Es ist sehr wichtig, an sich zu glauben und auch daran zu glauben, dass man Einfluss auf das eigene Leben und dessen Ereignisse nehmen kann. Von unschätzbaren Wert ist dann auch, wenn man auf dem Lebens- bzw. Berufsweg einen Mentor findet, der sich als „sounding board" und Begleiter für bestimmte Zeitabschnitte geltend macht. Und man sollte sich Tätigkeiten suchen, von denen man glaubt, dass man gut darin ist, und sich weiter zu entwickeln.

KP: Tendieren Sie eher dazu zu raten, seine Stärken zu kultivieren und auszubauen und somit Zuversicht zu gewinnen oder besteht Weiterentwicklung für Sie vielmehr darin, an seinen Schwächen zu arbeiten und zu versuchen sie zu minimieren?

ZH: Auf jeden Fall sollte man die Stärken in den Mittelpunkt stellen. Das ist das Kapital aus dem man die Zinsen am besten und am schnellsten ziehen kann. Bei den Schwächen hängt es davon ab, welche Relevanz sie für die konkrete Arbeit haben – als Buchhalter kann ich eine Schwäche in Präsentationstechnik eher vernachlässigen als wenn ich Marketingleiter bin – dann muss ich mich zumindest minimal auf das akzeptable Niveau hinarbeiten.

KP: Dieses Buch wird vor allem Bildungsprojekte fördern. Welche Rolle spielt Bildung aus Ihrer Sicht?

ZH: Ich glaube, dass Bildung ein Türöffner ist. Nicht umsonst hat die WHO schon vor Jahren Armut auch als Mangel an Chancen definiert, und Bildung entscheidet grundsätzlich über die künftigen beruflichen Chancen. Mit einer guten Bildung bleibt kaum jemand lebenslang wirklich arm, vorausgesetzt, dass man weiß was dann nachhaltig zu tun ist: sich immer wieder, lebenslang, die Frage zu stellen, was man noch besser machen kann.

Wenn eine Frau zu Hause bei den Kindern bleibt, ist sie ein unemanzipiertes Muttchen, geht sie schnell wieder in den Beruf, ist sie eine herzloseKarrieristin.

Harald Martenstein
deutscher Journalist und Autor

SASHA HAVLICEK

DAS GESPRÄCH

GROẞBRITANNIEN

SASHA HAVLICEK

Mitgründerin und Geschäftsführerin des Institute for Strategic Dialogue

Sasha Havliceks kulturelle Wurzeln liegen sowohl in Zentraleuropa als auch auf dem Balkan. Die Tochter eines früheren kroatischen Journalisten und einer Musik-Organisatorin wuchs in London auf, verbrachte aber bis zu drei Monate im Jahr in einem kroatischen Dorf bei Verwandten. Sie studierte an der London School of Economics sowie am Institut D'Etudes Politique in Paris. Heute leitet sie eine Ideenfabrik (Think Tank) in London und ist auf die Bereiche europäische Integration, Außenpolitik, interkommunale Konflikte und Anti-Extremismus spezialisiert.

Ihre Karriere begann sie jedoch auf dem Gebiet der Konfliktlösung im Balkan als sie sowohl am Stabilitätspakt für Süd-Osteuropa und zwischen 1999 und 2006 als Senior Director bei dem US-amerikanischen Think Tank EastWest Institute arbeitete wo sie für die Entwicklung eines einzigartigen grenzüberschreitenden Konflikt-Managementprogramms verantwortlich war. 2006 wurde sie zur Direktorin des „Club of Three" ernannt, den Lord Weidenfeld Mitte der 1990er Jahre gründete, und etablierte gemeinsam mit ihm die Nachfolgeorganisation, das Institue for Strategic Dialogue. Um dessen Leitlinien-, Bildungs- und Kulturprogramme zu entwickeln, die sich mit den drängendsten sozialen und politischen Spannungsfeldern beschäftigen, arbeitete sie in dieser Position bereits mit Regierungen, der Wirtschaft und Hochschulen zusammen.

KP: Bitte erzählen Sie mir etwas über Ihre Kindheit und Jugend. Wie sind Sie aufgewachsen?

SH: Ich denke, ich bin eine der wenigen Glücklichen, die eine wirklich wundervolle Kinderstube hatten. Ich wurde in London in einem Umfeld geboren, in dem einem alle nur denkbaren Möglichkeiten offen standen. Aber ich hatte dazu noch ein sozusagen parallel laufendes Leben, denn die Ferien verbrachte ich in einem kleinen Dorf in Kroatien, da mein Vater Kroate ist. Dort bekam ich einen Einblick in eine wahrhaft andere Welt.

KP: Was war das für eine andere Welt?

SH: Ich verbrachte bis zu drei Monate im Jahr in diesem wirklich kleinen kroatischen Dorf auf dem Land. Meine Freundschaften mit den Kindern dort waren sehr innig und mir unheimlich wichtig. Schon in jungen Jahren wurde mir deutlich, wie willkürlich Glück verteilt wird, denn die Möglichkeiten, die sich meinen Freunden boten, waren komplett anders.

KP: Gibt es in diesem kleinen Dorf viel Armut?

SH: Es geht nicht um Armut. Das Problem war, dass die nächste höhere Schule eine zweistündige Busfahrt entfernt war. Also musste man wirklich gut sein, um an die höhere Schule gehen zu dürfen. Es galt zu beweisen, dass man es wert war und man musste es zurückzahlen. Die Mädchen in meinem Alter arbeiteten bereits zu Hause oder in den kleinen Gaststätten und Cafés ihrer Eltern. Sie fingen damit im Alter von fünf bis sechs Jahren an, während die Jungen noch draußen spielen durften. Ich sah das als Kind und es berührte mich, da ich in einem Umfeld in London lebte, wo ich alles tun durfte. Ich ging auf eine reine Mädchenschule und niemand kam auch nur auf die Idee, dass es etwas Anderes geben könnte. Diese Schule war ein wundervoll inspirierendes Umfeld für ein Kind. Was mein Berufsleben zudem beeinflusste, war zu sehen, wie sich eine im Wesentlichen funktionierende, integrierte europäische Gesellschaft selbst zerriss. Der jugoslawische Konflikt entsetzte mich. Ich war noch ein Teenager und konnte nicht glauben, was da geschah. Stellen Sie sich vor, man sieht wie die Familie und Freunde auseinander gerissen werden – das war ein fast surrealer Eindruck.

KP: Wie waren die Beziehungen in Ihrer eigenen Familie?

SH: Mein Vater lebt heute in Kroatien, früher war er ein politischer Aktivist und Journalist. Ich denke, ich habe heute ein gutes Verhältnis zu ihm. Als ich noch ein Kind war, fragte mich oft: „Können wir ein Gespräch von Mann zu Mann führen?" Ich erinnere mich, dass ich sehr stolz darauf war, weil es bedeutete, dass es etwas Ernstes und Spezielles war. Selbstverständlich wäre es schön gewesen, wenn ein Gespräch von Mann zu Frau als etwas genauso Wichtiges gegolten hätte.

KP: Was machte Ihre Mutter beruflich? Hielt sie Frauengespräche für etwas Ernstes?

SH: Ja, das tat sie. Meine Mutter

ist Autorin und arbeitete als Organisatorin in der Musikbranche. Aber keiner meiner Elternteile war sehr auf seine Karriere fokussiert, dennoch waren beide sehr leidenschaftlich in ihrer Arbeit.

KP: Hatten Sie eine enge Beziehung zu Ihrer Mutter?

SH: Ja, ich hatte immer eine sehr enge Beziehung zu meiner Mutter. Sie ist wie meine kleine Schwester und ich beschütze sie auf eine bestimmte Art und Weise. Sie lebt heute in Italien. Mit 16 Jahren zog ich aus. Nicht, weil ich meine Eltern nicht mehr aushielt. Ich dachte einfach, es wäre an der Zeit. Da meine Mutter viel reiste und sie, als ich zwölf Jahre alt war, meinen Vater verlassen hatte, war ich schon früh oft auf mich alleine gestellt.

KP: Hatten Sie Vorbilder, als Sie jung waren?

SH: Ich begann Vorbilder zu haben, als ich für politische Dinge empfänglich wurde. Das war nach dem Balkankonflikt. Aber ich hatte auch vorher ein politisches Bewusstsein. Menschenrechtsfragen und Ungerechtigkeit beschäftigten mich schon immer.

KP: Und heute, gibt es da Vorbilder?

SH: Ich mochte damals bereits Menschen wie Emma Bonino, weil sie mit soviel Enthusiasmus an ihre Arbeit geht. Sie zeigt unglaublich viel Leidenschaft, während sie gleichzeitig wichtige Anliegen vorantreibt. Ihr lagen die Rechte der Frauen immer am Herzen. Ich war stets von Frauen beeindruckt, die ihre Karrieren ausübten, aber darüber andere Dinge nicht vergessen haben. Sie haben nie vergessen, dass sie den Frauen dieser Welt etwas zurückgeben müssen. Und ich bewundere die Menschen, mit denen ich vor Ort zusammenarbeitete: Frauen und Männer, die in der Öffentlichkeit für ihre unglaublich mutige Arbeit nicht wahrgenommen werden. Trotz wirklich schwieriger Umstände stehen sie für die Menschen ein.

KP: Was halten Sie von den weiblichen Führungspersönlichkeiten, die heute in der Öffentlichkeit stehen; Frauen, wie Hillary Clinton oder Angela Merkel, auf denen ein unglaublicher Medien-Fokus liegt. Denken Sie, dass das die Entwicklung von weiteren mächtigen Vorbildern fördert?

SH: Ich glaube, das ist eine doppelte Herausforderung. Die Öffentlichkeit stürzt sich auf sie, weil sie in ihrer Funktion so außergewöhnlich sind. Ich hoffe, dass es irgendwann einmal nicht mehr so außergewöhnlich sein und es viel mehr Frauen in diesen Positionen geben wird. Deswegen ist es so wichtig, dass es diese Frauen in Führungspositionen gibt. Ich bin stolz auf ihre Arbeit und vor allem auf die von Clinton und Merkel.

KP: Eine der Frauen, die ich interviewt habe sagte, dass ein Land wie ein Vogel mit zwei Flügeln ist: ein Flügel repräsentiert die Männer und der andere die Frauen. Wie der Vogel beide Flügel zum Fliegen benötigt, braucht ein Land Männer und Frauen, um gedeihen zu können. Wie sehen Sie das?

Im Berliner Hotel Adlon, November 2010

SH: Sie hat Recht. In Ländern, in denen das Potential der Frauen noch nicht voll ausschöpft wird, herrscht die größte Armut, Ungleichheit und Krieg. Die Quintessenz ist, dass es zwischen dem Bildungsgrad der weiblichen Bevölkerung und Frieden bzw. dem generellen Zusammenhalt der Gesellschaft einen Zusammenhang gibt. Ich denke, dass weibliche Führung in vielerlei Hinsicht um einiges teamorientierter sowie die Erkenntnis unter Frauen größer ist, dass es einen Bedarf an Teamwork gibt und Dinge nicht allein durch individuelles heroisches Verhalten bewältigt werden.

KP: Kommen wir auf Ihre eigene Karriere zurück. Wann wussten Sie, was Sie später machen wollten?

SH: Ich bin nicht religiös, aber ich stelle rückblickend fest, dass ich eine Art religiöses Gefühl hatte. Ich wollte immer für die Menschenrechte arbeiten, machte allerdings eine schwierige Zeit bei Menschenrechtsorganisationen durch und war gewissermaßen entmutigt, weil diese Organisationen häufig so unbedeutend sind. Sie arbeiten eher mit Kampagnen, ohne strategisch ausgerichtet zu sein oder an die politischen und systematischen Veränderungen zu denken. Also überlegte ich noch einmal, was ich in Hinblick auf Gerechtigkeit tun wollte. Ich arbeitete viel als Freiwillige, schrieb meine Abschlussarbeit über die Entwicklung des Nationalismus und begann ziemlich schnell nach dem Studium an politischer Konfliktlösung und deren Verständnis zu arbeiten. Sieben Jahre verbrachte ich mit einer Mischung aus politischer Arbeit und Einsätzen vor Ort und initiierte Projekte in den am härtesten betroffenen Grenzgebieten des ehemaligen Jugoslawien. Zusätzlich suchte ich Möglichkeiten, um Regionen zusammenzuführen sowie gemeinsam an Themen zu arbeiten, die alle interessierten.

KP: Es gab zu Beginn Ihrer Karriere sicher nicht viele Frauen auf Ihrem Gebiet. Wie reagierten die Männer auf Sie?

SH: Ich arbeitete in einer Umgebung, die im Grunde aus älteren Menschen bestand, also spielte da vor allem auch das Alter eine Rolle. Außerdem ist die politische Welt Osteuropas von Männern dominiert, was übrigens auch vielfach noch in Westeuropa gilt. Mein Name ist Sasha, also können Sie sich vorstellen wie oft ich auf Meetings gefragt wurde: „Wo ist Herr Havlicek?" Und ich sagte darauf: „Entschuldigung, sie ist hier". Diese Art von Situation ist wunderbares Theater. Es macht Spaß, überraschte Menschen zu sehen und ich habe es niemals als ernstes Problem erlebt. Den Leuten sind Ergebnisse wichtig und das ist es, was letztendlich zählt.

KP: Sind Sie auch auf Ergebnisse ausgerichtet?

SH: Frauen wissen nur zu gut, dass Menschen sehr schnell zur Kritik neigen, wenn man nichts liefert. Eine Frau ist sich dessen schon in sehr jungen Jahren bewusster als ein Mann. Frauen sind häufig selbstkritischer. Vielleicht setzen wir uns selbst unrealistische Standards. Frauen brauchen das Gefühl, dass der Job erledigt ist.

KP: Denken Sie, dass Sie sich nach außen beweisen müssen oder dass Sie in erster Linie Ihren eigenen Ansprüchen gerecht werden wollen?

SH: Beides trifft zu. Ich glaube, dass unser Selbstbewusstsein etwas anders aufgebaut ist. Ich denke, dass wir selbst das Bedürfnis haben und regelmäßiger beweisen müssen, dass wir es verdienen in der Position zu sein, in der wir sind. Nur wenn die Antwort ein Ja ist, fühlen wir uns in der Lage, in der Position zu sein.

KP: Haben Sie sich diese Frage auch schon gestellt?

SH: Ich frage mich jeden Tag, ob ich genug tue, um in der Position zu sein, in der ich bin. Fülle ich diese Position aus? Ich denke, dass sich junge Frauen selbst immer noch eine Menge Druck auferlegen und den auch spüren.

KP: Wie gehen Sie mit diesem Druck um?

SH: Es kommt auf die Art des Drucks an. Tatsächlich mag ich Druck in meiner Arbeitswelt. Ich denke, dass ich gut unter Druck arbeiten kann.

KP: Haben Sie ein Rezept für Ihre Ausgeglichenheit?

SH: Nein. Ich bin geradezu religiös bei meiner Arbeit. Ich glaube wirklich an das, was ich tue und bin nur in den Momenten frustriert, wenn ich mir nicht sicher bin, ob meine Arbeit ihr Ziel erreicht. Es ist auch eine Pflicht, die Arbeit zu tun, aber ich liebe sie. Sie ist eine Leidenschaft.

KP: Warum haben Sie sich entschieden, Ihr eigenes Institut zu gründen?

SH: Ich fand es schon immer wunderbar, Dinge von Grund auf zu entwickeln und habe daher vieles für das „Strategic Institute" von Grund auf entwickelt. Aber mir ist es wichtig, dafür nicht alleine die Anerkennung zu bekommen, denn ich habe dabei mit einem großartigen Vorstand und Team zusammengearbeitet.

KP: Wie viele Menschen arbeiten in Ihrem Institut?

SH: Zusammen mit unseren Forschungsgruppen arbeiten zurzeit etwa 25 Menschen im Institut. Es verteilt sich recht gut, aber es sind etwas mehr Frauen als Männer. Im Vorstand sind es dagegen mehr Männer als Frauen.

KP: Wie denken Sie, würde Ihr Team Ihren Führungsstil beschreiben?

SH: Mein Team hat eine Weihnachtskarte gebastelt, auf der jedes Mitglied als Cartoon dargestellt wurde und ich war vorne mit zwei Pompons in der Hand als Cheerleader drauf. Ich hoffe nicht, dass man mich nur so in Erinnerung behält. Es ist für mich nicht nur ein Job, sondern es geht darum, spürbare Veränderungen zu bewirken. Und ich glaube, mein Team teilt diese Leidenschaft mit mir.

KP: Wie würden Sie selbst Ihren Führungsstil beschreiben?

SH: Ich lerne jeden Tag eine Menge. Heute fühle ich mich erwachsen genug, um wirklich mit dem Lernen anzufangen. Wenn man Mitte 20 ist, fühlt man sich wie auf dem Schlachtfeld. Vieles dreht sich darum, Dinge erledigt zu bekommen und das zu zeigen. Ich denke, dass ich in den letzten fünf bis sechs Jahren wirklich meinen größten Lernprozess durchlaufen und dabei viel über mich selbst und über die Art und Weise, wie Teams funktionieren, gelernt habe. Deswegen würde ich meinen Führungsstil als noch in der Entwicklung bezeichnen.

KP: Viele Frauen fragen sich nach der Bedeutung ihrer Arbeit und fangen an etwas zu lernen, wenn sie die 40 erreichen. Ich denke, Sie kennen die Antwort bereits, denn in Ihrer Arbeit spiegelt sich so viel Leidenschaft wieder.

SH: Ich frage mich oft, was der richtige Weg ist, damit meine Arbeit den Einfluss hat, den ich anstrebe. Ich habe einen sehr ausgeprägten Sinn dafür, welche Dinge wichtig sind, aber ich bin nicht sicher, ob es funktioniert.

KP: Ja, aber das ist eher eine Art, das Wie zu beantworten, nicht das Warum.

SH: Während der letzten Jahre habe ich viel mit religiösen Gemeinschaften gearbeitet. Ich komme aus einem Umfeld, in dem Religion eher etwas Verwerfliches war. Also hatte ich große Skepsis. Aber ich ließ mich darauf ein und versuchte herauszufinden, warum dies in ihrem Leben eine so große Rolle spielt. So erkannte ich, wie religiös ich in meinem Sinn für Gerechtigkeit und Chancengleichheit bin.

KP: Für manche Menschen ist Arbeit Leben und Leben Arbeit. Und sie lieben es. Würde das auf Sie zutreffen?

SH: Nicht aus der Perspektive der Karriere. Für manche Menschen ist die Karriere das Ziel. Nicht für mich. Für mich ist der Inhalt das Ziel.

KP: Ich habe die Erfahrung gemacht, dass viele weibliche Führungskräfte sich eher auf den Inhalt fokussieren als auf Machtpositionen. Ist das auch Ihre Erfahrung mit Frauen?

SH: Noch vor zehn Jahren hätte ich gesagt, dass es keinen Unterschied zwischen Männern und Frauen gibt. Alle arbeiten auf dieselbe Weise, alle haben dieselben Ziele. Aber heute denke ich, dass es Unterschiede gibt. Ich fühle mich weniger von Karrieretiteln angezogen. Ich bin viel mehr am Inhalt interessiert. Eine Frau wird nicht zufrieden sein, wenn sie die Arbeit nicht erledigt. Männer sind da eher entspannt.

KP: Was glauben Sie ist weibliche Führung?

SH: Ich war vor einiger Zeit bei einem Treffen mit Kanzlerin Merkel im Institut und konnte beobachten, wie sie mit zwölf Menschen diskutierte und dabei die leisen Stimmen, die oftmals interessanter waren, hervorhob und ich sah, dass sie wahrlich zuhörte. Ich hatte das Gefühl, dass sie tatsächlich bereit war, sich zu öffnen und ihre Meinung zu ändern. Für mich beinhaltet genau das weibliche Führung: wirklich zuzuhören und wirklich bereit sein, anderen Meinungen Platz einzuräumen. Das bedeutet nicht, dass Frauen nicht leidenschaftlich sind und klare Vorstellungen haben. Aber ich denke, sie sind eher zum Dialog fähig. Auch bei der Problemlösung kommen wir Frauen ins Spiel, weil Frauen außergewöhnlich praktisch veranlagt sind und oft schneller zum Punkt kommen.

KP: Was wäre Ihr Rat an die nächste Generation für deren berufliche Zukunft?

SH: Es ist ein Klischee, aber wir sagen den Menschen nicht oft genug, dass sie ihrer wirklichen Leidenschaft folgen sollen. Man kann innovativ und ein Unternehmer in allen möglichen Bereichen sein. Man kann die Dinge auf seine eigene Art und Weise handhaben und neue Wege schaffen und man sollte seine Arbeit lieben. Auch, wenn sie über den traditionellen Rahmen hinausgeht. Folgt Eurer Leidenschaft und unterstützt Euch gegenseitig!

FRANCES HESSELBEIN

DAS GESPRÄCH

USA

FRANCES HESSELBEIN

Präsidentin des „Leader to Leader Institutes" und erste Frau und Person ohne akademischen Abschluss, die zur Vositzenden des Führungkräfteprogramms an die US-Elite-Militärakademie in West Point berufen wurde

Respekt und Engagement für andere Menschen kennzeichnen das Leben von Frances Hesselbein. Viele Jahre engagierte sich die Grande Dame des amerikanischen Managements für die „Girl Scouts" in den USA – 13 Jahre lang stand sie der Organisation als Vorstandsvorsitzende (CEO) vor und erhielt dafür die höchste zivile Auszeichnung der Vereinigten Staaten, die „Presidential Medal of Freedom". Frances Hesselbein stammt aus einer alteingesessenen Familie in Western Pennsylvania. Mit 22 heiratete sie John Hesselbein, folgte 1976 dem Ruf der amerikanischen „Girl Scouts" nach New York und entwickelte sich zur Expertin für innovative und ethische Unternehmensführung.

Als erste Frau und erste Nicht-Akademikerin wurde die Management-Beraterin 2009 zur Vorsitzenden des Führungs-kräfteprogramms an die US-Militärakademie in West Point, Virginia berufen, das von Mitgliedern des Abschlussjahrgangs 1951 initiiert wurde. Neben zahlreichen Vorstandsposten in gemeinnützigen und privaten Organisationen ist Frances Hesselbein heute Präsidentin und Geschäftsführerin des „Leader to Leader Institute" in New York.

KP: Wo und wie sind Sie aufgewachsen?

FH: Ich bin in den Bergen von Western Pennsylvania aufgewachsen. Dorthin ist meine Familie in der Zeit vor der amerikanischen Revolution im 18. Jahrhundert ausgewandert. Ich hatte niemals vor, von dort wegzugehen, ich liebte es. Ich wuchs in Johnstown auf und meine Großmutter hatte den größten Einfluss auf mein Leben und meine Arbeit. Als ich acht Jahre alt war, brachte sie mir bei, wie wichtig es ist, alle Menschen zu respektieren. Sie erzählte mir auch Geschichten über die Familie. Sie war sehr stolz darauf, dass unsere Familie in allen Kriegen gekämpft hatte und sie nahm mich mit zu den Familienfriedhöfen. So wuchs ich auf und wusste alles über unsere Vorfahren. Auch mein Vater hatte ein wunderbares Gespür für die Geschichte und seine Erzählungen hatten einen enormen Einfluss auf mein Heranwachsen und mein Leben. Beide brachten mir bei, wie wichtig es ist, zu dienen.

KP: Was hatte Ihr Vater für einen Beruf?

FH: Mein Vater diente zunächst in der U.S. Armee und war später einer der ersten 200 Bundespolizisten der USA. Die gab es zuerst in Pennsylvania, weil dort in vielen Kohlebergbaustädten Gewalt, vor allem rassistisch geprägte Gewalt, herrschte. Ich war sehr glücklich, in meiner Gemeinde Johnstown aufzuwachsen. Ich war in 40 Jahren die erste Frau, die die „United Way"-Kampagne leitete. Darüber hinaus war ich immer ehrenamtlich bei den amerikanischen „Girl Scouts" tätig, sowohl vor Ort, als auch national und internationa. Außerdem versah ich meinen Dienst beim Bundesvorstand der amerikanischen „Girl Scouts".

KP: Wie alt waren Sie, als Sie die erste United Way Kampagne leiteten?

FH: Ich war Anfang 40 und ich war in meinem Leben so oft die erste Frau. Eigentlich wollte ich Johnstown niemals verlassen. Aber eines Tages folgte ich dem Ruf nach New York, um als Vorstandschefin die Girl Scouts der Vereinigten Staaten zu leiten. Das war 1976.

KP: Bevor wir darauf zurückkommen, würden Sie mir erzählen, was Sie glauben, wie Ihre Eltern Sie als Kind beschrieben hätten?

FH: Ich liebte das Lesen. Ich liebte Geschichte und Gedichte. Als ich in der 7. Klasse war, schrieb ich Gedichte für die Schülerzeitung. Damals wusste ich auch, was ich für den Rest meines Lebens machen wollte: ich wusste, ich würde eine Dichterin werden. Als ich dann mit 17 mein Studium an der Universität von Pittsburgh begann, wusste ich wieder, was ich für den Rest meines Lebens tun wollte und das war, für das Theater zu schreiben. Es war ziemlich klar, dass ich meiner Vision für die Zukunft mit 7 und dann mit 17 Jahren nicht treu bleiben würde. Es ist interessant: wenn man sehr jung ist, hat man diese Visionen, aber nun stehen wir heute mit „Leader to Leader" da und haben 27 Bücher in 30 Sprachen herausgebracht. Meine eigene Autobiographie wird gerade veröffentlicht.
KP: Wie lautet der Titel?

FH: Das Buch trägt den Titel: "My life in Leadership". Es gibt auch einige Artikel auf meiner Webseite. Ein Kapitel handelt von der Zeit, als ich 17 Jahre alt war. Ich war gerade sechs Wochen auf dem College, als mein Vater starb.

KP: Was war mit Ihrer Mutter, als Ihr Vater starb?

FH: Sie versuchte ihr Bestes. Und ich übernahm Verantwortung, ging arbeiten, studierte abends, legte mir Kurse auf den Samstag und kümmerte mich um die Familie. Mein Vater hätte das gewollt.

KP: Und wann heirateten Sie?

FH: Ich heiratete John Hesselbein im Alter von 22 Jahren. Er war der Sohn eines einflussreichen Zeitungsredakteurs in der Gemeinde. Mir war klar, dass ich Johnstown niemals verlassen würde. Ich liebte meinen Mann. Dennoch, Dinge geschehen und ich denke, das nennt man Fortschritt. Schließlich war ich ja immer bei den „Girl Scouts" aktiv. Als der Anruf aus New York kam und ich gefragt wurde, ob ich die Vorsitzende werden wolle, wäre ich fast nicht gefahren. Aber John bestand darauf. Er sagte: „Ich bin Filmemacher. Ich wollte schon immer in New York leben". So kam es, dass ich im Juli 1976 die Vorstandschefin der größten Organisation für Mädchen weltweit wurde.

KP: Was machten Sie zu der Zeit, als der Ruf der „Girl Scouts" kam?

FH: Ich war Vorsitzende der „Girl Scouts" in Eastern Pennsylvania. Das machte ich vier Jahre lang von meinem Zuhause in Johnstown aus. Ich war auch deren Vorsitzende in Lancaster, Pennsylvania und wurde schließlich Vorstandschefin

Frances Hesselbein mit ihrem Sohn John

der amerikanischen „Girls Scouts" in New York. So bekleidete ich vier verschiedene Vorstandsposten bei den „Girl Scouts" und hatte mich niemals für einen davon beworben. Irgendwer öffnete einfach eine Tür.

KP: Das ist erstaunlich. Denn hauptberuflich arbeiteten Sie mit Ihrem Mann, richtig?

FH: Ja. Er hatte ein Foto- und Filmgeschäft. Aber ich habe immer auch zusätzlich als freiwillige Helferin gearbeitet. Als Vorstandschefin der „Girl Scouts" in Johnstown habe ich dann ein zirkulierendes Management entwickelt, wurde CEO für den östlichen Teil

Im Gespräch mit Frances Hesselbein

des Staates und später fand ich mich in New York City wieder, der größten „Girl Scout"-Organisation in den Vereinigten Staaten mit über zwei Millionen Mädchen und jungen Frauen.

KP: Wie ging es Ihnen mit der Größe der Organisation? Machte Ihnen die Angst?

FH: Nein, das tat sie nicht.

KP: Sie wussten, dass das Ihre Berufung ist?

FH: Ich wusste, dass es meine Berufung war. Und da schaut man nicht auf Größenordnungen. Es gab Menschen, die mich fragten, wie lange ich gebraucht hatte, um mich an New York zu gewöhnen. Ich antwortete: „Rund zwei Minuten." John und ich erlebten die glücklichsten beiden Jahre unserer Ehe. Das war 1976 und 1977. Im Jahr 1978 starb er auf tragische Weise. Aber er ist immer bei mir. Ich habe 13 Jahre lang bei den „Girl Scouts" gearbeitet und hatte nicht einen einzigen schlechten Tag. Ich hatte einige schwierige, aber nie einen schlechten Tag. Am 31. Januar 1989 teilte ich dem Vorstand und den Mitarbeitern mit, dass ich in einem Jahr gehen würde.

KP: Warum entschieden Sie sich zu gehen?

FH: Man weiß immer, wann es Zeit ist zu gehen. Man erreicht einen gewissen Punkt und das ist die Zeit zu gehen. Man sucht sich den Zeitpunkt aus. Dieses letzte Jahr war mein überschwänglichstes überhaupt und als ich ging, hatten wir die höchsten Mitgliederzahlen, die größte Vielfalt und den größten Zusammenhalt in unserer Geschichte. Wir waren eine große Bewegung. Es war ein überschwängliches Jahr und sechs Wochen später war ich Präsidentin und Vorstandschefin der „Peter Drucker Foundation for Nonprofit-Management".

KP: Hatten Sie Peter Drucker jemals zuvor getroffen?

FH: Ja, 1981. Er gewährte uns zwei oder drei Tage seiner Zeit. Er anaylsierte unsere Arbeit und sagte dann, die „Girl Scouts" wären die bestgeführte Organisation des Landes. Er war voller Bewunderung für die Art, wie die „Girl Scouts" funktionierten, wie sie Mädchen und jungen Frauen half und er schätzte unser flexibles Management System.

KP: Wie definierten Sie Führung, als Sie bei den „Girl Scouts" waren?

FH: Führung ist eine Frage, wie man ist. Nicht, wie man etwas tut.

KP: Wie haben Sie Ihre eigene Führungslinie entwickelt?

FH: Erfahrung und immer daran denkend, ob etwas so ist „wie man ist". Es kommt auf die Qualität und den Charakter der Führungskraft an, die die Leistung und die Ergebnisse bestimmt.

KP: Wie denken Sie, hat sich Ihre Leistung so entwickelt?

FH: Sie wurde geprägt, seit ich acht Jahre alt war. Durch meine Großmutter lernte ich, Respekt vor allen Menschen zu haben. Beide Seiten meiner Familie hatten eine sehr starke Arbeitshaltung. Die Familie und die Erfahrung prägen einen wie man ist und nicht wie man etwas tut.

„ICH HATTE EINIGE SCHWIERIGE, ABER NIE EINEN SCHLECHTEN TAG."

KP: Ich führte viele Diskussionen mit anderen weiblichen Führungskräften. Männer sind anders als Frauen, also sagten viele, dass Frauen anders führen als Männer. Was denken Sie darüber?

FH: Ich habe diese Formulierung nie benutzt. Die Terminologie „weibliche Führungskräfte" oder „weibliche Führung" habe ich nie gebraucht. Wenn ich sage, dass ich eine weibliche Führungskraft bin, betone ich damit zuerst mein Geschlecht. Ich bin eine Führungskraft und ich bin eine Frau. Sie und ich wissen, dass die Geschlechterfrage viele Aspekte besitzt. Für einige Frauen ist es in Ordnung zu sagen, dass sie „weibliche Führungskräfte" sind, aber das funktioniert für mich nicht. Ich bin schlicht eine Führungskraft, die eben eine Frau ist.

KP: Glauben Sie, dass Ihr Führungsstil anders ist, weil Sie eine Frau sind?

FH: Wissen Sie, das hat verschiedene Dimensionen. Manchmal denke ich, wir nehmen Dinge anders wahr. Aber wenn man an die Qualitäten einer Führungspersönlichkeit denkt: gut, überlegen, inspirierend – hat das mit dem Geschlecht weniger zu tun, sondern mit dem Charakter und der Erfahrung. In meinem Buch gibt es ein Kapitel: „Konzentriere dich auf Aufgaben, nicht auf die Geschlechterfrage".

KP: Wenn Sie sich weibliche Führungspersönlichkeiten heute anschauen, sehen Sie eine bestimmte Person, die die Eigenschaften einer modernen Führungskraft hat und eine Frau ist?

FH: Ich denke, dass alle in der einen oder anderen Form hervorragende Qualitäten besitzen. Sie sind alle verschieden. Sie haben einige Eigenschaften, die bewundernswert sind. Wir unterscheiden uns alle. Das macht es so spannend. Judith Seitz Rodin war Präsidentin der Universität von Pennsylvania und ist jetzt Präsidentin der Rockefeller Brothers Foundation. Sie ist ein wunderbares Beispiel für eine großartige Führungskraft, die auch gleichzeitig eine Frau ist.

KP: Was sind Ihre speziellen Qualitäten?

FH: Respekt gegenüber allen Menschen. Peter Drucker schrieb einmal: „Ich mutmaße nie, ich schaue einfach aus dem Fenster und sehe, was sichtbar ist und was noch nicht erkannt wurde." Wenn man aus dem Fenster sieht, sieht man, was da draußen los ist, und ich halte nach Führungspersönlichkeiten Ausschau – Männer und Frauen, die an Höflichkeit und Respekt glauben. Wir verlieren in unserer Gesellschaft zunehmend den höflichen Diskurs. Ich halte nach Menschen Ausschau, die starke Meinungen und Positionen vertreten und mit großem Respekt sprechen. In diesem Land gibt es sehr verschiedene Frauen. Sie sind alle verschieden, aber sie alle haben etwas Besonderes. Zum Beispiel ist Hillary Clinton eine Frau, die großen Respekt für sich selbst, ihr Land und die Menschen empfindet. Man hört sie nie respektlos reden. Sie hat eine starke Meinung, aber sie hat großen Respekt vor anderen und das ist sehr wichtig.

KP: Um wieder von Ihnen selbst zu sprechen, viele Menschen sehen Sie als großes Vorbild für Führungspersönlichkeiten – Frauen wie Männer. Sie sagten, dass Sie niemals einen schlechten, wenn, dann nur einen harten Tag hatten. Was ist es, das Sie so erfolgreich macht, abgesehen vom Thema Respekt?

FH: Zuallererst ist das die wichtige Aufgabe, die wir alle im Leben haben. Bei den „Girl Scouts" war das, jedem der Mädchen dabei zu helfen, ihr eigenes Potential voll auszuschöpfen. Hier bei „Leader to Leader" geht es darum, Führungsverantwortung im sozialen Sektor zu stärken. Am Anfang braucht man eine Mission, die kurz, kraftvoll und unwiderstehlich ist. Peter Drucker sagte immer, sie muss auf ein T-Shirt passen. Diese Aufgabe ist der Grund, warum man das tut, was man tut.

KP: Für Organisationen braucht man eine Mission. Aber gilt das auch für Ihr Privatleben?

FH: Ja, und man muss Werte haben, die einen leiten. Man darf von ihnen nicht einen Moment abweichen. Man kann nicht an einem Tag etwas unehrlich sein und den Tag darauf wieder komplett ehrlich. Man hat seine eigenen Werte und man lebt nach ihnen, auch wenn es manchmal schmerzvoll oder schwierig ist.

KP: Würden Sie ein paar Ihrer Werte nennen?

FH: Respekt, Vertrauen, Liebe und Hingabe. Danach lebe ich. Ich vermittle diese Werte in all meinen Reden und spreche besonders mit jungen Studenten darüber; vor allem aber darüber, dass helfen, leben heißt. Ich spreche von Respekt gegenüber allen Menschen und über deren Vielfalt. Es geht darum, dass zu dienen, leben bedeutet und es gibt viele Möglichkeiten anderen in diesem Land zu dienen.

KP: Angesichts der zahlreichen Ehrungen, die ihnen zuteil wurden, wie fühlt es sich an, eine derart ausgezeichnete Person zu sein?

FH: Ich habe 20 Ehrendoktortitel erhalten und bin davon schier überwältigt. Immer wenn ich eine Abschlussrede halte oder einen Ehrentitel erhalte, weiß ich, dass dies eine der größten Ehrungen in meinem Leben ist und ich dafür zutiefst dankbar bin. Das lässt mich noch härter arbeiten und noch mehr Dienst an den Menschen tun.

KP: Ich habe von vielen Frauen gehört, dass wenn man oft geehrt wird, es auch eine öffentliche Erwartungshaltung an die Person gibt, was man zu tun oder zu sagen hat. Wie sind Sie mit den an Sie gestellten Erwartungen umgegangen?

FH: Man muss tun, was man für gut und richtig hält. Die Menschen stellen immer eigene Erwartungen an Dich, aber einige davon stimmen einfach nicht mit den eigenen Werten überein. Man muss zu seinen Überzeugungen und Werten stehen.

KP: Was würden Sie Führungspersönlichkeiten raten, die von den äußeren Erwartungen ausgelaugt sind?

FH: Nun, ich kann ihnen nichts raten. Ich kann nur sagen, was meine Erfahrung ist. Ich erhalte meine Kraft durch Menschen, mit denen ich spreche, mit denen ich arbeite. Ich reise, um bei meinem eigenen Team zu sein. Ich habe einen unglaublich vollen Zeitplan, aber ich versuche

Ein Büro voller Auszeichnungen, New York 2010

sehr sorgfältig auszuwählen und ich achte darauf, wo ich spreche. Ich versuche herauszufinden, wer diese Menschen sind, und ich möchte etwas über ihre Werte erfahren und was sie tun. Ich bin daran interessiert, auf welche Weise sie Menschen helfen. Ich habe 68 Länder bereist und machte niemals eine schlechte oder gar enttäuschende Erfahrung. Aber das kommt daher, dass ich sorgfältig auswähle. Meine Energie kommt von den Menschen, für die ich mich bewusst entschieden habe.

KP: Wenn Sie an junge Frauen denken, die versuchen ihren Weg zu finden und die Hürden im Leben zu bewältigen, was wäre Ihr Rat an sie?

FH: Ich würde sagen: Ihr seid die Führungspersönlichkeiten der Zukunft. Führung ist eine Reise, nicht ein Ziel. Ihr habt Werte. Lebt nach ihnen, solange ihr am Leben seid. „Zu dienen, heißt zu leben."

Es gibt keinen Erfolg ohne Frauen.

Kurt Tucholsky
deutscher Schriftsteller

GERTRUD HÖHLER

DAS GESPRÄCH

DEUTSCHLAND

GERTRUD HÖHLER

*1941 | Vielfach ausgezeichnete Publizistin, Politik- und Unternehmensberaterin

Es sind nicht die Männer, die Frauen auf dem Weg nach oben behindern, glaubt Gertrud Höhler. In den Augen der Publizistin und Unternehmensberaterin behindern sich Frauen selbst. Für die 1941 in Wuppertal geborene Tochter eines Pfarrers gilt dies nicht. Nach dem Studium der Literaturwissenschaften und der Kunstgeschichte in Bonn, Berlin, Zürich und Mannheim sowie der Promotion 1967 verfolgte die alleinerziehende Mutter zunächst eine Hochschulkarriere, bevor sie sich ab 1993 ganz auf ihre Tätigkeit als freie Publizistin und Unternehmensberaterin konzentrierte. Zuvor hatte sie bereits den Vorstandssprecher der Deutschen Bank, Alfred Herrhausen in Fragen der Öffentlichkeitsarbeit, sowie den damaligen Bundeskanzler Helmut Kohl beraten.

Die vielfach ausgezeichnete und durch ihre Publikationen und Medienauftritte bekannte Beraterin ist spezialisiert auf kulturwissenschaftliche Themen, Öffentlichkeitsarbeit, Kommunikation, Führung und Unternehmenskultur.

KP: Wenn wir zum Einstieg über das Thema *Female Leadership* reflektieren, gibt es so etwas aus Ihrer Sicht?

GH: Wir haben ja bezeichnenderweise nie über Male Leadership gesprochen, weil Männer geführt haben und Führung männlich war. Die Frauen haben sich dann gedacht, dass sie männlich führen müssten, um in Führungspositionen hineinzukommen. Es hat sich dann gezeigt, dass eine Frau natürlich nicht männlich führen kann, und wenn sie Elemente der männlichen Dominanz übernimmt, dann wirkt das meistens negativ auf ihre Umgebung. Frauen können nur, was Frauen können und da ist das „Nur" sehr verräterisch. Die Frauen haben das Gefühl, sie könnten sich nicht so gut durchsetzen und es sei im Ganzen eben nicht die Wirkung zu erzielen, die die Männer erreichen.

KP: Sehen Sie das auch so?

GH: Nein, man muss einfach nur mal einen Blick zurück in die Geschichte werfen. Vor der Industriegeschichte waren Frauen sehr mächtig. Sie waren immer die kleinen Finanzministerinnen in den ländlichen Anwesen, weil sie besser gewirtschaftet haben. Sie haben das Erreichte geschützt und dafür gesorgt, dass der Wohlstand vermehrt und weitergegeben wurde. Weiblich führen ist nicht etwa eine „Softvariante" des männlichen Führens, sondern weibliches Führen ist mit mehr sozialer Kompetenz angereichert, weil eine Frau neugieriger auf Menschen reagiert als der Mann. Es geht nicht um eine höhere Tugend oder Moral, sondern um ihre Art mit Menschen umzugehen. Für sie stehen die Menschen an allererster Stelle und danach kommen die Systeme. Beim Mann kommt das System zuerst.

KP: Heißt das aus Ihrer Sicht, dass Männer an dieser Stelle umlernen könnten?

GH: Männer werden dadurch bereichert, indem sie dem Blick, den Frauen auf die Dinge haben, etwas abgewinnen. Sie spüren, dass das die Fehlerquote verringert. Wir profitieren davon ja wechselseitig. Die Frau profitiert auch davon, dass der Mann systemverliebt ist und zum Beispiel anregt, dass man sich erstmal über die Regeln informieren sollte. Die Frau möchte immer lernen, wie der Mensch ist, und der Mann möchte wissen, wie das System funktioniert. Das ist auch wichtig. Man sieht das zum Beispiel in gemischten Teams und Beziehungen: Männer und Frauen profitieren voneinander.

KP: Ist diese Erkenntnis denn aus Ihrer Sicht bei den Männern angekommen?

GH: Nein. Das muss über die Köpfe der Männer hinweg geschehen. Mir ist es wichtig zu sagen, dass die Frau in dieser Sache viel hat, eben weil sie eine andere Wahrnehmungstiefe als der Mann hat. Diese Wahrnehmungstiefe interessiert den Mann nicht, weil er denkt, dass es ihn vielleicht ablenkt. Wir müssen erreichen, dass der Mann diese Dinge intuitiv übernimmt. Und das tut er auch. Ich kenne ganz viele arbeitende junge Paare, wo das so ist. Die Pläne ändern sich oft, weil der Mann zum Beispiel erkennt, welch hohe Priorität seine kleinen Kinder haben. Auf einmal geht mehr. Aber der Mann muss von uns sozusagen die Chance bekommen, nicht unbedingt zugeben zu müssen, dass er sich durch die Präsenz von Frauen verbessert.

KP: Wen meinen Sie mit „uns"?

GH: Das ist das ganz große Programm der Top-Frauen. Top-Frauen kommen ja auch deswegen nach oben, weil sie den Männern nicht zu sehr auf die Nerven gegangen sind, wie zum Beispiel feministische Frauen oder in Opferrollen verliebte Frauen. Top-Frauen sind so breit qualifiziert, dass sie vieles verstanden haben und dadurch auch für Männer Vertrauensträger sind. Männer müssen sich sicher fühlen. Sie fühlen sich übrigens auch unsicher, wenn die Frau sehr weiblich agiert.

KP: Ist die Frauenquote dann aus Ihrer Sicht etwas, was zwar falsch, aber hilfreich sein kann, um überhaupt nach oben zu kommen oder ist die Frauenquote etwas durch und durch Kontraproduktives?

GH: Ich denke, dass eine Frauenquote eher kontraproduktiv ist. Die Aufsichtsräte suchen ja qualifizierte Frauen. Wenn sie aber keine finden und der Staat ihnen diese Quote auferlegt, müssen sie möglicherweise unqualifizierte Frauen aufnehmen. Es kann nicht sein, dass wir jetzt im Schnellschuss einen langsamen Prozess beschleunigen, Frauen in die Aufsichtsräte schießen, die dann der Aufgabe nicht gewachsen sind, die ihnen aufgetragen wird.

„MICH HAT IMMER DAS GEFÜHL BEGLEITET, DASS ETWAS GROSSES IM LEBEN ZU ERREICHEN IST."

KP: Wenn wir uns mal die deutschen weiblichen Führungskräfte näher betrachten, sehen Sie da gute Beispiele weiblicher Führung?

GH: Wir haben ja ganz verschiedene Varianten, wie Frauen nach oben kommen. Da ist der untypische Weg über die Familienunternehmen, in denen die Unterstützung der Chefs über einen langen Zeitraum vorhanden ist. Dann haben wir auch Frauen wie Barbara Kux (Anmerk. der Redaktion: Vorstandsmitglied bei Siemens), die auf Top-Positionen verschwinden, weil ihnen die Firmen nicht mehr erlauben, öffentlich Stellung zum Thema Frauen zu nehmen. Das ist ein großes Handicap für alle, weil es da diese stillen, hoch positionierten Geschöpfe gibt, die ihre Arbeit und eine großartige Karriere in männlich bestimmten Berufsfeldern machen. Jeder weiß, dass sie wahnsinnig gut sind, sonst würden sie nicht immer weiter in hohe Positionen vordringen. Aber Sie werden kaum Interviews mit solchen Frauen bekommen. Sie werden Ihnen sagen, dass es sie nicht interessiert, wie man das macht. Diese Frauen betreten den Raum und man hat nicht das Gefühl, einem weiblichen Hahn zu begegnen, sondern sie strahlen eine unglaublich hohe Kompetenz und Ruhe aus. Sie strahlen also genau die Eigenschaften aus, die man haben muss, wenn man als Führungskraft überzeugen will.

KP: Wenn Sie auf Ihre eigene Jugend, Ausbildung und die frühe berufliche Karriere zurückblicken, wie betrachten Sie Ihren Weg?

GH: Man denkt immer wieder im Leben darüber nach, was eigentlich die Hauptantriebe gewesen sind. Meiner war buchstäblich der Erkenntnishunger. Ich war lange in der Universität und ich wollte immer die Dinge durchdringen und im Detail erarbeiten. Nachdem mir in der Schule in allen Fächern alles zugeflogen ist, wollte ich an der Universität das Handwerk erlernen, und dabei spielte es keine Rolle, in welchem Fach. Es ist nicht wichtig, was man studiert, solange man es gründlich macht. Ich hatte mir nach

dem Abitur vorgenommen, dass man eigentlich das Größte erreichen muss, was man mit den eigenen Kräften schaffen kann. Ich schrieb bereits während der Schulzeit Gedichte und kam in allen wichtigen Anthologien der 60er Jahre vor. Schon vor dem Abitur bekam ich einen Preis für meine Gedichte, eines erschien sogar in der Frankfurter Allgemeinen Zeitung. Also wusste ich, dass mein Weg darin bestehen würde, zu schreiben. Ich entschied mich dann, Literaturwissenschaft zu studieren. Mich hat immer das Gefühl begleitet, dass etwas Großes im Leben zu erreichen ist. Ich hatte nie den Wunsch, wie alle anderen zu leben.

KP: Kam dieses Gefühl aus Ihnen selbst heraus?

GH: Ja, das kam ganz aus mir selbst heraus. Meine Eltern waren eher streng und haben wenig gelobt. Ich habe also erst sehr spät begriffen, dass ich manche Dinge deutlich besser konnte als andere Menschen – eigentlich erst während des Studiums, als ich ziemlich schnell für einzelne Seminararbeiten Preise bekam.

KP: Hatten Sie denn Vorbilder?

GH: Nein, ich hatte keine Vorbilder und habe es auch nicht als negativ empfunden. Es hat mich auch nie interessiert, ob Frauen in der Gruppe irgendetwas Pionierhaftes schaffen.

KP: Hatten Sie denn im Laufe Ihrer beruflichen Karriere die Erkenntnis, dass es in den Bereichen, in denen Sie tätig waren, vielleicht zu wenige Frauen gibt?

GH: Ja, aber das war so selbstverständlich in den Firmen. IBM, die erste Firma für die ich gearbeitet habe, war ja eine amerikanische Firma, die den europäischen Führungskonzepten einiges voraus hatte. Dort hatte man schon begriffen, dass Autorität, Befehl und Gehorsam einfach nicht mehr klappten. Es hat mich aber nie gewundert, dass es Männer in der Führung waren. Das wusste man ja, und ich habe es immer als angenehm und entlastend empfunden, mit Männern zu arbeiten. Frauen sind häufig eifersüchtig aufeinander, und dieses Problem hatte ich durch die Arbeit mit Männern nicht.

KP: Konnten Sie denn in Konferenzen mit Männern nicht unbedingt bei fachlichen, aber strategisch schwierigen Themen durch Ihre weibliche Führungsstärke etwas bewirken?

GH: Ja, ganz oft und auch spektakulär. Zum Beispiel als es darum ging, eine neue Führungskraft in einer Top-Position einzustellen und zu beurteilen. Die Männer hatten schon einen Gewöhnungsprozess hinter sich, weil sie den Bewerber bereits in anderen Positionen in verschiedenen Abteilungen erlebt haben. Sie hatten so den Eindruck, dass der Bewerber immer gut gearbeitet hat, nett war und die Kollegen ihn deshalb behalten wollten. Nun mussten aber noch die offiziellen Gremien zustimmen und der Bewerber sich überdies einmal formalerweise den Fragen der Gremien stellen. Ich sah dann Dinge, die andere nicht gesehen hatten. Er lieferte zum Beispiel einen Lebenslauf, und ich entdeckte da eine Urkundenfälschung. Er hatte damals angegeben, dass er sein Examen an einer Technischen Hochschule abgeschlossen hat, obwohl es damals noch eine einfache Ingenieursschule war. Es konnte also gar kein Diplom-Ingenieur sein, gab sich aber seit Jahrzehnten als solcher aus und keiner hatte es gemerkt. Meine Kollegen versuchten das herunterzuspielen, aber ich wies sie darauf hin, dass es sich um eine Urkundenfälschung handelt und dass so eine Person so etwas immer wieder machen würde. Meine Grundsätzlichkeit war viel größer als die der Männer. Die Männer hätten das unter den Tisch gekehrt.

KP: Wenn man ins Detail schaut, woran liegt es, dass die Männer sich so verhalten?

GH: Das liegt am „Rudeldenken" und weil sie nicht falsifiziert werden wollen. Sie lagen ja mit ihrer Sympathie im Unrecht, und das konnten sie nicht ertragen.

KP: Frau Höhler, sehen Sie weltweit Frauen, denen Sie in einem hohen Maße eine neue Führungsqualität zusprechen würden?

GH: Ich sehe das bei Madeline Albright. Sie hatte einen sehr männlichen Job und eine Lebensgeschichte, die quer zu allem zu liegen schien. Ihre Lebensgeschichte machte den Eindruck, ihre Position eigentlich gar nicht mehr herzugeben und es ist unglaublich, was sie aus ihrem Leben gemacht hat. Auch Condoleezza Rice hat das Amt anders geprägt, durch ihre Art damit umzugehen. Oder schauen Sie sich einmal die ehemalige französische Finanzministerin Christine Lagarde an, die heute Geschäftsführende Direktorin des IWF ist. Sie ist immer charmant, lächelt jederzeit, aber sie ist hart in der Sache und keiner würde sagen, sie sei eine harte Frau. Sie hat einfach Manieren, die das, was sie möchte, gut verkäuflich machen. Sie bringt längst nicht alles durch, denn sie hat teilweise so radikale Ideen, die sich nicht durchsetzen lassen, das fällt jedoch nicht weiter auf. Sie ist aber für mich ein wunderbares Beispiel für eine Frau, die zwischen den Fronten durchgeht. Sie ist dabei vollkommen gelassen, entspannt und elegant – was ja auch immer gut ist.

KP: Sie sind ja auch zwischen Fronten durchgegangen. Wenn Sie Ihren eigenen Weg reflektieren, was waren Ihre speziellen Fähigkeiten und Eigenschaften, um das zu erreichen? Es sah zwar von außen immer strahlend und mühelos aus, aber Sie waren ja auch mit vielen schwierigen Situationen konfrontiert.

GH: Ja, das ist so, war so, bleibt so, aber ich schlage auch immer wieder gewaltig zurück. Das erspare ich den Leuten nie. Denn seine Position muss man den Leuten deutlich machen und sie ihnen zeigen. Man darf sich nicht damit begnügen, einfach nur zornig zu sein und die Sache damit abzuschreiben, dass es ja mal wieder die Männer seien. Nein, man muss es ihnen zeigen und zurückschlagen.

KP: Wäre das auch Ihr Rat an die nächste oder übernächste Generation? Was würden Sie einer jungen Frau raten, die Karriere machen will?

GH: Häufig mischt sich bei Männern Feigheit mit Imponiergehabe. Man hat immer Feinde im Leben. Man kann sie einfach beiseite schieben und verachten, aber es gibt auch Feinde, die man aufgrund ihrer Macht und ihrer Position nicht einfach verachten kann. Die muss man dann einfach schlagen. Es geht nicht anders. Aber das führt dann auch zu großem Respekt. Wir müssen von den anderen ja auch Respekt bekommen, da können wir nicht als feinfühlige Wesen durch die Geschichte spazieren.

KP: Noch eine abschließende Frage. *Female Leadership*, was ist das für Sie?

GH: *Female Leadership* ist eine umfassendere Vorbildrolle als sie ein Mann jemals zeigen kann, weil die Frau eine komplexere Wahrnehmung der Welt hat. Die Frau sieht Menschen mit mehr Neugierde, und das bedeutet auch mehr Erfolg. Sie bekommt mehr mit und hat mehr Durchblick. Sie sieht die Systeme immer kritisch und fragt sich, ob Menschen in diesem System gut siedeln können oder ob etwas weh tut und weggeräumt werden muss. Sie ist in dieser Weise eine Anwältin des Lebens und nicht eine Anwältin einer Welt, die nur aus Leistung besteht. Sie ist eine Anwältin des Lebendigen, dessen, was Leistung bringen soll. Das ist eine viel höhere Qualifikation als sie ein Mann jemals erreichen kann.

Die allermutigste Handlung ist immer noch, selbst zu denken. Laut!

Coco Chanel
französische Modedesignerin

ANASTASSIA LAUTERBACH

DAS GESPRÄCH

RUSSLAND

ANASTASSIA LAUTERBACH

*1970 | Senior Vice President CTIO Business Development bei T-Venture, Deutsche Telekom AG

Clever, durchsetzungsstark und selbstbewusst. So avancierte Anastassia Lauterbach zum operativen Business-Leader im Konzern Deutsche Telekom. Die 37 Jahre alte gebürtige Russin hat alles andere als einen geradlinigen Lebenslauf. Geprägt von dem Wunsch, Opern in Italien zu hören, suchte sich die passionierte Pianistin gezielt Arbeitsbereiche, die finanzielle Unabhängigkeit garantieren. Mittlerweile blickt die promovierte Linguistin auf mehr als zehn Jahre Erfahrungen in strategischen und operativen Funktionen in Deutschland und im Ausland zurück. Sie leitete die wichtigen technischen und kaufmännischen Transformationsprojekte der Telekom und wurde ranghöchste Frau in der männerdominierten Hierarchie.

Seit August 2010 leitet Anastassia Lauterbach die Telekom-Beteiligungsgesellschaft T-Ventures und trägt die Verantwortung für strategische Partnerschaften sowie die Integration von Übernahmeprojekten. Sie ist verheiratet und Mutter einer Tochter.

KP: Hatten Sie jemals Vorbilder?

AL: Ich muss gestehen – und Sie werden lachen – im täglichen Leben hatte ich überhaupt keine Vorbilder, mit einer einzigen Ausnahme im Studium: mein Professor, der Enkel von Leo Tolstoi. Das war mein Vorbild. Das hat mit meiner Biografie zu tun. Ich habe zwei Abiture: ein Musik-Abitur und ein normales Abitur. Im Alter von 13 Jahren war klar, dass ich mit der Musik nicht weitermachen werde, sondern einen anderen Weg gehe. Ich wollte in die Wissenschaft gehen. Ich konnte auch eine Klasse überspringen und somit war ich nur zehn statt elf Jahre in der Schule. Mit 14 begann ich auf die Universität zu gehen. Ich habe mich geschminkt, damit ich älter aussehe und mich in die Vorlesungen gesetzt.

KP: Welche Vorlesungen haben sie besucht?

AL: Ich habe Geschichte, Geographie und Psychologie gehört. An der Lomonossov Universität in Moskau habe ich dann Tolstoi kennengelernt. Er hat mich mehr oder weniger in seine Familie adoptiert und mich überzeugt, dass ich Balkanistik studieren sollte. Das Thema hat mich sehr interessiert, ich hatte noch gar keinen Bezug zu weltlichen Themen wie etwa Geld verdienen. Ich wollte an der Uni lehren. Mit 16 Jahren habe ich dann die Aufnahmeprüfung bestanden und mich an der Uni immatrikuliert. Als ich 18 Jahre alt war, gab es eine sehr schwere Krise im Land und ich musste anfangen, meine Familie finanziell zu unterstützen.

KP: Ihre Familie lebte in Moskau?

AL: Ja, meine Eltern waren Lehrer und mussten erkennen, dass mit ihrem Beruf nicht viel Geld zu verdienen war. Ich habe mein Studium selbst finanziert und meinen Eltern geholfen. Ich habe sehr schnell studiert und war in sieben Semestern fertig. Nach dem Studium erschien mir alles sehr unsicher und bei der ersten Möglichkeit bin ich ausgewandert. Ich bin im Grunde genommen ein Wirtschaftsmigrant und schäme mich dafür nicht.

KP: Wie haben Sie es geschafft, Ihre Eltern noch während des Studiums zu unterstützen?

AL: Es wurde in Moskau viel gebaut. Die Auftraggeber waren damals jugoslawische bzw. kroatische Unternehmen. Ich habe verstanden, dass man, wenn man diese technische Sprache beherrscht, gutes Geld verdienen konnte. Ich habe an einem Wochenende das kroatische Vokabular, was dazu gehörte, gelernt und mit 18 Jahren angefangen mit „Learning by Doing" für die Bauunternehmen simultan zu dolmetschen und zu übersetzen. Dann habe ich festgestellt, dass es in Moskau nur eine Person gab, die das Gleiche anbieten konnte. Ich habe ihn angerufen und ihm gesagt, dass es nur zwei von uns gibt und wir jetzt Preise machen können. So haben wir angefangen $ 1.000 pro Woche zu nehmen, was gutes Geld war.

KP: Das war schon eine sehr kreative, unternehmerische Einstellung.

AL: Für mich war das einfach Common Sense, gesunder Menschenverstand. Es war natürlich sehr anstrengend, weil es weder Wochenenden, noch Urlaub gab. Mein Leben bestand nur aus Arbeiten, Studieren und nachts Hausarbeiten schreiben. Aber das hat mich weitergebracht.

KP: Was hat Sie zu dieser Zeit angetrieben?

AL: Die Zukunft. Ich hatte die Perspektive, dass es ruhiger werden, ich in Konzerte gehen, am Wochenende Bücher lesen und spazieren gehen würde und, dass ich am Wochenende nicht arbeiten müsste.

KP: Haben Sie sich Ihre Zukunft außerhalb von Moskau vorgestellt?

„MAN KANN SICH ABSOLUT ALLES ANEIGNEN UND ERLERNEN."

AL: Ich hatte die theoretische Vorstellung, dass im Westen alles besser wäre. Ich dachte, dass ich vielleicht nach Italien reisen könnte, wo es schöne Kirchen und wundervolle Malerei gibt. Eine Freundin hat mir dann zu einem deutschen Visum verholfen. Ich bin also nach Deutschland gekommen und habe mich gefragt, was ich hier machen könnte. Deutsch konnte ich damals noch nicht so richtig gut, aber ich hatte die Idee bei der Deutschen Welle zu arbeiten. Ich bin da rein marschiert und habe mich erkundigt, wo ich die kroatische und russische Redaktion finde und mich vorgestellt. Da war ich 21. Sie haben Tests und Probeaufnahmen mit mir gemacht und mir dann einen Job angeboten. Zuerst begann ich mit Sprechen, später fing ich auch an zu schreiben. Ich habe dann für eine kleine Sendung gearbeitet.

KP: Sie haben aber auch noch mal studiert, richtig?

AL: Ja. Ich wollte Klinische Psychologie studieren und mit Linguistik weitermachen, weil ich damit schon in Moskau angefangen hatte. Im Laufe des Studiums habe ich festgestellt, dass man mit der Uni nicht wirklich viel Geld verdienen kann, um damit nach Italien zu fahren und dort in die Oper zu gehen. Ich habe mich dann bei der Münchener Rückversicherung beworben, meine einzige Bewerbung. Sie suchten einen Juristen oder Volkswirt, was ich nicht war – aber für Osteuropa. Ich habe mir gedacht, dass ich zwei Kriterien nicht erfülle, aber eines schon, also müsste man es mal versuchen. Sie haben mich eingeladen und ich habe mich im Assessment Center durchgesetzt.

KP: Was haben Sie da gemacht?

AL: Ich habe im Marketing angefangen, aber mich später auf die Privatisierung von Social Security Teams spezialisiert, insbesondere im Bereich Arbeitsunfälle und Berufskrankheiten. Diese Mischung aus Mathematik, Statistik, Medizin und Jura hat mich unglaublich fasziniert. Parallel dazu habe ich meine Promotion an der Uni Bonn abgeschlossen und mich dann von der Uni verabschiedet. Ich dachte zwar auch daran, zu habilitieren, aber eigentlich habe ich mich in der Wirtschaft so wohlgefühlt, dass ich dort geblieben bin. Ich hatte aber immer so einen Komplex, dass ich keine Betriebswirtin und keine Juristin war. Ich habe mich gefragt, was man da tun kann und mir gedacht, dass ich einen Master in Business Administration (MBA) machen sollte. Aber ein MBA kostet ja Geld und das hatte ich nicht. Ich habe mich also gefragt, wie ich an einen MBA komme, ohne diese Summe zu bezahlen. Die Lösung war ganz einfach: ich bin zu McKinsey gegangen, danach zum Kunden, zu Daimler und wurde dann nach dreieinhalb Jahren von der Telekom abgeworben.

KP: Wenn Sie jetzt auf die letzten Stationen von der Münchener Rück bis zur Telekom schauen, was glauben Sie, war die wichtigste Erfahrung?

AL: Dass man keine Angst haben und einfach handeln soll und dass wirklich jeder nur mit Wasser kocht. Man kann sich absolut alles aneignen und erlernen, es geht sehr viel um Common Sense. Er ist das A und O im täglichen Handeln, in Allem. Ob man nun eine Geschäftsentscheidung trifft oder Mitarbeiter führt. Es geht immer um ganz grundlegende Basics. Meine grundlegende berufliche Ethik ist, dass man mit anderen Menschen nicht etwas anstellen sollte, was man sich selbst nicht wünscht. Das heißt nicht, dass man Leute nicht feuert. Wenn ich nicht gut bin, werde ich gefeuert, das weiß ich auch. Aber es geht um Aufrichtigkeit und menschlichen Anstand und man muss glauben, dass man alles erlernen und letztlich auch schaffen kann.

KP: Wie würden Sie Ihren Führungsstil beschreiben?

AL: Ich bin schon sehr fordernd, aber ich finde auch, dass Vertrauen eine enorme Rolle spielt. Ich möchte grundsätzlich von Menschen umgeben sein, die besser sind als ich, und das lasse ich sie auch spüren. Ich bin enorm interessiert an Hochleistern. Dazugelernt habe ich bei Menschen, die sich mehr oder weniger Routine wünschen und eigentlich keine große Herausforderung wollen. Ich brauchte sehr lange um zu verstehen, dass das auch ok ist. Diese Toleranz habe ich erst im Laufe der Jahre gelernt.

KP: Wie kam es zu dieser Toleranz?

AL: Als ich ausgewandert bin, habe ich einige Menschen kennengelernt, die genauso gestrickt waren wie ich. Ihnen ging es auch immer um Leistung, Leistung, Leistung. Nie zufrieden sein. Im Grunde genommen geht es im Leben aber auch um andere Themen. Viele Menschen wollen mit ihrer Familie zusammen sein. Das ist wundervoll. Viele wollen ihrem Sport nachgehen oder ihrem Hobby. Was auch immer es ist, das ist fein. Stellen Sie sich vor, wir wären alle von testosteronsprudelnden Quellen umgeben. Das wäre wahrscheinlich sehr anstrengend.

KP: Oh ja. Wie würden Sie sich heute beschreiben?

AL: Ich habe viel Erfahrung gesammelt und akzeptiere, dass man nicht in allen Situationen perfekt sein kann. Es ist mir mit meiner Tochter schon einmal passiert, dass ich in zwei unterschiedlichen Schuhen aus dem Haus gelaufen bin, weil ich sehr müde war, und dass ich darüber lachen konnte. Dieser Humor kommt mit den Jahren. Wenn man über sich selbst nicht lachen kann, ist es schwierig.

KP: Was hat Ihnen Ihre Tochter noch für Ihr Leben beigebracht?

AL: Gelassenheit, aber auch Toleranz und Akzeptanz. Und man lernt täglich über sich selbst dazu. Manchmal singt man zum Beispiel vor. Mit so einem kleinen Menschen ziehen Sie ja Register, die Sie vorher so nicht gezogen haben, und es ist wundervoll. Ich genieße jede Minute mit ihr. Es macht mir unglaublich viel Spaß und ich glaube, dass es mich auch beruflich weitergebracht hat.

KP: Was motiviert Sie in Ihrem Job?

AL: Das ist auf jeden Fall die Gestaltung. Ich mag, was ich tue. Die Technologien ändern sich so schnell. Ich treffe interessante Menschen, die sehr schnell sind, sehr gut denken und argumentieren können. Das inspiriert mich sehr.

KP: Und was macht Sie privat glücklich?

AL: Ich mag es, wenn eine Familie am Tisch sitzt, alle essen, reden, trinken Tee und man hat etwas gebacken. Das macht mich glücklich.

KP: War Kritik, vor allem öffentliche Kritik, jemals ein Thema für Sie?

AL: Nur in der letzten Zeit. Da bin ich sehr froh, dass ich meine Tochter habe. Je weiter man kommt, umso dicker muss das eigene Fell sein.

KP: Rita Süssmuth sagte einmal, dass Frauen auf ihrem Weg nach oben oft einsam sind. Stimmen Sie dem zu?

AL: Das ist eine sehr interessante Frage. Einsamkeit als Thema für Frauen. Ich glaube das gibt es auch für Männer. Vielleicht würden sie es nicht zugeben, aber wie viele richtige Freundschaften gibt es denn da oben? Statistisch ist das, glaube ich, für Männer und Frauen gleich. Allianzen schließt man und dann gibt es wiederum andere Allianzen, die die alten überschreiben. Bewusste Netzwerkpflege – das muss man auf jeden Fall können.

KP: Tun Sie das selber?

AL: Ich habe erst in den letzten Jahren systematisch angefangen, an der Zugehörigkeit zu arbeiten. Früher war das für mich kein Thema und das war falsch. Zwischenmenschliche Werte sind enorm wichtig, weil man letztendlich immer Beziehungen entwickelt. Das ist aber nichts Geschlechtsspezifisches.

KP: Glauben Sie denn, dass es in der Führung oder Kommunikation geschlechtsspezifische Unterschiede gibt?

AL: Ich tendiere dazu zu sagen, dass diese Unterschiede personenspezifisch sind. Ich habe nie so richtig über die Geschlechtsfrage nachgedacht, aber ich habe auch zu wenige Beispiele, wo ein Kollege von mir eine Frau war.

KP: Glauben Sie, es würde sich etwas ändern, wenn es eine Frauenquote oder mehr Frauen in Führungspositionen geben würde?

AL: Ich glaube, sie ist ein notwendiges Übel. Ich persönlich würde davon nicht profitieren, weil man mich sowieso als Quotenfrau abstempelt. Aber wenn es zur Gewohnheit wird und mehr und mehr Frauen Führungspositionen einnehmen, dann werden sich derartige Klischees in Luft auflösen.

KP: Mixed Leadership Teams funktionieren oft besser. Woher kommt es, dass diese Teams besser funktionieren und vorankommen als andere?

AL: Ich weiß nicht. Ich habe es in vier Jahren bei der Telekom nicht geschafft, eine Frau einzustellen. Da bewirbt sich niemand. In meinem Bereich gibt es einfach nicht viele Frauen. Ich glaube auch, dass sie zum Teil gar nicht wollen. Da kann ich nur sagen: Mädels, traut euch.

KP: Sind Sie jemand, der sich typischerweise Ziele setzt?

AL: Wenn man kein Ziel hat, kann man nirgendwo ankommen. Aber man kann auch kleine Schritte gehen. Es geht erst einmal darum den nächsten Tag zu planen. Ich plane für mich etwa bis zu 24 Monate voraus. Das kann ich gut übersehen und ich kann mir vornehmen, bestimmte Dinge in dieser Zeit zu schaffen. Ich kann das natürlich nicht im Detail planen. Zum Beispiel habe ich mir nie vorgenommen, erst für eine Automobil- und dann für ein Technikunternehmen zu arbeiten. Ich hatte aber eine Vorstellung davon, wie weit ich kommen möchte und wie viel Verantwortung ich tragen möchte. Ich wusste zum Beispiel auch, dass ich nicht nur rein operative, sondern auch strategische Aufgabenfelder suche.

KP: Als Sie schwanger wurden, hatten Sie da Angst, dass es in Ihrem schon sehr eng getaktetem Leben nicht genügend Raum gibt und Sie diese zusätzliche Verantwortung vielleicht nicht schultern können?

AL: Ich habe bewusst nicht daran gedacht. Ich habe die Entscheidung getroffen und mir verboten, darüber nachzudenken, weil ich ansonsten zu Grunde gegangen wäre. Ich habe mir das Ziel gesetzt, gesund zu bleiben, in einem bestimmten Umfang Gewicht zuzunehmen und zu schauen, dass ich nicht zu ungesund esse.

KP: Hatten Sie eine Elternzeit?

AL: Ich hatte sieben Wochen, mein Mann aber hatte drei Monate und ich habe auch jedem werdenden Vater im Team die Erfahrung der Elternzeit gegönnt. Wir haben die Aufgaben unter uns verteilt und waren wir deswegen schlechtere Führungskräfte? Überhaupt nicht! Im Gegenteil. Ich bin ein sehr starker Befürworter von Familienverantwortung. So etwas ist einfach wunderbar und diese Monate kommen nie wieder.

KP: Leben Ihre Eltern auch heute noch in Moskau?

AL: Ja, das tun sie. Jetzt gerade sind sie

hier und unterstützen mich mit meiner Tochter. Wenn sie da sind, nutze ich die Gelegenheit und mache Auslandsreisen, die länger dauern, sonst könnte ich das gar nicht bewältigen.

KP: Wenn Sie an die Zukunft Ihrer Tochter denken, was wäre Ihre berufliche Weisheit, die Sie ihr mitgeben würden?

AL: Ich würde ihr raten, keine Angst zu haben. Auch muss man sich selbst treu sein, man sollte sich nicht verbiegen. Es gibt so viele gut gemeinte Ratschläge, die einem aber nicht helfen, wenn man nicht reflektiert, wer man eigentlich ist. Wenn man eigentlich „Nein" zu etwas sagen möchte, sollte man das auch tun, weil man nur ein Leben hat.

CHEONG-TAI LEUNG

DAS GESPRÄCH

BRUNEI

CHEONG-TAI LEUNG

*1965 | Präsidentin der Nielsen Company für den Raum Asien-Pazifik, Mittlerer Osten und Afrika

Zielstrebigkeit ist eine der herausragenden Eigenschaften von Cheong-Tai Leung. Die heutige Direktorin für den Raum Asien-Pazifik, den Mittleren Osten und Afrika der Nielsen Company wurde 1965 als dritte von sechs Töchtern in Brunei geboren und wuchs dort sehr behütet auf.

Ihre Schulzeit verbrachte sie in Brunei und Hongkong. Das Studium absolvierte sie in den USA, wo sie zunächst zwei Bachelorabschlüsse in Elektrotechnik und Informatik, später dann auch den Master in Informatik machte. Nach dem Studium kehrte die Technik- Spezialistin nach Asien zurück und arbeitete mehrere Jahre bei Hewlett Packard.

Später wurde sie erste Leiterin der Technologieabteilung von The General Electric Company. Heute ist Cheong-Tai Leung die erste Asiatin in der regionalen Führungsspitze von Nielsen.

KP: Können Sie mir etwas über Ihre Kindheit und Ihre Familie erzählen?

CL: In China wird erwartet, dass man zumindest einen Sohn hat, der den Namen bewahrt und den Stammbaum weiterführt. Ich war die dritte Tochter und meine Mutter stand unter starkem Druck, einem Sohn das Leben zu schenken. Am Ende sagte mein Vater aber, dass er der glücklichste Mann auf Erden sei, mit seinen sechs Mädchen.

KP: Also hat er seine Meinung geändert?

CL: Zumindest ließ er es uns nie spüren, dass er lieber einen Sohn gewollt hätte. Ich weiß es nur, weil meine Mutter es uns erzählt hat.

KP: Als Kind lebten Sie in Brunei. Wie kam es dazu?

CL: Meine Eltern heirateten und zogen von China nach Brunei, um eine Familie zu gründen, und mein Vater eröffnete dort sein Geschäft. Er wurde zu einem ziemlich erfolgreichen Unternehmer in Brunei. Es ist kein besonders großes Land und die Menschen kannten uns sechs Mädchen und unsere Eltern. Wir wuchsen in einer sehr behüteten Umgebung auf. Aber um 18 Uhr musste ich zu Hause sein.

KP: Kam das, weil Ihre Eltern sehr besorgt um Ihre Sicherheit waren oder weil es Familientradition war?

CL: Beides, obwohl ich denke, dass mehr durch die Familientradition bedingt war. Meine Eltern waren der Meinung, dass es eine gewisse Disziplin für kleine Mädchen geben sollte, und sie dachten, es wäre nicht sicher, wenn wir alleine unterwegs wären.

KP: Wie lange gingen Sie in Brunei zur Schule?

CL: Ich blieb dort bis ich 14 Jahre alt war und zur Secondary Middle School ging. Meine Mutter sagte immer, dass ich ein ehrgeiziges Kind war. Sie selbst ist auch eine ehrgeizige Person und ich lernte durch sie eine Menge über Werte. Irgendwie wusste ich immer, was ich wollte und strebte danach, mein Ziel zu erreichen. Ich war Klassenbeste, bekam eine Menge Auszeichnungen und Stipendien und nahm an vielen Aktivitäten teil. Brunei ist ein kleines Land und ich hatte das Gefühl, darüber hinaus gehen zu müssen und andere Erfahrungen zu sammeln: ich wollte nach England auf ein Internat gehen.

KP: Wie reagierten Ihre Eltern darauf?

CL: Meine Mutter erlaubte es nicht. Sie sagt es sei viel zu weit weg. Schließlich durfte ich aber nach Hongkong gehen, das nur drei Stunden entfernt ist. Meine Eltern hatten dort immer noch Familie und so konnte ich im Ausland meine Erfahrungen sammeln, ohne allzu weit von Brunei entfernt zu sein. Also ging ich für ein paar Jahre nach Hongkong und schloss dort meine Secondary School ab. Meine Eltern hatten mitten in Hongkong ein Appartement, in dem ich mit meiner älteren Schwester - die auch nach

Honkong kam - lebte. So musste ich nur zehn Minuten zur Schule laufen.

KP: Wussten Sie schon früh, was für einen Beruf Sie einmal später ausüben wollten?

CL: Eigentlich wusste ich das nicht. Also war die Ausbildung für mich die entscheidende Grundlage. Als ich dann bereit für das College war, spürte ich aber, dass ich wieder eine Veränderung brauchte. Zu diesem Zeitpunkt wollte ich in die Vereinigten Staaten gehen.

KP: Was reizte Sie daran? Warum wollten Sie unbedingt in die USA gehen?

CL: Das hatte mit meinen Lektüren, dem Fernsehen, Kino usw. zu tun. Man erkennt, dass Nordamerika das Machtzentrum und die größte Wirtschaftsmacht in der Welt ist. Und ich wollte lernen, was in der Welt vor sich geht. Deshalb wollte ich in diesem Land sein und sehen, wie es den Rest der Welt antreibt. Abgesehen davon ist die Ausbildung in den USA eine der Besten. Ich war 17 oder 19 Jahre alt und fühlte, dass es der richtige Zeitpunkt für mich war. Meine Mutter erlaubte aber nicht, dass ich in die Staaten ginge aber ich war sehr zielstrebig. Also ging ich zum US-Konsulat und informierte mich über das Schulsystem und die formellen Anforderungen. Ich entschied mich einfach, den Bewerbungsprozess mitzumachen. Falls ich genommen werden würde, würde ich mit meinen Eltern reden.

„MEIN RAT AN DIE JÜNGEREN FRAUEN: GLAUBT AN EUCH SELBST."

KP: Wo haben Sie sich beworben?

CL: Ich habe mich an fünf oder sechs Universitäten in Florida, Kalifornien und im Westen beworben. Die Bewerbungen waren sehr teuer und da ich nicht den Segen meiner Eltern hatte, musste ich mein Erspartes zusammenkratzen. Dann wurde ich tatsächlich an der Universität von Miami akzeptiert und sollte zwei Wochen später zur Orientierungswoche kommen. Ich war sehr aufgeregt, da es nur zwei Wochen waren und meine Eltern immer noch keine Ahnung hatten. Einmal angenommen, würde ich auf keinen Fall absagen, aber auf der anderen Seite brauchte ich die Unterstützung meiner Eltern. Ich entschied, dass ich zuerst mit meiner Mutter reden würde. Sie sah mich an und erkannte, wie entschlossen ich war. Also sagte sie einfach nur: „Ok, lass uns überlegen, wie wir es deinem Vater sagen." Auf einmal ging alles sehr schnell.

KP: Wie haben Sie sich in diesem Moment gefühlt; waren Sie glücklich?

CL: Ich war glücklich, aber auch sehr ergriffen. Als sich die Türen des Flugzeugs schlossen, realisierte ich, dass ich auf mich alleine gestellt war und weinte schrecklich. Das ließ mein Leben definitiv in eine andere Richtung verlaufen. Menschen, die nicht mit mir aufgewachsen sind, würden niemals ahnen, dass ich als sehr introvertierter Mensch auf die Welt kam. Ich war in mich gekehrt und geradezu schüchtern. Die Zeit in Amerika hat mich sehr verändert.

KP: Woher glauben Sie kam das? Durch die Distanz zur Heimat und den Eltern?

CL: Amerika zwang mich, wirklich auf eigenen Füßen zu stehen. Die andere prägende Erfahrung war eine Theaterklasse, die mir jemand gegen die Schüchternheit empfohlen hatte. Ich konnte es kaum ertragen, vor der Klasse zu sprechen und da wurde mir klar, dass ich wirklich schüchtern war. Am Ende bestand ich mit einer Eins. Ich war zwar noch immer nervös, aber lernte, vor Menschen zu sprechen. Dieses Erlebnis war ein weiterer Wendepunkt in meinem Leben. Die Menschen erkannten, dass ich schüchtern, aber stark war. Ich war sehr zielstrebig: ich tat Dinge im Verborgenen und nicht dort, wo es für die Menschen sichtbar war. Dennoch mache ich mir auch heute noch bei den Vorbereitungen eines Meetings viel Arbeit, um selbstbewusst zu erscheinen.

KP: Frauen auf der ganzen Welt scheinen die Tendenz zu haben, sich intensiv vorzubereiten, um immer die bestmögliche Leistung zu erbringen.

CL: Für mich war die Vorbereitung wichtig, um das Selbstbewusstsein zu erlangen, überhaupt im Meeting sprechen zu können. Selbst wenn ich „große Gedanken" mitzuteilen hatte, hatte ich oft nicht den Mut zu sprechen und meine Gedanken und Ideen mit den anderen zu teilen oder eine Präsentation zu halten. Ab da hatte ich das Glück großartiger Mentoren, die mir wirklich mit meiner Karriere halfen und mir Selbstvertrauen gaben.

KP: Wie ging es nach Ihrem Studium beruflich weiter?

CL: Ich beendete meinen Bachelor in Miami und bekam einen Doppelabschluss mit Auszeichnung im Nebenfach. Dann erhielt ich ein Stipendium, um auch meinen Master zu machen. Also absolvierte ich meinen Master und baute zur selben Zeit ein kleines Geschäft mit einem Freund auf. Mein Hintergrund ist sehr technisch: Ich habe Maschinenbau und IT studiert. Wir kreierten automatische Systeme für Restaurants. Nach Abschluss der Universität entschied ich mich, zurück nach Asien zu gehen, weil ich fühlte, dass ich dorthin gehöre. Mein Freund verkaufte unser Geschäft an eine größere Firma. In Asien arbeitete ich einige Jahre im IT-Bereich für Hewlett Packard. Ich wollte aber immer hinter die Dinge gucken. Ich bin technisch ausgebildet, aber für mich geht es nicht nur um Technologie. Ich bin an ihrem Einfluss interessiert und am Ergebnis des Prozesses. Deswegen sammelte ich viel Wissen in meiner Geschäftseinheit, dem Logistik- und Verteilerzentrum von Hewlett Packard für den Bereich Asien-Pazifik in Singapur. Von dort wurde ich von einem meiner Ex-Manager zu General Electric abgeworben und arbeitete dort ebenfalls für die Serviceteileabteilung für den Raum Asien-Pazifik.

KP: Wann hatten Sie nach Ihrem eigenen Verständnis die erste Führungsposition inne?

CL: Ich denke, die erste Führungsrolle hatte ich damals bei General Electric.

Dort arbeitete ich zunächst im Bereich Kundenservice, Logistik, usw. und bekam irgendwann wieder einen Job im Bereich der Technik angeboten und zwar als erster Leiter für Informationstechnologie (CIO) für die Region Asien- Pazifik. Ich würde sagen, dass das die erste entscheidende Führungsposition war. Ich war der erste CIO für GE für den Bereich Asien-Pazifik. Zuvor existierte diese Position gar nicht. Tatsächlich war ich die erste Frau auf der obersten Führungsebene. Die CIOs und IT-Leiter der verschiedenen Bereiche waren mir unterstellt und mussten mir Bericht erstatten.

KP: Waren das nur Männer oder auch Frauen?

CL: Hauptsächlich Männer. Und ich wollte gut mit ihnen zusammenarbeiten. Die größte Herausforderung war Japan, in dem unser größtes Geschäft und damit auch das größte IT Operations Budget lag. Der CIO von Japan galt als sehr einflussreiche Person. Und als bekannt gegeben wurde, dass ich geschäftsführender CIO werden würde, war der Schock groß, da er ein Mann und um einiges älter und ich eine Frau und noch immer ziemlich jung war.

KP: Wie alt waren Sie damals?

CL: Ich war Anfang 30. Aber ich glaubte an mich als Führungskraft und Managerin. Wenn man etwas mit viel Herz macht, spüren die anderen, dass du es ernst meinst. Ich hatte sehr offene Gespräche unter vier Augen mit ihm. Ich sagte ihm, dass ich zwar nun diese Position innehatte, aber dass ich ihm nicht sagen würde, was zu tun sei. Ich wollte

Singapur im Januar 2011

mit ihm zusammenarbeiten und bot ihm an, dass wir die Strategie gemeinsam planen könnten und fragte ihn, was ich für ihn tun könne.

KP: Wie reagierte er darauf?

CL: Wissen Sie, ich denke am Anfang war er überrascht, dass ich so offen und einnehmend war. Ich hörte aufmerksam zu, was mir über die Herausforderungen berichtet wurde und hatte schließlich ein sehr gutes Gespür dafür, wo wir standen. Am Ende hatten wir Erfolg in Japan und sogar schneller als erwartet.

KP: Hatten Sie jemals schlechte Führungserfahrungen? Ich habe von vielen Frauen gehört, dass es nicht immer einfach war, die einzige führende Frau unter Männern zu sein.

CL: Man kann es fühlen und man kann es sehen, dass viele Männer nicht an eine Frau in der Geschäftsführung gewohnt sind, zum Beispiel bei der Sprache: manchmal erkennen sie, dass sie etwas feinfühliger sein müssen und manchmal vergessen sie es schlichtweg. Aber ich war offen gegenüber ihrer Art. Zum Beispiel mögen sie es, Dinge bei einem Drink zu besprechen, also sagte ich: „Ok, lasst uns Bier bestellen". Ich trinke normalerweise nichts, aber ich gab mich offen und erlaubte ihnen, das zu genießen.

KP: Sie sind also eine tolerante Führungskraft?

CL: Ja. Ich denke, jeder hat so seine Vorlieben, was in Ordnung ist, solange keine grundsätzlichen Verhaltensregeln verletzt werden. Das wäre auch ein Rat, den ich jüngeren weiblichen Führungskräften geben würde. Es ist wichtig zu erkennen, dass die Menschen verschieden sind und verschiedene Präferenzen haben. Männliche Führungskräfte sind nun mal anders als weibliche. Ich denke nicht, dass wir unseren Führungsstil verändern sollten. Frauen haben einen weicheren und persönlicheren Ansatz als Männer. Zumindest hat mir mein Team gesagt, dass sie einen Unterschied spüren.

KP: Wie würden die Mitarbeiter diesen Unterschied beschreiben?

CL: Er ist persönlicher und sie spüren auf eine gewisse Art und Weise mehr Emotionen. Zudem schaffe ich ein Umfeld, in dem die Mitarbeiter sich als Teil des Teams fühlen und wissen, dass wir alle an einem gemeinsamen Strang ziehen.

KP: Wie finden Sie die Zeit für ein privates Leben? Sind Sie verheiratet?

CL: Ja ich bin verheiratet und Mutter zweier Söhne, 13 und neun Jahre alt. Mein Mann ist auch erfolgreicher Unternehmer. Also jonglieren wir, weil wir beide sehr karriereorientiert sind. Aber von den Eltern meines Mannes bekommen wir Unterstützung mit den Kindern und wir haben eine Haushaltshilfe. Die andere Sache ist, dass mein Mann und ich unsere Karrierepläne diskutiert haben, als wir uns für Kinder entschieden. Mit anderen Worten: ich wollte keine Hausfrau werden. Also dachten wir darüber nach, wie Kinder mit unseren Karriereplänen vereinbar wären. Da Jungs generell weniger diszipliniert sind, haben wir einen Hauslehrer. Auf diese Weise bekommen wir eine Rückmeldung wie es unseren Kinder geht und wie sie sich entwickeln. Außerdem geht es um die Qualität der Zeit, die man miteinander verbringt. Mein Mann und ich versuchen am Wochenende Zeit mit unseren Kindern zu verbringen und wir machen zwei Mal im Jahr Urlaub als Familie. Manchmal reisen mein Mann und ich in dasselbe Land, also versuchen wir dort, wenn möglich, zwei Tage zusammen zu verbringen, nur als Paar, um wieder zusammenzufinden und unsere Bindung zu stärken. Ich denke das ist auch sehr wichtig.

KP: Gibt es etwas, das Sie nur für sich machen, ohne die Kinder und ihren Mann?

CL: Ja, ich mach eine Reihen von Dingen, z.B. Yoga, aber auch andere Sportarten.

KP: Was ist Ihre Definition von weiblicher Führung?

CL: Ich habe über Führung nie in den Kategorien männlich und weiblich nachgedacht. Dennoch fühle ich, dass es Unterschiede gibt, die aber nicht statistisch bewiesen sind. Ich denke, dass Frauen eine weichere und eher emotionale Herangehensweise an Führung haben. Generell tendieren Männer eher zur Zielorientiertheit und zu mehr Aggressivität. Sie fragen nach dem, was sie wollen. Frauen hingegen – und da schließe ich mich auch mit ein – fragen oft nicht nach den Rollen und den Positionen, die sie bekommen. Zum Beispiel boten mein Mentor und das Management mir eine Position an, an die ich selbst nie gedacht hätte. Wir Frauen konzentrieren uns auf das, was wir tun, geben unser Bestes und machen es von Herzen. Dabei sprechen wir oft nur bis zu einem gewissen Grad über das Gehalt. Männer erwarten von ihrem Boss eine gewisse Menge Geld. Frauen sagen ihrem Boss, dass sie verdienen sollen, worauf sie in den Augen des Chefs Anspruch haben.

KP: Was ist Ihr Rat an die nächste Generation von *Female Leadern*?

CL: Mein Rat an die jüngeren Frauen: Glaubt an euch selbst!

ANJALI RAINA

DAS GESPRÄCH

INDIEN

ANJALI RAINA

*1958 | Geschäftsführende Direktorin des India Research Center der Harvard Business School

Zwölf Jahre bei der ANZ Grindlays Bank und danach 15 Jahre bei der Citygroup in Indien markieren den beruflichen Werdegang von Anjali Raina. Ursprünglich wollte die heute 53-jährige Journalistin werden.

Die Tochter eines Steuer- und Wirtschaftsprüfers wuchs außerhalb von Kalkutta in einem so genannten Fabriktownship auf. Nach Ihrem Abschluss an einer traditionellen indischen Mädchenschule studierte sie englische Literatur in Kalkutta und schloss einen Master in Business Administration am Indian Institute of Management ab. Es folgte eine beeindruckende Karriere im Banken-Management, bis die Harvard Business School Anjali Raina 2008 zum Executive Director des India Research Centers (IRC) in Mumbai ernannte.

Ihr Ratschlag an indische Business Schools: Von der Welt lernen und offen für Veränderungen sein, aber gleichzeitig den Wert indischer Weisheit und Traditionen erkennen.

KP: Sie sind eine sehr gebildete und überaus erfolgreiche Frau. Erzählen Sie uns wie es dazu kam.

AR: Nun, ich habe in meiner 30-jährigen Berufserfahrung viele Erkenntnisse erlangt. Zu allererst glaube ich an die A3-Formel (Anm. der Autorin: 1. „Achievement", 2. „Aspiration and „Ambition" sowie 3. „Action"). Die meisten Frauen sind leistungsorientiert („Achievement"). Statistiken über Auswahlverfahren belegen, dass Frauen in Indien und weltweit genauso gut oder besser als Männer abschneiden. Sie sind zwar leistungsorientiert, was ihnen aber häufig fehlt ist das Streben nach Höherem. Die meisten wollen keine Karrierefrauen werden, vielleicht aufgrund unausgesprochenen sozialen Drucks. Ich selbst war immer leistungsorientiert und kann große akademische Erfolge verzeichnen. Nach meinem Abschluss am Institute of Modern Management (IMM) habe ich mich aktiv beworben und wurde von den begehrtesten Firmen angenommen. Nach der Geburt meiner Tochter habe ich mich dann in die, von der Gesellschaft erwartete, Rolle einer Vollzeit-Mutter zurückgezogen und meinem Mann mitgeteilt, dass ich vorhabe, aus dem Beruf auszusteigen, um mich um das Baby zu kümmern.

„ICH HATTE KEINE SEHNSUCHT NACH KARRIERE."

KP: Wie hat Ihr Mann darauf reagiert?

AR: Er sagte, dass ich diese idealisierte Mutterrolle ruhig ausprobieren sollte, indem ich für einen Monat mit meiner Tochter in Mumbai wohne während er zur Arbeit geht. Nun ja, er hatte Recht. Nach nur drei Tagen hatte ich bereits genug. Das Baby baden und füttern, Haushalt und Kochen hatte ich schon morgens früh erledigt und dann hatte ich nichts mehr zu tun, außer meinen Mann alle halbe Stunden anzurufen und ihn zu fragen, wann er nach Hause kommt. Schnell habe ich realisiert, dass Ehefrau und Mutter zu sein zwar an erster Stelle für mich stehen, ich aber meinen Beruf brauchte, um mich als vollständiger Mensch zu fühlen. In dieser Situation erwachten in mir die Sehnsucht und der Ergeiz („Aspiration and Ambition").

KP: Was ist das dritte Element der A3-Formel?

AR: Das besteht darin, zu handeln („Action"). Ich habe aktiv daran gearbeitet, meine Kompetenzen weiterzuentwickeln, um beruflich erfolgreich zu sein und trotzdem meine anderen Rollen wahrnehmen zu können. Es geht nicht darum, eine Superfrau zu sein, sondern um die Erkenntnis, dass man zum Jonglieren mehrerer Bälle, erst einmal proaktiv jonglieren lernen muss. Naben meinem Ergeiz eine Karrierefrau zu sein wuchs in mir aber das Bedürfnis jemandem etwas zu hinterlassen. Und dementsprechend ist meine persönliche Definition von Erfolg von Ralph Waldo Emerson Gedicht „To Have Succeeded" inspiriert: „To leave the world a little better, because you lived... This is to have succeeded." (Anm. d. A.: „Was heißt Erfolg? ...einen kleinen Beitrag zur Verbesserung der Gesellschaft; wissen, dass wenigstens das Leben eines anderen Menschen leichter war, weil du gelebt hast. Das bedeutet, nicht umsonst gelebt zu haben.")

KP: Könnten Sie mir ein wenig über Ihre Kindheit und Ihre Familie erzählen?

AR: Ich wuchs in Kalkutta auf. Die ersten elf Jahre lebte ich allerdings in einem Dorf, 35 Meilen außerhalb von Kalkutta in einem Fabrik-Township, das die Firma errichtet hatte, für die mein Vater arbeitete. Ein Fabrik-Township ist eine sehr kleine und sehr enge Gesellschaft, in dem sich alles nur um die Fabrik dreht. Alle arbeitenden Männer und alle Familien kennen einander. Jede Interaktion bezog sich auf die Arbeit deines Vaters und darauf, wer dein Vater war.

KP: Als was arbeitete Ihr Vater in der Fabrik?

AR: Er war der erste Inder bei Dunlop, der in Londonstudiert hatte und kam als Steuer- und Wirtschaftsprüfer zurück. Er war Leiter der Finanzbuchhaltung und auf Grund dieser wichtigen Position war er neben dem Doktor der einzige Inder, der mit seiner Familie auf einem Gelände wohnte, in dem nur die Briten lebten. Ich habe gelernt mit dem Anderssein umzugehen, anpassungsfähig und flexibel zu sein, um in die fremde Kultur „hineinzupassen". Ich hatte das Glück einen neugierigen Vater zu haben, der sich bis zu seinem Tod immer für die Welt um ihn herum interessiert hat. Selbst im Bett auf der Intensivstation fragte er noch, warum das Kabelfernsehen nicht auf eine bestimmte Art und Weise funktioniert. Seine Neugier und sein Interesse spornten mich an, neue Dinge zu entdecken und auszuprobieren. Auf diese Weise lernt man, entwickelt sich weiter und entdeckt neue Facetten. Ich habe in meinem Berufsleben viele verschiedene Positionen inne gehabt und alle haben mir Spaß gemacht, dennoch hat es fast 20 Jahre gedauert, bis ich meine wahre Berufung entdeckt habe. Ich liebe meine Arbeit, aber ich glaube auch daran, dass sich hinter jeder Ecke immer wieder neue aufregende Möglichkeiten und Herausforderungen verbergen. Diese Leidenschaft hält einen jung.

KP: Was hat Ihre Mutter gemacht?

AR: Meine Mutter hat eine Schule für die jüngeren Kinder der Fabrikarbeiter gegründet. Ihr lag viel daran, Kinder zum Lernen zu animieren. Es war eine Schule mit jahrgangsübergreifenden Klassen. Ich war klug und hatte so die Möglichkeit, mehr zu lernen als für meine Altersstufe vorgesehen war. Deshalb habe ich schon sehr früh zwei Klassen übersprungen. Meine Mutter hat mir beigebracht, dass die Arbeit Teil des Lebens ist. Die Leute reden immer über Work-Life-Balance, aber ich habe von meiner Mutter gelernt, dass man das Leben an sich im Gleichgewicht halten muss. Meiner Erfahrung nach erreicht man das durch zwei Dinge – das Erkennen der eigenen Prioritäten und das gleichmäßige Verteilen seiner Energie. Eine Zeitlang bin ich sehr viel gereist und war auch an vielen

Unser Gespräch, Januar 2011, in Mumbai / Indien

Wochenenden weit entfernt von meiner kleinen Tochter. An einem Wochenende wurde ein geschäftlicher Termin abgesagt, aber es war schon zu spät um wieder zurückzufahren und meine Tochter zu sehen. Ich war so traurig darüber und da ist mir klargeworden, wie viel sie mir bedeutet und wie wichtig es ist, sie nicht nur zu lieben, sondern auch Zeit mit ihr zu verbringen. Ein anderes Mal musste mein Mann geschäftlich verreisen. Vier Stunden später hat mich einer seiner Kollegen angerufen und gefragt wo mein Mann sei, weil er noch nicht da war. Die Wartezeit bis zu seinem Anruf war die schlimmste und quälendste Stunde meines Lebens. Ich merkte welch wichtige Rolle mein Mann in meinem Leben spielt. Ich habe früh erkannt, dass ich etwas auf dieser Welt hinterlassen wollte, dass mir meine Karriere, meine Tochter und Mann wichtig waren und dass ich sie alle lieben will. Aber erst jetzt ist mir klar geworden, dass ich auch mich selbst lieben muss. In den vergangenen 1 ½ Jahren musste ich von vier meiner Mentoren und Unterstützer Abschied nehmen. Am Ende des Jahres merkte ich, dass ich mich wie eine ausgebrannte Laterne fühlte. Ich hatte keine Ölreserven mehr übrig, um meinen Freunden, meiner Familie und der Welt um mich herum, Licht zu spenden. Und jetzt erst erkenne ich wie wichtig es ist, sich die Zeit zu nehmen, um die eigene Energie wieder aufzutanken.

KP: Entstand so Ihre Begeisterung für die Wissenschaft?

AR: Ja. Mein Bedürfnis, etwas zu lernen und Dinge zu erforschen, basierte auf diesen Erfahrungen. Mein Vater war sehr erfolgreich und nach einer Weile zog er als Direktor von Dunlop nach Kalkutta. Dort war ich das erste Mal akademisch gesehen hinten. Außerdem wurde ich zunächst allein nach Kalkutta geschickt und musste für einige Zeit bei meiner Tante und meinem Onkel leben. Es war das erste Mal, dass ich in einer anderen Familie lebte und diese hatte auch nochdrei Jungen. Die Kinder wiederum hatten noch nie mit Mädchen zusammengelebt, also gingen sie davon aus, dass ich alles tun könnte, was sie taten: Fußball und Cricketspielen, mit dem Fahrrad fünf Meilen fahren oder um den Fußballplatz laufen.

KP: Und, war dem auch so?

AR: Nun da sie dachten, ich könnte das alles, dachte ich das auch. Ich machte all diese körperlichen Aktivitäten mit, die ich zuvor noch nie gemacht hatte, aber in der Schule strauchelte ich etwas. Ich vermisste meine Eltern und die Schule war sehr schwer für mich. Ich war mit die Schlechteste in der Klasse und das war ein Schock für mich. Schließlich zogen meine Eltern auch nach Kalkutta und meine Mutter zeigte mir, wie ich lernen sollte. Meine Noten wurden schlagartig besser.

KP: Was war das für eine Schule in Kalkutta?

AR: Es war eine sehr strikte und altmodische Schule. Zwei Mal im Jahr, am Ende des Schuljahres, musste man sich der Reihe nach aufstellen. Der beste Schüler war die Nummer eins und der Schüler an 30ter Stelle war die Nummer 30. So konnte jeder sehen, wo man in der Klasse, in den verschiedenen Fächern, den Noten nach stand.

KP: Wie fühlte sich das an?

AR: Ich denke, dass es mich ziemlich gedemütigt hat, als ich zu den Letzten in der Klasse gehörte, weil jeder über meine schlechten Noten Bescheid wusste. Ich habe vorher nie hart gearbeitet, um an die Spitzeder Klasse zu kommen. Meine Lehrer bemerkten durchaus, dass ich noch vor sechs Monaten eine der letzten in der Klasse gewesen war, dann aber an der Spitze lag. Ich erkannte damals nicht, dass ich etwas Besonderes vollbracht hatte. Aber ich verstand, dass die Wissenschaften und gute Noten wichtig waren, und ich genoss es neugierig zu sein und neue Dinge zu lernen.

KP: Wussten Sie damals bereits, dass Ihre-Laufbahn eine akademische sein würde?

AR: Ich hatte keine Sehnsucht nach Karriere. Es war eine Mädchenschule, sehr traditionell, mit indischen Werten: wir lernten tanzen, singen und wir feierten die indischen Feste. In der Schule wurde von einem erwartet, dass man hart arbeitete, aber es gab kein Karrierestreben. Die Bestrebungen bestanden darin, dass man heiraten und Kinder bekommen sollte. Und 90 % der Schüler kamen aus einem Umfeld, in dem das so gemacht wurde. Mädchen könnten nach ihrem Abschluss zwar arbeiten, aber eher in Bereichen und Positionen die nicht wirklich viel Geld einbringen, beispielsweise als Lehrerin. Das Geld nach Hause zu bringen wurde als die Aufgabe des Mannes angesehen.

KP: Hatten Sie selbst auch das Bestreben zu heiraten und Mutter zu werden?

AR: Ich dachte nie darüber nach. Ich zog nur meinen Kopf ein und machte meine Arbeit. Ich habe Führungspositionen erreicht: Ich war Haussprecherin und stellvertretende Schulsprecherin. Und wieder waren das keine Dinge, nach denen ich aktiv gesuchthatte. Viel eher war es so, dass wenn man mir Verantwortung zutraute, ich sie gerne annahm und es auch genoss. Ich habe mich nicht ins Gerangel gestürzt, um das zu erreichen oder dachte daran, dass ich das zugesprochen bekommen sollte. Für mich war es eine wichtige Erkenntnis zu lernen, dass meine Position tatsächlich Einfluss hatte und dass ich Dinge verändern konnte.

KP: Sie genossen den Erfolg im Team, richtig?

AR: Ja, ich genoss es wirklich. Ich fand es um einiges befriedigender, als nur alleine gut zu sein. Die andere Sache, die ich lernte, war, dass es in der Wissenschaft nicht darum geht jemanden zu übertrumpfen. Es geht darum, das Beste für einen selbst zu geben.

KP: Und wie ist dann das Verhältnis zu anderen?

AR: In meiner ersten Schule, im Dorf, half man der Person, die neben einem saß, weil die Lehrer unterschiedliche Altersstufen unterrichteten. Also unterstützte ich automatisch die Mitschüler. Und in der Klosterschule habe ich es genauso gemacht. Der Gedanke, dass es eines jeden Pflicht ist, der Person neben einem zu helfen, setzte sich bei mir fort – selbst in dieser sehr wettbewerbsorientierten Schule. Heute, da ich älter bin und zurückschaue, erkenne ich, dass ich anders war. Eine Menge Mitschüler kamen zu mir und baten um Hilfe und ich half ihnen. Das tat ich dann auch auf der Hochschule und darüber hinaus.

KP: War Ihnen zu diesem Zeitpunkt Ihr Berufswunsch schon klar?

AR: Ich wollte Journalistin werden. Ich ließ die Wissenschaft sein und belegte Kunst. Meine Schuldirektorin fragte mich, warum ich denn nicht die Wissenschaften gewählt hätte. In Indien belegen die klugen Kinder Fächer wie Physik, Mathematik und Medizin. Aber ich sagte ihr, dass ich etwas über Literatur und Sprachen lernen wollte und das tat ich auch. Mein Vater war über meine Entscheidung, Journalistin zu werden, nicht begeistert. Er nahm mich aber mit, um mir die Redakteure verschiedener Zeitungen vorzustellen, die mich fragten worüber ich schreiben wollte. Mein Vater schlug vor, dass ich noch ein Zweitstudium machen sollte, um etwas zu haben, worüber ich schreiben könnte. Also begann ich ein Zweitstudium, um Journalistin zu werden.

KP: Und welches Zweitstudium haben sie gemacht, um Journalistin zu werden?

AR: Mein Erststudium war ja Literatur und im Zweitstudium habe ich den einen Master in Betriebswirtschaftslehre gemacht. Mein Vater hat mich auf eine sehr kluge Weise für das Zweitstudium ermutigt. Ich habe 18 Cousins und mit mir sind es nur zwei Mädchen. Einer meiner Cousins, der auch einen Master in Betriebswirtschaftslehre hatte, beriet mich. Er inspirierte mich dazu, meinen

MBA zu machen. Er half mir, mich im Ausland zu bewerben und fragte mich, warum ich meinen MBA denn in Indien machen wollte. Er brachte mich dazu zu erkennen, dass ich das Beste anstreben sollte.

KP: Aber Sie machten Ihren MBA dennochin Kalkutta.

AR: Genau. Obwohl ich an den US-Universitäten angenommen worden wäre, war mein Vater nicht sehr begeistert davon, dass ich ins Ausland gehen wollte. Er sagte, dass Kalkutta sehr viel billiger wäre und ich in seiner Nähe bleiben könnte. Ich war dort eines vonzehn Mädchen unter Studenten und es war ziemlich revolutionär, Frauen und Männer gemeinsam studieren zu lassen.

KP: *Mixed Leadership* – ein erfolgreiches Konzept. Sie haben das quasi nebenbei gelernt.

AR: Ja, aber es war sehr hart für mich. Nicht aufgrund der Tatsache, dass Männer und Frauen zusammen unterrichtet wurden – das machte für mich keinen Unterschied – sondern weil an dieser Schule alles völlig anders war im Vergleich zu dem, was ich zuvor erlebt hatte. Ich kam aus einem relativ behüteten Zuhause und ich war eine der Jüngsten auf dem Campus: Des Weiteren kam hinzu, dass ich die Einzige war, die zuvor Literatur studiert hatte. Die meisten hatten Maschinenbau, Handel oder Mathematik studiert. Ich war die Einzige, die Geisteswissenschaften belegt hatte. Plötzlich war ich wieder die

Schlechteste der Klasse und ich musste wirklich kämpfen.

KP: Denken Sie, dass das eine prägende Erfahrung für Ihr Leben war?

AR: Sehr wahrscheinlich. Denn es war wirklich Schwerstarbeit und ich musste immer zielgerichtet und engagiert sein. Im zweiten Semester begann ich besser zu werden.

KP: Nachdem Sie Ihren Abschluss gemacht haben, sind Sie in die Unternehmenswelt gegangen, richtig?

AR: Ich bewarb mich im Bankwesen, denn im Bankwesen kann eine Frau alles das tun, was ein Mann kann. Ich bekam den Job und man schüttelte mir die Hand, gratulierte mir. Man sagte, dass ich den Job bekommen hätte, weil ich hart gearbeitet und gute Noten bekommen hatte, ich aber nicht vergessen sollte, woher ich kam.

KP: Was bedeutet das?

AR: Man sagte mir, dass meine Familie Einfluss auf mich gehabt hätte: ich bekam den Job auch wegen meiner

Werte, meiner Integrität, meines Charakters und das ist auf meine Erziehung zurückzuführen. Natürlich hätte ich den Job ohne meine Ausbildung nicht bekommen, aber die Grundlage für alles lag in meiner Familie. Ich erkannte, dass es nicht nur die Position meines Vaters war, sondern hauptsächlich die Werte, die er mich gelehrt hatte, die einen Einfluss auf mich hatten. Man muss ehrlich sein, aufrichtig und man muss Integrität besitzen.

„ES GEHT IN DER WISSENSCHAFT NICHT DARUM, JEMANDEN ZU ÜBERTRUMPFEN. ES GEHT DARUM, DAS BESTE FÜR EINEN SELBST ZU GEBEN."

KP: Sie waren die einzige Frau unter wie vielen Männern?

AR: Am Anfang war ich die einzige Frau unter 600 Männern. Es gab nicht einmal eine Frauentoilette und ich war zu schüchtern zu sagen, dass eine fehlte. Stattdessen ging ich nach draußen in einen Club.

KP: Wie alt waren sie da?

AR: Ich muss so um die 22 Jahre alt gewesen sein. Ich war so unschuldig und es kam mir niemals in den Sinn, dass ich in eine Männerdomäne eindrang.

KP: Wenn man Ihre Karriere und die Führungsposition die sie innehaben betrachtet, was waren die Erfahrungen, die Ihren Führungsstil geformt haben?

AR: Als ich bei der Grindlays Bank anfing, sagte ich ihnen, dass ich jede Position annehmen würde, außer die des Leiters der Kostenabteilung, weil das der schwierigste Job war. Aber das war genau der Job, den sie mir gaben. Ich war gerade 22 Jahre alt und jede Person um mich war um die 45 Jahre alt und keiner sprach englisch. Also musste ich bengalisch lernen. Die Abteilung war gewerkschaftlich organisiert Sie schafften bewusst Chaos, das war sehr subversiv. Mein Chef drei Ebenen über mir wollte, dass alle Arbeit pünktlich fertig war, also haben mir einige Kollegen aus der Abteilung mit der Arbeit geholfen, nachdem die anderen Sachbearbeiter gegangen waren. Am Ende half mir mein Vater: er gab eine Menge Geld aus, damit wir alle Gewerkschafter und Mitarbeiter meiner Abteilung zum Abendessen einladen konnten und damit ich im Büro einmal Süßigkeiten austeilen konnte – um zu zeigen, dass ich mich um sie kümmerte. Niemand hatte das zuvor für sie gemacht. Nach einer Weile wurde ich dann zu ihren Mittagspausen, Abendessen und schließlich sogar zu ihren Hochzeiten eingeladen.

KP: Wenn man sich diese prägenden Erfahrungenso ansieht, wie würden Sie Führung definieren?

AR: Ich denke, es ist die Fähigkeit, Menschen auf ein gemeinsames Ziel einzuschwören. Es geht nicht nur darum, das Ziel zu erreichen, sondern auch darum, das Team anzupassen, zu ermutigen und zu fördern. Für mich ist Führung – oder eigentlich das ganze Leben – die Möglichkeit, etwas zu formen, großzügig zu sein und zu lieben. Die Frage ist, ob ich die Großmütigkeit in meinemUmfeld vergrößern kann. Kann ich die Menschen dazu bringen, einander zu lieben oder sich um einander zu kümmern?

KP: Gibt es für Sie bestimmte Eigenschaften, die Sie als weibliche Führung definieren würden?

AR: Ich denke, andere Blickwinkel zu betrachten und zuzuhören, was die andere Person wirklich sagt, ist eine weibliche Eigenschaft. Es ist auch ein weiblicher Wesenszug, Menschen zusammen zu bringen und Konflikte auf friedliche und konstruktive Weise zu lösen. Ich glaube, dass Frauen dazu neigen, Probleme ganzheitlicher zu betrachten und die Reichweite ihrer Entscheidungen zu berücksichtigen. Weibliche Führungskräfte tendieren außerdem dazu, Wert auf praktische Berufserfahrungen, nachhaltige unternehmerische Entscheidungen, Umwelt und Familie zu legen. Meiner Meinung nach führt das zu einem integrierenden und engagierten Arbeitsumfeld und damit auch zu verantwortungsbewussteren Firmen.

KP: Was ist Ihr wichtigster Ratschlag an junge Menschen, die erfolgreich sein wollen?

AR: Ich denke, es geht sehr viel um Selbsterkenntnis und darum, seine tatsächlichen Stärken zu kennen. Und es geht um Werte. Erfolg hat für verschiedene Menschen eine sehr unterschiedliche Bedeutung. Vor einiger Zeit wurde bei mir fälschlicherweise Brustkrebs diagnostiziert. Ich war sehr dankbar, dass es ein falscher Alarm war und entsann mich der Worte von Steve Jobs: „Deine Zeit ist begrenzt, also verschwende sie nicht, in dem du das Leben anderer Menschen lebst." Man sollte sich nicht von Dogmen einengen lassen, denn sie spiegeln nur die Gedanken anderer Menschen wider. Lass deine innere Stimme nicht von der Meinung anderer Leute übertönen. Am wichtigsten ist es, den Mut zu haben, deinem Herzen und deiner Intuition zu folgen. Ein anderer Punkt, der besonders für Frauen wichtig ist, sich eine Plattform zu schaffen, die sie auf dem Weg zum Erfolg unterstützt. Man muss sich vorstellen, man sei ein Akrobat der durch die Luft fliegt – das geht aber nur, wenn man Unterstützung und Partner hat, die einen nach oben katapultieren. Fliegen ist zwar schön, aber die Landung auf festem Boden gehört ebenso dazu. Man muss seine Beziehungen, Netzwerke und Strukturen pflegen und in sie investieren, da sie eben diese Plattform bilden.

ANDREA SCHAUER

DAS GESPRÄCH

DEUTSCHLAND

ANDREA SCHAUER

*1959 | Geschäftsführerin der geobra Brandstätter GmbH (Playmobil)

Als „Herrin über Millionen kleiner Männer" hat sie eine Wirtschaftszeitschrift bezeichnet. Playmobil-Inhaber Horst Brandstätter betont ihr umfassendes Verständnis für Spielzeug. Andrea Schauer selbst sieht ihre Antriebsfeder in einer Kombination aus Verantwortung und Kreativität. Vieles lernte die 1959 in Roßtal geborene Fränkin am Beispiel des elterlichen Bauunternehmens. Nach dem Abitur studierte sie Englisch, Französisch und Volkswirtschaftslehre in Heidelberg, sammelte in den Semesterferien eine Vielzahl an Erfahrungen in unterschiedlichen Medienberufen und absolvierte ein Studienjahr in den USA. Nach dem Studium folgten mehrere Stationen im Marketing, bevor Andrea Schauer 1992 Marketingleiterin bei Playmobil wurde und im Juli 2000 Geschäftsführerin. Andrea Schauer ist verheiratet und Mutter eines Sohnes sowie verantwortlich für mehr als 3.000 Mitarbeiter und die Produktion von mehr als 100 Millionen Playmobil-Figuren pro Jahr.

KP: Wenn Sie zurückdenken, wo sind die Wurzeln Ihrer Karriere?

AS: Es fing an mit einer Lehrerin am Gymnasium, die mir gesagt hat, dass ich gut in Sprachen sei, aber bisher zu behütet aufgewachsen wäre und mal fremden Wind um die Nase bräuchte. Sie hatte Kontakt zur Deutsch-Amerikanischen Gesellschaft, die Stipendien vergibt und initiierte, dass ich ein Jahr nach Beginn meines Studiums ein Stipendium erhielt. Ich hatte dann die Möglichkeit, an einem guten College im Mittleren Westen zu studieren. Das war etwas, was ich vielleicht selber nicht gemacht hätte.

KP: Fiel Ihnen der Schritt ins Ausland leicht?

AS: Nein. Ich hatte damals gerade mit Anfang 20 meinen heutigen Mann kennengelernt und war frisch verliebt, aber ich habe es trotzdem getan und keine Sekunde bereut.

KP: Wie würden Sie sich selbst beschreiben?

AS: Wenn mir gesagt wird, dass ich eine starke Person bin, die sich durchkämpft und andere mich dafür bewundern, muss ich sagen, dass ich eigentlich gar nicht so stark bin. Ich bin ehrgeizig und setze mir Ziele. Aber eigentlich bin ich dann gut, wenn ich vor einer Aufgabe stehe, die ich mir vielleicht nicht alleine zutraue, dann aber in einem Team arbeite, in dem wir gemeinsam Fakten sammeln, was zwischenmenschlich gut funktioniert und wo mir etwas zugetraut wird. Zu diesem Team gehört zum Beispiel Herr Brandstätter, mein Chef.

KP: Wenn Sie zurückblicken, würden Sie Stärke und Offenheit eher als Ihre Charaktereigenschaften bezeichnen oder hat sich das erst im Laufe der Zeit entwickelt?

AS: Nein, diese Eigenschaften hatte ich vorher schon. Ich wurde schon in der Kindheit mit Herausforderungen konfrontiert und musste sie überwinden. Und wenn ich etwas angefangen habe, habe ich es eigentlich auch immer durchgezogen – wenn auch manchmal etwas Starthilfe nötig war.

KP: Würden Sie diese Starthilfe auch Ihren Eltern zuschreiben?

AS: Ja, auf jeden Fall. Sie waren Unternehmer und ich wundere mich auch im Nachhinein, wie sehr sie mich immer in ihre unternehmerischen Entscheidungen mit einbezogen haben. Ich habe immer irgendwie auf meine Art an ihren Gesprächen teilgenommen. Selbst als es darum ging, welche Maschine angeschafft werden sollte, hatte ich eine Meinung dazu und meine Eltern haben mich respektiert und ernst genommen. Sie haben wahrscheinlich keine Investitionsentscheidung aufgrund meiner Meinung getätigt, aber ich hatte das Gefühl, dass ich einbezogen war.

KP: Hatten Sie Ihren Berufswunsch schon ganz früh oder hat sich das entwickelt?

AS: Das war nicht so geradlinig. Eine ganze Weile pendelte ich zwischen Sprache und Volkswirtschaftslehre. Ich machte aber erst einmal meinen Abschluss und versuchte, den beruflichen Einstieg zu finden. Dann fand ich aber tatsächlich bei einem Schreibgeräte-Hersteller in der Region die Nadel im Heuhaufen. Auf diese Weise bin ich aus dem Sprachlichen ins Marketing gekommen und habe mir alles Weitere im Selbststudium ergänzt.

KP: Auch wenn Marketing ja traditionell noch etwas gemischter ist, hatten Sie beim Berufseinstieg das Gefühl, sich in einer Männerdomäne zu befinden?

AS: Ich war bei einem traditionellen Schreibgeräte-Hersteller und dort gab es eine ganz reale „gläserne Decke". Ich war für den englischen und nordamerikanischen Markt zuständig und es war natürlich aus meiner Sicht notwendig, für größere Projekte auch einmal vor Ort zu sein. Mein Unternehmen sah das aber anders und konnte sich nicht vorstellen, eine Frau ins Ausland zu schicken. Es erschien ihnen zu gefährlich.

KP: Wie haben Sie das empfunden?

AS: Ich habe in dem Moment gemerkt, dass das nicht mein Umfeld ist. Für mich war klar, dass ich noch weitere Stationen durchlaufen will, dass ich noch suchen muss. Ich war sehr wissbegierig und dachte mir, dass es mir nicht schadet, den nächsten Schritt zu gehen und mir etwas zu suchen, wo ich mich wieder neu aufstellen kann.

KP: Dieser Wunsch hat sich ja offenbar bei Ihrer heutigen Beschäftigung erfüllt. War das von Anfang an so oder kam das erst im Laufe der Zeit?

AS: Hier war von Anfang an eine ganz

Ein Gruppenfoto in Andreas Schauers Büro, Oktober 2010.

andere Kultur. Es gab überhaupt keine Barrieren. Die Putzfrau wurde genauso wie der Manager behandelt. Wenn man eine gute Idee hat und es versteht, diese Idee auch auf den Punkt zu bringen, dann ist da alles drin. Das habe ich als sehr positiv empfunden. Es war aber auch eine anstrengende Kultur, weil man nicht verschiedene Ränge durchlaufen musste, sondern es relativ schnell passieren konnte, dass man auch mal mit Horst Brandstätter persönlich gesprochen hat und schnell entschieden wurde, ob eine Idee gut oder schlecht war. Ich habe aber durch meinen Ehrgeiz und vielleicht auch dadurch, dass ich von Anfang an immer mitdiskutiert habe, den Draht zu ihm gefunden. So war relativ schnell viel möglich. Für mich vielleicht sogar ein wenig zu früh. Ich hatte das Gefühl, dass ich noch nicht reif für das war, was er in mir gesehen hat. Ich hatte aber auch einige Vorteile als Frau, weil Frauen in der Kommunikation versuchen, jemanden mitzunehmen. Das ist doch anders als die Mann-gegen-Mann-Kommunikation. Es haben sich im Team hier zwei Menschen gefunden und es passte sehr gut.

KP: Sie haben ja nicht nur ihn gefunden, sondern auch ein Team. Sie hatten sich gewünscht in einem Umfeld zu arbeiten, in dem Sie die Dinge nicht allein bewegen.
AS: Das Team war am Anfang nicht da, das muss ich ganz klar sagen. Was ich im Unternehmen vorgefunden habe, waren offene Diskussionen mit ihm, dem Inhaber. Ansonsten waren im Unternehmen männlich fest etablierte Kaiserreiche, die auch alle sehr erfolgreich waren. Ich hatte das Gefühl, dass diese Domänen sehr fest zementiert sind und ich in diese Regionen eigentlich nicht wollte. Ich war zwar erfolgreich im Marketing, aber habe gespürt, dass die Steuerung – das Management – eine zementierte Ebene war und das war typisch männlich.

KP: Was hat Sie denn am Ende überzeugt, diese Herausforderung doch anzunehmen?

„WENN DU VOLLER ENERGIE BIST UND GROSSE SCHRITTE GEHEN MÖCHTEST, DANN HEB DIE HAND UND ZEIG, DASS DU ES KANNST."

AS: Als die Marke erfolgreicher wurde, haben sich einzelne Mitarbeiter herauskristallisiert, die doch ein neues Verständnis hatten. Ich merkte gleichzeitig, dass in diesem Unternehmen irgendwann ein Generationenwechsel anstehen wird. Manche Generationenwechsel standen sogar unmittelbar bevor und ich schlug vor, jüngere Mitarbeiter für diese Positionen einzusetzen. Da habe ich gemerkt, dass unser Unternehmer offen ist, wenn es um die bestmögliche Entwicklung der Firma geht. Ich verstand, dass alles für mich möglich war, auch das Management.

KP: Würden Sie aus Ihrer Erfahrung sagen, dass es einen weiblichen Führungsstil gibt?

AS: Ich würde das gerne auf mich reduzieren, weil ich mir nicht anmaßen möchte zu sagen, wie Frauen ansonsten führen. Hier an diesem Tisch setzen wir uns zusammen und besprechen die Dinge, die anstehen. Wer immer in meinem Team ist, gehört dazu. Die Offenheit gegenüber neuen Beiträgen ist auch ein Teil meiner Persönlichkeit. Ich bevorzuge viele Leute an einem Tisch und gemischte Teams aus Männern und Frauen, alten und jungen Mitarbeitern, wobei es sich eher in die Richtung jüngerer Mitarbeiter entwickelt. Wir sind auch nicht nur Deutsche, sondern auch gerne international. Man mag das als „diverse" (Anm. d. A.: engl. facettenreich) diskutieren, aber letztendlich ist unser Ziel, Erfolg zu haben.

KP: Neben dem, was Sie gerade beschrieben haben: Was glauben Sie, macht speziell Ihre Führung erfolgreich?

AS: Ich sage neuen Mitarbeitern erst einmal, dass es keine dummen Fragen gibt. Später, wenn man sich etwas besser kennen gelernt hat, ermutige ich meine Mitarbeiter und sage ihnen, dass es keine dummen Gedanken gibt. Gerade mit Mitarbeitern in Schlüsselfunktionen setze ich mich intensiv auseinander und betreue den einen oder anderen auch gerne mal über einen längeren Zeitraum von acht Monaten bis zu eineinhalb Jahren. Ich versuche in regelmäßigen Abständen einen jour fixe einzurichten, zum gegenseitigen Austausch, aber auch damit der Mitarbeiter mehr Sicherheit erhält. Schließlich ist es wichtig, dass sich der Mitarbeiter traut, Dinge in einem größeren Umfeld zu sagen. Ich versuche es hinzubekommen, dass Ideen nicht im Alleingang, sondern im Team entwickelt und ausgearbeitet werden. Wichtig ist auch, dass Bewegung im Team bleibt: Menschen verändern sich und wir sind offen, auch neue Mitarbeiter aufzunehmen. Ich versuche den Menschen zu vermitteln, dass wir gemeinsam Erfolg haben wollen. Es muss ein Feuer da sein, die Mitarbeiter müssen vom Produkt überzeugt sein. Daher ist die Arbeit mitunter auch emotional. Es geht im Unternehmen sehr menschlich zu, wobei wir uns schon immer wieder klar machen, dass wir keine Familie sind. Aber es ist auf jeden Fall eine andere Art zu führen.

KP: Eine andere Art in Bezug auf was?

AS: Ich bin seit Sommer dieses Jahres im Aufsichtsrat einer Firma. Spannenderweise in der Firma, in der ich meine erste Station hatte. Ich bin dort die einzige Frau. Ansonsten sitzen da sehr erfolgreiche Manager. Und es herrscht dadurch wieder eine andere Kommunikationsstruktur – anders als bei uns.

KP: Können Sie das an einem Beispiel festmachen?

AS: Ich weiß nicht, ob ich das nach zwei Veranstaltungen in dieser Runde schon reflektieren kann. In einem Fall ging es darum, dass ich der Meinung bin, dass man die Geschäftsführung in die Entscheidungen des Aufsichtsrats mitnehmen muss. Im Nachgang der Sitzung sagte mir die Person, die mich für den Aufsichtsrat vorgeschlagen hat, dass die Stimmung anders und irgendwie aufgeregter gewesen sei als sonst.

KP: Mich interessiert, wie Frauen in

Führungspositionen, andere Frauen in Führungspositionen sehen. Wenn Sie heute mal auf die international führenden Frauen blicken, gibt es da eine Frau, die Ihre Ideale von Führung gut widerspiegelt?

AS: Ja, ich finde schon, dass man immer wieder Beispiele sieht. Allerdings frage ich mich oft, ob man da wirklich einen Bogen zu sich spannen kann. Eine Hillary Clinton oder eine Ursula von der Leyen sind für mich so weit weg. Ich ermutige die Leute und auch mich selbst in die Richtung, dass man sich realistische Ziele setzen sollte. Ich habe das Ziel gehabt, nicht zu große Ideale zu verfolgen, sondern einzelne Schritte zu machen. Ich wollte diese Schritte erst einmal gut machen und dann hinterfragen, ob ich für den nächsten Schritt bereit bin. Ich weiß nicht, ob es noch mehr Frauen gibt, die ihren Weg auf diese Art und Weise gegangen sind. Bei Männern stellt sich die Frage nicht. Wenn sie eine Position wie die Generalgeschäftsführung angeboten bekommen, nehmen sie diese auch ohne zu zögern an.

KP: Glauben Sie, dass Frauen selbstkritischer in Bezug auf ihre eigenen Ressourcen sind? Woher kommt die Überzeugung, dass ein Mann so einen Posten ohne zu zögern annimmt?

AS: Erst einmal muss ein Mann oftmals nicht den Spagat zur Familie hinbekommen. Häufig heißt es ja auch, dass hinter jedem erfolgreichen Mann eine erfolgreiche Frau steht, die die Familie managt. Für mich war mein familiäres Umfeld – mein Kind und meine Freunde – sehr wichtig und das muss man erst einmal unter einen Hut bekommen.

KP: Wenn Sie mal an die Zukunft denken, was würden Sie einer jungen Frau mit auf den Weg geben?

AS: Wenn du voller Energie bist und große Schritte gehen möchtest, dann heb die Hand und zeig, dass du es kannst. Wenn du aber Zweifel hast, dann überlaste dich nicht. Horch in dich hinein, finde ein passendes Umfeld, finde Mitstreiter. Trau dir etwas zu. Es gibt heute aber einfach keine Standardlösungen mehr, um Erfolg zu haben.

KP: Ich habe über Sie gelesen, dass Sie sich gezielt Ausgleich schaffen.

AS: Ja, das brauche ich. Es war für mich immer schon gut, in der Natur zu laufen, um meinen Kopf wieder gerade zu bekommen. Wenn man diesen Spagat zwischen Familie, Partnerschaft und Beruf macht, muss man sich auch mal Grenzen setzen und auch mal etwas ablehnen. Man muss nicht immer alle verfügbaren Energien verbrauchen und sollte Hilfe annehmen, wann man sie angeboten bekommt. Ansonsten sollte man das tun, was man als Frau gut kann: Netzwerke pflegen.

KP: Würden Sie sich als Netzwerkerin sehen?

AS: Beruflich weniger, auch privat nicht immer. Aber wenn ich mit Menschen zusammen bin, dann habe ich meistens engen Kontakt zu ihnen. Auch wenn ich mit Mitarbeitern verreise, redet man im Flugzeug ja auch mal über Privates. Zu einzelnen Freunden habe ich so enge Verbindungen, dass es reicht, wenn man sich punktuell mal eine E-Mail schreibt und dann sind wir auch wieder auf einer Ebene. Diese Verbindungen bauen mich wieder auf und bringen mir Kraft.

KP: Letzte und schwierigste Frage: Unter der Prämisse, dass es so etwas wie *Female Leadership* gibt, was ist das für Sie?

AS: Eigentlich sollte es jeder Führende so machen: nämlich Begeisterung für eine Idee schaffen und Leute einbinden. Wenn man ein Ziel und in der Summe mehr erreichen will, als eine einzelne Person, dann nutzt es nichts, wenn eine einzelne Person mit dem Kopf durch die Wand geht. Man muss sich umschauen und erkennen, wo ein Feuer brennt und in welche Richtung es gehen könnte. Auf dieses Feuer muss man dann alle im Team bestmöglich einschwören, so dass jeder bereit ist, Höchstleistungen zu bringen. Ich denke, dass Frauen so etwas eher gelingt, aber eigentlich müssten es Männer auch so machen.

REGINE STACHELHAUS

DAS GESPRÄCH

DEUTSCHLAND

REGINE STACHELHAUS

*1955 | Vorstandsmitglied der E.ON AG und ehem. Geschäftsführerin des Deutschen Komitee für UNICEF e.V.

Als „bilingual" bezeichnet sich Regine Stachelhaus. Gemeint ist, dass die 1955 in Böblingen geborene Juristin sowohl das weibliche als auch das männliche „Vokabular" beherrscht.

Seit Mitte 2010 ist die Mutter eines erwachsenen Sohnes und eines 16-jährigen Pflegekindes aus Eritrea Personalchefin des Energieversorgers E.ON und damit die erste Frau in der obersten Führungsetage des Konzerns. Nach dem Jurastudium in Tübingen arbeitete Regine Stachelhaus zunächst als Rechtsanwältin in einer Kanzlei, bevor sie 1984 zu Hewlett-Packard wechselte und dort schrittweise in die Führungsebene aufstieg.

2008 übernahm die engagierte Kämpferin für mehr Frauen und Mütter in den Chefetagen, die deutsche Geschäftsführung des Kinderhilfswerks UNICEF.

KP: Wie würden Sie Ihre Kindheit beschreiben?

RS: Meine Kindheit war unbeschwert und behütet. Ich bin mit zwei Geschwistern, einer älteren Schwester und einem jüngeren Bruder, in Böblingen, im schwäbischen Raum aufgewachsen. Mein Vater war Oberbürgermeister, das heißt viele Gespräche in unserem Hause handelten davon, was in Böblingen passiert und wie sich die Stadt entwickelt. Mein Vater war unter anderem in Vereinsthemen involviert und in diesem Bereich sehr aktiv. Wir Kinder haben ihn bei diesen Aktivitäten immer begleitet. Ich habe schöne Erinnerungen an meine Kindheit, in der ich unterstützt und gefördert, aber von meinen Geschwistern auch gefordert worden bin.

KP: Und Ihre Mutter?

RS: Sie war Hausfrau und als Frau des Bürgermeisters darüber hinaus mit einer Vielzahl weiterer Aufgaben betraut. Meine Eltern haben immer Wert auf einen persönlichen Rahmen gelegt. Die Ansprechpartner für unsere Partnerstädte wurden zum Beispiel immer bei uns zu Hause untergebracht. Wir waren ein sehr offenes und gastfreundliches Haus. So habe ich von meinen Eltern von klein auf viel Toleranz gelernt. Sie brachten uns bei, immer offen für Neues zu sein, Dinge zu hinterfragen und zu versuchen sie zu verstehen ohne gleich in eine skeptische Abwehrhaltung zu verfallen.

KP: Wie würden Sie Ihre Eltern beschreiben? Leben sie noch?

RS: Leider nicht. Was meinen Vater klar ausgezeichnet hat, war sein großer Enthusiasmus und seine Begeisterungsfähigkeit. Er war unglaublich gut darin, andere Menschen mitzureißen. Ihm war keine Aufgabe zu groß. Wenn mich jemand nach meinem Vorbild fragen würde, würde ich antworten, dass ganz eindeutig er mein großes Vorbild war. Meine Mutter war eher ein Familienmensch, die Person die alles zusammengehalten hat und sie wurde auch von ihren Enkeln heiß geliebt.

KP: Stimmt es, dass Sie als Kind zunächst gar keinen Berufswunsch hatten und dann ganz typischerweise Tierärztin werden wollten?

RS: Ja, als Kind hat man ja reichlich Ideen. Aber mit der Zeit kamen natürlich auch ganz viele Interessen hinzu. Ich habe sehr darum gekämpft, dass ich das Reiten anfangen durfte und mir immer Jobs gesucht, um dies finanzieren zu können. Darüber hinaus hatte ich bereits in jungen Jahren eine Abenteuerlust, die meine Eltern eher in Sorge versetzt hat. Zum Beispiel als ich Alter von 17, zur Zeit des Attentats während der Olympiade, in Israel war. Ich habe dort in einem traditionellen Kibbuz gelebt und war begeistert, was es für unterschiedliche Lebensformen gibt.

KP: Wie ging Ihr Bildungsweg weiter?

RS: Ich habe ganz klassisch mein Abitur gemacht und anschließend in Tübingen Jura studiert. Gerechtigkeit ist einer der Werte die mich immer schon am meisten geprägt haben. Später in der Referendariatszeit war ich im Bereich Jugendstrafrecht spezialisiert, habe mich dann aber als Rechtsanwältin etabliert.

KP: Als Ihr Berufswunsch feststand, wie haben Ihre Eltern darauf reagiert?

RS: Sie waren sehr offen. Unsere Eltern haben uns immer den Spielraum gelassen, unseren eigenen Weg zu finden. Sie haben uns allzeit beraten und wir haben sehr viel Geborgenheit und Bestärkung erfahren.

Ich habe also ab dem 16. Lebensjahr in all meinen Ferien bei Hewlett Packard gearbeitet. Hewlett Packard hat mich sehr fasziniert. Dieses amerikanische Unternehmen hatte eine Kultur und ein Führungsverständnis, das zu der damaligen Zeit revolutionär war. Man wurde beispielsweise mit Vornamen angesprochen und es wurden Ziele vereinbart, statt wie sonst vorgegeben. Selbst ganz junge Leute haben Verantwortung übernommen und konnten eigene Entscheidungen treffen. Es war ein unkompliziertes,

Düsseldorf im Dezember 2010

KP: Sie haben ja dann in der IT-Welt bei Hewlett Packard angefangen, was doch noch ein ganz anderes Feld ist als der juristische Bereich.

RS: Ich habe dort in der juristischen Abteilung gearbeitet. Meine Eltern haben uns immer dazu ermutigt, Ferienjobs anzunehmen. Wir sollten ein Gefühl dafür entwickeln, wie das richtige Leben aussieht und wo das Geld herkommt.

nicht-hierarchisches Umgehen miteinander. Vor diesem Hintergrund bin ich dann von meinem ursprünglichen Plan – einer Promotion in einem Anwaltsbüro – abgewichen und habe mich bei Hewlett Packard in der Rechtsabteilung beworben. Nach der viermonatigen Kinderpause bin ich für kurze Zeit in die juristische Abteilung zurückgekehrt, dann aber zu dem Bereich gewechselt, der auch heute meiner Verantwortung entspricht:

Einkauf, Facility Management, Real Estate und später Gesamtverwaltung.

KP: Vier Monate nach der Geburt wieder in den Job zurückzukehren, ist ein relativ kurzer Zeitraum, oder?

RS: In Deutschland war das nicht die Regel, aber bei Hewlett Packard in Amerika und in vielen anderen Ländern war es das damals schon. Es war auch nur möglich, weil mein Mann und ich beschlossen hatten, die Aufgabe gemeinsam zu bewältigen. In Deutschland gab es ja praktisch keine Kinderbetreuung für die unter Dreijährigen. Wir haben dann beide halbtags gearbeitet. Irgendwann ist der Entschluss entstanden, dass er die Kinderbetreuung übernimmt und ich im Büro weiterarbeite.

„JEDER MUSS SCHAUEN, DASS ER AUS SEINEN TALENTEN ETWAS MACHT."

KP: Wie ist das in Ihrem Umfeld aufgenommen worden?

RS: Das war 1986 und es gab großes Interesse seitens der Medien. Es galt als ungewöhnlich, wobei es für uns eigentlich ganz logisch war. Mein Mann begeisterte sich für Musik und nutze daher die Chance, seine Leidenschaft zur Musik zu intensivieren. Auf der anderen Seite hatte ich schon einen guten Job bei Hewlett Packard, sodass es einfach wunderbar passte. Er entdeckte seine Begeisterung für die Kindererziehung und war bei den Jungs in der Nachbarschaft sehr gefragt, weil er mit ihnen zusammen Staudämme gebaut und Abenteuer inszeniert hat. Die Menschen in meinem Umfeld haben sehr positiv darauf reagiert und viele Frauen haben mir gesagt, wie toll sie das finden. Irritiert war eher das Umfeld meines Mannes. Ob er nun beim Arzt oder Friseur war – er wurde immer wieder gefragt, ob er sich das auch gut überlegt hätte, sich so abhängig zu machen.

KP: Wie erlebten Sie dieses Thema in Ihrem damaligen beruflichen Umfeld?

RS: Was ich bei meinen Kolleginnen erlebt habe, ist, dass sie in ihrem Tun stark hinterfragt wurden. Es wurde angemerkt, ob es denn so gut für das Kind sei, wenn beide Eltern berufstätig sind. Bei den ersten Problemen, die jedes Kind hat, waren viele meiner Kolleginnen verunsichert und haben aufgehört zu arbeiten. Die gesellschaftliche Akzeptanz für berufstätige Mütter und die Unterstützung war zu der damaligen Zeit noch nicht gegeben. Die Begrifflichkeit „Rabenmutter" und der sich darin verbergende Vorwurf an berufstätige Mütter gibt es nur im Deutschen. Meine französischen Kolleginnen haben nur mit dem Kopf geschüttelt. In Frankreich ist es völlig normal, auch mit Kindern weiterhin arbeiten zu gehen.

KP: Sie selbst haben diese Zweifel aber nie gehabt?

RS: Für mich war es unheimlich schwer. Ich war immer hin- und hergerissen, denn so ein kleines Kind orientiert sich natürlich an der Person, die es großzieht.

Ich habe schon manchmal das Gefühl gehabt, dass ich wichtige Momente verpasse und immer versucht das zu vereinbaren und so zu planen, dass ich die wichtigen Stationen meines Kindes auch erlebe.

KP: Andere *Female Leader* haben erzählt, dass ihre Kinder sie gerne öfter zu Hause gehabt hätte, andererseits aber sehr stolz auf ihre Mutter war. Wie war das bei Ihrem Sohn?

RS: Mein Sohn hat mir immer wieder signalisiert, was ihm wichtig ist. Beispielsweise hat er mich gebeten, zum Elternabend zu gehen, da dort nur Mütter waren und es komisch aussehen würde, wenn sein Vater als einziger Mann da wäre. Für mich waren die Wochenenden sehr wichtig, sodass wir zumindest diese Zeit für uns hatten. Wenn Jungs älter werden, machen sie ja ihre eigenen Pläne, aber wir halten es bis heute so, dass wir oft etwas Gemeinsames machen. Das war uns immer heilig. Heute ist mein Sohn 24 Jahre alt und studiert in München.

KP: Ich würde gerne noch einmal auf Hewlett Packard und das Thema Führung zurückkommen. Die Führungsebene war sicher sehr männergeprägt, auch in einem amerikanischen Konzern. Wie haben Sie das empfunden?

RS: Für mich war es wichtig, dass sich Hewlett Packard schon früh mit dem Thema Diversität auseinandergesetzt hat. Ich persönlich habe etwas gebraucht, um zu begreifen, dass ich die Tatsache, als Frau in einer Gruppe von Männern in der Minderheit zu sein nicht einfach ignorieren kann.

KP: Wie war Ihre Strategie, um mit diesem Anderssein umzugehen?

RS: Ich habe mir schon früh ein unterstützendes Umfeld gesucht. Darüber hinaus ist es wichtig, dass man sich einen Plan über das macht, was man im Berufsleben erreichen möchte. Man darf den Plan zwar nicht so verbissen sehen, aber wenn man ein Ziel vor Augen hat, verhält man sich dezidierter. Ich bin genauso vorgegangen und für mich festegelegt wo ich hin möchte und kurz darauf kamen dann tatsächlich die entsprechenden Angebote. Man darf sich selbst nicht darüber hinwegtäuschen, dass man seine Wünsche nach außen sehr stark signalisiert.

KP: Haben Sie Vorbehalte erlebt?

RS: Die habe ich zu Beginn meiner Karriere permanent erfahren, vor allem von externer Seite. Unternehmensintern hingegen zählen Kompetenz und Expertise und nicht das Geschlecht. Für den Umgang mit Vorbehalten gibt es kein Patentrezept. Es hängt viel mehr von der Situation ab. Generell aber muss man sich rechtzeitig überlegen, was man erreichen möchte, wie man die richtigen Kontakte knüpft und die eigene Leistung zur Geltung bringt. Ich habe mich zum Beispiel für Projekte gemeldet, die über meinen Bereich hinausgingen. So hatte ich die Gelegenheit, auch darüber hinaus mit Leistung und Ergebnissen zu überzeugen und damit Vorbehalten entgegenzuwirken.

KP: Würden Sie sagen, dass neben Gerechtigkeit, Leistung ein weiterer prägender Wert für Sie ist?

RS: Werte werden durch die Erziehung vermittelt und auch meinen Eltern war sehr wichtig meinen Geschwistern und mir die Bedeutung von Leistung nahe zu bringen: Jeder muss schauen, dass er aus seinen Talenten etwas macht und jeder ist auch ein wenig dazu verpflichtet, seinen Beitrag zu leisten und seine Leistung zu bringen. Ich habe außerdem Spaß daran, mich Herausforderungen zu stellen und Projekte anzufangen, bei denen ich Handlungsbedarf sehe. Gleichermaßen macht es mir Spaß, schwierige Aufgaben im Team zu lösen.

KP: Wie würden Sie Ihren Führungsstil beschreiben?

RS: Ich habe einen teamorientierten Führungsstil. Für mich ist wichtig, dass man einen respektvollen, offenen und ehrlichen Umgang miteinander hat, aber auch, dass ein Chef klare Ziele vorgeben kann und die Teams motiviert. Er muss zeigen, dass das Ganze auch Spaß macht und es ein Ziel gibt, für das es sich lohnt, sich einzusetzen.

KP: Gibt es so etwas wie weiblichen Führungsstil Ihrer Meinung nach?

RS: Ich bin überzeugt davon, dass der Führungsstil nicht in den Genen angelegt ist, sondern sehr stark von der Persönlichkeit, aber auch von Lebens- und Berufserfahrungen abhängt. Was ich selbst erlebt habe, ist, dass man sich als Frau in der IT-Welt in der Minderheit befindet und aus dieser eigenen Minderheitserfahrung heraus beispielsweise internationale Projekte, an welchen auch kleinere Länder beteiligt sind, integrierender angeht. Ich habe es auch erlebt, dass Frauen bei internationalen Projekten und Projekten, bei denen es um Umorganisation ging, erfolgreich waren, weil sie ihre eigenen Erfahrungen mit eingebracht haben. Die Persönlichkeit und auch der Führungsstil hängen sehr stark davon ab, wie wir erzogen wurden. Häufig werden Mädchen immer noch anders erzogen als Jungs. Nämlich, dass sie zur Bewältigung von Aufgaben teamorientiert agieren und weniger die eigene Machtposition hervorheben.

KP: Wobei es ja durchaus Beispiele von Frauen in Führungspositionen gibt, die sich ihrer alleinigen Macht bewusst sind und diese auch gezielt einsetzen.

RS: Frauen haben insgesamt eher ein ambivalentes Verhältnis zur Macht und mögen Macht, weil sie Freude daran haben, Verantwortung zu tragen und die Dinge zu bewegen. Ich sehe die Macht, die ich in einer Position habe, eher als geliehene Macht. Ich habe großen Respekt vor der Gewissheit, Verantwortung für mich und vor allem für andere zu tragen und ich bin mir bewusst, dass andere Menschen von mir abhängig sind. Wenn ich diese Verantwortung habe, dann habe ich auch die Verpflichtung, mich zu engagieren. Macht in dem Sinne, möglichst viel steuern zu können, liegt auf dem negativen Teil der Skala. So etwas würde ich auch persönlich nicht anstreben.

KP: Wie gehen Sie mit Kritik um?

RS: Gerechtfertigte Kritik finde ich sehr wichtig. Das hat mit Offenheit zu tun, die für mich von großer Bedeutung ist. Eine angemessen formulierte Kritik ist etwas, was ich als Gebot der Fairness anderen gegenüber betrachte. Es ist auch Aufgabe eines Vorgesetzten, Fairness walten zu lassen und dem Mitarbeiter in angemessener Weise zu sagen, wo er steht. Deshalb ist mir Kritik von einem Mitarbeiter oder Kollegen willkommen, sonst kann man sich nicht verbessern. Aber ich gebe meinen Mentees auch mit auf den Weg, dass man zwar überzeugend und gewinnend auftreten, aber am Ende des Tages nicht ausschließlich den Sympathiepreis erwerben muss. Man muss einfach klar seine Linie verfolgen.

„WENN DIE FRAU SICH EINE AUFGABE NICHT ZUTRAUT, TRAUT DER CHEF IHR DIESE AUCH NICHT ZU."

KP: Sie bezeichnen sich selbst als „bilingual", was die Männer- und die Frauensprache anbelangt. Was meinen Sie damit?

RS: Wir lehren und lernen in den Trainings, dass Frauen anders kommunizieren als Männer. Frauen verwenden oft Worte wie „Man sollte" oder „Es wäre schön". Männer sagen „Ich will" und „Ich möchte". Man muss Frauen demgemäß darauf hinweisen, dass sie in einer männlich geprägten Welt missverstanden werden, wenn sie für Frauen typische Ausdrucksformen wählen. Wenn sie diese Art der Kommunikation wählen, wirkt das so, als wollten sie etwas nicht mit Sicherheit. Es wirkt unbestimmt. Ich selbst bin wahrscheinlich intuitiv immer zweisprachig gewesen. Wenn ich das Gefühl habe, dass ich übergangen werde, sage ich schon eher „Ich will".

KP: Jenseits Ihrer Mentees, wäre das etwas, was Sie jungen Menschen mitgeben würden?

RS: Die Kernbotschaft liegt in der Bewusstseinsbildung und da haben wir in unserer Gesellschaft sicher noch Nachholbedarf. Es ist im Privatleben gut, aber im Berufsleben unabdingbar, viel lernen zu wollen und offen zu sein. Sie sollten offen sein und Vielfalt – und damit auch Frauen – als Bereicherung erkennen. Darüber hinaus ist es sehr wichtig, dass Frauen es nicht ignorieren, wenn sie in der Minderheit sind. Wenn sie einen Chef vor sich haben, der ohnehin wenige Frauen auf dem Bewerberstuhl hat, müssen sie ihre Zögerlichkeit ablegen, wenn sie weiterkommen wollen. Wenn die Frau sich eine Aufgabe nicht zutraut, traut der Chef ihr diese auch nicht zu.

KP: Zum Abschluss würde ich gerne wissen, was für Sie persönlich gute Führung ist.

RS: Es sollte nicht nach männlich, weiblich, alt oder jung gefragt werden, sondern es ist wichtig, dass die Person Ideen und Ziele hat, inspiriert in die Zukunft führen und begeistern kann und auch operational führt. Wir haben ein Bild davon, wie wir selbst geführt werden möchten und sollten uns diesem Ideal in unserem Führungsstil so weit wie möglich annähern.

FEMALE LEADERSHIP LOHNT SICH: EINSICHTEN IN DIE MCKINSEY-STUDIE „WOMEN MATTER"

CLAUDIA NEMAT

DAS GESPRÄCH

CLAUDIA NEMAT

*1968 | Unternehmensberaterin und Direktorin bei McKinsey & Company

Um „Frauenthemen" machte Claudia Nemat lange Zeit einen weiten Bogen. Die Themenschwerpunkte der Physikerin und Mathematikerin liegen in der Informations- und Kommunikationstechnologie. Schon während des Studiums arbeitete die 1968 in Bernsberg bei Köln geborene Unternehmensberaterin als Dozentin im Fachbereich für Theoretische Physik und Mathematik. Unmittelbar nach Ende des Studiums, 1994, begann Claudia Nemat ihre erfolgreiche Karriere bei McKinsey & Company und arbeitete sich innerhalb von nur zwölf Jahren vom Fellow zum Director hoch.

Seit 2006 leitet die verheiratete Mutter zweier Kinder in dieser Position den Hightech-Sektor des Unternehmens für die Märkte Europa, Mittlerer Osten und Afrika. Während ihrer Beratungstätigkeit machte Nemat immer wieder die Erfahrung, dass gemischte Teams besser sind, und es entstand die Idee, diese subjektive Erfahrung wissenschaftlich zu untermauern. Das Ergebnis sind mittlerweile vier Studien, welche

die wirtschaftliche Wirkung von Female Leadership untermauern.

Im Herbst 2011 wechselt Claudia Nemat in den Vorstand der Deutschen Telekom AG.

KP: Wie sind Sie zu McKinsey gekommen?

CN: Ich bin vor 18 Jahren zu McKinsey gekommen, das war im Grunde ein Zufall. Ich habe damals am Institut für Theoretische Physik in Köln gearbeitet und dort gab es einen Aushang der Unternehmensberatung McKinsey mit einer „Werbung" für einen Workshop. Ich wusste damals gar nicht, was McKinsey ist, aber das klang so spannend, dass ich dorthin gegangen bin. Der McKinsey Workshop hat mir sehr gut gefallen. Und zwar deshalb, weil dort junge Leute aus allen möglichen Fachrichtungen waren – Geistes-, Natur- und Betriebswissenschaften –, die versucht haben, in sehr kurzer Zeit konkrete betriebswirtschaftliche Probleme zu lösen.

KP: Sie sind ja nicht die einzige Direktorin bei McKinsey, aber noch sind die Frauen auch bei McKinsey nicht in der Überzahl.

CN: Sie sind nicht in der Überzahl – wir haben insgesamt in Deutschland bei unseren neu eingestellten Beratern ca. 30 % Frauen, insgesamt über 20 % und auf Partnerebene 10 %. Wir arbeiten daran, noch mehr Frauen den Aufstieg zu ermöglichen.

KP: Wie kam es zu der Studie „Women Matter"? Es ist ja nicht Ihre erste Studie, die sich mit dem Thema beschäftigt, sondern bereits die vierte.

CN: Richtig. Ich muss sagen, ich habe mich in den ersten 15 Jahren während meiner Karriere bei McKinsey mit dem Thema „Gender Diversity" überhaupt nicht befasst, ganz im Gegenteil: Ich habe einen weiten Bogen um „Frauenthemen" gemacht. Ich habe mich stets in erster Linie mit den inhaltlichen Herausforderungen der Industriesektoren meiner Klienten beschäftigt (Telekommunikation, IT, Medizintechnik, Energie) – das war in den letzten Jahren so und das ist heute immer noch so. Im Laufe der Zeit habe ich jedoch die Erfahrung gemacht, dass „gemischte" Teams (Männer und Frauen, international gemischt, unterschiedliche Ausbildungsrichtungen) einfach besser sind. Vor ein paar Jahren haben dann einige Kollegen und ich darüber nachgedacht, ob wir diese subjektive Erfahrung, dass gemischte Teams und insbesondere geschlechtsgemischte Teams besser sind, wissenschaftlich untermauern können. Hinzu kam, dass in Deutschland im Jahre 2007 der Global Summit of Women stattfand, und McKinsey sich bereit erklärt hatte, diesen inhaltlich zu unterstützen. Meine Partnerkollegin und Freundin Katrin Suder und ich haben dort eine Keynote-Rede zum Thema „*Female Leadership* in Europe" gehalten, wodurch unser erstes Forschungsprojekt entstanden ist. In der ersten Untersuchung ging es darum, warum der Anteil von Frauen in Führungsebenen in verschiedenen Ländern so unterschiedlich ist. Warum sieht es gerade in Deutschland so „schlecht" aus, was den Frauenanteil in Vorständen führender Unternehmen anbelangt? Die wesentliche Erkenntnis war, dass es eine starke Korrelation zwischen dem Arbeitszeitvolumen von Frauen und dem Anteil von Frauen in Führungspositionen gibt. In anderen Worten: Wenn Frauen primär Teilzeit arbeiten und lange Auszeiten nehmen, Männer jedoch gar nicht, sollte man keine weiblichen Vorstandsvorsitzenden erwarten.

Darauf aufbauend haben vor allem unsere französischen Kollegen unter Leitung meiner Partnerkollegin Sandrine Devillard die „Women Matter" - Untersuchungen durchgeführt. Hierbei ging es um den Zusammenhang zwischen Frauen in Führungsteams und der finanziellen (sowie organisationspsychologischen) Performance von Unternehmen, unterschiedliche Führungsstile von Männern und Frauen sowie - in der letzten Untersuchung - um konkrete Maßnahmen zur Verbesserung von Gender Diversity.

Rückblickend muss ich sagen, dass das Interesse vieler Klienten und der Öffentlichkeit, als wir 2007 anfingen, noch nicht so groß war, im Laufe der letzten vier Jahre jedoch enorm gestiegen ist. Das kommt mit Sicherheit auch daher, dass der Gesetzgeber zunehmend auf dieses Thema schaut. Vor diesem Hintergrund werden viele Unternehmen lieber von sich aus tätig. Hinzu kommt, dass auf Grund der demographischen Entwicklung Unternehmen darauf angewiesen sind, alle guten Talente zu gewinnen, Männer und Frauen gleichermaßen. Wenn Frauen allerdings in Führungsrollen so unterrepräsentiert sind, wie das heute in Deutschland immer noch der Fall ist, stellt sich die Frage, wie attraktiv Unternehmen mit „Monokulturen an der Spitze" für zukünftige Toptalente (Männer und Frauen) sein werden.

KP: Und diese Diversity, die Sie ansprechen, ist ja nicht nur auf das Geschlecht bezogen ist, sondern auch auf das Thema Internationalität und andere Aspekte, z.B. Alter oder Bildung, oder wie sehen Sie das?

CN: Wir konnten bislang statistisch relevant nachweisen, dass es eine starke Korrelationen zwischen Performance, Health (sozusagen dem organisatorischen Gesundheitszustand eines Unternehmens) und Gender Diversity gibt - und zwar in sämtlichen Industriesektoren und in zahlreichen Geographien.

Hierfür gibt es insbesondere zwei Ursachen:

1. *Männer und Frauen wenden im Durchschnitt unterschiedliche Führungsstile unterschiedlich häufig an. In geschlechtsgemischten Teams verbessern sich damit die Qualität und Umsetzungskonsequenz von Entscheidungen. Das ist insbesondere für Führungsteams und Vorstände besonders relevant.*

2. *Unternehmen mit hoher Gender Diversity wenden viel stärker geschlechtsneutrale, ausschließlich inhaltlich performancebasierte Kriterien für die Bewertung und Beförderung von Mitarbeitern an. Das führt dazu, dass die „Besten" (egal ob Mann oder Frau) nach oben kommen.*

Wir wissen durch Analysen in vereinzelten Industriesektoren, dass „International Diversity" auch eine zentrale Rolle spielt.

Es ist logisch, dass – wenn beispielsweise China Ihr Wachstumsmarkt ist – es hilft, im Führungsteam Leute zu haben, die sich dort auskennen. Wir wissen das auch aus eigener Erfahrung, weil es letzten Endes diese Logik ist, nach der sich McKinsey über viele Jahrzehnte erfolgreich entwickelt hat. Für uns war es zudem immer wichtig, Kandidaten aus möglichst vielen verschiedenen Fachrichtungen in der Ausbildung für uns zu gewinnen, um die besten Talente zu bekommen. Was das Altersthema anbelangt, so glaube ich persönlich, dass Diversity auch hier vorteilhaft ist – wir haben dazu allerdings keine gesonderten Forschungsprojekte gemacht.

KP: Sie sagten vorhin, Sie hatten zunächst das Gefühl, dass es besser wäre, wenn mehr Frauen in Führungspositionen sind. Das hat sich dann in der ersten Untersuchung bewahrheitet – seitdem sind Jahre vergangen. Wenn sie heute die ersten Ergebnisse angucken, hat sich da etwas grundlegend verändert zu den Ergebnissen, die Sie heute haben?

CN: Wenn man sich die Ergebnisse – also den Anteil von Frauen in Führungspositionen – anschaut, noch nicht. Wenn man sich anschaut, wie sich das Bewusstsein einiger Unternehmenslenker und auch die daraus abgeleiteten Maßnahmen in den letzten drei Jahren verändert haben, dann schon. Man darf nicht vergessen, dass das Erreichen von echter Diversity ein langfristiger Veränderungsprozess ist... Zurzeit fokussiert sich die Diskussion sehr stark auf das Thema ‚Die Quote in den Aufsichtsräten'. ... Das geht völlig am Thema vorbei...

KP: Ich wollte gerade fragen, ist das denn überhaupt die richtige Diskussion oder geht es nicht auch um die Führungsebene darunter?

CN: Aus meiner Sicht führt die Diskussion um Quoten in den Aufsichtsräten am Thema vorbei. Erstens geht es um sämtliche Führungsebenen. Zweitens geht es vielmehr um die operativen (die Executive) Boards. Drittens steht eine Quote im Widerspruch zu echter Meritokratie. Und viertens müssen wir viel mehr die eigentlichen Ursachen bekämpfen. Zwei Themen sind hierbei wichtig:

1. *Wir müssen dazu kommen, die Auswahlkriterien, nach denen Führungsteams besetzt werden, zu überdenken. Heutzutage ist es bei der Besetzung von Positionen im Executive Board oft so, dass nach Menschen mit Qualifikationen und Erfahrungen gesucht wird, ähnlichen zu denen, die im Board bereits vertreten sind. Wenn jemand schon einmal im Board war, kommt er wieder in ein Board. Hat er ein Geschäft von ein paar Milliarden Euro Umsatz geleitet, dann soll er das auch wieder tun. Das führt dazu, dass im Grunde immer wieder selbstähnliche Profile rekrutiert werden – und eben nicht Menschen mit unterschiedlichen Erfahrungen. Wir wissen aber, dass es für die Performance von Unternehmen besser ist, nicht selbstähnliche Profile anzusammeln, sondern Menschen mit unterschiedlichen Erfahrungen zu kombinieren. Wir müssen sehr viel stärker auf die Gesamtkomposition*

des Führungsteams schauen. Auch Executive-Search-Firmen müssen in meinen Augen hier radikal umdenken.

2. *Wir müssen uns eingestehen, dass wir in Deutschland noch immer nicht die notwendige Infrastruktur zur Verfügung haben, um Familie und Top-Beruf gut miteinander zu vereinen. Und zwar in zweierlei Hinsicht: Es gibt noch immer zu wenige ganzjährig und ganztags durchgängig geöffnete Erziehungseinrichtungen für Kinder. Das alleine ist aber für Mütter und Väter in Top-Berufen nicht ausreichend. Im Grunde brauchen sie privates Haushaltspersonal. Dafür gibt es in Deutschland noch keinen echten professionellen Markt und auch wenige finanzielle Anreize. Da sie bei Nicht-Selbständigkeit Kinderfrauen aus ihrem Nettoeinkommen finanzieren müssen, können sich das nur wenige (reiche) Menschen leisten.*

KP: Also auch da sehen Sie gesetzlichen Handlungsbedarf, um die Rahmenbedingungen so zu verändern, dass hier dieses Wachstum entstehen kann?

CN: Ja, absolut, aber weniger im Sinne von Regulierung, dass man den Unternehmen vorschreibt: Du musst jetzt diese Quote haben! Sondern im Sinne von finanziellen Anreizen dafür, dass ein Markt für Haushaltshilfen entstehen kann. Außerdem muss die Infrastruktur für die Kleinkinderbetreuung in noch größerem Maße ausgebaut werden. Wenn die Politik sagt, wir erwarten von den Unternehmen, dass Frauen in Toppositionen kommen, und wenn die Medien so ein starkes Interesse darauf legen, ist das gut: Denn das führt dazu, dass das Thema keine Eintagsfliege bleibt und die Leute nach zwei Monaten sagen ‚Gott sei Dank ist der Kelch auch noch mal an uns vorbeigegangen'. Es ist schon wichtig, dass Aufmerksamkeit auf diesem Thema bleibt.

KP: Jetzt haben wir sehr stark an dieser Stelle über Deutschland gesprochen, wo sich sicherlich auch die Unternehmen nicht schnell genug in die richtige Richtung bewegen. Wie sehen Sie das im Ausland?

CN: Das Thema Gender Diversity ist überall auf der Welt noch eine Herausforderung. Allerdings sind einige Länder sehr viel weiter, allen voran die skandinavischen Länder, danach kommen Amerika und UK, aber auch ehemals kommunistische Länder sind „besser" als Deutschland. Wenn man sich den Anteil von Frauen in Executive Boards anschaut, liegt Deutschland hinter China, hinter Russland – auf dem letzten Platz zusammen mit Indien. Für eine westliche Industrienation ist das eigentlich ein inakzeptabler Zustand.

KP: Perfekt ist es noch nirgendwo ... Lassen Sie uns noch mal in die Studie gucken, denn dort stehen ja wissenschaftlich nachgewiesene Zahlen, Daten, Fakten, die den Unternehmen nicht nur Mut machen, sondern sie auch vom Thema überzeugen müssten – nicht nur weil ein Gesetz droht, sondern auch aus Performance-Gründen.

CN: Man muss sich in jedem Unternehmen anschauen, wie viele Führungsstellen im Laufe der Zeit überhaupt frei werden und neu zu besetzen sind. Für diese Stellen wollen Sie den geeignetsten Kandidaten gewinnen, egal ob Mann oder Frau. Hierbei müssen Sie darauf achten, dass Sie einen „fairen" Anteil gemessen an dem zur Verfügung stehenden Pool an Frauen in die nähere Auswahl ziehen. Ein solcher Prozess dauert. Wenn man sich zu hohe Ziele für einen zu kurzen Zeitraum gibt, würde das in einigen Unternehmen bedeuten, dass sie alle Neubesetzungen mit Frauen durchführen müssten – das würde zu sehr viel Ablehnung, Ungerechtigkeit und möglicherweise auch schlechterer Performance führen.

KP: Was hilft denn den Unternehmen auf diesem Weg?

CN: Das Wichtigste ist, Teams und vor allem Geschäftsführer an der Spitze zu haben, die das Thema wirklich verstanden haben und sich glaubhaft an die „Spitze der Bewegung" setzten. Und zwar nicht aus PR-Gründen oder weil das chic ist und sich gut anhört, sondern weil sie wirklich eine kulturelle Veränderung wollen. Wenn das gegeben ist, werden der Geschäftsführer und das Leadership-Team dafür sorgen, dass die notwendigen Maßnahmen festgelegt und mit hoher Priorität umgesetzt werden. Auch unsere Studie hat gezeigt: Das Bekenntnis des Geschäftsführers zu diesen Zielen und die Überwachung dieses Veränderungsprozesses durch den Geschäftsführer sind die wichtigsten Stellhebel. Zweitens muss es inhaltliche Trainings geben – für Frauen und auch für Männer –, in denen Bewusstsein und Wertschätzung für unterschiedliche Verhaltensweisen und Führungsstile vermittelt werden. Und wir brauchen Mentorenprogramme mit Mentoren, die hierfür die notwendigen Fähigkeiten haben.

KP: Wird das heute schon angeboten, oder ist das am Dienstleistungsmarkt noch nicht so weit?

CN: Teils, teils. Es bildet sich hierzu gerade ein Dienstleistungsmarkt. Wir haben auch bei McKinsey ein Programm (‚Remarkable Women'), welches wir Frauen, die im Mittelmanagement unserer Klienten tätig sind, anbieten. Dort lernen sie, ihr eigenes Führungsverhalten gegenüber dem anderer Frauen und anderer Männer besser bewerten zu können und somit effektiver zu werden. Man muss aber immer wieder betonen: Wir sind noch am Anfang – es werden einige Jahre vergehen, ehe wir die Ergebnisse all dieser Programme sehen.

Vielleicht noch eine weitere wichtige Maßnahme: Neben CEO-Commitment, Trainingsprogrammen und Mentoren braucht man unbedingt geschlechtsneutrale, meritokratische Beurteilungssysteme. Je neutraler und geschlechtsunabhängiger ein Beurteilungssystem ist, umso einfacher ist es für talentierte Menschen, sich unabhängig von ihrem Geschlecht in einem Unternehmen weiterzuentwickeln.

Ich habe die Erfahrung gemacht, dass es in den meisten Fällen keine bewusste

Diskriminierung von Frauen gibt, sondern eher einen unbewussten „Bias", der dazu führt, dass Frauen nicht in die engere Auswahl für Top-Positionen gezogen werden. Beispielsweise zählt dazu, dass Frauen bei Schwangerschaft oft vom Radarschirm verschwinden, selbst wenn sie ankündigen, zeitnah vollzeitig zurückzukommen. Zudem neigen viele Menschen dazu, eine Präferenz für selbstähnliche Profile zu haben. In Organisationen, in denen Führungsteams ausschließlich Männer sitzen, führt so etwas zu einer unbewussten (gar nicht „bös" gemeinten) Diskriminierung von Frauen und der berühmten „gläsernen" Decke.

KP: Als Expertin in diesem Thema: Was glauben Sie, wie lange dieser Prozess noch dauern wird? Wir sind am Anfang, sagen Sie. Ab wann, würden Sie sagen, sind wir auch in Deutschland an einem Punkt, wo der Wandel geschieht? Eine Frau im Vorstand reicht ja nicht. Sie sagen in Ihrer Studie, es muss eine kritische Masse sein.

CN: Was wir in unserer Studie sagen: In jedem Leadership-Team brauchen Sie eine kritische Anzahl (ungefähr 30 %), um den Effekt von nachweislich besseren Entscheidungen durch gemischte Teams zu erreichen. Das liegt einfach daran, dass, solange Sie beispielsweise nur eine Frau in einem Führungsteam haben, das ansonsten nur aus Männern besteht, diese Frau in der Regel genau das Führungsverhalten der Männer adaptiert hat, weil sie sich sonst in der Gruppe nicht behaupten könnte. Insofern fanden wir bestätigt, was Soziologen schon seit langer Zeit sagen: Sie brauchen eine kritische Masse dieser so genannten Minderheit, um insgesamt eine kulturelle Veränderung in der jeweiligen Gruppe herbeizuführen. Wie lange dauert das? Ich muss ganz ehrlich sagen: Ich weiß es nicht.

KP: Gibt es eine begründete Hoffnung?

CN: Das hängt in Deutschland davon ab, ob es gelingt, hohe Aufmerksamkeit auf diesem Thema zu halten: Bleibt es ein Lieblingsthema der Medien? Wird weiterhin Druck ausgeübt seitens der Politik? Wenn man das Thema nicht mehr loslässt – das ist enorm wichtig! -, dann wird man in einem Zeithorizont von vielleicht zehn Jahren sehr deutliche Veränderungen sehen. Mit „deutlichen Veränderungen" meine ich nicht, dass es auf einmal überall entsprechend dem Geschlechtsanteil in der Bevölkerung eine 50-prozentige Besetzung von Top-Positionen geben wird, wohl aber über 30 Prozent weiblichen Anteil. Man muss zur Kenntnis nehmen, dass es nicht wenige Frauen gibt und geben wird, die sagen, eine solche Rolle sei für sie als Frau und Mutter nicht erstrebenswert. Möglicherweise werden das aber auch immer mehr top ausgebildete junge Männer sagen, sodass wir dann insgesamt zu einer völlig neuen Organisation unserer Arbeit kommen müssen.

KP: Sie selbst sind ja nicht nur Direktorin bei McKinsey, sondern auch in mehreren Rollen: Sie sind Mutter, sind verheiratet. Sie können sicherlich diese Spannungsfelder sehr gut nachvollziehen. Was waren Ihre eigenen Erfahrungen, diese

Hürden zu überwinden? Was können Sie anderen Frauen sagen, die auf dem Weg nach oben sind, aber sich diesen Hürden ausgeliefert sehen?

CN: Ich glaube, das Wichtigste ist erst einmal – und das würde ich Frauen und Männern gleichermaßen sagen –, dass man authentisch ist, sich selbst treu bleibt und nie versucht, danach zu handeln, was andere von einem erwarten. Im Grunde ist mein Rat, seiner eigenen Leidenschaft treu zu bleiben. Das ist das Wichtigste im Leben überhaupt. Ich selbst wollte immer Kinder, aber ich wollte auch professionellen Einfluss. Und wenn das so ist, dann muss man so offen sein, sich das auch einzugestehen. Es ist ja nicht üblich, dass seine Frau sagt: „Ich will Liebe und Macht". Das gehört sich ja nicht für Mädchen! Und dann muss man halt sagen: „Ich möchte beides für mein Glück". Denn ich habe nur ein Leben und insofern würde ich jungen Frauen, aber auch jungen Männern sagen: Handelt nach dieser Maxime.

Zweitens, man muss sehr realistisch sein. Alles hat seinen Preis! Man muss bereit sein, diesen Preis zu zahlen – gegebenenfalls sehr hart arbeiten. Außerdem ist es wichtig zu erkennen: Wenn man Talent und Glück hat und hart arbeiten kann – kann man alles erreichen, aber nicht unbedingt zur gleichen Zeit.

Wichtig dabei ist, nach den eigenen Leidenschaften und den eigenen Kompetenzen zu suchen. Praktisch gesprochen: Natürlich ist die Kombination (Mutter zu sein, zwei Kinder zu haben und einen solchen Job) bisweilen eine riesige Herausforderung. Und es überkommen mich immer wieder Selbstzweifel, ob ich alles richtig mache. Auch darüber muss man sich im Klaren sein: Man muss sehr diszipliniert sein und in Kauf nehmen, wenig Zeit für sich selbst zu haben, weil das ganze Leben aufgeteilt ist zwischen dem, was der Familie gehört, und dem, was im Beruf anfällt. Sie müssen mit Kompromissen leben können: Denn Sie sind eben weder 7 mal 24 Stunden bei den Kindern noch sind Sie 7 mal 24 Stunden im Job. Das bedeutet, dass Sie sehr häufig Nein sagen und priorisieren müssen – und das muss man aushalten können.

KP: Bei welchem Part der Studie würden Sie sich wünschen, dass jeder Unternehmenschef, jeder Aufsichtsratsvorsitzende und jeder Vorstand noch einmal genau hinschaut?

CN: Die Maßnahmen, die wir in der letzten Studie aufgezeigt haben. Es ist wichtig zu verstehen, welche praktischen Maßnahmen man ergreifen muss, um etwas zu verändern als Unternehmer. Im Grunde ist es die Aufgabe der Unternehmen selbst sicherzustellen, dass sie die beste Mannschaft haben. Das ist nicht Aufgabe der Politik!

KP: Welche Maßnahmen sind aus Ihrer Sicht am wichtigsten?

CN: Noch einmal zusammengefasst: CEO-Commitment, Trainingsprogramme, gutes Mentoring sowie meritokratische, geschlechtsneutrale Bewertungssysteme, die den unbewussten „Bias" ausschalten.

Sie müssen das Ganze als ein holistisches Veränderungsprogramm sehen:

1. *Zunächst brauchen Sie in einem Unternehmen ein sehr klares Verständnis über den Business Case von Diversity. Warum sollen wir das überhaupt angehen? Geht es darum, den Talentpool zu erweitern? Geht es darum, eine bessere Performance zu erreichen? Geht es um mehr Kundennähe? Was ist die Überzeugung des Unternehmens? Auf dieser Basis sollte ein Unternehmen sich sehr klare Ziele setzen und diese auf einzelne Unternehmensbereiche und Regionen/Länder runterbrechen. Was wir häufig in Unternehmen feststellen: Deutschland steht oft an letzter Stelle, während man im amerikanischen Markt schon besser unterwegs ist. Schließlich muss man ein sehr gutes Verständnis dafür haben, was hindert z.B. Frauen oder internationale Mitarbeiter daran, vorwärts zu kommen? Unternehmensspezifische Maßnahmen sollten insbesondere diese Barrieren adressieren.*

2. *Am Ende muss man verstanden haben, dass das Ganze nicht eine Aktion von drei Monaten ist, sondern ein kultureller Veränderungsprozess über mehrere Jahre. Das hat immer den Nachteil, dass nach ein paar Monaten alle gelangweilt sind und dann sagen. „Jetzt back to normal". Insofern muss man das Thema immer wieder erfrischen, mit neuen Geschichten anreichern und immer wieder neuen pushen. Es ist wichtig, dass einem zwischendrin nicht die Luft ausgeht*

FEMALE LEADERS IN DER ZIVILGESELLSCHAFT

KAPITEL 4

LEISTUNG TRIFFT LEIDENSCHAFT – FEMALE LEADER IN DER ZIVILGESELLSCHAFT

Sowohl in der jüngeren wie älteren Geschichte hat es in der Gesellschaft immer mutige, ihre Positionen gegen alle Widerstände oder Konventionen fest vertretende Frauen gegeben und es gibt sie immer noch. Im Vergleich zur Vergangenheit werden sie allerdings heute eher international anerkannt und geehrt. Denken Sie allein an die Friedensnobelpreisträgerinnen Aung San Suu Kyi, deren jahrelanger politischer Hausarrest die Welt bewegte und Rigoberta Menchu Tum, die sich mit beeindruckender Kraft und trotz großer persönlicher Opfer konsequent gegen Menschenrechtsverletzungen in Guatemala einsetzte und international große Solidarität für ihr Land erreichen konnte.

Rosa Parks

Auch in der Vergangenheit haben Frauen durch ihr Tun, manchmal in Unkenntnis der Dimension der Auswirkungen, große Veränderungen ausgelöst. Und es zeigte sich immer wieder, dass Mut und Standpunkt nichts mit Bildung, Herkunft oder Hautfarbe zu tun haben. Rosa Parks zum Beispiel, die 1913 in Alabama, USA geborene Näherin löste 1955 durch ihre simple Weigerung, einem Weißen einen Sitzplatz im städtischen Bus freizumachen die Woge an gewaltloser Auflehnung gegen die Rassendiskriminierung aus, die schließlich zum Fall der diskriminierenden Gesetze in den Südstaaten führte. Sie blieb zeitlebens aktiv, wurde zur Ikone der amerikanischen Bürgerrechtsbewegung, erhielt zahlreiche Auszeichnungen und wurde nach ihrem Tod in Detroit beigesetzt, nachdem ihr zu Ehren ein von US-Präsident George Bush persönlich angeordnetem Trauerzug durch

Mutter Teresa

Washington stattgefunden hatte.
Wie Rosa Parks erfuhr auch Mutter Teresa, die Friedensnobelpreisträgerin des Jahres 1979, im Leben wie posthum höchste Ehren. Die indische Regierung ordnete für die albanische Nonne, die schon zu Lebzeiten vielen als Heilige erschien und oft als „Engel der Armen" bezeichnet wurde, ein Staatsbegräbnis an und die katholische Kirche sprach sie schon sechs Jahre nach ihrem Tod 1997 selig. Die schnellste und erste, in alle Welt übertragene, Seligsprechung der neueren Kirchengeschichte.
Der große Ruhm Mutter Teresas ergab sich nicht nur aus ihrer aufopferungsvollen Arbeit mit Sterbenden und Ausgesetzten in den Slums von Kalkutta. Zum einen zeichnete sie sich schon in jungen Jahren dadurch aus, dass sie genau wusste, was sie wollte und das waren keineswegs immer Ansichten und Positionen, die von Allen gut geheißen wurden. Im Gegenteil – ihre Arbeit hatte zeitlebens viele Kritiker. Die katholische Kirche beispielsweise stimmte erst nach langem Papierkrieg und intensiver Überzeugungsarbeit durch Mutter Teresa der Gründung eines neuen Ordens, der von Ihr geführten „Mission der Nächstenliebe" zu. Doch nicht nur ihr Fokus auf die Ärmsten und Sterbenden, diejenigen bei denen nach Ansicht vieler schon Alles vergebens war, wurde kritisiert, auch ihre konservative Einstellung zu Themen wie Abtreibung und Hygiene waren oft Anstoß für massive Kritik. Diese Widerstände beeinflussten die medienfreundliche Nonne, die ungern über sich sprach und lieber die Aufmerksamkeit auf die Arbeit ihrer Mission richtete, aber keineswegs. Es darf sogar angezweifelt werden, ob sie davon überhaupt berührt wurde.
Ihr eigenwilliger, aber zutiefst herzlicher Charakter ließ zwar Raum für Zweifel – sie durchlebte sogar etliche tiefe Glaubenskrisen. Aber ihre tiefe Frömmigkeit, fest verankert im täglichen Gebet und durch das, während einer Bahnfahrt 1946 eingetretene, persönliche Erlebnis der Beauftragung Gottes, „ihm in die Slums zu folgen, um ihm bei den Ärmsten der Armen zu dienen", gab ihr scheinbar unendliche Energie für ihre kräftezehrende Arbeit. Und dieser Kraft konnten sich Wenige entziehen. Nicht ihre Ordensfrauen, ihre weltweiten Unterstützer und finanziellen Förderer, nicht der Papst und vor allem nicht diejenigen, die in den von ihr gegründeten Sterbehäusern, Leprakolonien, Schulen, Entbindungsheimen,

AIDS-Häusern oder Kinderheimen das bekamen, was nach Mutter Teresa das Entscheidende im Leben ist: die Liebe eines Mitmenschen.

Unter emotional sicher ähnlich schwierigen Arbeitsbedingungen, aber in einem anderen Erdteil, wirkte die ebenfalls oft als eigensinnig beschriebene Florence Nightingale. Die berühmte englische Krankenschwester trug in der Mitte des 19. Jahrhunderts durch ihre Arbeit und unermüdliche Vorbildfunktion als Leiterin eines Sanatoriums in London maßgeblich dazu bei, dass das englische Gesundheitssystem einer grundlegenden Reform unterzogen und im Zuge dessen das Berufsbild der modernen Krankenschwester begründet wurde. Ihre Eltern wussten schon früh, dass aus Florence Nightingale etwas Besonderes werden würde, auch wenn sie von ihren gesellschaftlichen Tabubrüchen keineswegs begeistert waren. Nicht nur, dass die Tochter aus gutem Hause das Heiratsangebot eines wohl situierten Barons ausschlug, was ein ungeheuerlicher Affront für damalige Verhältnisse war. Sie bestand zusätzlich darauf, eine Ausbildung als Krankenschwester zu machen, ein Beruf, der für Angehörige der Oberschicht einer gesellschaftlichen Katastrophe gleich kam. Die Mutter kommentierte den starken Willen der Tochter sicherlich bezeichnend als sie sagte: „Wir sind Enten, die einen wilden Schwan ausgebrütet haben." Aber als der Kriegsminister die anerkannte Krankenschwester während des Krimkrieges von 1853-1856, persönlich um ihre Expertise und Hilfe für die verwundeten Soldaten bat, wurde sie ihrem exzellenten Ruf einmal mehr gerecht: Die von ihr eingeführten Innovationen im Bereich Hygiene, Wundheilung und Rehabilitation verringerten die Sterberate der 10.000 Verwundeten des Krieges von 42 auf zwei Prozent. Schließlich wurde ihr in Anerkennung ihrer Arbeit eine große gesellschaftliche Ehre zuteil: 1858 wurde sie als erste Frau in die Royal Statistical Society aufgenommen, eine Bestätigung ihres unermüdlichen Einsatzes. Als sie 1910 in London starb, hatte sie jahrzehntelang die Regierung in gesundheitlichen Fragen beraten, eine Schule für Krankenschwestern aufgebaut und zahlreiche Bücher geschrieben.

> „WENN DU ERFOLGREICH BIST, WIRST DU EINIGE FALSCHE FREUNDE UND EINIGE ECHTE FEINDE GEWINNEN. SEI TROTZDEM ERFOLGREICH!"
>
> *MUTTER TERESA*

Das Tor zur „neuen Welt" öffnete sich für die 1853 geborene Schweizerin Emilie Kempin-Spyri, die in ihrem Heimatland trotz Promotion und exzellenter Qualifikationen sowie der Unterstützung eines Dozenten keine Anstellung als Anwältin oder Dozentin fand. Sie wanderte, angetrieben vom Drang nach beruflicher Erfüllung und Gleichberechtigung, mit ihrer Familie 1888 in die USA aus, wo sie an einer von ihr gegründeten Rechtsschule für Frauen unterrichtete und die Zulassung von Frauen für das Jurastudium bewirkte. Ab 1892 durfte sie auch in der Schweiz lehren. Das persönliche Happy End blieb ihr dennoch verwehrt. Sie starb ohne ihre

Familie, mit der sie sich 1895 entzweit hatte, zurückgezogen und krank in Berlin. Durch ihre Tatkraft und Konsequenz aber veränderte sie für immer die Geschichte der Gleichberechtigung bei den schweizerischen Eidgenossen und wurde 2008 von der Universität Zürich dafür mit einem Denkmal geehrt. Die erste Schweizer Privatdozentin und Pionierin der Gleichberechtigung ist so für die Nachwelt erhalten geblieben.

In einem Kontinent dieser Welt sucht man lange nach weiblichen Eliten, obwohl es sie ganz ohne Zweifel in vielen Dörfern und Städten gibt. Die Rede ist von Afrika, dem wunderschönen, facettenreichen Kontinent, der sich weit über den Äquator erstreckt. Hier haben Frauen traditionell eher wenig Rechte, aber der Fortschritt macht auch dort nicht Halt. Etliche erfolgreiche Sportlerinnen, Schriftstellerinnen und Politikerinnen stellen und stellten ihre weibliche Führungskompetenz sehr überzeugend unter Beweis und werden dafür von ihrem Volk gefeiert und geliebt. So zum Beispiel Ellen Kuzwayo. Die spätere Sozialarbeiterin, Frauenrechtsaktivistin, Schriftstellerin und Politikerin verlebte eine Kindheit in Südafrikas Mittelschicht, geprägt von den damaligen Apartheidgesetzen. Dennoch erhob sie früh die Stimme gegen die Ungerechtigkeiten, denen Farbige im Bildungssystem ausgesetzt waren und engagierte sich mutig als Präsidentin der Youth League des ANC, bis dieser 1960 verboten wurde. Aber auch danach blieb sie politisch aktiv, immer bedroht von politischer Verfolgung und gesellschaftlichen Repressalien. Sie ließ sich jedoch niemals kleinkriegen.

1979 wählte der „Star" die engagierte Sozialarbeiterin zur Frau des Jahres, 1980 erhielt sie die Ehrendoktorwürde der Universitäten von Natal, Port Elizabeth und Witwatersrand und erlebte den Neuanfang Südafrikas unter Präsident Nelson Mandela, als Abgeordnete für den ANC im ersten Post-Apartheid Parlament Südafrikas.

Ein wunderbares Beispiel für *Female Leader*, die nach harten Jahren voll Engagement und Rückschlägen endlich die lange verdienten Früchte ihrer Arbeit ernten konnten.

Der gesellschaftliche Fortschritt lässt sich exakt messen an der gesellschaftlichen Stellung des schönen Geschlechts.

KARL MARX
deutscher Gesellschaftstheoretiker und politischer Journalist

ELA RAMESH BHATT

DAS GESPRÄCH

ELA RAMESH BHATT

*1933 | Gewinnerin des Alternativen Nobelpreises und Mitglied der Elders, Mitbegründerin der Women's World Banking

Die Liste der Auszeichnungen, die Ela Ramesh Bhatt in den vergangenen Jahrzehnten entgegen nehmen konnte, ist lang. Dazu gehört der Niwano-Friedenspreis, den die engagierte Vertreterin der Graswurzelbewegung 2007 für ihren mehr als 30-jährigen Einsatz für die ärmsten arbeitenden Frauen in ihrer Heimat Indien erhielt, ebenso wie verschiedene Ehrendoktortitel und den CARE Humanitarian Award.

Ela Bhatt wurde 1933 in Ahmedabad geboren, kam schon früh mit den Lehren Mahatma Gandhis in Berührung und heiratete 1956 einen gleichgesinnten Jura-Kommilitonen. Nach dem Studium arbeitete sie als Juristin für die Textilarbeitergewerkschaft (TLA) und gründete 1972 eine Gewerkschaft für selbstständige Frauen (SEWA).

1979 wurde die Mutter zweier Kinder, Präsidentin der von ihr mitbegründeten „Women's World Banking". Sie engagierte sich im Oberhaus des Indischen Parlaments und wurde 2007 als Gründungsmitglied der von Nelson Mandela initiierten „Global Elders" berufen.

KP: Wie war es, als Kind in Ahmedabad aufzuwachsen?

EB: Ich war ein ängstliches Kind. Ich hatte eine Schwester und eine Stiefschwester und wir wuchsen gemeinsam auf. Ich hatte keine Brüder und in Indien stellt das durchaus ein Problem dar, da alle immer einen Sohn erwarten. Ob das ein Problem für meine Mutter war, weiß ich nicht. Aber falls meine Eltern einen Sohn wollten, haben sie es uns gegenüber nie gezeigt. Ich ging in der Nachbarschaft zur Grundschule und unser Land kämpfte für die Unabhängigkeit. Immer wieder gab es Demonstrationen und Schüsse auf den Straßen. Dann wurden wir schnell nach Hause geschickt. Diese Tumulte kamen und gingen, nahmen aber um die Jahre 1944 bis 1946 immer mehr zu.

„UNABHÄNGIGKEIT UND FREIHEIT KANN NICHT GEGEBEN WERDEN, FREIHEIT IST IN EINEM SELBST."

KP: Wie war Ihre Reaktion auf diese Schießereien?

EB: Ich hatte Angst. Aber unsere Lehrer gaben uns die Hoffnung, dass es am Ende gut ausgehen würde, weil wir die Freiheit erlangen würden. Das war es, was ich verstand, und wir sangen unsere Freiheitslieder und lernten etwas über Mahatma Gandhi. Meine Eltern, sowie die drei Brüder meiner Mutter waren sehr aktiv in der Friedensbewegung. Mein Großvater war hoch gebildet und arbeitete als Chirurg und Leiter der örtlichen zivilen Klinik. Er war der Anführer einer Gruppe, die sich Gandhis Salzmarsch anschloss. Er kündigte seinen Job und engagierte sich in Gandhis Friedensbewegung. Als Folge wurden er und meine Onkel verhaftet. Also warteten wir immer auf eine Postkarte aus dem Gefängnis. Trotz allem schätzte mein Vater die Briten aber aufgrund ihrer Bildung und ihres Systems.

KP: Würden Sie heute sagen, dass Sie eine glückliche Kindheit hatten?

EB: Ja, sie war glücklich und anregend. Wissen Sie, ich wurde immer als etwas Besonderes betrachtet, weil ich die Jüngste in der Klasse und überhaupt die Jüngste war. So kam es, dass ich die Schule schon mit 13 Jahren abschloss. Ich war nicht so klug, aber meine Mutter war sehr ehrgeizig. Als ich mit der Schule begann, wusste ich bereits eine Menge, weil ich es zuvor zu Hause beigebracht bekommen hatte. Also steckte man mich gleich in die dritte Klasse.

KP: Ich verstehe. Später gingen Sie dann auf die Uni?

EB: Ja. Zu dieser Zeit hatten wir bereits unsere Unabhängigkeit erlangt. Meine ganze Generation war eher rebellischer Natur und unsere Lehrer sagten uns, wir sollten in die Dörfer gehen und dort leben. Über zukünftige Karrieren machten wir uns keine Gedanken. Gandhi hatte uns den Weg und welche Maßnahmen wir ergreifen mussten, gezeigt.

KP: Also wussten Sie, was eines Tages Ihr Beruf sein würde?

EB: Nein, aber mein Vater, mein Großvater und meine Cousins waren Anwälte. Deshalb entschieden meine Eltern, dass ich auch Anwältin werden würde. Also studierte ich Jura. Trotzdem wollte ich für die Armen und Benachteiligten arbeiten, so wie es Gandhi gesagt hatte. Dann lernte ich auf der Hochschule meinen zukünftigen Mann kennen. Er war Intellektueller und sehr idealistisch. Er studierte ebenfalls Jura und wurde auch Anwalt. Wir heirateten, ich machte mein Examen und erhielt die Lizenz, um vor Gericht auftreten zu dürfen.

KP: Als Sie Jura studierten, hatten Sie da viele weibliche Kommilitonen?

EB: Wir waren zu zweit.

KP: Wie fühlte es sich an, fast nur von Männern umgeben zu sein?

EB: Wir wurden immer aufgefordert, ganz vorne zu sitzen. Vor der Vorlesung mussten wir unserem Professor folgen und uns in die erste Reihe setzen. Wenn er dann die Klasse verließ, wurden wir dazu angehalten, mit dem Professor zu gehen und dann erst kamen die Jungs. Wenn keine Vorlesungen stattfanden, hatten wir ein Zimmer speziell für Frauen, aber das war in Ordnung. Es war sogar sehr gut. Ansonsten konnten wir schon mit den Jungen reden, wenn wir wollten, aber immer sehr zurückhaltend.

KP: Was machten Sie nach Ihrem Studium?

EB: Sobald ich mein Studium beendet hatte, schloss ich mich der Textilarbeitergewerkschaft in Ahmedabad an, weil es eine Gewerkschaft nach den Regeln Gandhis war. Ich war Lehrling in der Rechtsabteilung der Gewerkschaft. Ich wurde ausgebildet, um die Fälle der Textilarbeiter vor dem Arbeitsgericht zu vertreten und mit den Arbeitgebern verhandeln zu können. Dort arbeitete ich von 1955 bis 1971.

KP: Bevor Sie mit der Arbeit in der Gewerkschaft begannen, können Sie sich an irgendein Vorbild oder an Menschen erinnern, die Sie inspiriert haben?

EB: Nein, nicht wirklich. Ich habe Biographien und gute Literatur gelesen sowie einige sehr bedeutende Frauen in der Friedensbewegung gesehen. Auch unsere Textilgewerkschaft war von Frauen gegründet worden. Als Vorbild könnte ich keine Person nennen, aber das Denken Gandhis hat mir die Richtung und einen Sinn für mein Leben und meine Arbeit gegeben, sogar bis heute in Zeiten der Krise.

KP: Haben Sie Gandhi jemals getroffen?

EB: Ich habe ihn nicht getroffen, aber meine Mutter pflegte zum Kongress zu gehen und lebte in Camps. Ich war jung, also nahm sie mich mit. Ich kann michnoch gut an die Menschenmenge erinnern. Einmal fuhr er auf dem Weg von der Bahnstation zum Treffpunkt der Kongressführung in der Stadt in einem Wagen an unserem Haus vorbei und ich konnte ihn vom Fenster aus sehen.

KP: Sie sagen, dass sein Gedankengut

In Ela Bhatts Vorgarten, Januar 2011

Ihnen noch heute hilft. Sie haben in Ihrer Arbeit so viel erreicht und so viele Hindernisse überwunden, woher nehmen Sie die Energie, um weiter zu kämpfen und Dinge zu verändern?

EB: Lassen Sie mich Ihnen zuerst etwas über die Denkweise Gandhis erzählen. Sie war eine Inspiration und Führung für uns alle. Es drehte sich alles um Opfer - ins Gefängnis gehen für die rechte Sache. In den 40er Jahren war ich eine junge Studentin und um mich herum war die Atmosphäre vom Aufbruch und von Gandhi geprägt. Ich war selbst nicht im Gefängnis, half allerdings – als symbolischen Beweis für das Opfer, das man für das Land brachte – Menschen im Gefängnis. Aber um es kurz zu machen, meine Inspiration war die Atmosphäre um uns herum und meine zweite ist die Denkweise Gandhis.

KP: Was gab Ihnen die Energie, über so viele Jahre weiter zu kämpfen?

EB: Ich denke nicht in Kategorien von Leistung und Erfolg. Ich weiß, was ich im Leben erreichen will und möchte es auf die richtige Art und Weise tun. Solange ich es auf die richtige Art mache, fühle ich mich glücklich und zufrieden.

KP: Wie wissen Sie, dass Dinge richtig sind?

EB: Gandhi hat uns gelehrt, was richtig ist. Er hat uns gelehrt, die Dinge aus der Sicht der Massen zu betrachten. Er brachte uns bei, die Dinge mit Liebe und Frieden anzugehen, also ohne Gewalt, nicht zu lügen und nicht anzugeben. Er brachte uns auch bei, dass Arbeit nicht im engeren Sinn, sondern die menschliche Arbeit und die Bemühungen der Menschen und deren Werte an erster Stelle stehen. Uns wurde beigebracht, dass es vier Eckpfeiler der Wirtschaft gibt: Nummer 1 ist Einfachheit. Nummer 2 ist Gewaltlosigkeit und Friedfertigkeit. Nummer 3 ist die Würde der Arbeit und der vierte Pfeiler sind die menschlichen Werte.

KP: Erzählen Sie mir mehr von seinen Lehren.

EB: Er brachte uns auch bei, nicht nachzuahmen, sondern die innere Weisheit zu sehen: Unabhängigkeit und Freiheit kann nicht gegeben werden, Freiheit ist in einem selbst. Zum Beispiel, wenn man sich selbst als Opfer sieht, dann wird einen jeder wie ein Opfer behandeln. Wenn man sich selbst als hilflos erachtet, weil man eine Frau ist, wird man auch so behandelt.

KP: Wie sehen Sie Frauen und all die Frauen, für die Sie kämpfen?

EB: Sie alle arbeiten hart. Sie arbeiten auf Farmen, zu Hause, auf der Straße, in den Bergen und an der Küste. Zu Hause arbeiten sie als Mütter, Haushälterinnen und Hausfrauen und als eine sehr privilegierte Person, nämlich als Beschützerin und Erziehungsberechtigte. Eine Beschützerin sollte mehr Privilegien als Männer haben, denke ich. Denn sie ist ihren Kindern das ganze Leben eine Mutter und gleichzeitig die Managerin des Hauses. Hausfrau ist ein zu begrenzter Begriff, aber der Haushalt untersteht ihrer Kontrolle und das ist Macht. Dennoch sehen viele Frauen das als Hilflosigkeit und fühlen sich dazu verdammt, den Haushalt zu führen. Dabei ist es Macht.

„FRAUEN MÜSSEN DIE FÜHRUNG ÜBERNEHMEN, NICHT NACHAHMEN, SONDERN BEI SICH SELBST NACH INNEN SCHAUEN."

KP: Aber diese Macht wird bisher doch selten wirklich genutzt, oder?

EB: Wegen dieser Macht sind Frauen wesentlich besser für die Zukunft gerüstet. Frauen haben so viele Fähigkeiten die Probleme in der Gesellschaft zu lösen, sei es durch ihre Natur bedingt oder auf Grund ihrer wirtschaftlichen Kompetenzen. Anders hätten sie nicht überleben können.

KP: In vielen Ländern rund um die Welt, Europa eingeschlossen, sind Frauen in Führungspositionen immer noch in der Minderheit.

EB: Was meinen Sie mit Führungsposition?

KP: Ich meine zum Beispiel höhere Positionen in der Regierung.

EB: Das spielt keine Rolle. *Female Leader*, die hohe politische Ämter bekleiden, mögen wichtig sein, aber es spielt keine Rolle. Es gibt Frauen, die es geschafft haben, große Veränderungen herbeizuführen, die dabei geholfen haben Fröhlichkeit, mehr Wissen und mehr menschliche Werte zu verbreiten. Das ist wichtig.

KP: Denken Sie, dass das Frauen in Führungspositionen nicht getan haben?

EB: Nein, das ist nicht das Modell. Das Modell für unsere Zukunft ist eher, den Boden zu bearbeiten und strategisch gegen alle Arten von Widrigkeiten, zum Beispiel Hungersnot, Kriegsflüchtlinge, Rodung der Wälder, Analphabetismus etc. anzugehen. Einige von ihnen konnten bereits gelöst werden und auf einige wurde immerhin aufmerksam gemacht. Aber all das geschieht auf Grund der Frauenbewegungen weltweit und Frauen, die ich ihr ganzes Leben arbeiten sehe.

„LASST UNS LERNEN, AN ANDERE ZU DENKEN."

KP: Welche besonderen Eigenschaften und Potentiale sehen Sie bei Frauen?

EB: Frauen sind einfallsreicher. Sie wollen in ihrem eigenen Tempo wachsen und das tun sie. Dann gibt es bei ihnen auch den Wunsch, nicht allein zu sein, sondern gemeinsam zu arbeiten. Firmen arbeiten gut mit Frauen, weil Frauen gerne miteinander arbeiten. Wenn sie etwas das erste Mal machen, wollen sie ihr Risiko teilen. Ich sehe zudem die Tendenz der Frauen, auf diejenigen zu warten, die zurückgefallen sind. Ich denke, der weibliche Weg an Themen und an Lösungen heranzugehen, ist anders. Wenn Frauen dieser Art Führungspositionen besetzen, dann denke ich, dass unsere größten Probleme einfacher gelöst werden könnten. Wir sollten auch die weibliche Sichtweise der Männer ehren. Frauen müssen die Führung übernehmen, nicht nachahmen, sondern bei sich selbst nach innen schauen und alle anderen zusammenführen - Männer und Frauen.

KP: Wenn Sie an die Zukunft denken und an die Dinge, die noch gelöst werden müssen, wie denken Sie sieht die richtige Mischung zwischen Männern und Frauen aus?

EB: Die Situation sollte so sein, dass Frauen, die in die Politik gehen wollen oder in die Wirtschaft oder was immer sie auch wollen, dies auch können. Wenn sie es nicht wollen, dann eben nicht. Es geht um menschliche Werte: kollektive, konstruktive und kreative Arbeit. Ich kenne die Antwort nicht, aber ich glaube, die Kunst ist es, klein, aber gleichzeitig eine große Kraft zu sein. Wie soll man gleichzeitig lokal und global agieren? Größer und größer werden, ohne Dinge vor Ort zu zerstören? Das ist die Art von Vision, die ich für die Zukunft habe. Und der weibliche Weg kann das bewerkstelligen.

KP: Welche Rolle spielt dabei die Wirtschaft und wie müsste sie sich verändern?

EB: Als Anhängerin Gandhis, glaube ich sehr stark an die lokale Wirtschaft. Das, was die Familie, das Dorf oder die Gesellschaft braucht, sollte in einem Radius von 700 Meilen produziert werden. Ich meine Grundnahrungsmittel wie Getreide und Gemüse, also lokales Essen und Wasser. Wenn man andere Dinge möchte wie Schokolade, dann holt man es von außerhalb des Radius. Aber die täglichen Grundnahrungsmittel sollten lokal produziert werden. Und dann gibt es noch andere Grundbedürfnisse, wie Schulbildung, eine gesundheitliche Grundversorgung und der Zugang zu Grundkapital. Diese drei Dinge sollten in der örtlichen Umgebung vorhanden sein. Das würde Arbeit für alle Altersklassen bedeuten. Ich glaube, das würde unsere Wurzeln schützen, unsere Bildung, Tradition und unser hiesiges Wissen. Das würde den Planeten auch vor der Plünderung der Ressourcen bewahren. Denn trotz all des Wissens und all der Ressourcen, die wir haben, bleiben viele Menschen heute hungrig, also ist etwas grundsätzlich schief gelaufen. Wenn mich jemand fragen sollte, was ich mir für mein Land wünsche, würde ich sagen: ich wünsche mir, dass die Armut geht und die Vielfalt aufblüht. All diese örtliche Vielfalt muss erhalten werden und die Chance haben zu wachsen.

KP: Sie sagten, dass bestimmte Positionen innezuhaben nicht das ist, was wichtig ist. Da Sie selbst eine respektierte, geehrte und viele Male ausgezeichnete Person sind, wie fühlen Sie sich dabei?

EB: Ich nehme es nicht persönlich, weil ich weiß, dass ich nichts bin. Die Auszeichnungen sind auch für meine Mitglieder, nicht nur die SEWA Mitglieder; sondern alle Kollegen, die sich bemüht haben. Diese Auszeichnungen helfen, standhaft zu bleiben und weiterzuarbeiten. Es ist erst der erste Schritt getan, aber diese

Im Gespräch, Ahmedabad / Indien 2011

Auszeichnungen geben den Armen Anerkennung und helfen, aus dieser Armut herauszukommen. Bis jetzt sind wir auf dem richtigen Weg.

KP: Sie haben so viel Lebenserfahrung, haben unzählige Dinge gesehen und der Welt allerhand Änderungen gebracht. Was wäre Ihr Rat an junge Menschen von heute?

EB: Ich würde sagen: lasst uns lernen, an andere zu denken. Was immer ihr tut, denkt darüber nach, was es über euch aussagt. Wann immer ihr ein Glas trinkt oder ihr Plastik- oder Lederschuhe tragt, denkt daran, welchen Einfluss das auf euch selbst, auf die Gemeinschaft bzw. die Gesellschaft in der ihr lebt und auf das Universum hat. Lernt alle Dinge auf diesen drei Ebenen durchzudenken.

KP: Ist das nicht sehr kompliziert?

EB: Nein, wir haben nur nicht gelernt, so zu denken. Unsere Religion und unsere Vorväter haben uns gelehrt, zu denken, bevor wir Dinge tun. Aber wir haben nicht gelernt, in Zusammenhängen zu denken. Wenn wir mehr an die großen Zusammenhänge denken, dann werden wir verantwortungsvollere Bürger und Führer sein, sowie der Gesellschaft und dem Universum dienen.

KP: Abgesehen vom Denken in Zusammenhängen, was würden Sie Frauen raten, die erfolgreiche Führungskräfte in einer hauptsächlich maskulinen Welt werden wollen?

EB: Frauen sollten aufhören zu denken, dass sie schwach und diskriminiert sind. Wenn man so denkt, wird einem niemand helfen. Schau auf deine Vorteile. Wir müssen erkennen, dass wir privilegiert sind. Wir müssen an uns selbst glauben. Das wird sicherlich die Führungskraft und Kreativität hervorbringen, die wir heute brauchen und ich würde sagen: bringt Frauen zusammen, denn wenn sie zusammenkommen, erlangen sie Stärke durch gegenseitige Präsenz und den Beitrag der anderen. Lasst uns zuerst einmal wir selbst sein und danach eine Vision haben. Denkt darüber nach, wie die Vision der Zukunft aussehen könnte und diskutiert ausführlich. Wenn wir eine klare Vorstellung haben, dann sollten wir auch Männer holen, denn 40 % der Männer sind auf unserer Seite. Wir können sie zusammenbringen, wenn wir unseren eigenen femininen Weg gehen.

Wir dürfen nicht hoffen, eine bessere Welt zu erbauen, ehe nicht die Individuen besser werden. In diesem Sinn soll jeder von uns an seiner eigenen Vervollkommnung arbeiten, indem er auf sich nimmt, was ihm im Lebensganzen der Menschheit an Verantwortlichkeit zukommt, und sich seiner Pflicht bewusst bleibt, denen zu helfen, denen er am ehesten nützlich sein kann.

Marie Curie
Physikerin und Nobelpreisträgerin

CAROLINE CASEY

DAS GESPRÄCH

IRLAND

CAROLINE CASEY

*1971 | Erste Irin, die zum Young Global Leader of the World Economic Forum ernannt wurde, Gründerin der Stiftung Kanchi

Caroline Casey ist eine Powerfrau jenseits traditioneller Vorstellungen. Sie glüht vor positiver Energie, schrieb die Irish Times. Dabei waren Ihre Startbedingungen alles andere als einfach: Caroline kam 1971 als älteste von drei Geschwistern mit einem eingeschränkten Sehvermögen in Dublin auf die Welt. Ohne zunächst über ihr Sehvermögen Bescheid zu wissen, beendete sie die Schule, erlangte einen Bachelor in Archäologie und Altphilologie, studierte Gartenbau und absolvierte schließlich ein Betriebswirtschaftsstudium mit Auszeichnungen an der Michael Smurfit School of Business. Im Jahr 2000 gründete die Sozialunternehmerin die „Aisling Foundation" (später Kanchi) und rief 2004 den „O_2 Ability Award" ins Leben. 2001 machte sie als erste Frau mit einem spektakulären Elefantentrip über 1.000 Kilometer von sich reden. Der Anlass ihrer Reise war die Veränderung der öffentlichen Wahrnehmung zum Thema Behinderung und der Beginn einer Organisation, die zum Ziel hat, den

Wert von Menschen mit Behinderungen herauszustellen. 2010 trat Caroline Casey von ihrem Geschäftsführerposten bei Kanchi zurück, als Gründerin der Organisation ist sie jedoch weiterhin dort aktiv.

KP: Fangen wir doch mit Ihrer Kindheit und Jugend an. Ich habe gelesen, dass Ihre Eltern Ihnen nichts von Ihrer Seebehinderung erzählt haben, stimmt das?

CC: Ja, das ist richtig. Ich wurde 1971 geboren als ältestes von drei Kindern. Als ich sechs Monate alt war, entdeckte ein Augenspezialist, dass ich Okulären Albinismus habe. Trotzdem schickten meine Eltern mich später auf eine normale Schule, ohne mir etwas über meine Sehbehinderung zu sagen, weil sie wollten, dass ich dieselben Chancen wie alle anderen habe. Sie beschlossen mich so zu behandeln als wäre ich ein sehendes Kind, da sie wollten, dass ich mich auf meine Fähigkeiten und Möglichkeiten konzentriere und nicht durch mein vermindertes Sehvermögen oder durch das Verhalten anderer Menschen gegenüber Behinderten eingeschränkt werde.

KP: Wie war Ihr Verhältnis zu Ihren Eltern?

Dublin 2010

CC: Meine Eltern sind eher ungewöhnlich. Sie sind keine Bohemians, aber sie denken einfach etwas anders. Sie wollten, dass ich das Bestmögliche aus mir heraushole, also erzogen sie mich zu einer positiven Grundhaltung und zum Glauben daran, dass alles möglich ist. Die Einstellung meiner Eltern und die Tatsache, dass ich auf eine wirklich großartige Privatschule geschickt wurde und eine hervorragende Ausbildung bekam, waren enorm wichtig für mein Leben. Sie hatten den Lehrern gesagt, dass ich ein schlechtes Sehvermögen habe, aber das kann ja alles heißen, zum Beispiel dass man eine Brille trägt – so wie ich. Wenn man in der Schule eine Brille trug, war man zwar anders, aber mit Sicherheit nicht die Einzige. Und wenn ich die Tafel nicht richtig sehen konnte, sagten sie nur, ich solle mich mehr anstrengen oder eine stärkere Brille tragen. Und so passt man sich eben an. Die menschliche Fähigkeit, sich Situationen anzupassen ist einfach erstaunlich und so lernte ich, mich statt auf meine Augen, auf andere Stärken wie mein Bauchgefühl, meine Intuition, meinen Gehörsinn und meine Kreativität zu verlassen.

KP: Gab es Situationen in denen Sie gemerkt haben, dass Sie anders sind?

CC: Ja. Es gab etliche Aspekte, an denen ich fest machen konnte, dass an mir etwas anders war. Ich wurde zum Beispiel beim Sport nie als Erste in die Mannschaften gewählt, weil ich kaum sehen konnte wohin ich lief und woher der Ball kam. Ich fand das sehr frustrierend, weil ich gerne Sport treibe und

Mannschaftssportarten sehr mag. Ich bin ein sehr sportlicher Typ, aber meine Augen sind es eben nicht. Da ich damals aber nicht wusste, dass es einen Grund gibt, warum ich den Ball nicht sehen konnte, nahm ich an, dass ich im Sport einfach schlecht bin und härter daran arbeiten oder lernen müsste, es mit Humor zu nehmen. Ich glaube das war es, was mich so zielstrebig gemacht hat.

KP: Was hat Ihr Vater beruflich gemacht?

CC: Mein Vater ist Unternehmer und hat 1979 ein Geschäft für Siebdruckverfahren gegründet Obwohl mein Vater niemals eine Universität besucht hat, ist er um die ganze Welt gereist, hat in Israel und Südafrika gearbeitet und hat Fabrikböden bei Hallmark geputzt, wo er seine Faszination für die Druckindustrie entdeckte. Mein Vater ist ein großer Denker und hatte eine Idee, die damals keinem anderen eingefallen ist. So verwirklichte er seine Idee, besorgte sich eine Druckmaschine und begann mit dem Industriedruck. Als ich 13 oder 14 Jahre alt war, arbeitete ich während meiner Sommerferien bei ihm in der Qualitätssicherung für die Druckerzeugnisse. Es ist wirklich umwerfend komisch – können Sie sich eine sehbeeinträchtigte Person in der Qualitätssicherung vorstellen?

KP: Was war dort Ihre wichtigste Lernerfahrung?

CC: Ich habe bereits in sehr jungen Jahren viel über Qualität und Professionalität, aber auch über wirtschaftliche Rahmenbedingungen gelernt und erfahren, wie wichtig es ist, den Erfolg im Blick zu haben. Das war wahrscheinlich eine der außergewöhnlichsten Lektionen meines Lebens. Nun war ich da und habe am Fließband die Qualität der Druckerzeugnisse überprüft und als die Firma schließlich darauf hin arbeitete, der ISO 9000 Norm zu entsprechen (Anm. d. A.: Zertifikat, das bescheinigt, dass ein bestimmter Standard beim Qualitätsmanagement erreicht wurde), kam mir das erste Mal der Gedanke, die zwei Jahrzehnte später tatsächlich verliehenen Ability Awards zu gründen.

KP: Wie war Ihr Familienleben in Ihrer Jugend?

CC: Die Menschen glauben, dass ich wegen meiner Augen die bin, die ich bin, aber das ist nicht der Fall. Ich bin so geworden, wegen der Ereignisse, die in meiner Familie passiert sind. Meine Sehbeeinträchtigung ist nur Teil meines Charakters, aber geprägt hat mich mein Zuhause. Meine Mutter wurde sehr krank, als ich ungefähr elf war und ich habe gesehen wie mein Vater sein Geschäft durch die furchtbare Rezession der 80er Jahre führen musste. Ich habe früh gelernt, dass das Leben nicht leicht ist und wie wichtig es ist, nicht aufzugeben und die Dinge aus einer anderen Perspektive heraus zu betrachten. Obwohl ich damals eine schwere Zeit durchlebte, war meine Jugend voller Abenteuer und wir haben auch viel gelacht und auf bessere Zeiten gehofft.

KP: War Ihre Kindheit so schwer, weil Ihre Mutter so lange krank war?

CC: Nein, es war eine Kombination aus allem. Wir durchlebten wirklich schwere Zeiten und ich musste sehr schnell erwachsen werden und lernen, mit Dingen zurechtzukommen, mit denen sich die meisten Kinder normalerweise noch nicht beschäftigen müssen. Es hört sich vielleicht merkwürdig an, aber dennoch hatten wir als Familie immer eine sehr positive Einstellung. Das ist tatsächlich eine Stärke, die wir alle in unserer Familie haben – wir glauben, dass immer auch wieder bessere Zeiten kommen und dass, wenn man sich damit intensiv auseinandersetzt, findet man für die meisten Probleme auch eine Lösung. Ich kann mich beispielsweise an eine ganz bestimmte Begebenheit erinnern, die deutlich macht, wie uns als Kind beigebracht wurde, mit Herausforderungen zu leben und umzugehen. Als ich sechs Jahre alt war, hat mich mein Vater in ein winziges Boot gesetzt. Obwohl ich noch nie gesegelt bin, fuhren wir auf die Mitte eines Sees hinaus und dann sagte er mir, ich solle zurück segeln. Als ich sagte, dass ich nicht segeln und auch unser Haus nicht sehen konnte, sagte er zu mir: „Fühl den Wind in deinem Gesicht und erinnere dich wo der Wind herkam, als du das Ufer verlassen hast. Vertraue dir selbst und dem was du fühlst, dann schaffst du den Weg nach Hause."

„ES BRAUCHT GROßEN MUT NIEMANDEM ZU FOLGEN."

KP: Das hört sich nach einer großen Herausforderung an. Wie fühlten Sie sich dabei? Hatten Sie Angst?

CC: Nein, ich hatte keine Angst, es war eher eine Herausforderung wie in dem Abenteuer von Swallows and Amazons (Anm. d. A: dt. „Der Kampf um die Insel" von Arthur Ransome) Ich konnte zwar nicht so gut sehen, aber die ganze Zeit seine Richtungsangaben hören und schaffte es so zurück nach Hause. Bei uns wurde nie viel Aufhebens gemacht. Meine Eltern sagten einfach: „Gut gemacht". Ich wusste, dass sie stolz auf mich waren und es war ein tolles Gefühl, etwas geschafft zu haben, was ich noch ein paar Stunden zuvor nicht für möglich gehalten hätte. Meine Eltern haben mir durch die Erfolgserlebnisse gezeigt, dass ich alles schaffen kann, es war also mehr als mir einfach nur zu sagen, dass ich Erstaunliches leisten kann.

KP: Wie würden Sie Ihre Beziehung zu Ihrer Mutter heute beschreiben?

CC: Offen, ehrlich, aufrichtig und fortwährend wachsend. Ich bewundere sie sehr. Sie hat mich unverwüstlich gemacht und mir das Tanzen und die Liebe zur Musik beigebracht. Wie mein Vater hat sie mich gelehrt zu kämpfen und zu überleben, weil sie mir genau das vorgelebt hat. Es ist sehr hart und schmerzhaft, einem Elternteil dabei zu zusehen wie er kämpft und sich quält. Das ist besonders schwer, wenn man noch ein Kind ist und die Eltern eigentlich stärker sein sollen als man selbst, aber durch unsere Vergangenheit stehen wir uns heute sehr nahe und darauf bin ich wirklich stolz.

KP: Ohne zu sehr in die Tiefe zu gehen, können Sie den Schmerz und die Enttäuschung erklären?

CC: Ich musste früh erkennen, dass Erwachsene auch zerbrechlich und verwundbar sind und dass meine Eltern, nicht einfach nur Eltern, sondern Menschen mit Stärken und Schwächen sind. Wir Kinder haben dadurch aufrichtiges Mitgefühl für andere Menschen gelernt und keiner von uns würde jemals ein Urteil über andere fällen; wir erkennen, dass die meisten von uns ihr Bestes geben. Es ist seltsam, aber ich hatte nie Helden. Ich hatte natürlich die typischen Teenager-Schwärmereien, ich war zum Beispiel in Michael J. Fox verliebt, aber ich hatte keine Helden. Die Menschen zu denen ich am meisten aufschaue, sind meine Familie und Menschen, die die täglichen Herausforderungen überwinden und Vertrauen in sich selbst haben.

KP: Wie würden Ihre Eltern Sie beschreiben?

CC: Meine Mutter würde sagen: „Caroline macht das, von dem sie sagt hat, sie würde es tun." Und sie würde sagen, dass ich die außergewöhnliche Fähigkeit habe, Dinge wahr werden zu lassen und dass ich über eine erstaunliche Energie verfüge. Und auch, dass ich ein sehr zielstrebiger, Mensch bin, was sie durchaus manchmal auch frustriert. Sie haben mich zu einer Kämpferin gemacht und sagen immer, dass ich unermüdlich bin und mich nicht so ernst nehme. Meine Eltern sind der Meinung, dass ich Schwierigkeiten gut handhabe, aber dass ich zu mir selbst sehr hart sein kann. Ich bin ein sehr herzlicher Mensch, habe eine unkonventionelle skurrile Art, die Dinge zu betrachten, versuche immer das Unmögliche zu erreichen und habe eine rebellische Ader. Wenn ich sage,

dass meine Eltern heilfroh sind, dass mein Sehvermögen nicht gut genug ist, um Motorrad zu fahren, ist das noch untertrieben.

KP: Wie würden Sie sich selbst beschreiben?

CC: Es ist schwer, sich als Person selbst zu beschreiben. Aber wenn ich mich in wenigen Worten beschreiben müsste, würde ich sagen, dass ich Menschen mag, sehr viel Energie habe, niemals aufgebe, schrecklich ungeduldig bin, jede Menge Ideen habe, kein Planungsmensch bin und alles im Leben mit Leidenschaft mache. Beruflich bin ich eine Sozialunternehmerin. Ich sehe ein soziales Problem und will einen Weg finden, um es zu lösen. Dinge in eine positive Richtung zu steuern und zu verwirklichen, gibt mir eine Menge Energie. Als ich Kanchi gegründet habe, wollte ich den Begriff Behinderung neu besetzen. Das Wort ist so negativ und es geht immer um Bedürftigkeit. Diese Denkweise hat zu Entfremdung, Ausgrenzung und Diskriminierung von Menschen mit Behinderungen beigetragen. Sie sind aber vollwertige Menschen und sollten nicht über ihre Behinderung definiert werden. Um einen nachhaltigen Wandel zu erreichen, dürfen wir uns nicht ausschließlich auf die negativen Aspekte konzentrieren. Wir müssen die heutige Arbeit mit Behinderten durch eine neue Denkweise ergänzen, die den Wert dieser Menschen in der Gesellschaft fördert. Wir glauben, dass die Wirtschaft die größten Möglichkeiten hat, um diesen Wandel voranzutreiben. Das Thema Behinderung sollte dabei keine Ausnahme sein. Aber um zu erreichen, dass die Wirtschaft als Katalysator wirkt, müssen wir dafür sorgen, dass die Führungskräfte soweit informiert, geschult und unterstützt werden, dass sie erkennen, dass sich die Förderung von Menschen mit Behinderungen wirtschaftlich für sie lohnt. Wenn die Wirtschaft sie als wertvolle Kunden betrachtet, ihre Talente und den Beitrag, den sie für die Gesellschaft leisten erkennt, werden mehr behinderte Menschen in die Gesellschaft integriert und haben Zugang zu Produkten und Dienstleistungen, die ihnen ein Leben ermöglichen, dass für viele von uns selbstverständlich ist.

„FINDE HERAUS, WER DU BIST UND WAS DU WILLST. NIMM DIR DAFÜR ALLE ZEIT, DIE DU BRAUCHST."

KP: Kanchi ist der Name eines Elefanten. Erzählen Sie mir über Ihre große Elefantentour. Wie kamen Sie auf die Idee?

CC: Bevor ich im Alter von 17 Jahren, als ich meinen Führerschein machen wollte, herausfand, dass ich sehbehindert bin, hatte ich jede Menge Träume. Ich wollte eine Motorradbraut werden, Cowgirl sein, Rennwagen fahren und ich wollte wie Mowgli aus dem Dschungelbuch sein. Mit sechs Jahren habe mit meinem Vater ich das Dschungelbuch gesehen und habe mich in die Elefanten verliebt. Als ich von meiner Behinderung erfuhr wollte ich das lange Zeit nicht akzeptieren. Im Grunde habe ich es elf Jahre lang versteckt. Aber als mit 28 Jahren für eine internationale Beratungsfirma gearbeitet habe, verschlechterte sich zeitweise meine Sehfähigkeit erheblich. Ich musste mich entscheiden, wie ich damit leben wollte und bekannte mich schließlich dazu. Ich wollte nicht, dass meine Augen über mein Leben bestimmen, also fasste ich einen Entschluss: ich entschied mich, einen meiner Kindheitsträume zu verwirklichen und nach Indien zu reisen, meinen „inneren Mowgli" zu finden und auf einem Elefanten zu reiten. Ich kann mich noch an meinen Augenarzt erinnern, der damals zu mir sagte: „Machen Sie doch mal was ganz Anderes." Von der Unternehmensberaterin zur Elefantenreiterin – Ich könnte mir keinen größeren Unterschied vorstellen.

Caroline Casey „On Tour"

KP: Was war Ihre größte Hürde auf dieser Reise?

CC: Vielleicht ist etwas typisch Irisches, aber ich habe dieses katholische Schuldbewusstsein und ich dachte es wäre maßlos, dieses Elefantenabenteuer mitzumachen und dabei nicht die Gelegenheit für einen guten Zweck zu nutzen. Ich beschloss also, eine große Geldsumme für den National Council for the Blind in Irland zu sammeln. Die größte Hürde bestand also darin, Geld aufzutreiben. Als ich mit dem Spenden sammeln begann, wurde ich mit der Tatsache konfrontiert, dass das Thema Behinderung grundlegend missverstanden wurde. Ich kann mich erinnern, dass ich tausenden von Firmen geschrieben und sie darum gebeten habe, das Projekt zu unterstützen. Meistens lautete die Antwort: „Behinderungen fallen nicht in unseren Interessenbereich." Obwohl es mich damals sehr getroffen hat, hatte ich damit etwas worüber ich die viereinhalb Monate auf dem Rücken des Elefanten nachdenken konnte:. Wenn wir die Denkweise und das Verhalten der Führungskräfte aus der Wirtschaft ändern könnten, dann hätten wir schon einen großen Schritt auf dem Weg zu einer Veränderung der Gesellschaft getan. Praktisch gesehen bestand meine größte Hürde im Alltag in Indien nicht in meiner Sehbehinderung, sondern in der Tatsache, dass ich eine Frau bin und eine westliche noch dazu, die bei glühender Hitze ohne Sattel auf dem Rücken eines Elefanten sitzt. Aber so anstrengend es auch wurde, ich habe jeden Moment geliebt.

KP: Und was geschah dann, als Sie nach Irland zurückkehrten?

CC: Als ich aus Indien zurückkam dachte ich, der beste Weg die Haltung der Wirtschaft zu ändern wäre, mit den Führungskräften aus der Wirtschaft zu reden. Wir haben also mehrere Konferenzen abgehalten und nannten sie „The Ability Conferences." Unser Ziel war es, dieses Thema bekannt zu machen und der Wirtschaft zu zeigen, dass die Einbeziehung von Menschen mit Behinderungen demografisch gesehen, eine großartige Möglichkeit für die Geschäftswelt ist. Dies würde am schnellsten gehen, indem wir erst die Denkweise der Geschäftsführer und Manager ändern, so dass sie ihre Einsichten und Erkenntnisse in der gesamten Wirtschaftswelt verbreiten würden. Ich habe schnell gemerkt, dass es eine Sache ist, Menschen zu motivieren und zu begeistern, aber dann muss man ihnen auch etwas an die Hand geben und an dieser Stelle kamen die Ability Awards ins Spiel. Für den Erfolg des Awards war es entscheidend, einen Sponsor zu finden, der mehrere Interessengruppen vertritt. Wir brauchten Sponsoren aus fünf Bereichen – Behinderung, Regierung, Medien, Philanthropie und der Gemeinschaft der Behinderten. Ich muss sagen, zeitweise war es sehr ungewiss, ob wir Sponsoren gewinnen würden und der Tag an dem Danuta Gray, die Geschäftsführerin von O_2 Irland nach der schnellsten Kurzpräsentation meines Lebens bei einer Tasse Kaffee als Sponsor zugesagt hat, bescherte mir eine große Erleichterung.

KP: Wussten Sie bevor Sie O_2 überzeugen konnten, dass Sie erfolgreich sein würden?

CC: Es mag merkwürdig klingen, aber trotz all der Hindernisse und den Leuten die sagten, dass es nicht klappen wird, habe ich fest daran geglaubt, dass es mit den Ability Awards funktionieren würde und ich hatte Recht. Es hat nicht nur geklappt, es ist sogar eine internationale Auszeichnung geworden. Das soll nicht heißen, dass es nicht viele Tage gab an denen ich unglaublich viel Angst und Sorgen hatte, die Menschen im Stich lassen zu müssen und zu versagen. Ich glaube in den letzten zehn Jahren habe ich häufiger verloren, als das wir gewonnen haben, aber wir haben nie den Glauben daran verloren, dass sich Dinge ändern können und das alles möglich ist. Das ist es, was dich immer weiter machen lässt – eine Vision, der Glaube daran und die Leidenschaft, diese Vision zu verwirklichen.

KP: Würden Sie sagen, dass der Glaube in Ihrem Leben eine große Rolle spielt?

CC: Ich denke, dass mein unerschütterlicher Glaube daran, Dinge verwirklichen zu können, essentiell ist, aber Glaube allein reicht nicht. Man braucht Ausdauer und die Fähigkeit Risiken einzugehen. Wenn man verliert, muss man sich wieder aufbauen, versuchen Misserfolge nicht persönlich zu nehmen und am Wichtigsten – man braucht ein großartiges Team um sich herum. Ich habe nichts alleine erreicht, wir haben es zusammen geschafft und ich freue mich sehr auf den nächsten Schritt.

KP: Haben Sie jemals etwas in Ihrem Leben nicht durchgezogen?

CC: Ja und das war sehr schmerzhaft. Ich habe mich gerade erst nach einer 16-jährigen Beziehung getrennt. Die Trennung und die Tatsache, dass ich ein internationales Projekt abbrechen musste, an dem ich über ein Jahr gearbeitet habe, war für mich eine große Herausforderung. Ich musste Dinge hinter mir lassen, die ich nicht zurücklassen wollte. Das ist eine Sache die mir sehr schwer fällt, aber ich habe es gelernt. Wie heißt es doch: Wenn du immer dasselbe machst, bekommst du auch immer dieselben Ergebnisse. Wenn du willst, dass sich etwas ändert, musst du es ändern. Es passiert nicht einfach von allein.

KP: Wenn Sie der nächsten Generation einen Rat geben könnten, wie sähe der aus?

CC: Ich wünschte, ich hätte nicht Jahre damit verschwendet, jemand zu sein, der ich nicht war. Der einzige Rat, den ich geben kann, lautet: Sei du selbst und trete nicht in die Fußstapfen anderer, hab den Mut deinen eigenen Weg zu gehen. Finde heraus, wer du bist und was du willst, nicht was die anderen von oder für dich wollen. Wenn du anders bist, sei stolz darauf und denk immer daran, dass du nicht JD Rockefeller sein musst, um erfolgreich zu sein oder etwas zu verändern. Du musst einfach nur an dich selbst glauben, bereit sein auch mal ein Risiko eingehen und immer weitermachen.

P.S.: Trage immer einen großartigen Traum in deiner Hosentasche mit dir herum für schwarze Tage.

BINETA DIOP

DAS GESPRÄCH

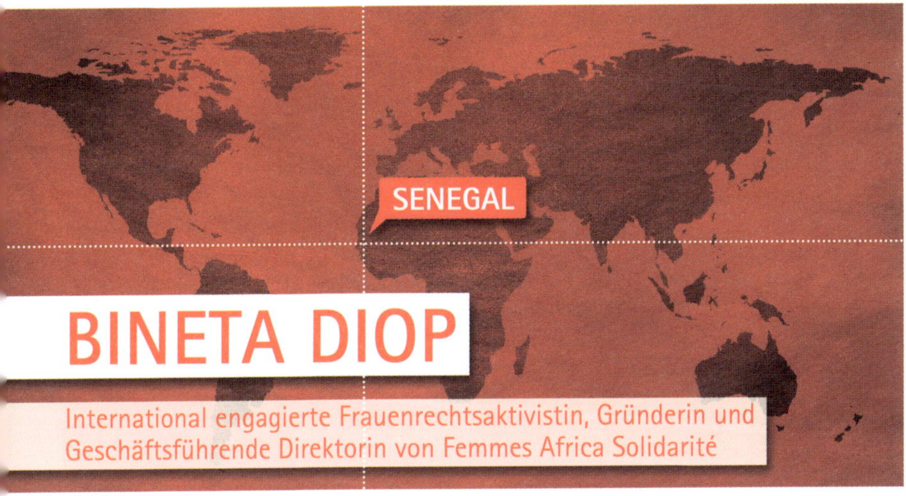

BINETA DIOP

International engagierte Frauenrechtsaktivistin, Gründerin und Geschäftsführende Direktorin von Femmes Africa Solidarité

"Frauen sind die ersten Opfer von Gewalt und sie sind die Ersten, die sich für Wiederaufbau und Aussöhnung einsetzen," sagt Bineta Diop. Aus diesem Grund müssen Frauen an der Friedensfindung und der Konfliktbewältigung beteiligt sein, ihre Stimmen müssen in allen Verhandlungen, die ihr Land und ihre Region betreffen, gehört werden, fordert die im Senegal geborene Frauenrechtlerin, die dank ihrer engagierten Eltern schon als Kind mit politischen und gesellschaftlichen Fragen in Kontakt kam. Nach der Schulzeit in Dakar heirate die damals 19-Jährige einen Diplomaten, studierte in Paris und Lausanne und promovierte schließlich in „Internationale Beziehungen und Diplomatie" in Paris. Als erste schwarze Frau wurde sie 1980 Koordinatorin der International Commission of Jurists und setzte sich mit Menschenrechten in Afrika, Asien und Südamerika auseinander. 1996 gründete Diop die Schweizer Organisation Femmes Africa Solidarité (FAS), die sie bis heute als Direktorin leitet. FAS setzt sich dafür ein, dass Frauen bei Friedensverhandlungen in Afrika involviert sind und Gehör finden. Diop ist Vorstandmitglied verschiedenster Frauen- und Friedenseinrichtungen und wurde für ihr Engagement vielfach ausgezeichnet.

KP: Bevor wir über Führungsrollen sprechen, lassen Sie uns ein wenig über Ihre Familie sprechen. Wie war Ihre Kindheit und Ihre Erziehung?

BD: Ich wurde in Afrika geboren, in eine traditionell religiöse Familie. Im Senegal ist die Mehrheit der Menschen muslimisch. Auch ich gehöre zu einer muslimischen Familie und das implizierte viel im Hinblick auf die Religion. Es bedeutet, dass man Polygamie erlebt. Man kann in diesen traditionellen Familien viele Herausforderungen für Frauen sehen. Meine Mutter war nicht in dem Sinne gebildet, wie man es ist, wenn man zur Schule geht, aber sie war sehr erfinderisch und in vielen Arten emanzipiert. Sie hinterfragte immer den Status der Frauen. Zum Beispiel zweifelte sie den Stand der Frauen in polygamen Ehen an, ohne dass ich es wusste. Aber ich sah, dass sie für etwas kämpfte. Vielleicht wusste sie gar nicht, dass sie ihre Gesellschaft veränderte. Sie ging in die Politik, obwohl es Frauen in diesen Familien eigentlich nicht zugestanden wurde, politisch aktiv zu sein.In meiner Familie war sie die erste Frau, die diesen Weg ging.

KP: Was genau tat sie?

BD:Sie wurde Vize-Präsidentin der Partei und war dort die zweite Frau. Zu dieser Zeit war Senegal ein Ein-Parteien-Staat.

KP: Wie reagierte Ihr Vater auf eine derart engagierte Frau?

BD: Meine Mutter ließ sich von ihm scheiden, weil sie Polygamie nicht akzeptierte und niemals die Zweitfrau sein wollte. Sie starb im Alter von 50 Jahren und wir hatten bis dahin nie lange Gespräche darüber geführt. Aber ich wusste, dass sie die Situation stark in Frage stellte. Sie sagte immer, dass dies nicht akzeptabel sei. Außerdem war sie finanziell unabhängig und reiste umher – in einer Zeit, in der Frauen normalerweise nicht reisten. Ich erinnere mich an eine Situation – ich war noch sehr jung – in der ich sie zum Hafen begleitete, da sie mit dem Schiff nach Marokko fahren wollte. Zu dieser Zeit kannte ich keine anderen Frauen, die ein Schiff nach Marokko bestiegen oder sonst irgendwo hinfuhren.

KP: Wie viele Brüder und Schwestern haben Sie?

BD: Wir sind vier Kinder, alles Mädchen. Ich war die Vierte und hatte ein sehr enges Verhältnis zu meiner Mutter. Sie entschied, dass wir alle studieren sollten. Sie hatte diese revolutionären Gedanken, weil sie immer darauf achtete, was im Senegal und in anderen Ländern vor sich ging. Sie erkannte auch, dass sie noch mehr hätte verstehen können, wenn sie Zugang zu Bildung gehabt hätte. Natürlich ging ich zur Schule und bewunderte sie.

KP: Hatten Sie trotz der Scheidung Kontakt zu Ihrem Vater?

BD: Ja. Unsere Familie ist sich sehr verbunden. Ich bewunderte meine Mutter empfand aber auch großen Respekt für meinen Vater, der selbst eine Führungsrolle in der Gemeinschaft hatte. Jeder respektierte ihn. Die Menschen kamen zu ihm und baten um Rat – selbst das Staatsoberhaupt. Mein Vater ging immer sehr auf sie ein. Bei uns gibt es die Tradition, dass man für die Menschen sorgt, wenn man einer gewissen sozialen Klasse angehört. Also wurde ich in einer Familie groß, in der man eine Menge geben muss. Außerdem lernte ich, dass man den Menschen zuhören muss. Wenn sie Probleme haben, kommen sie zu einem. Ich wuchs also damit auf, dass beide Eltern Führungsrollen in der Gemeinschaft hatten.

KP: Wie waren Sie als Kind?

BD: Meine Mutter hätte gesagt, dass ich immer alles wissen wollte. Ich wollte immer verstehen, was gerade vor sich ging. Ich stand meiner Mutter sehr nahe, war immer bei ihr und fragte nach allem. So traf ich den ersten Präsidenten des Landes. Meine Mutter stand in der Öffentlichkeit und ich neben ihr. Wenn sie mit ihren Freunden zusammen saß, kam ich dazu und hörte einfach zu.

KP: Sie sagten, Ihre Mutter wollte, dass Sie auf die Hochschule gehen. Wie gefielen Ihnen die Schule und Hochschule?

BD: Da ich alles wissen, sehen und lernen wollte, war die Schule in meinen Augen großartig. Ich ging auf die beste Schule im ganzen Senegal, ein Mädchen-Internat in der Hauptstadt Dakar. Ich wuchs also nicht zusammen mit Jungen auf, denn die Grundschule in meinem Dorf war auch eine reine Mädchenschule. Im Internat war ich von meiner Familie getrennt, weil wir nicht aus Dakar stammen, sondern aus dem Landesinneren. In der Schule war ich sehr gut, aber auch dort holte mich die Tradition meiner Familie ein und ich wurde während meiner Schulzeit verheiratet. In selben Jahr machte ich meinen Schulabschluss und ging nicht, obwohl von mir gewollt, auf die Universität.

KP: Hatten Sie ein Lieblingsthema oder -fach?

BD: Ich weiß nicht genau warum, aber zu dieser Zeit mochte ich Mathematik sehr gerne. Ich las aber auch viel. Ich war neugierig auf die Geschichten der Menschen und auch an Geschichte an sich interessiert. Ich las alle Bücher der englischen Bibliothek. Trotzdem hatte ich aber eine stärkere Affinität zur Mathematik.

KP: Und wie alt waren Sie, als Sie verheiratet wurden?

BD: Als ich verheiratet wurde, war ich etwa 19 Jahre alt und damit noch sehr jung. Und wieder drehte sich alles um die Tradition. Ich würde nicht behaupten, dass ich es nicht wollte, es war eben Teil der Tradition. So musste ich es tun. Obwohl ich meine Kinder liebe und sehr glücklich bin, hätte ich lieber erst die Universität abgeschlossen.

KP: Führen Sie diese Ehe noch?

BD: Nein, unglücklicher oder glücklicher Weise nicht. Auf jeden Fall ermöglichte es mir damals den nächsten Schritt in meinem Leben zu gehen. Mein Mann war

Diplomat. Ich ging mit ihm überall hin und hatte die Möglichkeit, andere Dinge zu sehen, eine andere Welt kennenzulernen und meine Studien fortzusetzen.

KP: Was würden Sie als Ihre erste Führungserfahrung bezeichnen?

BD: Bedingt durch die Erfahrungen in meiner Familie und weil ich Vordenker, also andere Führungspersönlichkeiten, bewunderte, beschloss ich in einer besonderen Organisation zu arbeiten. Ich bewunderte einen Mann namens Niall MacDermot. Er war mein Mentor. Er war Brite, stammte ursprünglich aus Irland, war Minister in der Regierung unter Churchill und wurde Generalsekretär der International CommissionofJurists (ICJ). Ich folgte ihm und wurde die erste farbige Frau und sogar die erste Afrikanerin in dieser Institution. Sie war von Anwälten nach dem Zweiten Weltkrieg gegründet worden, mit der Zielsetzung, das Recht in den Kontext der Nachkriegszeit zu bringen. Ich wurde angestellt, um als eine von Niall MacDermots Assistenten für Afrika zu arbeiten. Er war großartig.

„ICH VERSUCHE, NUR GUTES ZU TUN UND DEN MENSCHEN VIEL ZU GEBEN."

KP: Was mochten Sie so an ihm?

BD: Neben ihm war ich nichts. Aber er trug meine Taschen, wenn wir in Peru aus dem Flieger stiegen. Er besaß so viel Menschlichkeit. Diese Dinge öffneten mir erst so richtig die Augen: Als Führungspersönlichkeit steht man zwar an der Spitze, aber man kann dennoch menschlich und die Leute als menschliche Wesen sehen. Er brachte mir bei, wie man Staatsoberhäuptern gegenüber tritt und ihnen die Wahrheit sagt.

KP: Wie kann man sich Ihre berufliche Erfahrung in dieser Zeit vorstellen?

BD: Ich war davon angetrieben, zu helfen und zu lernen. Aber ich nehme nicht für mich in Anspruch, die ganze Welt zu verändern. Um helfen zu können muss man allerdings die Sprache der Staatsoberhäupter sprechen, wenn man sich für die Angelegenheiten, die den Menschen wichtig sind, einsetzen will. Die Staatsoberhäupter müssen einen verstehen. Man muss seine Botschaften richtig vermitteln, die Wahrheit sagen, ohne verletzend zu sein. Mit Niall MacDermont als Mentor lernte ich all die Themen kennen, die angesprochen werden mussten – insbesondere die Rechte der Frauen. Wenn man die Charta der Menschenrechte betrachtet, wird von den Menschenrechten gesprochen, ohne die Rechte der Frauen im Besonderen anzusprechen. Was ich tun konnte, war mich mit Anwälten in Afrika zusammen zu setzen und die Rolle der Frauenrechte in der afrikanischen Charta zu diskutieren. So begann die Diskussion über das Protokoll der Frauenrechte. Meine Mutter kämpfte gegen Ungerechtigkeit und dank meiner Erfahrungen, meiner Studien und der Tatsache, dass ich mich intensiv mit Menschenrechten auseinandersetzte, wurde ich zu dem, was ich werden wollte. Ich habe es geschafft.

KP: Hatten Sie noch andere Vorbilder?

BD: Es gab noch eine Frau, die ich bewunderte. Eine meiner Tanten, die als Schriftstellerin ebenfalls für die Rechte der Frauen kämpfte. Ihre Bücher waren sehr erfolgreich und wurden in verschiedene Sprachen übersetzt – auch ins Deutsche.

KP: Wie ist ihr Name?

BD: Ihr Name ist MariamaBâ. In ihren Werken geht es um Frauen und um all die wichtigen Themen im Senegal, wie soziale Ungerechtigkeit und Familienthemen, wie die Polygamie. Sie war eine der großen Intellektuellen in Dakar und ich stand ihr sehr nahe. Wenn ich von Feminismus spreche, ist sie es, die mich neben meiner Mutter inspirierte.

KP: Wenn Sie an Ihre Führungsrolle denken, was ist es, das eine wahre Führungspersönlichkeit beherrschen muss?

BD: Da gibt es so vieles, aber allem voran ist es die Bedeutung des Selbst. Für mich stellt sich in erster Linie die Frage, wie man etwas Positives zur Gesellschaft beisteuern kann. Man muss den Menschen ein Vorbild sein. Die Menschen achten auf mich und sehen zum Beispiel, wie ich mit meinen Kindern und Enkelkindern umgehe. Ich muss mit gutem Beispiel vorangehen und ihnen Werte wie Solidarität und Bildung vermitteln. Die Ausbildung spielt eine große Rolle, allerdings gab es auch große Führungspersönlichkeiten in meiner Gemeinschaft, die niemals zur Schule gegangen sind. Am Ende sind die Werte das, was zählt. Wir wissen, dass wir dieses Chaos aus Gewalt und Ungerechtigkeit in Afrika haben, aber wir müssen das Chaos annehmen. Eine wahre Führungspersönlichkeit geht auf diese Themen ein und will gegen die Probleme kämpfen. Eine Führungsperson, die verspricht gegen Gewaltprobleme vorzugehen, selbst aber in Vergewaltigungen verstrickt ist, ist für mich keine Führungsperson. Wenn wir uns der Frage widmen warum wir bestimmten Personen folgen und sie als Führer akzeptieren erkennen wir, dass diese Persönlichkeiten häufig überzeugend sind, ehrlich, die Macht haben Leute mitzureißen und zu mobilisieren und vor allem respektiert werden. Ein wahrer Führer weiß es zu kommunizieren, er zeigt uns Ergebnisse, ist kühn und geht Risiken ein.

KP: Wie würden Sie Ihren eigenen Führungsstil definieren?

BD: Die ganze Zeit über sehen die Menschen in mir eine Anführerin, aber ich sehe mich selbst nicht so. Ich versuche, nur Gutes zu tun und den Menschen viel zu geben. Ich berate viele Menschen und sie sagen mir oft, dass sie wie ich sein wollen. Dann frage ich sie, was ich denn getan habe. Warum wollen sie wie ich sein? Schließlich begann ich zu sagen: „Ja, die Menschen sehen mich als eine Führungspersönlichkeit, vielleicht auf Grund meiner Bildung. Aber ich gebe nicht vor, eine ganze Gesellschaft verändern zu können."

KP: Sehen Sie einen markanten Unterschied, wie Frauen führen?

BD: Natürlich. Frauen kümmern sich um die Familie, die Gemeinschaft und sie hören zu. Zum einen, weil wir Mütter sind und wegen der Rolle, die uns die Gesellschaft gibt. In Afrika sind Frauen sehr stark mit Ungleichheit konfrontiert. Da man als Frau für Bildung und wirtschaftlichen Einfluss kämpfen muss, hört man mehr zu und ist aufmerksam. In Afrika kümmern sich die Frauen um die Familie und die Gemeinschaft. Folglich hört man auf die Bedürfnisse der Gemeinschaft, wenn man eine Führungsrolle inne hat. Ich denke wirklich, Frauen führen anders auf Grund ihrer Erfahrungen. Im Vergleich zu Männern, tendieren sie dazu mehr wert auf Kommunikation und Einigung zu legen. Ich denke aber auch, dass es nicht gut ist, eine einzige Frau in einer von Männern dominierten Gemeinschaft zu haben, denn dann fängt man an, sich anzupassen und die Männer zu kopieren. Wenn Männer darüber sprechen, einem Land Frieden und Sicherheit bringen zu wollen, erobern sie es. Frauen hören zuerst zu.

KP: Wenn Sie an die nächste Generation von Führungspersönlichkeiten denken, die sich verschiedensten Herausforderungen gegenüber sehen, was würden Sie ihnen raten, um erfolgreich zu werden?

BD: Ich denke, es ist eine große Herausforderung, aber zuerst sollte man auf sich selbst und sein Umfeld schauen und erkennen, was man für das Umfeld tun kann. Es ist sehr schwer für die jungen Leute. Die Rahmenbedingungen sind sehr hart. Man muss das Familien- und Berufsleben bewältigen und sieht sich zudem den Problemen der Welt gegenüber. Man kann aber die Probleme der Welt nicht lösen, wenn man sich in seiner eigenen Position nicht wohl fühlt. Mansollte lernen und alles für eine gute Ausbildung tun. Ich sage nicht, dass es nur darauf ankommt, aber man muss etwas finden, in dem man herausragend sein kann. Deshalb muss man sich auf sich selbst konzentrieren und sich fragen, was man besser machen kann. Einige könnten Medizin studieren, andere Politiker werden. Man muss seine Talente entdecken und herausfinden, was man besser machen kann um die Leute um einen herum zufrieden zu stellen, gleichzeitig muss man jedoch auch seinen persönlichen Weg finden. Ich denke man muss selbst glücklich sein, bevor man anderen Menschen Glück vermitteln kann und deswegen ist es wichtig, dass die Älteren die Jüngeren leiten und ihnen helfen, zuerst ihr eigenes Wohlergehen zu erreichen.

Es gibt Dinge, über die nicht verhandelt werden kann, unter anderen unsere Forderung nach gleichem Wahlrecht, nach einem vereinten Südafrika, nach der Befreiung der Frauen, nach der Garantie der fundamentalen Menschenrechte.

Nelson Mandela
ehemaliger Präsident der Republik Südafrika

SHIRIN EBADI

DAS GESPRÄCH

SHIRIN EBADI

*1947 | Erste iranische Richterin, Menschenrechtsaktivistin und Anwältin, Gewinnerin des Friedensnobelpreises 2003

Die 1947 im Nordwesten des Irans geborene Tochter liberaler Eltern ist in Teheran aufgewachsen und wurde 1970 erste Richterin im iranischen Justizministerium. Sie promovierte in Privatrecht und behielt ihre Tätigkeit auch nach der Hochzeit 1975 bei. Obwohl Ebadi die islamische Revolution unterstützt hatte, musste sie ihr Richteramt 1979 niederlegen. Aus Protest gegen das Regime ließ sich die Mutter von zwei Töchtern 1984 in den vorzeitigen Ruhestand versetzen; ihre Anwaltslizenz erhielt sie jedoch erst 1992 wieder.

Lange Jahre war Shirin Ebadi ihrem Heimatland trotz massiver Repressalien treu geblieben. Erst vor der Präsidentschaftswahl 2009 verließ die Friedensnobelpreisträgerin den Iran und lebt heute in den USA. In Vorträgen und Veröffentlichungen nahm sie gegen den Fundamentalismus Stellung und setzt sich engagiert gegen Menschenrechtsverletzungen ein. 1996 erhielt Shirin Ebadi die Medaille von Human Rights Watch, 2003 den Friedensnobelpreis.

KP: Frau Ebadi, Sie sind ein großes Vorbild für viele Frauen. Sehen Sie sich auch so?

SE: Ich bin grundsätzlich dagegen, andere als Muster zu nehmen. Deswegen hatte ich selbst keine Muster und Vorbilder. Ich sage sogar zu meinen Töchtern: „Nehmt mich nicht als Vorbild!" Denn jede Person, jedes Individuum ist in einer Situation aufgewachsen, die ganz spezifisch ist. Man soll dem Menschen deswegen helfen, seine eigenen Kompetenzen zu erkennen. Ich habe meinen Töchtern immer gesagt: "Folgt euren Träumen! Geht dahin, wo ihr das wünscht."

KP: Das bedingt aber auch, dass man seinen Träumen vertraut und glaubt, dass man die Kraft hat, ihnen zu folgen.

SE: Genau das ist der Punkt. Viele Menschen haben nicht dieses Selbstbewusstsein, um ihren Träumen zu folgen. Warum nicht? Weil sie fürchten, Fehler zu begehen. Aber ich betone immer wieder, dass Fehler zu begehen, ein Recht des Menschen ist. Der Mensch hat das Recht, Fehler zu begehen, genauso, wie er das Recht darauf hat, sich zu ernähren. Doch der Knackpunkt liegt darin, einzusehen, was ein Fehler war. Wenn man in dieser Art und Weise die Welt betrachtet, gewinnt man zunehmend an Selbstbewusstsein.

„WIR ZERSTÖREN DIE ZUKUNFT DER NÄCHSTEN GENERATIONEN."

KP: Viele Frauen glauben, wenn sie Karriere machen wollen, müssen sie besser als die Männer sein und in allen Bereichen mehr leisten. Denken Sie auch so?

SE: Bedauerlicherweise beobachtet man sogar in Europa eine patriarchalische Kultur. Aus diesem Grund müssen Frauen immer beweisen, dass sie besser sind. Wenn man zum Beispiel in einem Unternehmen zwei Mitarbeiter einstellt, einen Mann und eine Frau, dann ist man geneigt, den Mann als Vorgesetzten zu nehmen. Und um diese Hürde zu überwinden, muss die Frau schon beweisen, dass sie kompetenter als der Mann ist.

KP: Welche Rolle spielt Bildung dabei?

SE: Bildung ist von großer Bedeutung. Wenn wir eine gesunde Gesellschaft suchen, ist die Grundlage Bildung. Das gilt ebenso für Männer wie für Frauen. Und beide müssen die Mechanismen der patriarchalischen Kultur verstehen. Diese Kultur ist durchgesickert in alle Bereiche unseres Lebens. Schauen sie sich die Weltreligionen an: Judentum, Christentum, Islam. In allen diesen Religionen begeht die Frau die größte Sünde.

KP: Das heißt, um Gleichberechtigung zu erreichen, muss mehr passieren?

SE: Ja, damit die Frauen etwas erreichen können, gleichberechtigt behandelt werden, müssen alte Strukturen überwunden werden. Um aber die patriarchalische Kultur bekämpfen zu können, muss man zuerst ihre Mechanismen genau kennen. Die Frauen sind selbst Opfer und gleichzeitig Träger dieser Kultur. Ich meine mit „patriarchalischer Kultur" nicht das männliche Geschlecht, sondern eine Kultur, die die Gleichberechtigung ablehnt. Ich vergleiche sie mit Hämophilie. Das ist eine genetische Krankheit, bei der eine kleine Wunde zu großen Blutungen führen kann. Frauen bekommen diese Krankheit niemals, aber sie sind Träger dieser Krankheit und können sie an die

Unser Gespräch, Mai 2010, in Bonn

männlichen Kinder übertragen. Das heißt, diese Frau, die diese Gene trägt, infiziert nicht die Töchter, nur die Söhne.

KP: Können Sie hierfür ein Beispiel aus dem Alltag nennen?

SE: Wir dürfen auch nicht vergessen, dass jeder Mann auf dem Schoß einer Frau aufgewachsen ist. Also kann man davon ausgehen, dass die Rolle der Frauen nicht weniger bedeutend ist, als die der Männer in dieser patriarchalischen Kultur. Hier in Europa ist es üblich, dass Paare vor der Eheschließung zusammen leben und sexuelle Beziehungen haben. Wenn der Sohn seinen Eltern sagt, dass er jemanden zum Heiraten gefunden hat, freuen sich die Eltern. Sie sagen aber, es ist besser, wenn ihr zunächst zusammen lebt und erst später heiratet. Wenn die Tochter einen Mann kennen lernt, freuen sich die Eltern auch, aber dann fragen sie, wenn ihr euch so liebt, warum heiratet ihr nicht? Das ist ein zweigleisiges Urteil über ein Problem. Die Mutter, die so etwas zu ihrer Tochter sagt, verbreitet damit die patriarchalische Struktur.

KP: Welche Rolle spielt die Kirche dabei?

SE: Es geht nicht um die Kirche. Manchmal wollen Menschen vielleicht die Bibel oder den Koran lesen. Es geht darum, wie alles ausgelegt wird. Zeigen Sie mir ein religiöses Buch, wo die Erbsünde vom Mann begangen wurde. Wir sehen also, dass sich die patriarchalische Kultur seit der Schöpfung bis heute durchgesetzt hat. Genau das ist die Art und Weise des Denkens, die man bekämpfen sollte.

KP: Trotzdem spielt der Glaube in Ihrem Leben eine große Rolle?

SE: Einhundertprozentig. Ich praktiziere ihn sogar. Ich bin Muslima. Aber man hat mir den Islam in der richtigen Art und Weise beigebracht. Mein Vater war ein moderner Moslem.

KP: Gibt dieser Glaube Ihnen die Kraft, mit Unrecht, das Ihnen widerfahren ist, besser klar zu kommen?

SE: Man hat mich für eine Zeit lang in Einzelhaft inhaftiert, in einen Raum, der etwa zweimal drei Meter groß ist. Wenn ich also ein bisschen größer gewesen wäre, hätte ich die Beine beim Schlafen einknicken müssen. In dieser Einzelzelle gab es nur einen schmutzigen Teppichboden, kein Bett und eine Decke. Es gab für die Gefangenen kein Kopfkissen. Und wenn es kein Kopfkissen gibt, geht das richtig auf die Wirbelsäule. Diese Einzelzelle war aus Betonmauern und hatte kein Fenster nach außen. Und die Beleuchtung war eine weiße Neonröhre, die ständig leuchtete. In der Einzelzelle wird einem alles weggenommen, sogar Brille und Armbanduhr. Selbstverständlich gibt es kein Radio, kein Fernsehen, kein Buch, gar nichts. Es herrscht eine tödliche Stille. Psychologen nennen das weiße Folter. In dieser Situation verliert man erst das Zeitgefühl, dann sich selbst.

KP: Das ist unvorstellbar schrecklich. Was haben Sie getan, um durchzuhalten?

SE: Da ich kein Tageslicht sah, versuchte ich ständig abzuschätzen, wie spät es ist. Wenn ich Frühstück bekam, wusste ich, dass es Morgen ist. Oft habe ich aber auch gedacht, dass sie, um mich intensiver zu schikanieren, die Mahlzeiten verschieben. Der Grund einer solchen Einzelinhaftierung liegt darin, den Menschen moralisch zu brechen, damit er keine Kraft mehr hat und beim Verhör das sagt, was sie verlangen. Manchmal sitzen sie monatelang da drin und der Sicherheitsmann, der sie verhören soll, meldet sich überhaupt nicht. Ich als Verteidigerin und Rechtsanwältin wusste bereits, dass mich diese schwierige Situation erwartete und dass ich das würde aushalten müssen.

KP: Aber wie konnten Sie das aushalten?

SE: Ich begann zu beten und gab meinem Körper einen Rhythmus. Nach einigen Tagen fühlte ich mich viel erleichterter. Zu dieser Zeit war mein Vater schon tot. Da habe ich intensiv an ihn gedacht und ihm gesagt: „Ich freue mich darüber, wie du uns erzogen hast." Ich denke, wenn man den Glauben nicht hat, ist es viel schwieriger, diese Situation auszuhalten. Ich war nicht lange in Einzelhaft, nur etwa einen Monat. Aber ich hatte Mandanten, die ein Jahr in Einzelhaft waren. Und als sie entlassen wurden, mussten sie mehrere Monate im Krankenhaus behandelt werden.

KP: Außerhalb vom Glauben, was gab Ihnen sonst noch Kraft in diesen 30 Tagen?

SE: Wenn sie an den Weg, den sie beschreiten, zutiefst glauben und davon überzeugt sind, haben sie sehr viel Kraft, sehr viel Selbstbewusstsein.

KP: Und mit dem Weg ist Ihre berufliche Bestimmung gemeint, das Eintreten für die Menschenrechte und für andere?

SE: Ja. Menschenrechte sind ein Paket und umfassen vier verschiedene Rechte: Sozialrecht, politisches, ziviles und wirtschaftliches Recht. Man muss das alles zusammen betrachten, sie sind untrennbar miteinander verbunden - daher engagiere ich mich für all diese Rechte. Wenn jemand auf Grund von Armut stirbt oder diskriminiert wird, ist das falsch und wenn jemand für ein Buch oder einen Artikel ins Gefängnis gesteckt wird, ist es auch falsch. Wir können uns nicht nur auf einen Aspekt, zum Beispiel den politischen konzentrieren und den wirtschaftlichen beiseite lassen. Wissen Sie, dass die Essensreste aus den USA ganz Afrika ernähren können? Wissen Sie, wie schädlich es ist, Wasser aus Plastikflaschen anzubieten? Wir zerstören die Zukunft der nächsten Generationen.

„FOLGT EUREN TRÄUMEN UND HABT SELBSTVERTRAUEN! HABT KEINE SCHEU, FEHLER ZU BEGEHEN."

KP: Nur die Menschen selbst könnten die Situation ja verändern. Die Frage ist, was weckt und rüttelt die Menschen so auf, dass sie es tun?

SE: Bewusstsein vermitteln. Das fängt in der Familie an. Und daher denke ich, dürfen wir auf keinen Fall unsere Familien und unsere Herkunft vergessen. Die Familie ist sehr wichtig. Nur, weil wir uns sozial und politisch engagieren, dürfen wir unsere Familien und Kinder nicht vernachlässigen. Eine Frau, die das geregelt bekommt, kann sowohl Karriere machen, als auch eine gute Mutter sein. Ein Beispiel aus den Erfahrungen mit meinen eigenen Kindern. Die erste Nichtregierungsorganisation (NGO), die ich im Iran gegründet habe, setzte sich für die Verteidigung der Rechte von Kindern ein. Und eines unserer Programme war die Alphabetisierung der Straßenkinder. Wir gingen immer in den Park, wo die Kinder sich versammelt hatten, nahmen Milch und Gebäck mit und versuchten, die Kinder zum Lernen zu animieren. Einmal nahm ich meine Töchter mit in den Park zu den Straßenkindern und danach in ein ganz schickes Restaurant. Da fragte ich sie: „Was ist der Unterschied zwischen euch und den Kindern, die ihr gesehen habt?" Sie antworteten so, wie Kinder eben denken: „Wir sind sauberer und gepflegter. Wir baden jeden Tag, wir sind gepflegt angezogen." Dann fragte ich: „Aber warum seid ihr sauberer, aber die schmutziger?" Ich wollte, dass sie ein bisschen mehr nachdenken, warum die einen so sind und die anderen so. Schließlich erklärte ich ihnen, dass ich als ihre Mutter gelernt und studiert habe und darum jetzt für sie sorgen könne. Jetzt könnten sie entscheiden, ob sie gebildet sein wollten oder ungebildet. Seitdem habe ich keine Probleme mehr mit ihnen bezüglich des Lernens gehabt. Sie haben immer bis zum Ende des Studiums automatisch und konsequent gelernt.

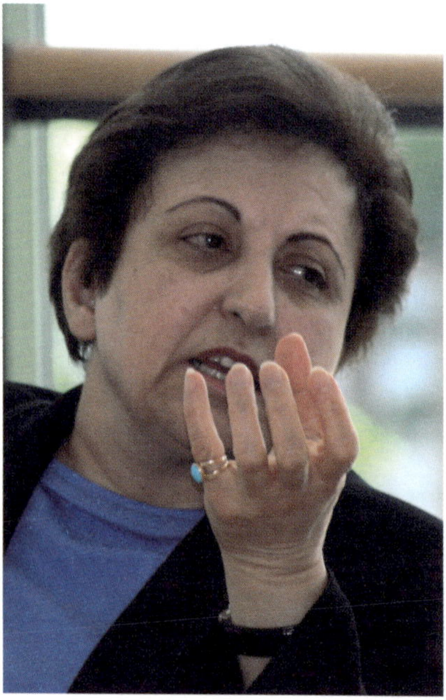

Eine starke Frau im Gespräch

KP: Das heißt der Rat an alle Eltern wäre, ihren Kindern lebensnahe Beipiele zu geben?

SE: Jede Kultur muss man Kindern von klein auf beibringen. Oft beklagen sich die Eltern, unsere Kinder lernen nicht gut in der Schule. Aber die Eltern wissen nicht, dass sie selbst eine große Rolle dabei spielen, dass ihre Kinder das Lernen vernachlässigen. Denn man kann dem Sohn nicht, wenn er 15 ist, sagen, du sollst jetzt lernen. Seine Persönlichkeit ist bereits geformt. Darum muss man früh beginnen. Daher, wenn Sie fragen, wie man die Menschen ändern kann: das führt zurück auf die Erziehung in der Familie. Genau aus diesem Grund lege ich viel mehr Wert auf die Bildung und Ausbildung der Frauen als der Männer. Denn gerade die Frauen sind es, die dieses Wissen an die nächste Generation weitergeben und nicht die Männer.

KP: Vor der Revolution im Iran haben Sie als Richterin Karriere gemacht und auch mit anderen Frauen in höheren Positionen gearbeitet. Haben Sie Unterschiede zwischen Männern und Frauen in punkto Karriere festgestellt?

SE: Berufliche Konkurrenz ist das Gleiche bei Männern wie bei Frauen. Aber politische, soziale Solidarität ist etwas völlig anderes. Zum Beispiel zeigt die Statistik in Europa, dass Leistung bei Männern und Frauen nicht gleich honoriert wird. Und selbstverständlich sehen sich dann Frauen als solidarisch, weil sie das gleiche Anliegen haben. Man darf nicht vergessen, dass die patriarchalische Kultur und Mentalität ihre Wurzeln in Jahrtausenden haben.

KP: Würden Sie sich selbst als einen geduldigen Menschen beschreiben?

SE: Geduld ist eine relative Sache. Wenn ich einen Fanatiker sehe oder höre, dann bin ich ungeduldig und wütend. Vor Menschen, die denken, dass sie das alleinige Recht haben und nicht bereit sind, Gegenstimmen zu hören – verliere ich meine Geduld und Toleranz.

KP: Danke für diese spannenden Einsichten. Zum Abschluss möchte ich noch zwei Fragen stellen. Die eine betrifft Ihre Sicht darauf, was ganz normale Menschen aus Europa tun können, um ihr Anliegen zu unterstützen?

SE: Ich sehe unseren Globus, unsere Welt als eine geschlossene Welt, in der unsere Schicksale fest miteinander verknüpft sind. Erfolge der Frauen in einer Gesellschaft, würden Erfolge für alle Frauen der Welt bedeuten. Wenn wir Diskriminierung erleben, zum Beispiel was die Taliban mit den afghanischen Frauen getan haben, ist das eine Niederlage für alle Frauen der Welt. Ich habe nichts mit politischen Ansichten zu tun. Es könnte auch sein, dass ich politische Kritik an Frau Merkel übe. Aber als eine Frau habe ich mich wahnsinnig gefreut, dass sie Bundeskanzlerin wurde. Wenn die Frauen im Iran fragen, warum können bei uns Frauen nicht für Präsidentschaftswahlen kandidieren, dann würde ich sagen, irgendwo im Westen ist eine Frau als Präsidentin gewählt worden.

KP: Hätte eine Hillary Clinton in Amerika der Sache der Frauen im Iran geholfen, wenn sie gewonnen hätte?

SE: Natürlich, selbstverständlich. Ich habe den westlichen Ländern immer geraten, wenn sie Botschafter in Länder schicken, in denen Frauenrechte unterdrückt werden, dann sollen sie eine Botschafterin schicken. Ahmadinedschad, der die Frauen nicht akzeptiert, wird so gezwungen, mit Frauen als Vertreter der westlichen Länder zu sprechen. Wenn der Scheich in Saudi-Arabien sich so gegenüber den Frauen verhält, dann sollen die europäischen Länder durch Frauen in den arabischen Ländern vertreten werden.

KP: Was wäre der Satz, den Sie jungen Frauen mit auf den Weg geben, die nach vorne gehen wollen?

SE: Das, was ich anfänglich sagte: „Folgt euren Träumen und habt Selbstvertrauen! Habt keine Scheu, Fehler zu begehen."

LESLEY ANNE KNIGHT

DAS GESPRÄCH

GROẞBRITANNIEN

LESLEY ANNE KNIGHT

*1956 | Erste Frau im höchstmöglichen Amt bei Caritas Internationalis

Eine Frau kann die Organisatoren im Vatikan schon einmal in Verlegenheit bringen – so geschehen im Juni 2007, als unklar war, wo Lesley Anne Knight während der Versammlung in Rom sitzen sollte. Erst auf Intervention der Caritas-Delegation konnte die Internationale Direktorin der Caritas ihren Platz in der ersten Reihe einnehmen – neben Priestern und Bischöfen.

Die Generalversammlung wählte die in Simbabwe geborene Mutter zweier erwachsener Kinder, die auf 25 Jahre Erfahrung im Bereich der internationalen Entwicklung und humanitären Hilfe zurückblicken kann, dann zu ihrer Generalsekretärin. Die multilinguale Britin hatte zuvor in acht Ländern in Afrika, Südamerika und Europa gearbeitet, unter anderem für Oxfam, HelpAge und das Flüchtlingskommissariat der Vereinten Nationen (UNHCR).

KP: Frau Knight, bitte beschreiben Sie mir die Atmosphäre, in der Sie aufgewachsen sind.

LK: Ich wurde 1955 in der Blütezeit der britischen Kolonien in der Föderation von Rhodesien und Njassaland, dem heutigen Simbabwe, in eine sehr privilegierte weiße Gesellschaft in Afrika geboren. Dies hinterlässt sicherlich Spuren: als Jugendliche kämpfte ich mit meiner Identität und ich fragte mich, warum ich hier geboren wurde. Meine Eltern waren geborene Briten, ich wuchs mit britischen Werten auf und wenn ich ins Kino ging, spielten sie die britische Nationalhymne. Dennoch wurde ich im Herzen Afrikas geboren und großgezogen. Ich war gerade mal neun Jahre alt, als die ersten Freiheitskämpfer aktiv wurden. Das war verwirrend für mich: meine Familie nannte sie Freiheitskämpfer, aber die Propaganda sprach vom Angriff durch Terroristen. Das war 1964. Ich wurde dann auf eine exklusive katholische Schule geschickt, die von deutschen Dominikanerinnen geleitet wurde. Stellen Sie sich das vor: ich wuchs als britisches Kind in der Föderation von Rhodesien und Njassaland auf und ging auf ein Internat mit Weißen, das von deutschen katholischen Schwestern geführt wurde. Ich hatte schon in frühen Jahren das Gefühl, dass ich eines Tages der Gesellschaft viele Dinge zurückgeben müsste.

KP: Sie hatten dieses Gefühl schon, als Sie jung waren?

LK: Zweifellos. Die Dominikanerinnen hatten sicher Einfluss darauf. Sie ließen mich erkennen, dass ich sehr begabt und in hohem Maße privilegiert war, ich aber deswegen im gleichen Maße etwas zurückgeben müsse. Gleichzeitig verspürte ich schon in jungen Jahren einen ausgeprägten Gerechtigkeitssinn und deswegen auch häufig ein unglaubliches Gefühl von Ärger und Entrüstung. Ich war sehr wütend und dachte, ich hätte in meinem eigenen kulturellen Umfeld in England geboren werden sollen, da meine gesamte Familie in England ist. Ich fragte mich, warum ich in einem Land war, in dem englische Werte einer ganzen Bevölkerung auferlegt wurden.

KP: Wie reagierten Ihre Eltern auf diese Fragen?

LK: Meine Eltern erklärten mir, dass sie jung waren, der Zweite Weltkrieg herrschte, es keine Jobs gab und dass sie damals ein neues Leben beginnen wollten. Zudem ermutigte die britische Regierung die Menschen, die Kolonien zu bevölkern. Ende der 60er Jahre wurden tausende junger Männer in die Armee eingezogen und starben im Krieg. Es war wieder diese Spirale der Gewalt. Uns wurden Sanktionen von Außen auferlegt. Die Menschen versuchten, die weiße Regierung in Simbabwe zu stürzen. Da man ein Teil des Ganzen war, wurde man in einem sehr jungen Alter sehr politisiert. So fragten wir uns, warum die Menschen ständig kämpften und wieso es überall diese Gewalt gab. Mein Vater war Richter und ich erinnere mich, dass er immer eine Waffe im Auto hatte. Ich wurde mit dem Gefühl groß, dass etwas nicht stimmte, es ständig Unrecht gab.

Ein lebendiges Gespräch im Vatikan, November 2010

Ich war mir auch bewusst, dass ich in einem Land war, in dem die Mehrheit der Menschen Schwarzafrikaner waren, aber ich auf eine Schule ging, in der es nur weiße Menschen gab.

KP: Waren die Arbeitskollegen und Freunde Ihres Vaters überwiegend Weiße?

LK: Mein Vater hatte viele verschiedene Freunde. Wir hatten Kontakt zu einer Friedens- und Gerechtigkeitsgruppe in Bulawayo, wo ich aufwuchs. Diese Gruppe war sehr aktiv und hatte den Ruf, das Unrecht laut auszusprechen.

KP: Sie sagten, Ihr Vater war ein Richter. Was machte Ihre Mutter?

LK: Meine Mutter war Buchhalterin und hat immer gearbeitet. Meine Eltern schickten mich auf ein Internat, weil sie sehr viel Wert auf eine gute Ausbildung legten.

KP: Abgesehen von Ihrem Interesse und Ihrer Wut über die Ungerechtigkeit, die sie sahen, woran waren Sie interessiert, als Sie ein Kind waren? Mit was haben Sie sich gerne beschäftigt?

LK: Ich war auf einem grandiosen Internat, in dem man fast jede Sportart ausüben konnte sowie Deutsch, Französisch und Latein lernte. So war ich schon sehr früh von Kultur umgeben. Ich wusste, dass meine Familie über die gesamte Welt verstreut lebte, also wollte ich auch um die Welt reisen. Meine Eltern waren sehr bemüht, alles für mich zu tun. Wir standen uns sehr nah.

KP: Haben Sie Geschwister?

LK: Ja habe ich, zwei Schwestern und einen Bruder. Es wurde kein Unterschied zwischen meinem Bruder und uns Mädchen gemacht. Unsere Eltern erwarteten von uns allen, dass wir etwas erreichen, auf die Universität gehen, einen Abschluss machen, sowie einen Beruf haben würden.

KP: Gab es irgendwann eine Zeit in Ihrem Leben, in der Sie nicht die Erwartungen Ihrer Eltern erfüllen wollten und lieber selbst Ihren eigenen Lebensweg bestimmt hätten?

LK: Sie müssen bedenken, dass ich während einer Zeit des Wandels in Afrika aufwuchs und wir diese Veränderungen wollten. Als ich an die Universität ging, war klar, dass wir überaus turbulente Zeiten erleben würden und dass man wirklich gut sein musste, da man vielleicht nicht in Simbabwe bleiben könnte. So kam es mir nie wirklich in den Sinn, dass ich etwas komplett anderes, als geplant war, tun würde. Ich studierte in Kapstadt, als Steve Biko ermordet wurde und dieses Ereignis hatte durchaus großen Einfluss auf mich. Vom Universitätsgelände aus konnte man Robben Island sehen und ich war in einer Gruppe von Studenten, die Geld für die politischen Gefangenen auf Robben Island gegeben hatten. Uns war sehr bewusst, dass man während der Demonstrationen zusammengeschlagen werden könnte und wir sehr vorsichtig sein mussten.

KP: Dachten Sie zu dieser Zeit jemals daran, in die Politik zu gehen?

LK: Ich dachte daran, aber ich fühlte, dass ich in Afrika keine Politikerin sein könnte. Und ich hatte keine Ahnung, wie man in die europäische Politik kommt. Also dachte ich darüber nach, wie ich meine Fähigkeiten und meine Ausbildung verwenden könnte, um etwas zu bewirken. Es war von Anfang an ziemlich klar, dass es etwas Freiwilliges, Gemeinnütziges im humanitären Sektor sein würde. Ich bin ein mit Glaubenswerten erzogenes Kind und überzeugt, dass auch die 13 Jahre Klosterschule ihre Spuren hinterlassen haben. Ich hatte großartige Lehrer und stehe bis heute mit ihnen in Kontakt. Wann immer ich nach Simbabwe komme, treffe ich sie. So hatte ich tolle Vorbilder. Meine Lehrer waren unglaubliche Frauen, hingebungsvoll, intelligent und liberal. Die Geschlechterfrage war nie ein Thema für uns.

KP: Gab es jemals eine Situation, in der Sie etwas nicht tun konnten, weil Sie eine Frau sind?

LK: Ich kann mich nicht daran erinnern, dass mir etwas aufgefallen wäre als ich jung war - es kam sehr viel später. Man wird sich dessen bewusster, wenn man anfängt zu arbeiten, um ins Management zu kommen.

KP: Abgesehen von Ihren Lehrern und Eltern, hatten Sie weitere Vorbilder?

LK: Als ich heranwuchs, las ich viel über Che Guevara. Es war für uns sehr aufregend zu beobachten, was in Lateinamerika geschah. Davon abgesehen gab es zwei Schlüsselfiguren, die einen Einfluss auf mich hatten: der kontemplative Thomas Merton und der Jesuitenphilosoph Pierre Teilhard de Chardin. Sie inspirieren mich noch immer.

KP: Wie kamen Sie dazu, diese Bücher zu lesen?

LK: Die Bücher gab es an der dominikanischen Klosterschule und ich belegte Sprachen und Philosophie an der Universität. Das kam vermutlich daher, weil ich nach großen Antworten suchte. Warum bin ich wirklich hier an diesem Ort, geboren in dieser Familie und aufgewachsen mit diesem andauernden Krieg? Was bin ich? Bin ich britisch? Bin ich simbabwisch?

KP: Haben Sie in diesen Büchern Antworten gefunden?

LK: Ja ich denke, dass sie den Weg zu der Frage, wer wir sind, geebnet haben. Was bedeutet es, ein Teil der Menschheit zu sein? Stellen Sie vor sich, Sie sind in einem Land, das die Freiheit sucht, doch Sie sind ein Teil des Problems. Dennoch denkt man, dass es irgendeine Lösung zu diesem Problem geben muss, es muss etwas geben, das die Menschen zusammen führt.

„ES GIBT NICHTS STÄRKERES ALS WEIBLICHE FÜHRUNG UND WEIBLICHES MANAGEMENT."

KP: Denken Sie, dass die Antworten auf diese Fragen heute dieselben sind wie damals?

LK: Die Samen sind noch immer dort, aber ich bin heute viel realistischer im Bezug auf das, was getan werden kann. In meiner heutigen Position neige ich eher dazu, Menschen in Richtung ihres Horizonts als zu ihren Grenzen zu schieben. Ich erkläre ihnen, dass es etwas gibt, das sie tun können und bespreche mit ihnen, wohin das führen könnte.

KP: Sie sagten, dass Sie später in ihrem Leben erfuhren, welche Unterschiede zwischen Männern und Frauen gemacht wurden. In welchen Situationen haben Sie das erlebt?

LK: Ich weiß, es klingt lächerlich und es ist nur 30 Jahre her, aber in den 70er Jahren war es noch ziemlich ungewöhnlich, dass eine Frau über eine höhere Ausbildung verfügte, in die Geschäftsführung aufstieg. Meine Freundinnen, die den gleichen Abschluss hatten, wurden Lehrerinnen oder Assistentinnen der Geschäftsleitung, was soviel heißt, wie eine Sekretärin auf hohem Level. Ich wollte das nicht tun.

KP: Und Sie waren sich Ihres Weges sicher?

LK: Ja. Ich fragte mich, warum ich das sollte, nur weil es so üblich war? Wenn man einen Master in Business Administration oder eine führende Position anstrebte, spürte man sofort, dass man in der Minderheit sein würde. Nach der Universität in Simbabwe war ich in Europa und später in Lateinamerika, wo ich Flüchtlingen an der Grenze zwischen Guatemala und Mexiko half. Dort waren wieder keine Frauen in den Führungspositionen zu finden. Ich stellte fest, dass Frauen nie in eine Entscheidungsposition gesetzt werden. Man war immer Zuarbeiter, vielleicht einmal Projektleiter, aber nie der Manager.

KP: Und ich nehme an, dass Sie das störte?

LK: Ganz genau, es störte mich, weil ich mich fähig fand. Die Vorgesetzten begründeten ihre Entscheidung mit dem Mangel an Erfahrung, mit meinem Alter oder nannten Sicherheitsgründe. Zu dieser Zeit gab es bestimmte Jobs für Männer und bestimmte für Frauen. Es wurde gar nicht erwartet, dass man sich um andere Jobs bewerben würde.

KP: Aber Sie bewarben sich?

LK: Ich musste es, denn das war es, was ich machen wollte und konnte.

KP: Wie war die Reaktion darauf?

LK: Sie sagten mir, dass ich in Erwägung ziehen müsste, nach Mexiko zu reisen, dass ich auf mich alleine gestellt sein würde und fragten, wie ich das als Frau schaffen wolle. Ich sagte einfach: „Ich denke nicht, dass das eine Rolle spielt."

KP: Welche Führungsposition hatten Sie letztendlich inne?

LK: Das ist eine interessante Frage, weil ich zwischen Führung und Management unterscheiden würde. Sie können überall ein Führer sein. Man kann jemanden in einer niedrigeren Position einsetzen, aber die Führungsstärke bleibt. Das erste Mal, das ich glaubte, tatsächlich zu führen, war als ich nach meiner Tätigkeit bei Oxfam, einen Job bei der Caritas in London bekam. Ich erhielt die Verantwortung für einen sehr großen Bereich in Lateinamerika, wo ich das Programm formen konnte. Ich war 35 Jahre alt und hatte zum ersten Mal das Gefühl, etwas gestalten zu können und in einer Führungsposition zu sein.

KP: Ich hörte von anderen Frauen, dass sich tatsächlich etwas in den Meetings änderte, weil Frauen mit am Tisch waren. Haben Sie die gleiche Erfahrung gemacht?

LK: Das ist eine wirklich schwierige Frage ist und ich habe häufig darüber nachgedacht. Ich fragte mich, was es ist, das den Unterschied ausmacht, ohne in Stereotype zu verfallen. Männer waren nie

in der Situation, in der sie eine Bewerbung rechtfertigen mussten. So gibt es Prozesse, die Frauen durchdenken müssen, Männer nicht. Möglicherweise lässt einen das Prozesse respektieren. Frauen sind für die Notwendigkeit bestimmter Prozesse sensibilisierter und für die Notwendigkeit, Menschen von Anfang an mit einzubeziehen. Es gibt Unterschiede zwischen Männern und Frauen und man muss jene Unterschiede akzeptieren, wenn man Führungspositionen übernimmt. Ich bin im Vatikan, also bin ich in den meisten meiner Meetings die einzige Frau. Häufig wissen die Männer nicht, wie sie mit mir umgehen sollen. Eine Fähigkeit der Frauen ist, zu erkennen, dass das Verhalten der Männer nichts mit ihnen zu tun hat. Und sie müssen lernen, damit umzugehen. Möglicherweise wird hier auch eine andere Art von Sprache gefordert sein. Wer das nicht erkennt, kann demoralisiert, defensiv oder aggressiv werden. Ich denke, dass wir als Frauen nicht gut sind, wenn wir emotional aggressiv oder defensiv sind. Wir müssen das wirklich schnell lernen.

KP: Was ist dann für Sie weibliche Führung?

LK: Zunächst einmal gibt es nichts Stärkeres als weibliche Führung und weibliches Management. Ich spreche nicht über Feminismus, sondern über die Fähigkeit von Frauen, Situationen mit Mitgefühl zu analysieren; mit einem Sinn für das Allgemeinwohl und dafür, wie man Dinge zum Laufen bringt. Aufbauend, vermittelnd, kraftspendend – Männer sind nicht gut darin, aber wir sind es.

KP: Was würden Sie jungen Frauen von heute raten, die erfolgreich werden möchten?

LK: Als Frau erfolgreich zu sein bedeutet nicht, dass man ein Mann werden muss. Sie müssen wissen, wer sie sind und wer sie wirklich sein wollen. Woher komme ich? Was sind meine Werte? Was sind meine Fähigkeiten? Sie sollen daran denken, wer Sie werden möchten, weil es das ist, was formt. Ich würde Menschen immer raten, die Balance zwischen ihren Werten und ihren Handlungen zu wahren. Sind sie eine Person, die dafür bekannt sein möchte, freundlich und mitfühlend zu sein oder jemand, der versucht, ein Vermittler oder eine geduldige Person zu sein? Was sind die Dinge, die Sie wertschätzen? Sehen Sie diese Dinge nicht als unabhängig von Ihren Taten, denn damit würden Sie sich selbst zerstören. Zu wissen, wer man ist, heißt eine kohärente, konsistente Persönlichkeit in jeder Lebenslage zu sein. Sortieren Sie keine Eigenschaften aus, weil Sie denken, dass man als weibliche Führungspersönlichkeit gestählt und hart sein müsste. Sie müssen es absolut nicht. Wenn ein Mann Sie untergräbt, weil Sie eine Frau sind, erkennen Sie, dass das Problem bei ihm liegt, nicht bei Ihnen.

SURAYA PAKZAD

DAS GESPRÄCH

SURAYA PAKZAD

*1968 | Afghanische Frauenrechtsaktivistin, ausgezeichnet mit dem „Women of Courage" Award des amerikanischen Außenministeriums

„Der kompletten Gleichberechtigung in Afghanistan steht noch ein sehr langer Weg bevor.", sagt Suraya Pakzad. Die 1968 in Herat geborene Frauenrechtsaktivistin war gerade 12 Jahre alt, als ihre Schulleiterin vor ihren Augen ermordet wurde, mit 14 Jahren wurde sie aus Sicherheitsgründen verheiratet. Zwei Jahre nach ihrem Schulabschluss zog die Familie nach Kabul, wo sich Pakzad an der Universität immatrikulierte. 1998 gründete die Mutter von sechs Kindern die Voice of Women Organization (VWO), deren Hauptaugenmerk zunächst auf Bildung für Mädchen, später dann auch für arme Mütter lag. Nach dem Fall der Taliban, 2001, reiste Suraya Pakzad durch das Land, um Frauen über die neue Verfassung zu informieren und vor Ort deren Bedürfnisse zu erfahren. 2008 erhielt ihre Organisation die Unterstützung des UN-Spezialfonds für die Beseitigung von Gewalt an Frauen. 2009 sprach Suraya Pakzad vor den Vereinten Nationen in New York und das Time Magazine kürte sie zu einem der „Top 100 Menschen 2009".

KP: Ich habe ein wenig über die Zeit gelesen in der sie aufwuchsen. Sie haben 15 Brüder und Schwestern, ist das richtig?

SP: Ja, von zwei Müttern.

KP: Wie sind Sie aufgewachsen?

SP: Ich war eines von neun Kindern meines Vaters, der zwei Frauen hatte. Ich bekam eine gleichberechtigte Erziehung und genoss zu Hause die gleichen Rechte, ohne Diskriminierung. Ich wuchs in einer sehr großen Familie auf, mit meinem Vater, meiner Mutter und den ganzen Verwandten drum herum. So hatte ich eine sehr schöne Kindheit. Aber in dieser Zeit gab es in Afghanistan Kämpfe zwischen den Mujahedin und der Sowjetunion. Ich war noch ein Kind, als ich mit ansehen musste, wie eine meiner Schuldirektorinnen vor den Augen von uns Kindern getötet wurde, weil sie sich weigerte, eine Kopfbedeckung außerhalb der Schule zu tragen und den Mujahedin zu gehorchen. Das schockierte mich und ich fragte mich immer warum sie sie erschossen haben.

„SAMMLE ERFAHRUNG UND SEI EIN TEIL DER VERÄNDERUNG DER WELT."

KP: Wie alt waren Sie als es passierte?

SP: Ich war elf oder zwölf Jahre alt, als sie erschossen wurde. Sie war eine sehr offen denkende und motivierte Frau, unterrichtete die anderen Mädchen und weigerte sich eine Kopfbedeckung zu tragen. Eine Menge meiner Lehrer wurden zu dieser Zeit von den Mujahedin erschossen. Diese Dinge sind mir im Gedächtnis geblieben und haben mein Leben verändert.

KP: Frau Pakzad, als dies geschah waren Sie noch sehr jung. Wie war Ihre emotionale Reaktion darauf?

SP: In dem Moment, als es passierte, waren wir alle verängstigt und machten uns Sorgen um unser Zuhause, das nicht weit von dem Bereich entfernt war. Wir fürchteten, dass sie in der Woche darauf uns töten würden, weil wir eine Gruppe von Schülerinnen waren. Die Situation spitzte sich sehr zu, nachdem der zweite Lehrer getötet wurde und immer mehr Handgranaten und Explosionen die Schule trafen. Meine Familie behielt mich dann sechs Monate zu Hause. Danach durften meine Schwester und ich wieder zur Schule gehen, aber es war zu dem Zeitpunkt entschieden worden, dass wir eine Burka tragen mussten. Eine Burka im Alter von 12 Jahren zu tragen war keine Erfahrung, die ich aufgrund der Taliban machen musste, sondern weil mein Vater entschieden hatte, dass wir es zu unserer eigenen Sicherheit tun sollten, um nicht von diesen Leuten erschossen zu werden. Ich konnte meine Schulbücher behalten, musste sie aber in einer Einkaufstüte tragen, um sie so zu verstecken. So konnte ich in die Schule gehen, ohne dass mir die Mujahedin schadeten. Wenn sie gewusst hätten, dass wir zur Schule gingen, hätten sie meinen Vater bestraft und wir hätten große Probleme bekommen. Das waren die Probleme, die ich in meinem Leben hatte. Der Grund dafür war das politische Spiel zwischen der Sowjetunion und den Leuten, die aus dem Ausland unterstützt wurden. Allerdings waren wir, die Kinder, Mädchen und Lehrer, davon am meisten betroffen.

KP: War die liberale Haltung Ihres Vaters ungewöhnlich? Immerhin unterstützte er Ihre Ausbildung. Dachten viele Menschen so oder war das eher die Ausnahme?

SP: Ja, er war in der Tat eine sehr weltoffene Person. Aber es war nicht nur mein Vater, der so dachte. Er wuchs in Afghanistan in einer Zeit auf, in der man aufgeschlossener war, als zu der Zeit als ich groß wurde. Mein Vater wuchs in einer Gemeinschaft auf, die die Rechte der Frauen achtete sowie die Bildung der Mädchen unterstützte und daran glaubte. Er gab uns Mädchen die gleichen Möglichkeiten wie den Jungs. Aber als wir aufwuchsen, begann in Afghanistan der Krieg und das beeinflusste nicht nur den Aufbau des Landes, sondern auch die Mentalität der Menschen. In dem Teil Afghanistans, der von den Mujahedin kontrolliert wurde, war es Mädchen nicht erlaubt, zur Schule zu gehen und viele schickten daraufhin ihre Töchter nicht in die Schule. Zum einen weil es ihnen nicht erlaubt war, zum anderen weil sie Angst vor den Mujahedin hatten. Viele Menschen verließen Afghanistan und wanderten für die Ausbildung ihrer Kinder in die Nachbarländer ein. Mein Vater aber war stark genug, um uns zur Schule zu schicken, trotz aller Widrigkeiten.

KP: Wie würden Sie Ihre Beziehung zu Ihren Eltern beschreiben? War es eine sehr starke Bindung?

SP: Meine Eltern führten eine traditionelle Beziehung. Mein Vater hatte zwei Frauen, aber nicht zur selben Zeit. Erst nachdem die erste gestorben war, traf er meine Mutter. Sie war seine einzige Frau. Das war die traditionelle Beziehung afghanischer Paare, aber sehr selten basierten Ehen auf Liebe. Sie waren meist eher auf Tradition und Sex begründet, als auf Liebe. Liebe ist sehr schwach und Sex ist sehr mächtig.

KP: Wir in Europa wissen nicht sehr viel über die Traditionen in Afghanistan. Ist es Tradition, dass die Mutter sich um die Kinder kümmert?

SP: Normalerweise ist es in Afghanistan so, dass die Mädchen ihrer Mutter näher stehen und die Jungs ihrem Vater. Jungs sind die Freunde des Vaters und Mädchen die Freundinnen der Mutter. Aber in meinem Fall war das ganz anders. Ich war das Kind eines alten Vaters, weil ich das neunte seiner Kinder war. Es ist anders, einen alternden Vater zu haben, statt eines jungen. Das Einzige, an das ich mich erinnere, ist der Respekt meiner Mutter gegenüber meinem Vater. Er war der Chef. Andere Kinder albern ab und zu mit ihrem Vater herum, aber so etwas gab es mit meinem Vater nicht. Meine Geschwister und ich hatten sehr viel Respekt und sagten lediglich „Hallo" oder „Tschüss". Wir tauschten also nur wenige Worte aus. Aber wir Mädchen standen meiner Mutter sehr nahe und teilten alles mit ihr.

KP: Lebt Ihre Mutter noch?

SP: Nein, sie starb 1991, als die Mujahedin an die Macht kamen. Sie hatte einen Herzinfarkt. Meine Mutter war eine sehr kluge und motivierte Frau. Sie war nicht besonders gebildet, auch wenn sie die Ausbildung, die für sie zu dieser Zeit möglich war, bekommen hatte. Dennoch war sie eine äußerst clevere Frau. Aber das Lesen, Nachdenken und über Themen sprechen habe ich von meinem Vater. Meine Persönlichkeit ähnelt auch eher der meines Vaters und nicht der meiner Mutter. Er lebt auch noch.

KP: Sie sagten, dass Sie eine sehr starke Person wären und vieles davon von Ihrem Vater stammt. Hatten Sie auch andere Vorbilder, zum Beispiel Menschen, zu denen Sie aufschauten, über die Sie gelesen oder von denen Sie gehört hatten?
SP: Nicht in meiner Kindheit, denn ich wurde sehr, sehr jung verheiratet, im Alter von 14 Jahren. Ich war gerade in der 10. Klasse und hatte noch nicht die Zeit, etwas über große Persönlichkeiten zu lesen. Zudem wurde ich selbst schon sehr jung Mutter. Heute denke ich in größeren Maßstäben. Ich denke, ich könnte selbst ein Vorbild sein. Im Land habe ich schon eine relativ hohe Position inne. Aber meines Erachtens nach habe ich noch genug Raum und Potential, um weiterzumachen. Eines Tages werde ich noch mehr sein als heute, nicht im Sinne einer höheren Position, sondern im Sinne meiner Arbeit und meines Beitrages für mein Land.

KP: Frau Pakzad, global gesehen sind Ihre Arbeit und Ihr Beitrag dazu bereits sehr groß. Sie gelten als eine der einflussreichsten Frauen. Wie sehen Sie sich selbst?
SP: Als ich meine Organisation gründete und nach einem Namen suchte,

drängten mich meine Freunde dazu, sie Voices of Afghan Women (Stimmen der afghanischen Frauen) zu nennen, anstatt Voice of Women (Stimme der Frauen). Ich sagte zu ihnen: „Lasst mich einen großen Traum träumen". Es geht nicht nur um afghanische Frauen; es geht um Frauen in der ganzen Welt. Mein Traum ist, dass es Voice of Women (VOW) eines Tages überall geben wird und nicht nur in Afghanistan, wo Frauen zwar Stimmen haben, sie aber keiner hört.

KP: Wenn man diese große Vision vor Augen hat, VOW auf ein globales Level zu heben, was glauben Sie, braucht es, damit dieser Traum wahr wird? Können zum Beispiel andere Länder helfen und zu Ihrer Arbeit beitragen?

SP: Vielen Dank für diese Frage. Wissen Sie, ich hatte am Anfang einen großen Traum und der wird nun wahr werden. Ich habe viele Länder besucht und ich werde auch weiterhin reisen. In der nächsten Zeit werde ich nach Australien und nach Philadelphia in den USA reisen. Was ich gerne hätte, wären Freiwillige auf der ganzen Welt. Warum Freiwillige? Man könnte in jedem Land eine Gruppe von 100 Freiwilligen haben und diese wären die Leiter ihrer eigenen Gruppen. Jeder könnte eine Gruppe von zehn Menschen leiten. Dabei spielt es keine Rolle wer sie sind. Es könnte ihre Familie, ihre Freunde, junge Mädchen und Jungen, Männer und Frauen sein. Und alle können ihre Zeit und ihre Ideen dazu verwenden, um auszuarbeiten, wie wir das Leben von Frauen überall verändern könnten – nicht nur in Afghanistan. Genauso könnten diese 100 Freiwilligen auch tausende Menschen um sich versammeln und zum Beispiel zu Spenden aufrufen. Jedes Mitglied könnte 10$ im Monat spenden und am Ende des Monats hätten wir 10.000$ aus jedem Land. Stellen sie sich vor, man macht dasselbe in 10 Ländern: wir hätten am Ende des Monats 100.000$ zur Verfügung. Mit diesem Geld könnten wir alles, überall, wo immer Mädchen Unterstützung brauchen, bewirken. Eines Tages werden wir mehr sein: von 1.000 über 3.000, bis hin zu 5.000 Mitgliedern und ich hoffe, VOW wird eines Tages auf globaler Ebene überall sein.

KP: Das klingt nach einem guten Konzept. Das soll in Australien und in den USA beginnen?

SP: Ja, in Australien haben wir bereits begonnen. Eine Organisation hat einen Raum bereitgestellt und einen Computer sowie die übrigen Dinge, die man eben braucht, bezahlt. Nun haben wir Freiwillige und verantwortliche Direktoren. Wir bringen eine Art monatlichen Newsletter für alle unsere Mitglieder heraus. Die Menschen können auch unsere Webseite besuchen und dort etwas über unsere Projekte erfahren. Sie können sich in vielerlei Hinsicht selbst mit einbringen, beispielsweise durch die Arbeit an der Webseite oder dem Newsletter.

KP: Das hört sich sehr aufregend an und ich hoffe, dass diese Organisation schnell wächst. Sie investieren eine Menge Kraft und Energie in ihre Arbeit. Woher beziehen Sie diese Kraft ?

SP: Sehen Sie, während der harten und schwierigen Zeiten, die wir in unserem Leben hatten, war es für mich immer schwierig zu Hause zu sitzen und nichts zu tun. Als ich aufgrund der Schwierigkeiten im Land Hausunterricht bekam, hatte ich einen großen Traum. Wenn ich in die Augen der Frauen schaute, sah ich darin einen Hilferuf. Ich konnte diesen Ausdruck in ihren Augen sehen und hatte am Ende des Tages selbst nur wenig erreicht. Aber auch das Wenige gab mir mehr Energie und Kraft. Wenn man kleine Dinge in einer sehr schwierigen Situation erreicht, ist das schon sehr befriedigend. Denn man weiß, wie hart man dafür gearbeitet hat, um das zu erreichen. Jeder Erfolg, den ich durch meine harte Arbeit erreichte, gab mir mehr Kraft, Energie und Freude. Wann immer ich kleine Dinge bewegte, glaubte ich auch an die großen Dinge und ich dachte, Ich sollte nicht aufhören, sondern weitermachen.

KP: Sind Sie ein zielstrebiger Mensch?

SP: Ich bin der Ansicht, dass es nur eine Straße gibt und die ist voll von Schlaglöchern. Es gibt keinen anderen Weg. Man muss den nehmen, auf dem man sich befindet. Jemand fragte mich einmal, warum ich immer den harten Weg nehmen müsste. Ich denke, wenn man das Ziel erreichen will, muss man Geduld haben und stark genug sein. Man muss weitergehen und wird sein Ziel erreichen. Aber man muss an sich selbst und an die Anstrengungen, die man auf sich nimmt, glauben und sollte wirklich glücklich sein. Man darf niemals enttäuscht sein.

KP: Sie hatten viele Gespräche sowohl mit Männern als auch Frauen und das auch auf internationalem Niveau. Sehen Sie Ihrer Erfahrung nach spezielle Eigenschaften, die Frauen haben? Was unterscheidet ihre Führung von der der Männer?

SP: Der weibliche Führungsstil basiert auf den Themen oder Dingen, mit denen wir uns auseinandersetzen. Aus meinem Blickwinkel heraus betrachtet, ist eine Führungsposition ein schwieriger Job für jeden, aber für Frauen, besonders aus Ländern wie Afghanistan, ist es wie gegen den Strom zu schwimmen. Es ist hart, aber machbar. Wenn man nicht den Mut hat, wird man verlieren. Selbst wenn man es noch nie gemacht hat, muss man gegen den Strom schwimmen, weil es so viele Herausforderungen gibt, mit denen man fertig werden muss. Die Kraft, die von Frauen ausgeht, sehe ich darin, dass Frauen zur gleichen Zeit Leidenschaft und Geduld haben. Sie warten, werden nicht enttäuscht und kämpfen um alles in einer freundlichen Art und Weise. Das ist der Grund, warum Frauen in der Regel die Friedensstifter in der Welt sind. Sie haben die Fähigkeit, Konflikte zu lösen. Das ist ein harter Job, aber Frauen haben die Leidenschaft und ein starkes Engagement nach besseren Lösungen zu suchen. In der Regel haben Frauen eine sanftere Herangehensweise und das macht weibliche Führung aus. Sie wissen, dass die schwierigsten Dinge vor ihnen liegen und sie wissen, wie man das Ziel erreicht.

KP: „Gegen den Strom schwimmen" ist ein schönes Sinnbild. Was wäre Ihr Rat oder Ihre Inspiration für Mädchen und Jungen, Männer und Frauen, die eines Tages selbst Führungspositionen inne haben wollen?

SP: Sammle Erfahrung und sei ein Teil der Veränderung der Welt. Sie sollten sich bilden und an sich selbst glauben. Denn wenn man an sich selbst glaubt, kann man die Welt verändern. Sie sollen nicht denken, dass sie alleine sind oder, dass eine Person alleine die Welt nicht verändern kann. Viele einzelne Personen zusammen können ein Land und somit die Welt verändern.

KP: Also denken Sie, dass eine Person allein bereits einen Unterschied machen kann?

SP: Ja. Alle Führer waren am Anfang eine Person. Aber sie begannen, Menschen um sich zu scharen und eine Gruppe zu bilden. Und wenn man die größten Führungspersönlichkeiten unserer Welt betrachtet, sieht man, dass alle an sich selbst geglaubt haben. Glaubt man an seine Kapazitäten und seine Ideologie sowie an das, was man erreichen will, und arbeitet man hart, wird man sein Ziel erreichen. Ich habe eine Botschaft, besonders für die Frauen: sie sollten jedes Land wie zwei Flügel sehen: ein Flügel für Frauen und einer für Männer.

KP: Wie bei einem Vogel?

SP: Genau. Ich vergleiche ein Land gerne mit einem Vogel mit zwei Flügeln, einer für die Frauen und einer für die Männer. Wenn man das Ziel erreichen will und wenn Wohlstand, Fortschritt und Entwicklung in sein Land bringen möchte, müssen beide Flügel stark genug sein, um zu fliegen. Ein Land, in dem Männer die Frauen dazu ermutigen, zu Hause zu bleiben und nichts zu tun, wird niemals Fortschritt und Wohlstand erreichen. Jedes Land, das fortschreitet und zu Wohlstand kommt, erreicht dies durch den Beitrag von Männern und Frauen. Wir müssen unseren Beitrag leisten und in den Aufbau unseres Landes aktiv miteinbezogen werden.

NADIRA PANJWANI

DAS GESPRÄCH

PAKISTAN

NADIRA PANJWANI

Engagierte Philanthropin und Gründerin der Panjwani Charitable Foundation and Trusts

„Hilal-i-Imtiaz", der „Halbmond der Güte" und „Sitara-i-Imtiaz", der „Stern der Güte", sind der zweit- und der dritthöchste Orden, die der pakistanische Präsident für herausragende Leistungen auf den Gebieten der Literatur, Sport, Kunst, Medizin, Wissenschaft und öffentliches Engagement vergibt. Im Jahr 2000 und noch einmal im Jahr 2005 gingen diese hoch angesehenen Preise an die große Philanthropin Nadira Panjwani, Gründerin und leitende Treuhänderin des Panjwani Charitable Foundation and Trusts. Die Sozialarbeiterin aus Karachi entstammt einer bekannten und engagierten Familie. Gemeinsam mit ihrem Vater legte Nadira Panjwani im Januar 1992 den Grundstein für ein öffentliches Krankenhaus. Seit 1996 ist sie Honorarprofessorin an der Bahria Universität, die den akademischen Teil der pakistanischen Marine darstellt, und unterstützt bedürftige Studenten. Mit Hilfe ihrer Spende entstand 1997 ein Neubau für die größte Schule für Sehbehinderte in Pakistan. 2000 folgte die Grundsteinlegung für das erste Forschungszentrum im Bereich der Molekularmedizin und Entwicklung von Arzneimitteln. Nadira Panjwani ist außerdem Gründungsdirektorin des Pakistan Human Development Fund.

KP: Ich würde gerne damit beginnen, wie Sie aufgewachsen sind.

NP: Meine Eltern und meine Großeltern wanderten nach Pakistan aus, weil sie die Bewegung zur Gründung Pakistans unterstützten. Wir standen in Verbindung mit den Führern dieser Bewegung, weil wir aus derselben Familie kommen, die ihren Hauptsitz aber weiterhin im Iran hatte. Wir sind eine multinationale Familie, die ihre Wurzeln auf dem indischen Subkontinent und viele verwandschaftliche Verbindungen in den Iran und auch nach Europa hat.

KP: Fühlen Sie sich diesen Regionen sehr verbunden?

NP: Ja, was man durch das Reisen erfährt, bleibt einem immer erhalten. Man nimmt die Sprache, die Kultur und die Traditionen an. Ich ging im Iran und in Pakistan zur Schule, lebte aber auch eine Weile in Großbritannien. Während ich an der Universität von Kent an einem Projekt arbeitete, starb mein Vater. Als Einzelkind musste ich seine sozialen Verpflichtungen übernehmen. Also unterbrach ich mein Studium, um sein soziales Engagement fortzuführen, hatte dann aber keine Zeit mehr für meine intellektuelle Arbeit. Da ich von der europäischen, der indischen und der Kultur des Mittleren Ostens beeinflusst war, bekam ich ein großes Verständnis und eine breite Perspektive für viele Themen. Mein Vater hatte eine Stiftung eingerichtet mit dem Ziel, die Gesundheit und die Ausbildung in dieser Region, vor allem in Pakistan, zu fördern.

KP: Wie kam Ihr Vater zu dieser starken sozialen Ader?

NP: Er war ein großzügiger Mann und glaubte, dass Geben besser ist als Nehmen. Er glaubte auch, dass Gott gutmütig auf die sieht, die ihren Besitz teilen. Nach seinem Tod trat ich in seine Fußstapfen und setzte die Tradition fort. Wenn man es einmal damkt beginnt, wird es beinahe zu einer Sucht: anderen zu dienen, verschafft einem große Freude. Mein erstes Projekt war ein gemeinnütziges Krankenhaus im Gedenken an meine Mutter, die drei Jahre vor meinem Vater gestorben war. Die Tragödien in meiner

Nadira Panjwani als kleines Mädchen

Familie folgten schnell aufeinander: ich musste mit diesem Gefühl fertig werden, mit dem man konfrontiert wird, wenn man die, die man liebt, verliert. Das lässt die materiellen Prioritäten an Bedeutung verlieren und ich wollte etwas zu tun, das die Erinnerung an meine Mutter aufrecht hält. Das war der Anfang und es wurde ein sehr erfolgreiches Projekt. Das Krankenhaus ist nicht auf Profit ausgerichtet. Es liegt im Herzen von Karachi und hat den Menschen in den letzten 17 Jahren gut gedient. Für mich hatte es einen großen Lerneffekt, da ich viel Praxisbezog hatte. Ich musste Kontakt mit der Arbeiterklasse herstellen, Bauarbeitern, Teilzeitarbeitern, Architekten und mit den Zulieferern, so lernte ich eine Menge.

KP: Also haben Sie das Krankenhaus von Grund auf aufgebaut?

NP: Genau. Danach kam mein nächstes Projekt: eines Tages erzahlte mir einer meiner Chirurgen, dass es in der Nähe eine Blindenschule gäbe, und schlug vor, dass wir dort einen Besuch machen könnten. Die Schule ist eine der größten Blindenschulen in Pakistan und hatte bereits eine lange Tradition. Für mich war es Liebe auf den ersten Blick zu diesen Kindern und so fragte ich die Verwaltung, was sie bräuchten. Sie hatten so viele Schüler, brauchten ein größeres Gebäude und suchten dringend Unterstützung. Ich besprach mich mit meinem Ehemann und wir entschieden uns, den Bau eines neuen Gebäudes zu unterstützen. Unser Plan sah vor, die Ausbildung für diese Studenten vom Kindergarten bis hin zum Master-Studiengang mit Hilfe von in Braille-Schrift verfasstem Lehrmaterial zu ermöglichen. Mit dieser Zielsetzung wurden wir Partner der Universität von Karachi. Binnen zwei Jahren war unser Projekt abgeschlossen und darauf bin ich sehr stolz.

KP: Ihr Ehemann hat Sie sehr unterstützt. Würden Sie etwas über Ihn erzählen?

NP: Er ist Onkologe; wir haben uns während meines Studiums in England kennengelernt. Es war eine Hochzeit aus Liebe, keine traditionell arrangierte Hochzeit, was in meinem Land eher üblich ist. Er ist ein sehr großzügiger Mensch und unterstützt meine Arbeit von ganzem Herzen. Ohne seine Hilfe könnte ich das alles nicht tun. Unser nächstes Projekt war ein Forschungszentrum im Bereich molekularer Medizin und Medikamentenforschung. Ich hatte einen der führenden Wissenschaftler des Landes getroffen und merkte, dass er wichtige Bedürfnisse ansprach, da Menschen in unterentwickelten Ländern wie Pakistan anscheinend nicht realisieren, wie wichtig die Forschung ist. Ich unterstützte seine Idee und so schufen wir ein erstklassiges Forschungszentrum und kooperierten mit vielen internationalen Universitäten, Organisationen und wichtigen Regierungen. Abgesehen davon, interessiert mich das Unterrichten am meisten. Seit 15 Jahren unterrichte ich an der Bahria Universität.

KP: Was unterrichten Sie?

NP: Ich unterrichte Organizational Behaviour (Anm. der Autorin: organisatorisches

Verhalten), ein Fachgebiet aus dem Management. Außerdem unterrichte ich noch Soziologie. Mein Lehrgehalt geht an einen Stipendien-Fond für Studenten, die selbst keine finanzielle Unterstützung finden können. Das Unterrichten kann fast süchtig machen und es beschwingt mich sehr. Manchmal denke ich deshalb, dass ich es aufgeben sollte, weil meine Familie größer wird und es dadurch

Gastfreundschaft pur in Nadira Panjwanis Londoner Privatwohnung, September 2010

ein großer Zeitdruck entsteht. Auf der anderen Seite kann ich die Schüler nicht enttäuschen. Präsident Pervez Musharraf war einer derjenigen, die die Bedeutung von Bildung erkannten und gründete die Higher Education Commission of Pakistan und ich hatte das Privileg, Mitglied des Vorstandes zu werden.

KP: Wie ist der Anteil von Männern und Frauen an der höheren Bildung in Pakistan?

NP: Sie werden überrascht sein, es gibt mehr Frauen in der höheren Bildung. Sowohl auf dem Grund- als auch auf dem weiterführenden Level sind Mädchen sehr gute Schülerinnen. Sie nehmen die Schule ernst.

KP: Werden Sie zur Schule geschickt?

NP: Es kommt darauf an, ob die Mädchen aus einer ländlichen oder städtischen Gegend kommen. Mehr als 75 % der pakistanischen Bevölkerung lebt in ländlichen Gebieten und dort wird Bildung nicht sonderlich ernst genommen. In großen Familien werden Mädchen auf die landwirtschaftliche Arbeit auf dem

Hof vorbereitet. Sie werden nicht auf die Schule geschickt und das ist das Schlimme. Wenn es überhaupt die Möglichkeit gibt, zur Schule zu gehen, dann für die Jungs.

KP: Bezahlen die Eltern etwas für die Schule?

NP: Wir haben kostenlose öffentliche Schulen, aber die Ausbildung dort ist eher schlecht. Um eine gute Ausbildung zu bekommen, muss man auf eine private Schule gehen – wenn man das bezahlen kann. Wir haben das niedrigste Bildungsbudget in der ganzen Region. Sogar Länder wie Sri Lanka oder Bangladesh geben mehr Geld für Bildung aus als Pakistan. Nur auf dem privaten Sektor wird alles Mögliche versucht, aber auch da gibt es Grenzen: die Mittel sind begrenzt, die Probleme unendlich.

„ICH GLAUBE, DASS FRAUEN BESSERE FÜHRUNGSKRÄFTE SIND, WEIL SIE MITFÜHLENDER, WENIGER WETTBEWERBSORIENTIERT UND WENIGER AGGRESSIV SIND."

Ich war kurze Zeit Verwaltungsministerin und machte die Erfahrung, wenn man in der Regierung ist, hat man die Möglichkeit, gute Politik zu machen, von der eine Menge Menschen profitieren können. Aber in Pakistan ist die Politik leider eine Domäne von Korruption und Betrug, weshalb ich nicht länger Teil der Regierung sein wollte. Dank Präsident Musharraf haben wir heute sehr aktive Medien und alles, was irgendwie falsch ist, taucht sofort in den Medien auf. Aber alles wird seine Zeit brauchen.

KP: Ich würde gerne noch einmal auf Ihre Erziehung zurückkommen. Viele Menschen glauben, dass Führung mit der Art wie man aufwächst, zusammenhängt. Wie war das bei Ihnen?

NP: Ich war das einzige Kind und bekam viel Zuneigung und Liebe von meinen Eltern. Sie gaben mir die Grundvoraussetzungen für Selbstbewusstsein und Selbstvertrauen, dazu eine gute Ausbildung und persönliche Lehrstunden bei meinem Vater. Mein Vater war eine außergewöhnliche Person und ich nannte ihn mein wandelndes Lexikon. Meine Mutter war überaus herzlich, liebevoll und fürsorglich. Mein Vater hingegen war sehr streng, wenn es um Disziplin ging. Er gestattete kein unsinniges Verhalten und tolerierte keine laxe Erziehung. Ich denke, dass die beiden sich ausglichen.

KP: Haben Sie sich immer an die Regeln gehalten und was wäre gewesen, wenn Sie die Regeln nicht befolgt hätten?

NP: Ich gehorchte meinem Vater, weil ich ihn niemals verletzen wollte. Der Familienname und die -tradition waren sehr wichtig. Ich habe nie darüber nachgedacht, was passiert wäre, wenn ich ihnen nicht gehorcht hätte. Alles war zu meinem eigenen Besten.

KP: Hatten Sie weibliche Vorbilder?

NP: Ich bewundere Margret Thatcher. Ich mochte ihre Politik nicht, aber ich mochte die Tatsache, dass sie eine sehr starke Frau und eine der ersten weiblichen Führungspersönlichkeiten war. Ich bewunderte immer ihren Stil und ihre Art zu sprechen. Ich mochte auch die selbstbewusste Art, wie sie mit Problemen umging. Eine weitere Person ist Hillary Clinton. Sie ist auch eine sehr starke Frau: die Art, wie sie es schaffte, nach dem Lewinsky-Skandal nicht zusammenzubrechen, wie sie ihre eigene Karriere im Senat vorantrieb, wie sie um die Präsidentschaft kandidierte und nun ist sie Außenministerin. Sie ist eine Frau, zu der man aufschaut.

KP: Wie sehen Sie sich selbst? Sehen Sie sich als starke Frau?

NP: Ja, ich denke, ich bin stark in der Hinsicht, dass ich viel Leid erfahren habe und in der Lage war, weiterzumachen. Ich komme aus einer sehr eng gestrickten Familie: meine Mutter, mein Vater und ich. Der Tod meiner Mutter war das Ende der Welt für mich. Ich zerbrach daran, aber ich schaffte es wieder raus. Und dann der Tod meines Vaters, der mich ohne jede moralische Unterstützung zurück ließ. Obwohl wir viele Verwandte hatten, gab es keinen Ersatz für meine Eltern. Als ich durch diese Tragödie gegangen war, fühlte ich, dass ich fähig war, alles in der Welt zu überstehen.

KP: Was war Ihrer Meinung nach der Antrieb, diese Schicksalsschläge zu überstehen?

NP: Ich ziehe eine Menge Kraft aus meinem Glauben, aber nach dem Tod meiner Mutter entdeckte ich tatsächlich den Islam in seiner ganzen Bedeutung und ich entdeckte Gott. Dann las ich den Koran, das heilige Buch, zum ersten Mal. Ich erkannte, dass das, was Gott gesagt und gemeint hatte, sich sehr von dem unterschied was die Mullahs und die so genannten obersten Priester sagten. Die Botschaft ist, gut zu sein und Gott zu dienen, weil Gott seine Schöpfung liebt und die, die ihr dienen.

KP: Sie haben fast die ganze Welt bereist. Wie sehen Sie die westliche Welt mit dieser Botschaft verbunden?

NP: Bernhard Shaw sagte nach einer Reise in den Osten: „Der Islam ist die beste Religion und die Muslime sind die schlechtesten Menschen." Er könnte Recht gehabt haben, denn wir haben irgendwie die Grundbotschaft des Heiligen Buches aus den Augen verloren. Viel Inspiration für meine soziale Arbeit stammt aus England. Ich habe in Europa gesehen, dass die Menschen wirklich daran interessiert sind, etwas für die Allgemeinheit zu tun. Aber wenn man in unseren Teil der Welt kommt, scheint es nicht die Direktive der Politiker zu sein, gut zu den Menschen zu sein und den Massen zu dienen.

KP: Denken Sie, dass Veränderungen in Pakistan mit der Hilfe von außen erreicht werden können, zum Beispiel durch andere Länder, die ihr Wissen teilen und Geld geben oder denken Sie, dass es aus dem Inneren kommen muss?

NP: Es gibt Verbindungen zu vielen ausländischen Nichtregierungsorganisationen,

zum Beispiel haben wir ein Frauenhaus für die Opfer von sozialer Ungerechtigkeit und häuslicher Gewalt. Auch die deutsche Regierung hat uns finanziell unterstützt, so dass wir mit ihrer Hilfe zahlreiche Bildungseinrichtungen für diese Menschen schaffen konnten. Wir haben auch andere Länder um Unterstützung gebeten, aber Deutschland war das erste Land. Also ja, wir stehen in Verbindung mit anderen Ländern. Aber ich glaube, wenn wir eine wirklich bemühte Regierung mit Politikern hätten, die wirklich ihren Menschen dienen wollten, dann bräuchten wir keinerlei ausländische Hilfe mehr.

KP: Was konnten Sie in der Zwischenzeit tun, um eine positive Veränderung zu erreichen?

NP: Das Hauptproblem ist die mangelnde Bildung. Wir brauchen Bildung, Bildung und noch mehr Bildung. Wir müssen Wissen, Bewusstsein und Verständnis unter die Massen bringen. Wenn sie einmal angefangen haben zu verstehen, können Veränderungen passieren. Es wird allerdings Zeit brauchen. Doch in der Zwischenzeit ist das Beste, was wir tun können, weiter- und für den Fortschritt zu arbeiten.

KP: Wäre das ein Rat, den Sie jungen Frauen geben würden?

NP: Ja, das ist meine Botschaft an junge Frauen: gebt die Hoffnung nicht auf. Gebt den Glauben und das Vertrauen in euch selbst nicht auf. Wir können ein System nicht über Nacht ändern, vielleicht dauert es länger als ein ganzes Leben. Aber es existiert eine Person, über die ihr völlige Kontrolle habt, und das seid ihr selbst. Stellt sicher, dass ihr das Richtige tut. Wenn jede von uns anfängt, so zu denken, wird der Effekt gewaltig sein.

KP: Wie ist Ihre Wahrnehmung der Rolle der Frauen in Pakistan?

NP: Es gibt diese Wahrnehmung im Westen, dass Frauen in Pakistan keine Entscheidungsfreiheit besitzen, dass sie Opfer sind und sie diskriminiert werden. Das ist zugleich wahr und falsch. Pakistan ist ein großes Land und der Großteil der Bevölkerung lebt in den ländlichen Gegenden. Es gibt dort Gebiete, in denen Frauen wirklich sozial benachteiligt sind. Dann haben wir aber auch eine wirklich große städtische Population. Hier sind Frauen in bequemen Positionen und haben einige Vorteile gegenüber den Männern. Aber alles in allem hat die Mehrheit der pakistanischen Frauen Probleme und sie werden unterdrückt. Das ändert sich aber auch langsam, weil das Bewusstsein zunimmt; zum Beispiel sind mittlerweile viele Frauen im Parlament. Auf der anderen Seite, wenn man sich einige muslimische Familien ansieht, werden Frauen sehr beschützt, sie erfahren also positive Diskriminierung. Sie bekommen eine Menge Unterstützung und Zuneigung, aber sie sind nicht in der Lage, unabhängige Entscheidungen zu treffen.

KP: Könnten Sie Beispiele für weibliche Führung in Pakistan nennen?

NP: Wir haben Frauen im Stadtrat. Kürzlich gab es ein Symposium für Neurowissenschaftlerinnen und ich sah viele Wissenschaftlerinnen aus verschiedenen Teilen des Landes.

KP: Glauben Sie, dass Frauen anders führen?
NP: Ich glaube, dass Frauen bessere Führungskräfte sind, weil sie mitfühlender, weniger wettbewerbsorientiert und weniger aggressiv sind. Sie glauben an Win-Win-Situationen und dass jeder etwas bekommen sollte.

KP: Welche größeren Projekte haben Sie derzeit?

NP: Wir haben ein Bildungszentrum für blinde Kinder, junge Studenten und ein Forschungszentrum. Nun bin ich dabei, eine Ausbildungseinrichtung für junge Männer und Frauen einzurichten, die nicht der intellektuelle akademische Typ sind. Sie brauchen höhere Bildung, aber vor allem praktische Fähigkeiten, mit denen sie Geld verdienen. Wie schon gesagt, Bildung ist meine Leidenschaft.

KP: Wenn man sich all diese Projekte betrachtet, wie managen Sie Ihre Zeit?

NP: Meine Familie unterstützt mich sehr und ich habe ein gute Mitarbeiter. Ich verbringe auch viel Zeit mit meinen Kindern, um Stress abzubauen. Ich genieße es, für meine Kinder da zu sein und es ist wichtig, kein großes Ereignis zu verpassen. Ich will diese Dinge nicht delegieren.

KP: Wie schöpfen Sie Kraft?

NP: Ich bekomme meine Stärke aus meinem Glauben. Und ich liebe es, mit meinen Kindern zu spielen, Musik zu hören und gelegentlich Ferien zu machen. Außerdem nähe ich sehr gerne. Das ist mein Hobby. Ich denke viel nach, wenn ich in der Luft bin und im Flugzeug sitze. Dort bekomme ich immer neue Perspektiven.

MARIANNE RAVEN

DAS GESPRÄCH

MARIANNE RAVEN

*1950 | Anwältin und ehem. Geschäftsführerin von Plan Deutschland e.V.

Engagiert, zielstrebig und mit dem Willen, etwas aus ihrem Leben zu machen bot Marianne Raven ihrem Umfeld schon früh Paroli. Die Tochter eines aus der Kriegsgefangenschaft zurückgekehrten Vaters wurde 1950 im norddeutschen Osdorf als drittes von vier Kindern geboren.

Trotz bester Schulnoten machte sie zunächst eine Ausbildung zur Fremdsprachenkorrespondentin, holte dann aber das Abitur auf dem zweiten Bildungsweg nach und studierte schließlich Jura.

Die Arbeit als Anwältin erfüllte die „unverbesserliche Optimistin" auf Dauer jedoch nicht, sodass sie 1988 die Geschäftsführung der deutschen Organisation von Plan International übernahm und erst 22 Jahre später wieder abgab. 2008 wurde ihr zu Ehren die „Marianne M. Raven Stiftung für begabte Mädchen" gegründet.

KP: Frau Raven, lassen Sie mich und die Leser ein wenig an Ihrer Kindheit und Jugend teilhaben.

MR: Meine Eltern sind Flüchtlinge aus Ostpreußen. Wir sind vier Kinder, zwei Jungen und zwei Mädchen und ich war Papas Lieblingskind. Da die beiden Jungs in meinem Alter waren, waren wir immer zusammen und ich musste mich durchsetzen. Das hatte zur Folge, dass sie mich heute sehr respektieren. Ich glaube, dass mich das schon geprägt hat: wenn es geradeaus nicht weiterging, musste ich mir eben einen anderen Weg suchen, aber aufgeben kam für mich nicht in Frage. Ich habe nie aufgegeben, das gab es nicht.

KP: Wie verlief Ihre schulische Ausbildung?

MR: Meine Eltern wollten nicht, dass ich auf das Gymnasium ging, weil ich ihrer Ansicht nach zu klein und zu schmächtig war. Sogar der Direktor war bei uns im Laden und sagte meinem Vater, dass ich auf das Gymnasium müsste. Aber mein Vater hat abgelehnt und gesagt, dass ich doch ohnehin heiraten würde und es für mich als kleines zartes Mädchen nichts wäre, mit dem Zug nach Elmshorn zu fahren. Also bin ich in Barmstedt geblieben. Aber mit 18 Jahren habe ich meinen Eltern mitgeteilt, dass ich ab sofort meinen eigenen Weg gehen würde.

KP: Wie haben sie darauf reagiert?

MR: Ich habe einfach nie gefragt. Das 18. Lebensjahr war für mich entscheidend: ich hatte die Höhere Handelsschule abgeschlossen und schon ein Jahr gearbeitet. Ich bin aus der Kirche ausgetreten und habe entschlossen, nun selbst über mein Leben zu entscheiden. Also bin ich als Au-Pair nach England gegangen.

KP: War das schwierig für Ihren Vater, als sein Mädchen das erste Mal weggegangen ist?

MR: Ja, wir hatten immer wieder Streit während meiner Pubertät. Ich war nicht mehr sein liebes süßes Mädchen, das ihn anhimmelte, sondern ich hatte den von ihm geerbten Dickkopf. Wir waren uns in diesem Punkt zu ähnlich.

KP: Haben Sie das später beide erkannt?

MR: Ja, wir hatten schwierige Zeiten. Aber ich denke, dass er heute stolz wäre auf das, was ich geleistet habe. Es war aber auf irgendeine Weise in mir drinnen: ich wusste, dass ich für mich selbst verantwortlich

Marianne Raven auf dem Arm ihres Vaters

sein kann und will. Es kam mir auch entgegen, dass Frauen zu dieser Zeit mehr geachtet wurden. Wenn ich an die Schule denke, kann ich nicht sagen, dass ich von den Lehrern schlechter behandelt wurde als die Jungs. Ich war das kleine, zarte und hübsche, aber sehr intelligente und auch zeitweise aufmüpfige Mädchen, somit auch Lieblingsschülerin von einigen Lehrern.

KP: War das in den Noten ablesbar?

MR: Ich war gut und sogar die Beste in Mathe, was eher ungewöhnlich ist. Ich habe in der Schule immer jemanden gefunden, der mich gefördert hat und glaube, man muss auch ein Umfeld haben, das bereit ist, Potential zu erkennen und zu fördern. Als ich 19 war, riet mir mein damaliger Freund und Ex-Mann, das Abitur nachzuholen. Und so habe ich mich dann mit 21 beim Abendgymnasium angemeldet und mit 24 mein Abitur gemacht.

KP: Wie war damals das Verhältnis zu Ihren Eltern?

MR: Zu meiner Mutter hatte ich nie ein enges Verhältnis. Das hat alles mein Vater abgedeckt und im Nachhinein – als ich eigene Wege ging – war er, glaube ich, ein bisschen eifersüchtig. Ich habe meinen Eltern aber vermittelt, dass ich mein eigenes Geld verdiene und mein eigenes Leben führe. Wenn sie etwas dagegen hätten, würden sie mich nie wieder sehen. Ich habe damals auch schon mit meinem Freund zusammengelebt. Aber als wir ihnen dann sagten, dass wir heiraten, ist eine große Freude ausgebrochen, da das Lotterleben damit endlich beendet war.

KP: Hat sich durch die Ehe etwas für Sie verändert?

MR: Ich habe studiert. Mein Ex-Mann war zu Hause, er hat Kinderbücher illustriert und unsere Vorstellung war, dass ich Anglistik und Germanistik studieren und ihm die Kinderbücher schreiben würde. Journalismus hat mich auch interessiert. Dann sagte mir jemand, dass ich doch etwas „Ordentliches" studieren solle, so wie Jura und da könne man sich ja zum Beispiel auch auf Medienrecht spezialisieren. Also entschied ich, dass ich Jura studieren würde.

KP: Wie hat Ihr Mann auf diese Entscheidung reagiert?

MR: Er fand es nicht gut, wohl weil ihm der Zugriff abhanden ging. Ich denke, das war dann auch schon das Ende unserer Beziehung. Mit 28 haben wir uns scheiden lassen und ich habe das Studentenleben mit all seinen Facetten mitgemacht. Die Klausuren habe ich aber immer gut bestanden. Ich musste mein Studium schnell durchziehen, weil ich ein Stipendium hatte. Ich spezialisierte mich auf Medienrecht und leistete einen Teil des Referendariats in der Rechtsabteilung des Stern ab. Das war zu der Zeit, als die falschen Hitler-Tagebücher aufkamen. Als die aufflogen, jobbte ich gerade nach einem Aufenthalt in Australien wieder bei Gruner + Jahr. Ich hatte damals einen Bastkoffer als Aktenkoffer und die Kollegen sagten, dass ich damit so unauffällig aussehe. Also wurde entschieden, dass ich die Hitler-Tagebücher in diesem Köfferchen zum Staatsanwalt bringen sollte. Ich werde diesen Moment wahrscheinlich mein Leben lang in Erinnerung behalten, weil es unglaublich witzig und absurd war. Die ganze Welt redete über diese Geschichte und ich trug die Bücher in meinem Bastköfferchen zum Staatsanwalt.

KP: Gehen wir einen Schritt weiter. In Ihrem nächsten Job hatten Sie schon eine Führungsrolle?

MR: Ja, ich war dann in einer Anwaltskanzlei. Die Kanzlei war auf Internationales Recht und Familienrecht spezialisiert. Über die fünf Jahre, die ich dort gearbeitet habe, hatte ich mich viel mit Scheidungen zu tun und wollte das irgendwann nicht mehr machen. Aber schon während der Referendariatszeit bekommt man erste Führungsaufgaben und auch auf den Seminaren wird man trainiert, weil man ja als Richter ausgebildet wird.

„WENN MAN EINE VISION, EIN ZIEL ODER EINEN TRAUM HAT, DANN GIBT ES IMMER EINEN WEG DORTHIN."

KP: Wussten Sie da schon, dass Sie keine Richterin werden wollten?

MR: Ja, das war klar. Ich bin Kämpferin. Ich bin einseitig und habe nichts Ausgleichendes an mir. Vielleicht jetzt inzwischen durch meine Erfahrung und durch das Beobachten und Lernen, dass man immer zwei Seiten hören muss. Aber ich habe nichts Diplomatisches. Es war mir immer wichtig, mit Menschen zu tun zu haben. Ich wollte keinen langweiligen Büroalltag, wo ich morgens rein und abends wieder rausgehe. Das war auch einer der Gründe, warum ich nach fünf Jahren als Anwältin gesagt habe, dass ich etwas Anderes machen muss.

KP: Und wie kam es zu der Entscheidung, zu einer gemeinnützigen Organisation zu gehen?

MR: Eine Freundin, die den Asstistenten des Gründers von Plan, Rudolf Stilcken, kannte, erzählte mir, dass jemand gesucht wurde. Ich habe mich erst einmal gefragt, was ich denn mit einer Hilfsorganisation zu tun haben will. Dann habe ich mich aber näher informiert und gesehen, dass diese Organisation Projekte macht, die weder religiös, noch politisch orientiert sind. Das interessierte mich dann. Die finale Bewerbungsrunde fand in Amsterdam statt, wo der deutsche Gründer, der holländische und der internationale Geschäftsführer dabei waren. Der holländische Geschäftsführer sah mich hereinkommen und sagte: „Die ist es." Er sagte, dass ich, als ich hereinkam, den Raum gefüllt habe und witzig war.

KP: Hatten Sie nach diesem Gespräch auch das Gefühl, dass Sie es sind?

MR: Ich hatte ein gutes Gefühl. Ich weiß noch, wie mich der internationale Geschäftsführer in der auf Englisch geführten Vorstellungsrunde fragte: „How much would you do to get the job?" Und ich antwortete: „I wouldn't die for it." Sie haben alle gelacht und die Zusage kam noch am selben Abend.

KP: War dann Freude da?

MR: Ja. Dann habe ich mich plötzlich gefreut. Kurz darauf ging es los und ich wurde gleich zu Beginn auf eine weltweite Tour geschickt, weil ich die Programme der Organisation kennenlernen sollte. Erst als ich vor Ort war, habe ich die Bedeutung meiner Aufgabe wirklich begriffen. Es war aber auch noch etwas anderes. Ich kam den Menschen so nahe. Das hat mich berührt. Und da hat es mich gepackt: ich wollte etwas an der Situation dieser Menschen verändern. Es war kein Mitleid. Ich habe nie Mitleid gehabt, sondern eher den Drang, diese Probleme mit den Menschen gemeinsam zu lösen.

KP: Da Sie ja eher aus dem wirtschaftlichen Bereich kommen, mussten Sie sich an die andere Kultur in einer gemeinnützigen Organisation gewöhnen oder spürten Sie Vorbehalte?

MR: Ich hatte Glück. Mein Mentor war der holländische Geschäftsführer und er hatte eine ähnliche Einstellung wie ich. Meine Aufgabe war es, den wirtschaftlichen Teil abzudecken, gute Arbeit zu leisten und effektiv zu arbeiten, damit ich so viel wie möglich an unsere Projekte vor Ort überweisen konnte. Mich haben die Entwicklungsfachleute nie sehr interessiert. Diese Menschen sind Fachleute auf ihrem Gebiet und mein Gebiet war das Management. Ich habe genauso gedacht, als würde ich Kühlschränke verkaufen.

KP: Aber wird Ihrer Erfahrung nach, diese Art von Denken innerhalb der Organisation gerne gesehen?

MR: Es gibt die politisch korrekten Gutmenschen und es gibt die Wirtschaftsleute. Die bekämpfen sich natürlich und verstehen sich gar nicht. Die wirtschaftlich denkenden Leute haben allerdings immer die besseren Zahlen.

KP: Aber Sie mussten ja mit allen arbeiten.

MR: Naja, innerhalb von Plan gab es Leute, die dachten wie ich und ich konnte mit meinen Vorstellungen punkten. Und es gab Gutmenschen, die mir vorwarfen, dass ich das nicht machen könnte und kein Herz hätte. Ein Gutmensch war ich aber nun gar nicht und will ich auch nicht sein. In der deutschen Entwicklungsszene bin ich deswegen auch gar nicht angekommen. Nie. Diese Leute haben mich ohne Ende verachtet und mich das auch spüren lassen. So wurde ich zu Beginn meiner Tätigkeit in der Dominikanischen Republik von unseren Mitarbeitern einem Deutschen vorgestellt, der vor Ort für die Friedrich-Ebert-Stiftung tätig war. Ich wurde als Anwältin vorgestellt und der Mitarbeiter der Stiftung fragte mich, was ich denn über Entwicklungshilfe wüsste. Ich antwortete ihm offen, dass ich gar keine Ahnung davon hätte. Daraufhin hat er mir nicht einmal die Hand gegeben.

KP: Welche Reaktion hat das in diesem Moment in Ihnen ausgelöst?

MR: Ich habe ihn abgebügelt und mich dann innerlich über diesen Menschen geärgert.

KP: Dann haben Sie es allen durch die Zahlen gezeigt. Wie viele Patenschaften hatten Sie als Sie angefangen haben und wie viele hat Plan Deutschland heute?

MR: Erst null, heute circa 300.000. Und die Nr. 1 im Spendensammeln sind wir kurz vor meinem Abschied auch noch geworden.

KP: Wenn Sie Ihren Führungsstil bei Plan Revue passieren lassen, gab es da grundlegende Veränderungen im Laufe der 20 Jahre?

MR: Nein, die gab es nicht.

KP: Wie würden Sie Ihren Führungsstil in beschreiben?

MR: Ich denke was mich ausmacht ist Ehrlichkeit. Ich habe mich nie verstellt und nie mit Lügen und Ausflüchten gearbeitet. Wenn etwas schief gelaufen ist, habe ich dazu gestanden und mich für Fehlverhalten immer entschuldigt. Aber auch Ehrlichkeit zu mir selbst, das ist ganz wichtig. Und dass ich weiß, wo meine Stärken und Schwächen liegen. Es ist wichtig, zu seinen Stärken zu stehen, auch wenn sie manchen Leuten nicht gefallen. Und an den Schwächen muss man arbeiten. Es darf nicht so weit gehen, dass man Menschen damit verletzt. Ich habe die Schwäche, dass ich sehr ungeduldig bin. Es muss immer alles schnell gehen und da muss man sich zurücknehmen.

KP: Sie hatten einen sehr zeitaufwändigen Job. Wie stand es um das Thema Work-Life-Balance?

MR: Jemand sagte in der Abschiedsrede: „It took all your life".

Hamburg, Januar 2011

KP: Das heißt, da blieb nicht viel Raum für andere Dinge?

MR: Ich musste meine Freundschaften pflegen. Als ich den Job bekam, war ich mit einem Mann zusammen, der dann die Beziehung beendete. Er sagte, dass er eigentlich eine Frau wollte, die zu Hause ist und als Hausfrau Kinder und Hund versorgt.

KP: Da war er sehr ehrlich. Wie war Ihre Reaktion darauf?

MR: Ich habe mich für den Job entschieden. Ich habe so viel gearbeitet, mich gegen meine Eltern durchgesetzt und endlich einen Job gefunden, bei dem ich all das, was ich gelernt habe, umsetzen konnte. Es war klar, dass ich all das nicht für eine Ehe aufgeben würde. Denn damals musste man sich ja wirklich zwischen Familienleben und Karriere entscheiden.

KP: Was hat Ihnen außerhalb des Jobs Kraft gegeben?

MR: Ich habe viele gute Freunde. Und ich habe ein sehr enges Verhältnis zu meiner Nichte, an der ich sah, dass sie ernten konnte, was ich gesät hatte, nämlich die Selbstständigkeit und eine gleichberechtigte Partnerschaft in ihrer Ehe. Es ist schön zu sehen, dass ich zwar nicht alles für mich selbst verwirklichen konnte, weil ich vielleicht zu früh dran war, dass es jetzt aber grundsätzlich möglich ist.

KP: Was würden Sie gerne der nächsten Generation von Frauen raten, die ihren Weg gehen und Führungspositionen erreichen wollen?

MR: Nie aufgeben. Es gibt immer einen Weg. Wenn man eine Vision, ein Ziel oder einen Traum hat, dann gibt es immer einen Weg dorthin. Anders gesagt, man sollte nie meinen, dass es nur einen Weg dorthin gibt. Man sollte Alternativen zulassen und den Traum zwar beibehalten oder vielleicht ein wenig modifizieren. Und man muss immer bereit sein, auch loszulassen. Wenn Sie sich in einem Konflikt mit jemandem befinden, dann müssen Sie sich immer auch darauf einstellen, den Kampf gegebenenfalls zu verlieren und darauf vorbereitet sein, damit umzugehen.

INDU SHAHANI

DAS GESPRÄCH

INDU SHAHANI

*1954 | Sheriff von Mumbai und Direktorin des H.R. College of Commerce and Economics

Der Sheriff von Mumbai ist eine hoch qualifizierte Frau: Seit 2008 hat Indu Shahani diese verantwortungsvolle Position direkt unter dem Bürgermeister inne, für die nur verdiente Bürger vorgeschlagen werden.

Die 1954 in Mumbai geborene Inderin promovierte in Betriebswirtschaft. Sie gilt als visionäre Führungspersönlichkeit und weltweit anerkannte Expertin für Bildung und wertorientierte Führung. Bereits seit 2000 leitet Indu Shahani das H.R. College of Commerce and Economics in Mumbai.

Die verheiratete Mutter eines Sohnes wurde für ihr Engagement im Bildungsbereich vielfach ausgezeichnet und ist Mitglied zahlreicher Komitees, Aufsichtsräte und Vorstände, darunter „United Way of Mumbai", einer Firmenplattform speziell für Social Responsibility Programme.

KP: Könnten Sie mir etwas über Ihre persönliche Situation erzählen?

IS: Ja, ich habe sehr jung, im Alter von 22 Jahren einen sehr netten Mann geheiratet, der das was ich tue extrem unterstützt.

KP: Was ist er von Beruf?

IS: Er ist Vorstandsvorsitzender eines großen Pharmaunternehmens in Indien. Mein Mann ist hoch qualifiziert und als wir heirateten, entdeckten wir viele intellektuelle Übereinstimmungen und gemeinsame Denkweisen in unserer Beziehung. Dennoch sind wir beide sehr verschieden: er ist sehr viel reservierter als ich, hat mich aber immer sehr unterstützt und ermutigt. Ich denke, meine Persönlichkeit ist nach der Heirat aufgrund seiner Unterstützung und dadurch, dass ich mit der Wirtschaft in Kontakt kam, gewachsen. Ich bin eine Akademikerin und er ist in der Geschäftswelt zu Hause. Durch den Kontakt zu dieser Welt habe ich eine rundere Persönlichkeit entwickelt. Davon profitiert auch meine Fakultät.

„ICH SEHE MICH SELBST ALS STUDENTIN DES LBENS."

KP: Sie sind der erste weibliche Sheriff, der aus dem akademischen Bereich berufen wurde...

IS: Ja. Bis heute gab es 110 Sheriffs in Mumbai und ich bin die erste Dozentin, die in Dienst gestellt wurde. Ich denke, das stellt die akademische Ausbildung in den Mittelpunkt und macht generell die Bedeutung der Ausbildung in Indien deutlich. 50 % der indischen Bevölkerung sind unter 25 Jahre alt. Ich glaube, dass die Wissenschaft und Ausbildung sehr wichtig sind.

KP: Sie werden weltweit als weibliche Führungspersönlichkeit gesehen, die eine Menge erreicht hat. Wie sehen Sie sich selbst?

IS: Ich sehe mich als Studentin.

KP: Als eine Studentin des Lebens?

IS: Ja, ich sehe mich selbst als Studentin des Lebens und als eine Studentin, die von ihren Studenten lernt, weil ich der Meinung bin, dass es eine Frage des umgedrehten Lernens ist. Ich glaube, dass die Jüngeren so viel Energie und Enthusiasmus haben und wir Erwachsenen eine Menge davon lernen können. Wir haben eine Menge vom Leben zu lernen. Um uns herum passiert so viel und ich denke, das lehren auch lernen bedeutet, weil man im Leben nie auslernt.

KP: Wenn Sie selbst Ihr persönliches und akademisches Leben betrachten, welche Erfahrungen haben Ihr Leben maßgeblich geprägt?

IS: Zuerst würde ich sagen: Große Führung durch meine Mutter.

KP: Inwiefern?

In Indu Shahanis Büro, Januar 2011, in Mumbai / Indien

IS: Sie war eine großartige Lehrerin. Sie war ganz anders als ich: sehr offen, überschwänglich und eher eine Hausfrau. Und es half mir, dass sie genau wusste, was ich für eine Persönlichkeit hatte. Als ich beispielsweise am Scheideweg stand und nicht wusste, ob ich Dozentin werden oder in die Geschäftswelt gehen sollte.

KP: Und sie gab Ihnen den Schubs in die richtige Richtung?

IS: Ja, das tat sie. Denn ich bewarb mich bei einer multinationalen Firma, und als ich zum letzten Interview dorthin ging, sagte sie einen Satz, der mich meine Meinung ändern lies. Sie sagte: „Du würdest viel durch das Lächeln der Studenten zurückbekommen." Was sie mir sagte war, dass das Lächeln der Studenten sehr viel mehr war als das, was ich durch den Verkauf von Shampoo und Reinigungsmitteln erhalten würde. Ich glaube, dass mir das half, mein Leben richtig zu gestalten.

KP: Ich weiß, dass Sie eine Menge über Führung wissen. Wie würden Sie in der heutigen Zeit Führung definieren?

IS: Leidenschaft. Es gibt ein Wort, das definiert Führung von heute und das ist Leidenschaft. Wenn man Leidenschaft besitzt, kommt der Rest von selbst. Leidenschaft steht in Verbindung mit Mitgefühl und Fokus. Ich denke, dass man mit Leidenschaft alles managen kann. Leidenschaft ist auch für Teamwork wichtig, weil, wenn man leidenschaftlich ist, gewinnt man die anderen eher für seine Sache.

KP: Was zeichnet für Sie Frauen in einer Führungsrolle aus?

IS: Frauen sind sehr ausdrucksstark und in gewissem Sinn emotional. Wenn ich zu jemandem durchdringen will, möchte ich der Person sagen, was ich wirklich zu sagen habe. Wenn ich mich danach sehne, einen Studenten zu umarmen, dann zeige ich eben meine Zuneigung. Auf Grund der Rolle, die Mütter als Mütter spielen, können Frauen durchdringen und Herzen berühren.

KP: Was würden Sie jungen Menschen sagen, die erfolgreich werden wollen?

IS: Sie müssen sich sehr engagieren. Das kommt daher, dass wir heute eine recht abgelenkte Jugend haben. Ich sehe, dass meine Studenten viele Dinge gleichzeitig tun. Sie haben unzählige Möglichkeiten, von denen sie begeistert sind, aber oft haben sie nicht die Hartnäckigkeit und zeigen kein anhaltendes Engagement. Sie müssen verstehen, dass es bei Arbeit um Engagement und Hartnäckigkeit geht und sie sich deshalb konzentrieren und Prioritäten setzen müssen.

KP: Wie setzen sie die richtigen Prioritäten?

IS: Ich denke, sie sollten ihrem Herzen folgen. Es ist sehr wichtig, dass junge Menschen das tun, was sie mögen. Eben weil sie viele Möglichkeiten haben. Das heißt aber auch, dass sie schon sehr früh im Leben wissen müssen, was sie wollen.

KP: Das ist manchmal hart.

IS: Das ist sehr hart, aber auch äußerst wichtig. Sie müssen sich konzentrieren und, was entscheidend ist, Klarheit in den Gedanken finden.

KP: Sie haben so viele Verpflichtungen. Wie bleiben Sie konzentriert?

IS: Nun, das ist schwer. Gerade heute Morgen, hatte ich zwei Möglichkeiten und ich fragte mich, wie ich mich entscheiden sollte. Wie bleibe ich in Gedanken klar? Ich folge meiner Intuition und am Ende des Tages bekomme ich aus meinem Inneren die Antwort. Ich kann es nicht erklären, aber es ist eine starke Intuition.

KP: Und wie schaffen Sie in Ihrem Leben den Ausgleich zwischen der Karriere und Ihrer Familie?

IS: Es sind zwei Dinge die mir dabei helfen: Erstens genoss ich – und genieße immer noch – große Unterstützung durch meine Familie. Meine Mutter und die Tante meines Mannes, die mit uns lebt und sich um meinen Sohn gekümmert hat, als er noch jung war, halfen mir erheblich. Zweitens ist der Beruf als Lehrerin sehr flexibel. Nachdem man seine Stunden gegeben hat, hat man Zeit, eine Menge mehr zu erledigen. Ich denke, dass hat mir nicht nur geholfen, meine Balance im Familienleben zu finden, sondern auch meine Pflichten als Sheriff und andere Dinge zu bewältigen.

KP: Erzählen sie mir von den Dingen.

IS: Zuerst einmal war ich aktives Mitglied des Rotary Clubs, also habe ich eine Menge sozialer Projekte gemacht. Ich war sehr leidenschaftlich, wenn es um die Förderung und Ausweitung des Raumes für Bildung ging, weil ich denke, dass die Bildung wichtig für unsere wachsende Wirtschaft ist. So habe ich in Schulen und Universitäten ausgeholfen. In den letzten 9 Jahren war ich für das International Baccalaureate in Schulen zuständig. Ich bin die erste meines Volkes im Vorstand des International Baccalaureate und die Vizepräsidentin.

KP: Was treibt Sie an, all diese Projekte und Verpflichtungen zu übernehmen??

IS: Mein Mann und ich sind sehr privilegiert, in diesen Sektoren tätig sein zu können. Ich denke, dass wir uns recht früh in unserem Leben entschieden haben, dass wir der Gesellschaft etwas im Sinne von Bildung bzw. Ausbildung und Unterstützung zurückgeben wollen. Das ist uns wichtig und wir können so etwas für die indische Gemeinschaft tun.

CARYL M. STERN

DAS GESPRÄCH

CARYL M. STERN

*1957 | Präsidentin und Geschäftsführerin des US Funds for UNICEF

Caryl M. Stern ist ohne Zweifel eine Powerfrau. Die 53jährige Präsidentin und Vorsitzende des US Fund for UNICEF entstammt mütterlicherseits einer jüdischen Familie von Holocaust-Überlebenden, in der Menschen- und Bürgerrechte einen hohen Stellenwert hatten.

Nach dem Bachelor-Abschluss am State University New York College, das sie zur "Outstanding Alumna" ernannte, folgten das Master-Studium an der Western Illinois University sowie die Promotion in Hochschulwesen an der Loyola University in Chicago.

Nach einer zehnjährigen Karriere im Hochschulbereich wechselte die Mutter dreier Söhne 2006 zu UNICEF. Ein Schwerpunkt ihres persönlichen Engagements ist die antidiskriminierende Bildungsarbeit.

KP: Bitte erzählen Sie mir von Ihrer Vergangenheit. Wie und wo sind Sie aufgewachsen?

CS: Gerne. Ich wuchs in Westchester County in New York auf. Mein Vater war Podologe und meine Mutter Immobilienmaklerin. Der wahrscheinlich größte Einfluss in meiner Kindheit war meine Mutter, die den Holocaust überlebt hatte. Somit war ich mütterlicherseits die erste Generation von Amerikanern. Ich wuchs in einem Haushalt auf, in dem es eine große Leidenschaft für Menschen- und Bürgerrechte gab.

KP: Ihre Mutter ist Jüdin?

CS: Ja, sie ist Jüdin und stammt ursprünglich aus Wien. Sie kam in die Vereinigten Staaten, als sie sechs Jahre alt war und lebte dort zunächst in einem Waisenhaus an der Lower East Side in Manhattan. Sie kam alleine mit ihrem Bruder und wurde letztendlich von Verwandten aufgezogen. Ihr Vater war auf der S.S. St. Louis, die nirgendwo andocken durfte. Aber mein Großvater überlebte den Krieg und ich lernte ihn kennen. Ich wuchs in einem Haus auf, in dem generell galt: „Wir können uns glücklich schätzen, denn wir haben überlebt." Gleichzeitig galt das Credo, dass „ein Mensch in der Welt sehr wohl einen Unterschied bewirken kann". Denn es war größtenteils einer einzigen Frau zu verdanken, dass meine Mutter und ihr Bruder die Chance hatten, nach Amerika zu kommen. Ich hörte diese Geschichte als Kind und mir wurde deutlich erklärt, dass wir uns für die Gemeinschaft engagieren sollten. Meine Mutter nahm uns während des Vietnamkrieges zu Friedenskundgebungen und zu Bürgerrechtsveranstaltungen mit. Wir waren aktiv in Themen der Gerechtigkeit involviert. Es war großartig. Offensichtlich wegen der Erfahrungen meines Großvaters auf der S.S. St. Louis verstanden wir auch was passiert, wenn die Welt einem den Rücken kehrt: man muss denen eine Stimme geben, deren Stimmen sonst nicht gehört werden würde. Das war die prägende Botschaft in meiner Kindheit.

„ES GIBT NICHTS, DAS MAN NICHT TUN KANN, WENN MAN WIRKLICH BEGEISTERT IST."

KP: Wie waren Sie als Kind, woran hatten Sie Freude?

CS: Meine Mutter würde Ihnen sagen, dass ich als die Wilde in der Familie galt. Seit ich mich erinnern kann, machte ich Skizzen oder malte. Dazu war ich sehr gesellig; ich war die Redakteurin des Jahrbuchs an der Highschool, im Schwimmteam und durchgehend im Schülerparlament. Ich war immer aktiv und am Organisieren, zuerst als Teilnehmerin, später als Leiterin. Da es meiner Familie finanziell gut ging, gab es Familienurlaube und wir reisten jedes Jahr nach Europa oder andere Länder. Meine Kindheit war wundervoll. Ich wuchs in einem relativ kleinen Ort auf. Wir kannten jeden und fühlten uns wirklich sicher. Wir wuchsen in einem Umfeld auf, in dem man das Gefühl hatte, alles werden und tun zu können. Heute als Erwachsene würde ich meine Kindheit als privilegiert bezeichnen.

KP: Wussten Sie bereits als Kind, was Sie später als Beruf ausüben wollen?

CS: Nein, absolut nicht. Ich glaube, ich hatte sieben unterschiedliche Hauptfächer in meinen vier Jahren an der Universität. Mein Bruder wusste bereits im Alter von drei Jahren, dass er Arzt werden wollte und studierte später Medizin. Ich wusste, ich wollte Kunst studieren und fing mit Kunst und Psychologie als Hauptfächer an, weil ich neben der Kunst etwas praxisbezogeneres machen wollte. Zudem wünschte sich das mein Vater so. Ich muss noch hinzufügen, dass ich schon mit 16 meinen Schulabschluss machte und an die Universität ging, also früher als üblich.

KP: Wir kam das, dass Sie so schnell waren?

CS: Ich denke, ich war klug, obwohl ich in der Highschool keine gute Schülerin war. Sie sagten mir immer wieder, dass ich einen unglaublich hohen IQ hätte, meine Leistungen dem aber nicht entsprechen würden. Letzten Endes entschieden sie wohl, dass ich gelangweilt war und ich auf der Universität besser aufgehoben wäre. Dort wurde ich zwar intellektuell stimuliert, war aber noch nicht erwachsen genug. Nach drei Wochen hatte ich Heimweh und fuhr nach Hause. Dann ging ich für eineinhalb Jahre auf ein Community-College. Aber ich hatte keine Ahnung, was ich werden wollte. Doch dann half mir ein Professor, der dort die Theatergruppe leitete. Ich fand heraus, dass ich auf der Bühne witzig war. So wollte ich nun nicht mehr Malerin, sondern Schauspielerin werden. Und mein Vater dachte, ich hätte meinen Verstand verloren.

KP: Welche Art von Mensch war Ihr Vater?

CS: Mein Vater hatte einen erstaunlichen Sinn für Humor. Er war extrem witzig, aber sehr pragmatisch: man studierte, um Geld verdienen zu können und abgesichert zu sein. Meine Mutter sorgte sich weniger um Regeln, sie war da eher avantgardistisch und machte sich weniger Gedanken darum, was die Menschen von ihr dachten.

KP: Hatten Sie als Kind irgendwelche Vorbilder?

CS: Meine Mutter war in der Gemeinde sehr engagiert. Sie war Präsidentin von Sisterhood und engagierte sich sehr für Kinder. Sie war schon sehr früh ein Vorbild für mich. Sie hat nie studiert und fing, als ich dreizehn Jahre alt war, wieder an zu arbeiten. Ich beobachtete die Frauenbewegung und ihren Einfluss auf meine Mutter. Das war prägend für alles, was ich später tat.

KP: Hatte Sie noch andere Vorbilder?

CS: Die Mutter eines Freundes war Präsidentin einer internationalen Frauenorganisation und engagierte sich politisch. Sie war definitiv ein Vorbild für mich, weil ich erkannte, dass sie wirklich klug war und ihrer Zeit weit voraus. Und dann hatte ich noch eine Tante, die Künstlerin war. Sie baute ihr eigenes

Gemüse an und nahm sich die Zeit, an Rosen zu riechen. Sie war pure Magie. Ich denke, diese drei Frauen beeinflussten mich mehr als jeder andere. Sie zeigten mir drei völlig verschiedene Wege auf.

KP: Wann wurde Ihnen deutlich, dass Sie doch keine Schauspielerin werden wollten?

CS: Ich wechselte vom Community-College auf eine Universität an die Theater und Sprach-Fakultät. Mein Selbstvertrauen sank, weil dort eine Menge talentierter Theaterstudenten waren und es eine größere Bühne gab. Um aufzuholen nahm ich im Sommer an einem Kurs „Frauen und Literatur" teil, der von einer erstaunlichen Frau gegeben wurde. Damals dachte ich zum ersten Mal darüber nach, wer ich tatsächlich bin und für was man sich an mich erinnern sollte. Ich habe mich dann entschlossen, meinen Bachelor-Abschluss in Malerei zu machen. An einem Punkt in meinem letzten Jahr an der Universität erkannte ich, dass ich Geld zum Leben verdienen musste.

KP: Wie alt waren Sie damals?

CS: Ich war 20, als ich die Universität beendete. Also fing ich an, darüber nachzudenken, was ich sonst noch machen könnte und ging zu einer Karriereberaterin. Sie ließ mich alles aufschreiben, was ich innerhalb einer Woche tat. Wir schauten uns das Ganze an und ich erkannte, dass ich diejenige war, die alles plante. Das hatte ich so zuvor noch gar nicht bemerkt. Ich war in der Studentenvertretung, also entschloss ich mich in meinem letzten Jahr, Leiterin der studentischen Aktivitäten zu werden, zudem bewarb ich mich erfolgreich für ein Aufbaustudium an der Columbia University. Aber dann bot mir die Universität von Western Illinois einen Lehrauftrag an. Ich konnte dort umsonst studieren und sie würden mich dafür bezahlen. Also machte ich dort meinen Master und bekam schließlich von der Northwestern Universität das Angebot, dort ein Weiterbildungsprogramm zu leiten. Als ich es übernahm, nahmen 400 oder 500 Leute an 50 Kursen teil, die zweimal im Jahr angeboten wurden. Als ich zwei Jahre später ging, waren es einige tausend Menschen und mehrere hundert Klassen. Es hat mir wirklich Spaß gemacht und es war ein toller Job.

KP: Haben Sie das als Erfolgsmoment in Ihrer frühen Karriere bewertet?

CS: Nein, das habe ich erst viele Jahre später realisiert. Ich wusste, dass ich meinen Job gut machte, sah es aber nie als Erfolg an. Es war eine Zeit, in der ich keine Verpflichtungen hatte – keinen Ehemann, keine Kinder – und ich lebte in einem Appartement mit lauter verrückten Menschen zusammen. Wir hatten einfach nur Spaß.

KP: Machten Sie zu dieser Zeit auch Erfahrungen, die Ihren Führungsstil prägten?

CS: Ich erkannte: „Es gibt nichts, das man nicht tun kann, wenn man wirklich begeistert ist." Später nahm ich für meine Promotion eine Assistenzstelle an der Loyola Universität und einen Job als Studentenwohnheimsprecherin an der DePaul Universität an. Dort sollte ich lediglich ein Wohnheim leiten. Es war großartig, weil ich viel Zeit für die Uni hatte. Nach einer Weile kündigte jemand und ich hatte zwei Wohnheime zu betreuen und einen verrückten Job als Kellnerin. Ich beendete meine Dissertation nicht, schaffte aber alle meine Kurse und Klausuren. Einige Jahre zuvor hatte ich auf einer Konferenz jemanden getroffen, der sagte, ich solle ihn anrufen, falls ich jemals einen Job bräuchte und ich rief ihn an. Ein paar Tage später fand ich mich in New York an der polytechnischen Hochschule wieder. Das war ein wunderbarer Job. Ich wurde als Direktorin für studentische Angelegenheiten eingestellt, gab dort schon bald Erstsemesterkurse und engagierte mich außerdem in der Berufsgenossenschaft, die 1.400 Colleges vertrat. Bald darauf wurde ich zur Vorsitzenden gewählt. Das war das erste Mal in meiner freiwilligen und beruflichen Laufbahn, dass ich eine bedeutende Führungsposition inne hatte. Ich las eine Menge über Führungstheorien und suchte nach Modellen.

„ICH VERSUCHE HERAUSZUFINDEN, WAS JEMAND WIRKLICH BRAUCHT, UM MOTIVIERT ZU SEIN."

KP: Was war denn Ihr persönliches Führungsmodell?

CS: Ich bin definitiv eine situationsbezogene Führungskraft. Das sehe ich sogar bei meinen Kindern. Ich bin nicht die gleiche Mutter für alle drei Kinder und auch nicht immer die gleiche bei allen Menschen, die für mich arbeiten. Ich versuche herauszufinden, was jemand wirklich braucht, um motiviert zu sein. Später hatte ich die Möglichkeit für die Anti-Diffamierungsliga zu arbeiten. In diesem Job ging es unter anderem darum, die Fähigkeit zum vorurteilsfreien Handeln zu vermitteln. Ich entwarf Lehrpläne für Schulen und versuchte eine landesweite Bewegung gegen Hass ins Leben zu rufen. Das müsste um 1985 herum gewesen sein und ich meine, dass ich meinen Teil zur Entstehung der Bewegung beigetragen habe. Das Programm hieß „A World of Difference". Es ist aktuell eines der größten und am weitverbreitetsten Programme seiner Art. Bis heute haben 450.000 Lehrer am Trainingsprogramm teilgenommen und über 20 Millionen Schüler in den USA haben den Lehrplan durchwandert. Das war das zweite Mal in meinem Leben, dass ich mich so fühlte, als könnte ich alles erreichen.

KP: Haben Sie da realisiert, dass das ein Erfolg war?

CS: Ja, ich habe definitiv bemerkt, dass es ein Erfolg war. Um die Bewegung bekannt zu machen und um die Kinder dazu zu bewegen, sich gegen Hass zu erheben, habe ich mit den Medien in New York zusammengearbeitet. Man sagte mir, dass die New York Times so etwas nie veröffentlichen würde und so machte ich es mir zu meiner ersten Herausforderung, die New York Times zu überzeugen. Es kam mir erst gar nicht in den Sinn, dass ich es nicht schaffen könnte. Je älter man wird, desto mehr Hindernisse schafft man sich selbst. Aber es gibt eine bestimmte Zeitspanne im Leben, in der einem die

Welt gehört. Ich förderte das Projekt, wurde Nationale Direktorin für Bildung und nach mehreren Etappen leitende Geschäftsführerin der ganzen Anti-Diffamierungsliga. Das war ein toller Job.

KP: Änderten sich Ihre Gedanken zur situationsbedingten Führung?

CS: Ich denke, sie änderten sich, als ich reifer wurde. Ich wurde disziplinierter, denke aber nicht, dass sich mein Stil dramatisch verändert hat.

KP: Wie würden Sie Ihren Stil beschreiben?

CS: Auf jeden Fall partizipativ. Ich bin am glücklichsten, wenn ich Teil eines superproduktiven Teams bin. Als ich zum U.S. Fund for UNICEF kam, ergab es sich relativ schnell, dass ich mich um die Präsidentschaft bewerben wollte. Ich schlug eine Veränderung der bürokratischen Struktur der Organisation, hin zu einer teamgesteuerten Organisation vor und der Vorstand gab mir den Job. Zuerst arbeiteten zwei weitere Personen mit mir, ich weitete das zu einem Sechs-Personen- Führungsteam aus und zog einen Berater hinzu, der uns half, das Team zu gestalten. Es ging nicht nur darum, was wir erreichen, sondern wie wir es erreichen würden. Wir dachten über die Werte nach und wie wir behandelt werden wollten. Wir sind sehr verschieden und haben unterschiedliche Stile, aber wir gleichen uns sehr gut aus. Dieses Team funktioniert, ob ich nun vor Ort bin oder nicht. Wir treffen uns jede Woche. Falls ich nicht da bin, finden die Meetings trotzdem statt und die Entscheidungen werden getroffen. Ich habe das letzte Wort im Team, aber ich habe in fünf Jahren nur zweimal davon Gebrauch gemacht.

KP: Ihr Team besteht aus Männern und Frauen. Sehen Sie einen Unterschied zwischen männlicher und weiblicher Führung?

CS: Ich denke Frauen sind viel stärker am Prozess orientiert, Männer hingegen sind mehr auf das Produkt konzentriert. Ich betrachte mein Arbeitsumfeld genauso wie meine Familie. Jede Person ist einzigartig und Teil eines größeren Ganzen, das größer ist als man selbst. Wir können uns Zweitklassigkeit nicht leisten und die Kinder dieser Welt verdienen auch keine Zweitklassigkeit.

KP: Sie haben einen sehr besonderen Beruf, es ist kein normaler Bürojob – Sie retten Leben. Macht das einen Unterschied in Ihrem Leben?

CS: Auf jeden Fall. Ich denke nicht, dass ich einen Job machen könnte, bei dem ich nicht mit Leidenschaft dabei wäre. Ich bin privilegiert, dass ich für das, an was ich wirklich glaube, bezahlt werde. Für mich schließt sich so der Kreis. Das Leben meiner Mutter wurde gerettet und ich rette das Leben anderer Kinder und Mütter.

KP: Abgesehen von ihrem Beruf, sind Sie auch sehr leidenschaftlich in Bezug auf Ihre Familie. Was ist Ihr Rezept, um mit diesen verschiedenen Verantwortungen umzugehen?

CS: Ich habe einige Prioritäten gesetzt. Meine Familie kommt immer an erster Stelle. Immer. Ich habe mit 35 geheiratet und bekam mein letztes Kind mit 43 Jahren. Ich bin sicherlich eine ältere Mutter und es ist eine bewusste Entscheidung. Ich wollte immer eine Familie. Ich bin gesegnet, meine Kinder und meine Enkelkinder zu haben. Wenn ich in New York bin, gehe ich an mindestens vier von sieben Abenden zum Abendessen nach Hause. Ich möchte an der Entwicklung meiner Kinder teilhaben. Meine Kinder wissen, dass, wenn sie anrufen, ich ihren Anruf entgegennehme, egal mit wem ich gerade ein Meeting habe. Aber die Kinder wissen auch, „dass es Tote gibt", wenn sie völlig grundlos anrufen. Ich hatte das Glück, dass meine Karriere sich langsam entwickelte. Ich bin viel gereist und habe meine Kinder auf die Schule der Vereinten Nationen gehen lassen, so sind sie nicht die Einzigen, deren Mutter umherreist. Ich habe einen Ehemann, der unwahrscheinlich unterstützend war und es mir ermöglichte, das zu tun, was ich wollte. Nun geht er abends an die juristische Fakultät und ich bin dran, ihn zu unterstützen. Ich glaube nicht, dass es möglich ist, alles zu haben ohne etwas anderes aufzugeben.

KP: Wenn Sie Ihre Karriere betrachten, was würden Sie jungen Menschen raten, die Führungsrollen übernehmen wollen? Was ist die Quintessenz des Erfolgs?

CS: Man braucht etwas, das man liebt. Wenn man liebt, was man tut, laufen die Dinge für einen besser. Die Opfer, die man bringt, fühlen sich anders an. Man braucht einen tollen Partner in seinem Leben. Man kann es alleine nicht bewerkstelligen. Ich hätte es ohne meinen Mann nicht geschafft. Es kann ein Freund, Liebhaber, ein Elternteil oder ein Mitarbeiter sein – aber man braucht einen guten Partner. Man muss mit jemandem teilen können und man braucht jemanden, der einen wieder aufrichtet, wenn man am Boden ist. Man braucht eine Hand, die man halten kann. Manche Tage sind gut und entspannt und andere sind erschöpfend, aber man muss einfach verstehen, dass es um das Leben geht und nicht um den Moment. Man hat Momente im Leben, wo man sich als Versager fühlt, aber es geht nicht darum, wie man hingefallen ist, sondern wie man sich wieder aufrafft. Es ist die Fähigkeit zurückzuschauen und zu lachen.

Nach einem inspirierenden Lunch in New York

FEMALE LEADERS IN DER SPORT & KULTUR

KAPITEL 5

ÜBER ALLE GRENZEN: FEMALE LEADER IN SPORT & KULTUR

Sportliche Höchstleistungen haben Menschen schon immer fasziniert und nicht selten standen erfolgreichen Sportlern nach ihrer aktiven Zeit weitere Karrierewege offen. Bei Sportlerinnen verhielt es sich wie so oft anders. Zunächst standen Frauen die meisten Sportarten gar nicht offen. Sowohl die gängige Auffassung, dass der weibliche Körper derartigen Strapazen nicht standhält als auch das gesellschaftliche Frauenbild, tief verankert in Kleiderordnungen, Normen und Gesetzen ließ sportliche Betätigungen für Frauen lange Zeit nicht zu. Dennoch gab es auch in diesem Bereich unzählige Frauen, die sich mutig über die bestehenden Konventionen hinweggesetzt haben und mit ungeahnter körperlicher wie psychischer Stärke erste weibliche Weltrekorde aufgestellt, Pionierleistungen erbracht oder Entdeckungsreisen unternommen haben, die Männer, Medien und die Gesellschaft in Erstaunen und Begeisterung versetzten. Meist wurden sie zu Ikonen der Frauenbewegung, galten als frühe Wegbereiter und Vorbilder weiblicher Befreiung aus gesellschaftlichen Konventionen, obwohl sie selbst dies gar nicht primär als Ziel hatten.

> „FRAUEN MÜSSEN DINGE VERSUCHEN, WIE MÄNNER ES VERSUCHT HABEN. WENN SIE SCHEITERN, SOLL IHR MISSERFOLG ANDERE HERAUSFORDERN, ES ZU VERSUCHEN."
>
> *AMELIA EARHEART*

Im Damentennis war es insbesondere eine Amerikanerin, die sich – neben eigenen herausragenden Erfolgen – vor allem um die Professionalisierung und Anerkennung der sportlichen Disziplin weit über ihre Generation hinaus verdient gemacht hat: die 1943 in Kalifornien geborene Billie Jean King. Sie setzte sich schon früh für die Gleichbehandlung von Männern und Frauen im Sport ein und forderte im berühmten „Krieg der Geschlechter" den Profispieler Bobby Riggs 1973 medienwirksam zum Zweikampf auf dem Tennisplatz heraus. Sie gewann; aber dieser Sieg bedeutete viel mehr als den bloßen Sieg über den Weltranglistenspieler. King bestärkte mit ihrem Sieg in Houston, Frauen für ihre Rechte einzutreten, auf ihre eigenen Stärken zu vertrauen und verwies altes Denken über Geschlechterstereotype und Ungleichbehandlungen in seine Grenzen. Die Frauenbewegung der 1970er Jahre jubelte und die Sportler der Welt hielten den Atem an. Das diskriminierende Eis im Damentennis war gebrochen und als Billie Jean King 1973 die Women's Tennis Association (WTA) gründete, entdeckten die Unternehmen schnell die kommerzielle Kraft von Produkten, die für Frauen geschaffen wurden, so der Tabakkonzern Philipp Morris. Dessen Virginia Slims sponsorte nicht nur lange die WTA-Tour, sondern schaffte auch

Amelia Earhart

als eine der ersten Tabakmarken ein Produkt, das explizit für das neue Freiheits- und Emanzipationsgefühl der Frauen stand. Billie Jean King setzt sich bis heute für die Gleichberechtigung der Geschlechter ein und wurde 2008 von der UNESCO zum Global Mentor for Gender Equality ernannt, eine große Ehre für die über lange Jahre oft wegen ihrer sexuellen Orientierung angefeindete Frau.

Für die Ende des 19. Jahrhunderts in Kansas, USA geborene Amelia Earhart waren die Dinge weniger komplex. Die erste Frau, die sowohl den Pazifik als auch den Atlantik im Alleinflug überquerte, machte sich wenig Gedanken über ihre eigene Symbolkraft, sondern folgte einfach konsequent der Liebe ihres Lebens, dem Fliegen. Dabei entdeckte sie ihre Faszination für das Fliegen eher zufällig, bei einem zehnminütigen Rundflug in einem Doppeldecker, aber danach ließ sie nicht mehr davon ab. So nahm sie etliche Strapazen und schier endlose Überzeugungsversuche der Eltern auf sich, um schließlich, als sechzehnte Frau weltweit, am 15. Mai 1923 die ersehnte Fluglizenz zu erhalten. Bis zu ihren Weltrekorden, der Privataudienz bei Papst Pius XI, der großen weltweiten Bewunderung und erfolgreichen Kommerzialisierung

der „Lady Lindy" sollten noch Jahre vergehen, aber Amelia wusste schnell, wohin sie ihre persönliche Reise führen sollte, nämlich zu immer neuen Pioniertaten und Rekorden.
Es verwundert deswegen auch nicht, dass sie ebendort ihr Leben verlor, wo sie sich immer am wohlsten gefühlt hatte: über den Wolken, auf der letzten Etappe zu dem – von ihr, gemeinsam mit Ihrem Ehemann geplanten – letzten Rekord ihrer Karriere, der spektakulären Weltumrundung. Es sollte danach übrigens noch fast 60 Jahre dauern, bis es Frauen gestattet wurde, in der US Air Force als Kampfpiloten zu fliegen, einer bis heute meist Männern zugedachten Profession.

Neben der Kritik am eigenwilligen Tun der Frauen, kam in der Gesellschaft des 18. und 19. Jahrhunderts mitunter auch Skepsis auf, ob die hochkarätige Leistung, nicht doch von einem Mann erbracht wurde, sprich ob sich hinter dem Namen der Frau ein Mann verbirgt. Bei George Sand war es genau anders herum. Hinter ihrem männlichen Pseudonym verbarg sich Amandine-Aurore Lucile Dupin de Francueil, die am besten bezahlte Autorin Frankreichs. Obwohl ihr Schreibstil in der Pariser Szene als typisch männlich bezeichnet wurde und sie selbst Männerkleidung trug, so war sie „lediglich" eine Frau, die von sich sagte: „Ich wollte so weit Mann sein, dass ich in Bereiche und Milieus eindringen konnte, die mir als Frau verschlossen waren".
Obwohl sie verheiratet war, lehnte sie die Institution Ehe ebenso ab wie Kleidungskonventionen oder sonntägliche Kirchgänge. Ihrer Profession aber, dem Schreiben, blieb sie immer treu. Sie verfasste die schier unglaubliche Anzahl von 180 Romanen, Briefen und Zeitungsartikeln und verkehrte mit den bedeutendsten Künstlern ihrer Zeit. Als sie 1876 starb, verfasste Victor Hugo ihre Grabrede. Sie gehört noch heute neben den – tatsächlich männlichen – Autoren Balzac und Dumas zu Frankreichs Schriftstellerelite.

Im nicht weit entfernten Deutschland lebte und arbeitete zu dieser Zeit Clara Schumann, geb. Wiek, die bedeutendste Pianistin des 19. Jahrhunderts. Von Klein an als Wunderkind erkannt, wurde ihr Talent schon früh vom Vater gefördert, was für Clara aber keineswegs Unterordnung oder Gehorsam bedeutete. Als der Vater ihr 1840 die Ehe mit dem Komponisten Robert Schumann verbot, erzwang sie diese per Gerichtsbeschluss und nahm das daraus resultierende tiefe familiäre Zerwürfnis mit Härte und Selbstdisziplin in Kauf. Die Ehe mit Robert Schumann war nicht lange glücklich und schränkte sie auch in ihrem künstlerischen Schaffen stark ein. Dennoch setzte sie ihm gegenüber ihre Ansprüche und großen Wünsche durch. So ging sie trotz Ehe und acht Kindern wieder auf Konzertreisen, gab Unterricht und komponierte eigene Werke. Ihr Ehemann war darüber keineswegs glücklich, aber Clara ließ sich nicht davon abhalten, zumal sie zudem diejenige war, die den Großteil des Haushaltseinkommens bestritt und nach seinem Tod sogar alleine für Unterhalt und Ausbildung ihrer Kinder sorgte. Ihre jahrelange intensive Freundschaft mit dem 14 Jahre jüngeren Johannes Brahms sorgte nach dem Tod des Ehemannes für viele Spekulationen, die sie aber wenig berührten. Vor allem hielten sie sie nicht von ihrem geliebten Leben voller Musik, Reisen und Applaus ab.

Ein ähnlich künstlerisch intensives Leben lebte Ende des 17. Jahrhunderts die in der Schweiz geborene Angelika Kaufmann. Die Tochter des österreichischen Kirchenfresken- und Porträtmalers sah sich zwar selbst immer am Scheideweg zwischen Musik und Malerei, aber ihr von den Eltern früh entdecktes und gefördertes Talent brachte ihr hauptsächlich im Bereich der Malerei großen internationalen Ruhm und die Freundschaft zu vielen Berühmtheiten ihrer Zeit ein, unter anderem Johann Wolfgang von Goethe, Gottfried Herder und Kaiser Franz Joseph II. In der 1786 gegründeten Royal Academy of Arts war sie neben der Malerin Mary Moser bis 1936 das einzige weibliche Mitglied. Zeitzeugen beschreiben Kauffmann als außerordentlich selbstbewusste Frau, die immer wusste, was sie wollte. So verfasste sie die Grabinschrift ihres Mannes und auch die eigene gleich selbst, um sicher zu gehen, dass dort zu lesen war, was sie der Nachwelt hinterlassen wollte.

Maria Callas

Innere Stärke und ein klares Bild von dem, was einem das eigene Leben bringen soll, ist ein Kennzeichen vieler *Female Leader*, so auch der in Griechenland aufgewachsenen, berühmten Opernsängerin Maria Callas. 1923 mit dem nahezu unaussprechlichen Namen Maria Anna Sofia Cecilia Kalogeropoulou in New York geboren, erhielt sie bereits im Alter von acht Jahren Klavierunterricht und erwies sich schon früh als außergewöhnliche Sopranistin mit großem schauspielerischen Talent und einer bis heute nur selten erreichten Gesangstechnik. Bereits mit 19 Jahren sang sie das erste Mal die Oper Tosca und dies war nur der Auftakt für ihre große internationale Karriere. Ihr starker Wille zeigte sich in vielen Situationen ihres Lebens. So nahm sie in nur 17 Monaten 30 Kilo für eine Rolle ab und ließ sich weder von kriegsbedingter

Armut, der ihr auf der Bühne Schwierigkeiten bereitenden Kurzsichtigkeit, noch durch spätere Presseskandale wegen ihrer Affäre mit dem griechischen Reeder Aristoteles Onassis vom Singen abbringen. Sie starb 1977 in Paris als eine der wenigen Frauen, die als Diva und Primadonna assoluta des 20. Jahrhunderts bezeichnet wurde. Ihr Können hat die Opernwelt nachhaltig beeinflusst und berührt noch heute unzählige Menschen, die ihre Arien auf Tonträgern hören. Zu ihren Ehren ließ Griechenland 1980 eine Sonderbriefmarke und 2007 eine 10 Euro-Gedenkmünze anfertigen. Zu ihrem 20. Todestag erhielt sie darüber hinaus zur Würdigung ihres Lebenswerkes posthum den Grammy Lifetime Achievement Award.

VERENA BENTELE

DAS GESPRÄCH

VERENA BENTELE

*1982 | Erfolgs-Biathletin, vierfache WM- und zwölffache Paralympics-Siegerin Paralympics-Sigerin

Biathletin Verena Bentele ist eine Siegerin: Unter anderem zwölf Goldmedaillien bei Paralympics und vier Weltmeistertitel stehen auf der Liste der 1982 in Lindau am Bodensee geborenen Sportlerin, die durch einen Gendefekt von Geburt an blind ist.

Nach dem Besuch verschiedener Blindenschulen studierte Verena Bentele in München Neuere Deutsche Literatur und plant nach dem Abschluss die Motivationsseminare, die sie bereits seit 2007 anbietet, als zweites Standbein weiter auszubauen.

Die vielfach ausgezeichnete Sportlerin ist unter anderem Botschafterin des Internationalen Paralympischen Komitees, trägt den Verdienstorden des Landes Baden-Württemberg und den Goldenen Ehrenring der Stadt München.

KP: Möchten Sie mir ein wenig über Ihre Kindheit erzählen?

VB: Ich kann aus absoluter Überzeugung sagen, dass ich eine wirklich schöne Kindheit hatte. Ich habe tolle Eltern. Sie haben ganz früh und innerhalb von zweieinhalb Jahren drei Kinder bekommen. Mein ältester Bruder sieht, mein zweiter ist blind und ich eben auch. Als sie merkten, dass mein zweiter Bruder tatsächlich blind war, war ich schon unterwegs. Ich hatte großes Glück, dass ich Eltern hatte, die damit so gut umgegangen sind. Meine Eltern sind sehr gläubige Menschen und in der Kirche überaus engagiert. Ihr Glaube und ihre positive Einstellung zum Leben haben sehr geholfen. Sie haben uns von Kindheit an auch viel zugetraut und das hat wiederum uns geholfen. Meine Eltern besitzen einen Biobauernhof, auf dem ich aufgewachsen bin. Wir durften als Kinder auf dem Hof Rollschuh oder Fahrrad fahren, ohne dass immer jemand daneben stand. Manchmal sind wir mit meinem ältesten Bruder auf das Dach geklettert, was meine Eltern natürlich nicht erlaubt hatten. Wir waren ziemlich wilde Kinder.

„MAN MUSS IM LEBEN SCHAUEN, DASS MAN SICH AN IRGENDETWAS ORIENTIERT."

KP: Hatten Sie in solchen Situationen jemals Angst?

VB: Klar bin ich als Mädchen eher als erstes umgedreht, aber insgesamt haben wir wenig Angst gehabt. Ich bin zum Beispiel mit meiner sehenden besten Freundin mit Inline-Skates den Hang hinuntergefahren und habe dabei auch den einen oder anderen Sturz riskiert. Wir haben immer wieder versucht, unsere Grenzen zu finden und zu überwinden, was mir für den Sport natürlich auch viel geholfen hat. Ich kann zwischen hell und dunkel unterscheiden. Das hat mir geholfen, den Schatten der Hauswand noch zu erkennen, wobei ich diesen bei höheren Geschwindigkeiten auch nicht mehr wahrgenommen habe. Als Kind habe ich darüber nie nachgedacht. Ich bin einfach auf das Fahrrad gestiegen und wir sind gefahren. Manchmal sind wir auch wogegen gefahren. Unsere Eltern haben uns aber gleichermaßen darauf hingewiesen, wenn zum Beispiel ein Auto auf dem Hof stand, dass wir um das Auto herumfahren müssen. Sie haben natürlich nicht immer alles mitbekommen, aber wir haben uns als Kinder über solche Gefahren kaum Gedanken gemacht. Ich sehe das wie gesagt als positiv an.

KP: Sie sagen, dass Ihre Eltern sehr gläubig waren. War der Glauben für Sie selbst auch wichtig?

VB: Ich war mit meinen Eltern sonntags immer in der Kirche und wir haben jedesmal vor dem Mittagessen gebetet. Das machen wir heute noch zu Hause. Die ersten sechs Jahre meiner Schulzeit habe ich in einem Internat verbracht, das sich neben einem Kloster befand. Auch wenn wir von Lehrern unterrichtet wurden, war das kirchliche Leben doch ein fester Bestandteil unseres Schulalltags. Für mich war es als Kind entscheidend, einen Bezug zur Kirche zu haben, aber ich bin heute keine praktizierende Christin mehr in dem Sinne, dass ich jeden Sonntag in die Kirche gehe. Nichtsdestotrotz finde ich es wichtig, dass man sich, wenn man in unserer Kultur lebt, auch mit dem Thema Kirche beschäftigt, weil sich darauf unser Wertesystem gründet. Ich würde auch sagen, dass ich gläubig bin. Ich glaube daran, dass es etwas gibt, woran wir uns orientieren und festhalten können. Zwar praktiziere ich den katholischen Glauben nicht so, wie es die Kirche vorgibt, aber so wie ich es empfinde und wie ich es möchte.

KP: Stimmt es, dass der Glaube Ihnen nach Ihrem schweren Unfall 2009 geholfen hat, schnell wieder auf die Beine zu kommen?

VB: Ich würde sagen, dass mir meine positive Lebenseinstellung und der Zuspruch von vielen Menschen sehr geholfen haben. Es ist für mich auch ein ganz wichtiger Punkt, dass ich mir schnell wieder Ziele gesucht habe. Man muss im Leben schauen, dass man sich an irgendetwas orientiert – sei es am Glauben oder an einem Ziel, das man erreichen will.

KP: Können Sie sich noch an Ihr erstes großes Ziel erinnern, das Sie als junger Mensch hatten?

VB: Meine Ziele waren schon relativ früh im Sport begründet. Im Alter von etwa drei Jahren bin ich das erste Mal mit unseren Eltern Ski gefahren. Mit Acht habe ich mit Judo und mit zehn Jahren mit Langlauf angefangen. Beim Langlauf habe ich sehr schnell Ehrgeiz entwickelt und an Wettkämpfen teilgenommen. Ich würde also sagen, dass das mein erstes großes Ziel war. Ich hatte auch andere Ziele, die sich eher auf mein soziales Leben beziehen. Darüber hinaus bin ich viel geritten und habe mich natürlich immer darauf gefreut, wenn ich freitags vom Internat nach Hause gefahren bin und sofort zu den Pferden gehen konnte.

KP: Hat Ihnen das geholfen, die Zeit im Internat zu überstehen?

VB: Ja, das hat mir geholfen, als Kind noch einen Schritt fitter und freier zu werden. Ich habe versucht, bestimmte Ängste, die andere Blinde vielleicht haben, erst gar nicht entwickeln zu lassen.

KP: Wussten Sie mit zehn Jahren sofort, dass Sie mit dem Langlauf den richtigen Sport gefunden haben?

VB: Es hat mir Spaß gemacht, Bewegung zu haben, draußen zu sein, mich anzustrengen und neue Bewegungen zu lernen. Ab der siebten Klasse, als ich in München war, habe ich parallel dazu auch noch mit Leichtathletik angefangen. Da habe ich einfach gemerkt, dass ich für Sport eine richtig große Begeisterung habe. Der Sport ist das, was mich ansteckt und was mein Leben ausmacht.

KP: Hatten Sie in Ihrer Jugend, abgesehen von Ihrem Bruder, viel Kontakt zu anderen Blinden oder haben Sie mehr Zeit in Ihrer Welt, mit Ihren Freunden und Ihrer Familie verbracht?

VB: Ich hatte natürlich Kontakt zu Blinden, da ich immer auf reinen Blindenschulen war. Ansonsten habe ich aber eher Freunde, die ich aus anderen Bereichen kenne, wie aus dem Studium oder dem Sport. Richtig viel Kontakt habe ich aber zu meinem Bruder. Mit ihm verstehe ich mich sehr gut und es ist schon hilfreich, jemanden zu haben, mit dem man sich austauschen kann, weil man manche Dinge anders empfindet, als jemand der sieht.

KP: Gibt es etwas, was Sie den sehenden Lesern gerne mitteilen würden, etwas, was sie endlich im Umgang mit Blinden verstehen sollten?

VB: Es gibt da einen ganz wichtigen Punkt. Viele Menschen sind von Blinden immer noch irritiert und trauen sich nicht, sie anzusprechen. Ich erlebe immer noch, dass über mich in der dritten Person gesprochen wird, wenn ich eine sehende Begleitung dabei habe. Man kann den Leuten nur immer wieder sagen: Ich verwende dieselbe Sprache und bin trotzdem ein Mensch, der sich selbst äußern und entscheiden kann, auch wenn ich nicht sehen kann.

KP: Aus Ihrer Erfahrung heraus, was können Blinde im Vergleich zu Sehenden besonders gut?

VB: Man hört auf jeden Fall effektiver zu, weil man eben den Hörsinn zwingend braucht. Ein Vorteil ist auch, dass ich überhaupt keine Probleme damit habe, auf Menschen zuzugehen und nach Hilfe zu fragen. Ich hatte natürlich immer wieder Phasen im Leben, in denen ich gedacht habe, dass ich das jetzt alleine können will. Heute ist mir das zu stressig. Und wenn andere Leute Ressourcen haben, die ich eigentlich brauche, tue ich mir keinen Gefallen, wenn ich versuche, alles selbst zu machen. Allerdings können die Leute nicht erkennen, was ich für Bedürfnisse habe. Deswegen muss ich mich artikulieren und dafür muss man schon mit einer gewissen Offenheit auf Menschen zugehen.

KP: Ich vermute, wenn Sie viel auf Menschen zugehen, erhalten Sie auch ganz unterschiedliche Reaktionen. Oder bekommen Sie immer positive Resonanz?

VB: Also, ich möchte nicht die gute Tat von irgendjemandem sein. Das finde ich sehr schlimm. Ich bin einfach nur ein Mensch, der eine Information braucht, die er selbst nicht haben kann. Ansonsten sind die Reaktionen sehr unterschiedlich. Da lerne ich immer mehr, tolerant zu sein, weil man ja die Ausgangssituation des anderen nicht kennt.

KP: Wenn Sie sich selbst beschreiben müssten, wäre Toleranz etwas, was zu Ihrer Persönlichkeit gehört?

VB: Ja, als tolerant würde ich mich auf jeden Fall bezeichnen. Mir sagen andere Leute auch immer wieder, dass ich jemand bin, der gerne gibt, anderen Leuten hilft und dass ich sehr offen bin. Ich bin ein Mensch, der überhaupt keine Berührungsängste mit neuen Dingen und neuen Leuten hat.

KP: Sie geben Seminare für Unternehmen

und trainieren Mitarbeiter in Unternehmen im Bereich der Motivation?

VB: Ja, ich trainiere die Mitarbeiter aber auch im Bereich Teamentwicklung und im Erkennen der eigenen Stärken. Kommunikation ist durch den Sport für mich auch wichtig, ebenso wie das Führen: Führen und geführt werden.

KP: Können Sie beschreiben, was der Kern Ihrer Motivation ist?

VB: Ein ganz wichtiger Punkt ist, dass man die Dinge, die man tut, gerne macht. Das ist für mich eine Grundvoraussetzung. Es ist auch wichtig, selbst Verantwortung zu übernehmen und sich der Konsequenzen der Dinge, die man macht, bewusst zu sein. Wenn ich zum Beispiel im Winter Sport mache, bin ich viel unterwegs und wenig zu Hause. Da muss ich natürlich hoffen, dass meine Freunde Verständnis dafür haben. Ich brauche natürlich auch Leute, die mich unterstützen, zum Beispiel meine Familie oder Freunde, die mich irgendwo hinbringen. Neben Verantwortung und Spaß ist es für mich immer ganz wichtig, ein definiertes Ziel zu haben. Im Sport ist das Ziel in meinem Fall relativ simpel: es besteht darin, eine Goldmedaille zu gewinnen und sich kleine Etappenziele zu setzen. Meine Motivation besteht schon darin, diese Ziele zu haben und sich außerdem ein wenig Druck zu machen.

In einem Münchener Café, im Oktober 2010

KP: Würden Sie sagen, dass Disziplin neben den Zielen ein wichtiger Faktor ist?

VB: Ja, Disziplin und ein Plan sind wesentlich. In meinem Fall ist es ein Trainingsplan und für meine Abschlussprüfungen habe ich einen Lernplan. Man muss wissen, was das Ziel verlangt, und bereit sein, auch zu verzichten.

KP: Das klingt sehr klar und logisch, aber es gewinnt ja nicht jeder so viele Medaillen wie Sie. Was ist es, was Sie zu Ihrer maximalen Leistung bringt?

VB: Ich will da gar nicht so perfekt klingen, aber ich bin der absoluten Überzeugung, dass man in den Dingen, die man wirklich gerne macht, auch sehr gut werden kann. Es ist erst mal sehr wichtig zu entdecken und zu erfahren, was man eigentlich gerne macht und wo die eigenen Fähigkeiten liegen. Ich komme auch stets wieder gerne an meine Grenzen, was sicher auch ein Stück weit aus meiner Kindheit kommt. Es war nun einmal immer schon so, dass ich nichts sehe und fortlaufend an Grenzen ganz praktischer Natur komme.

„MAN MUSS WISSEN, WAS DAS ZIEL VERLANGT UND BEREIT SEIN, AUCH ZU VERZICHTEN."

KP: Wie setzen Sie sich Ziele?

VB: Man muss das große Ziel auf jeden Fall im Kopf haben und sich trauen, es auch zu benennen. Ziele dürfen sich natürlich verändern und entwickeln. Nach meinem Unfall ging es mir erst mal darum, wieder fit zu sein und es überhaupt zu schaffen. Als das dann aber der Fall war und ich mich qualifiziert hatte, wollte ich eine Medaille gewinnen, selbst wenn ich das nach außen natürlich so nicht kommuniziert habe. Ziele sollten meiner Meinung nach auch realistisch bleiben und den jeweiligen Umständen angepasst werden.

KP: Ich könnte mir vorstellen, dass an eine erfolgreiche Sportlerin wie Sie auch Erwartungen von außen herangetragen werden. Wie schützen Sie sich da?

VB: Ich versuche, Journalisten eher offensiv zu begegnen, aber auch mich schon auf meine eigene Erwartungshaltung zu konzentrieren, was natürlich ehrlich gesagt nicht so einfach ist. Ich habe aber für mich den Weg gefunden, dass ich mit Leuten, die mir nahe stehen, über diese äußeren Erwartungshaltungen spreche.

KP: Würden Sie sagen, dass Ihre Eltern wichtige Stützen und Berater auch in Ihrer sportlichen Karriere sind?

VB: Ja, auf jeden Fall. Ich hatte Gott sei Dank nie das Problem, dass meine Eltern mich gedrängt haben, den Sport zu machen. Sie haben mich aber auch nie zurückgehalten. Sie waren immer sehr offen und haben mich unterstützt. Außerdem waren sie bei den meisten Wettkämpfen dabei. Oft rufe ich sie an und sie sind für mich da, wann immer sie können. Es ist für mich sehr wichtig, diese Unterstützung zu haben.

KP: Was würden Sie aus Ihrer Erfahrung heraus jungen Menschen und insbesondere jungen Frauen mitgeben? Worauf kommt es an, wenn man erfolgreich sein und seinen Weg finden will?

VB: Sucht euch Leute, die euch unterstützen. Bestärkt euch positiv. Frauen sind nicht unbedingt besser als Männer, aber auf jeden Fall gut darin, sich ein starkes Team zu suchen, mit dem man ausgezeichnet zusammenarbeiten kann. Dann sehe ich es auch als ganz wichtig an, dass man die Dinge, die man tut, aus Überzeugung und wirklich gerne macht. Man sollte des Weiteren immer wieder Feedback geben, aber auch Feedback von anderen Menschen, wie Familie, Bekannten und Freunden einfordern. Es sollte auf jeden Fall von Menschen kommen, die einen positiv bestärken oder ein Stück weit helfen, den Weg noch mal ein wenig zu verändern.

KP: Was ist *Female Leadership* für Sie?

VB: *Female Leadership* lebt für mich vor allem durch Kommunikation. Ich halte nichts von autoritärer Führung, sondern es geht um Kommunikation und klare Aufgabenverteilung. Jeder erfüllt seinen Part und jeder führt ein Stück weit. Führen und Leiten bedeutet für mich, dass man klare Prioritäten setzt, Vertrauen in die eigenen Fähigkeiten hat und auch zum eigenen Führungsanspruch steht. Es gehört für mich zur Führung dazu, dass man nicht alles schlecht redet, aber sein eigenes Verhalten und seine eigene Leistung hinterfragt, um daraus zu lernen und um sich weiterzuentwickeln. Führung heißt auch Selbstführung und Anspruch an sich selbst zu haben, dass man sich selbst und anderen durch Veränderungen und Entwicklungen gerecht wird.

BIRGIT FISCHER

DAS GESPRÄCH

BIRGIT FISCHER

*1962 | Erfolgreichste deutsche Olympionikin der Sportgeschichte

Birgit Fischer liebt die Natur. Mit ihrer Arbeit als Kanusportlerin und -lehrerin setzt sie sich für einen sanften und umweltverträglichen Wassersport ein. Sport war für die bislang erfolgreichste deutsche Olympionikin der Sportgeschichte immer „die schönste Nebensache der Welt". Mit dieser Philosophie erzielte die 1962 geborene Brandenburgerin von 1980 bis 2004 acht Gold- und vier Silbermedaillen sowie 27 Weltmeistertitel. Im selben Zeitraum machte die Sportlerin Abitur, begann ein Jurastudium, sattelte auf Sportwissenschaften um und absolvierte ein Zusatzstudium in „Theorie und Methodik des Sportunterrichts" sowie ein Fernstudium im Sport- und Touristik-Management. Nach verschiedenen beruflichen Stationen, unter anderem als Bundestrainerin beim Deutschen Kanuverband, ist Birgit Fischer seit 2004 Geschäftsführerin der Firma „KanuFisch". Ihre Stärken: Durchhaltevermögen, Ausdauer, Hilfsbereitschaft und Selbstbewusstsein. Birgit Fischer ist geschieden und hat zwei erwachsene Kinder.

Birgit Fischer plant derzeit ihr Olympia-Comeback 2012. Mit 50 Jahren wäre das eine weiterer Rekord dieser Ausnahme-Sportlerin.

KP: Wie würden Sie Ihre Kindheit und Jugend beschreiben? Wie haben Sie den Weg zu Ihrem Sport gefunden?

BF: Ich bin in einer sehr wassersportaffinen Familie aufgewachsen. Mein Vater und meine Mutter, selbst meine Großeltern sind schon gepaddelt und auch meine drei Geschwister. Dazu kommt die Nähe zum Wasser und dass ich in einer mittelgroßen Stadt aufgewachsen bin. Das alles ist unheimlich wichtig für meine Entwicklung gewesen. Ich glaube, etwas, was man bis zum 10. Lebensjahr nicht mitgekriegt hat, funktioniert auch später nicht mehr.

KP: Sie meinen, das kann man nicht mehr nachholen?

BF: Vieles nicht mehr, zumindest nicht mehr bis zur Perfektion. Man kann zwar grob koordinativ noch alles erlernen, aber gerade im Sport ist es so, dass es ganz schwierig ist, wenn man sich als Kind nicht bewegt hat. Die Kinder und Jugendlichen haben heute den größeren Verlockungen, (Spielekonsolen, TV, PC) zu widerstehen. Viel zu viele erliegen den Verlockungen all zu früh. Das Aufwachsen in der großen Familie mit drei Geschwistern hat mich auch dahingehend sehr geprägt, dass ich lernen musste zu teilen, und dass ich nicht alles sofort bekommen konnte. Es war darauf zu achten, dass man mit dem Vorhandenen auskommt und so habe ich zudem gelernt, dass man auch mal etwas im Team bewältigen muss. Meine Vorbilder in dieser Hinsicht waren immer meine Eltern.

Birgit Fischer (3) bei den ersten Paddelversuchen

KP: Waren Ihnen beide Elternteile gleichermaßen ein Vorbild?

BF: Ja, beide. Erst einmal, weil sie es geschafft haben, auch in schwierigen Zeiten vier Kinder groß zu ziehen, weil sie immer gearbeitet und mir die Werte, die die Grundwerte in der Familie sind, mitgegeben haben.

KP: Wie würden Sie diese Grundwerte beschreiben?

BF: Diese Werte bestehen zum Beispiel darin, etwas, was ich angefangen hatte, zu beenden sowie höflich und ordentlich zu sein. Aber auch Offenheit und Disziplin gehören dazu. Fleißig zu sein, ist ebenfalls wichtig. Man sollte sich Ziele setzten und diese auch so lange verfolgen, bis man sie erreicht oder andernfalls zumindest festgestellt hat, dass man nicht auf dem richtigen Weg ist.

KP: Stimmt es, dass Sie schon sehr früh, etwa mit sechs Jahren gewusst haben, wohin Ihr Weg führt?

BF: Naja, mit zwölf Jahren habe ich mir vorgenommen, Weltmeister zu werden. Damals durfte ich auf einer öffentlichen Sporttagung sprechen. Da ich schon sechs Jahre gepaddelt hatte, war ich ja auch bereits vorwärts gekommen und hatte bereits Erfolge. Diese ließen mich dann so großspurig werden, dass ich sagte, ich wolle Weltmeister werden und mit 17 war ich es dann ja auch. Bis dahin hat sich allerdings alles recht langsam entwickelt. Wir haben spielerisch angefangen. Mit vier Jahren paddelte ich das erste Mal im Boot meiner Eltern ein wenig mit und mit sechs hatte ich dann mein eigenes Boot. Mir gefiel damals aber nicht allein das Paddeln, sondern das ganze Flair im Verein, mein Trainer, die Gemeinschaften, das Zelten – alles was dazu gehörte.

KP: Ist das Gefühl von Gemeinschaft, das Team und das Umfeld etwas, was Sie über die Jahre begleitet hat?

BF: Ja, ich denke schon. Ich lernte, dass viele Dinge auch wirklich nur im Team realisierbar sind. Der Mensch verwirklicht sich nur durch andere Menschen, das heißt, wenn ich zum Beispiel kein Gegenüber oder keinen Gegner habe, kann ich auch nicht Erster werden, weil es dann keinen Zweiten oder Dritten gibt. Als Zwölf- oder Dreizehnjährige verzweifelte ich schon mal und dachte, dass ich nie besser als die Konkurrenten sein würde. Ich war ja nicht immer vorne. Als Kind und Jugendliche hatte ich zum Beispiel auch Angstgegner. Später ging es dann dann meinen sportlichen Mitstreitern mit mir so. Ich bin dann deren Angstgegner geworden.

KP: Wissen Sie noch, wie Sie als Kind mental mit diesen Angstgegnern umgegangen sind?

BF: Meine Eltern sagen, dass ich vor Wettkämpfen durch den Druck immer Bauchschmerzen hatte. Ich kann mich nicht mehr wirklich daran erinnern. Ich bin immer gerne zu Wettkämpfen gefahren – auch heute noch. Trotz aller Zielstrebigkeit, war eine Leichtigkeit dabei. Man hat mich nach einem verlorenen Wettkampf getröstet und dann habe ich auch wieder nach vorne geschaut. Egal wo ich angetreten bin, beim Sackhüpfen oder Eierlaufen – ich wollte immer gewinnen und die Erste sein. Das steckte schon immer in mir drin.

KP: Würden Sie das als Ehrgeiz beschreiben?

BF: Es ist für mich eigentlich das Normalste der Welt, dass ich, wenn ich bei einem Wettkampf antrete, für den ich mich vorbereitet habe, auch gewinnen und der Beste sein will.

KP: Wenn wir uns die Zeit Ihres aktiven Berufslebens anschauen, würden Sie aus Ihrer Erfahrung heraus sagen, dass Frauen anders führen?

BF: Ja, natürlich. Frauenteams sind viel schlimmer als Männerteams, weil Neid und Eifersucht unter Frauen viel größer sind. Gerade in meiner Sportart habe ich das oft beobachtet. Männer stecken eine sportliche Niederlage einfach weg. Auch wenn ich mich da nicht einschließe, weil es bei mir nicht so war, suchen Frauen in der Regel erst mal die Fehler beim Anderen. Männer nehmen eine Niederlage leiser und sportlicher hin. Ich glaube aber, dass Frauen in diesem Punkt besser dran sind, weil sie sich emotionaler damit auseinandersetzen. Männer ärgern sich eher innerlich. Darum denke ich auch, dass Frauen, wenn sie es packen und ein gutes Team haben, schon die besseren Führungskräfte sind. Männer sind aber vielleicht besser darin, ein Team zusammenzuhalten, weil sie mehr in sich und in ihrem Führungsstil ruhen. Ein gemischtes Team wäre auf jeden Fall das Beste, um das mal als Fazit zu sagen.

KP: Waren Sie jemals in einer Situation, in der Sie sich als Frau eher isoliert gefühlt haben?

BF: Ich war als Kind erst in einer reinen Jungengruppe. Allerdings wollte ich auch nicht mit den Mädchen mitmachen. Ich fand Jungs immer besser. Bis zur achten Klasse wollte ich gar kein Mädchen sein, denn es schien mir so, dass Jungs mehr durften.

KP: Haben Sie diesen Eindruck heute auch noch?

BF: Ja, durchaus. Ich glaube, Männer dürfen mehr und, dass ihnen zudem mehr zugetraut und bei Versagen auch eher verziehen wird.

KP: Wie war die Akzeptanz Ihnen gegenüber in Jungs-Teams?

BF: Gut. Die haben mich mitgenommen. Früher schon und später auch noch. Ich denke aber auch, dass ich nicht die typische Frau bin. Ich gehe zum Beispiel nicht gerne Shoppen. Ich brauche bis heute für meine Morgenwäsche nur fünf Minuten. Vielleicht sieht man mir das auch an, aber ich lege einfach nicht so viel Wert darauf, mich aufzubrezeln. Bin auch eher der natürliche Typ. Ich nutze meine Lebenszeit lieber für andere Dinge: Menschen treffen, mit Freunden sprechen, wegfahren, reisen, fotografieren, allein sein und ab und zu malen.

KP: Ich habe gelesen, dass Sie sich eine Zeit lang intensiver mit Mutter Teresa beschäftigt haben. Gibt es in Ihrem Leben Raum für das, was Mutter Teresa gemacht hat – für andere zu leben?

BF: Ja, schon. Was ich gerne mitgebe und mitteile ist, dass die Menschen wieder natürlicher werden und „back to the roots" gehen sollten. Sie sollten wieder anfangen, aktiv mit Werten umzugehen, wieder mehr frische Luft atmen und wieder ein wenig mehr zu sich zu kommen. Sie sollten aufhören, immer nur für jemand anderen schön oder da zu sein. Sie sollten sich in Ruhe hinsetzen, zuhören und gute Gespräche führen. Wenn man mehr in die Natur geht, hat man auch eher wieder die Chance, lebendig zu werden. Ich finde es toll, wenn Menschen

„NUR WER MIT SICH SELBST ZUFRIEDEN IST, KANN AUCH IDEEN UND LEBENSMUT IN DER UMGEBUNG VERBEITEN."

Birgit Fischer beim Training

Ziele haben und darauf hinarbeiten, aber wenn das negative Auswirkungen auf das Wohlbefinden und die Gesundheit hat, ist es natürlich schlecht.

KP: Leben Sie diese Art von Leben?

BS: Ich kann mit dem schnelllebigen Leben nicht viel anfangen, weil Leben für mich etwas anderes bedeutet, als immer nur vorwärts zu steuern. Als Leistungssportler ging es natürlich immer darum, sich weiter zu verbessern und vorwärts zu kommen. Wenn man aber meine Biografie liest, sieht man auch, dass es immer wieder längere Pausen in meiner sportlichen Laufbahn gegeben hat, wie zum Beispiel für die Kinder oder das Studium. Ich habe nie etwas „durchgeritten" und trotzdem war ich erfolgreich. Das gibt mir Anhaltspunkte zu sagen, dass Be- aber auch Entlastung, Pausen und Entspannung wichtig sind. Auch wenn mancher darüber lacht, aber es ist nun mal so, dass der Muskel in der Pause wächst.

KP: In Ihrer zweiten beruflichen Laufbahn helfen Sie den Mitarbeitern von Firmen, sich zu regenerieren. Wie offen sind Firmen dafür?

BF: Manche Firmen kommen einmal, manche bis zu dreimal. Aber allein von einem einzigen Aufenthalt am See kann sich kein Mensch regenerieren. Wichtig ist, dass man erkennt, dass diese Zeit gut getan und sich auch positiv auf die Arbeit ausgewirkt hat, man neue Energie tanken konnte und dass man beschließt, so etwas regelmäßig in sein Leben einzubauen.

KP: Sie sagten, dass man langfristig erfolgreich sein kann, wenn man bestimmte

Regeln befolgt. Was sind das für Regeln, außer ein Maß an Pausen zu finden?

BF: Eine weitere Regel ist, sich nicht auf seinem Erfolg auszuruhen. Ich habe immer geschaut was ich noch verbessern kann. Ich wollte mich entwickeln, über den Tellerrand schauen und sich mal etwas von anderen abgucken, ist nicht verboten.

KP: Haben Sie selbst viel abgeguckt, zum Beispiel bei anderen Sportlerinnen?

BF: Ich habe eher mitgemacht. Ich habe zum Beispiel auch mal bei den Turnern, Leichtathleten und Schwimmern mitgemacht und mein Training mit Elementen aus diesen Sportarten ergänzt oder gar die Sportart komplett übernommen. Ich bin immer sehr viel geschwommen und früher sehr viel Rad gefahren. Wir haben sehr verschiedene Spielsportarten in unser Training mit einbezogen. Ein Sportler optimiert sein Training durch andere Sportarten und gestaltet es so abwechslungsreich. Um das auf die Wirtschaft zu übertragen: Die Frage ist, woher ein Manager diese Abwechslung nimmt.

KP: Verstehen das die Menschen, die zu Ihnen kommen, innerhalb eines Wochenendes?

BF: Das kommt auf keinen Fall in der Kürze der Zeit bei allen an. Deswegen lege ich großen Wert darauf, dass die Menschen das körperlich spüren. Hinterher sollen sie zu Hause in Ruhe noch einmal darüber nachdenken.

KP: Die Teams in Ihren Trainings sind häufig gemischt. Können Sie in diesen Teams bestimmte Eigenschaften erkennen, die besonders häufig bei Frauen oder besonders oft bei Männern zu entdecken sind?

BF: Man sollte eigentlich nicht in Klischees denken, aber in den Booten werden

sie immer wieder deutlich. Es kommen zum Beispiel auch Ehepaare zu mir. Der Mann bestimmt häufig zuerst, wo er sitzt, nämlich hinten am Steuer, und hat die Frau immer vor sich, immer im Blick. Aber manche Männer haben anfänglich Schwierigkeiten sich auf Paddeln und Steuern zugleich zu konzentrieren. Frauen haben das schneller im Griff. Oft fangen die Männer dann an, ihre Frau zu kritisieren und finden andere Entschuldigungen, warum es nicht richtig läuft. Die meisten Frauen bleiben relativ ruhig. Das könnte ich nicht.

KP: Wenn wir noch mal auf Ihre persönlichen Erfahrungen mit Frauen in Teams blicken. Was glauben Sie war es, was Sie eingebracht haben, was letztendlich zum Erfolg geführt hat? Siegeswillen haben ja sicher alle gehabt.

BF: Siegeswillen haben sicher alle, aber das Urvertrauen in sich selbst hat manchmal gefehlt – gerade bei den Frauen. Viele hatten ein Problem damit, sich selbst etwas zuzutrauen und zu sagen, dass sie das können und es jetzt auch machen. Ganz allgemein glaube ich, dass Frauen auch nicht darin ermutigt werden, an sich zu glauben.

KP: Haben Sie so etwas mit Ihren Teams trainiert?

BF: Ich habe sie auf jeden Fall ermutigt, an sich zu glauben. Ich habe ihnen nicht nur etwas vorgeschrieben, sondern wollte auch Vorbild sein. Ich habe laut gesagt, dass ich Olympia-Siegerin werden will und habe dann viel dafür trainiert, bin immer wieder an meine Grenzen gegangen. Ich habe das Selbstvertrauen also auch gelebt und vorgemacht.

KP: Glauben Sie, dass dieses von Ihnen angesprochene Urvertrauen etwas ist, was man nur in der Kindheit entwickeln kann oder geht so etwas auch noch später?
BF: Ich denke schon, dass die Grundlagen in der Kindheit gelegt werden. Wenn man als Kind nicht dazu ermutigt wurde, alles schaffen und alles machen zu können, dann glaubt man selbst auch nicht daran. Im Beruf ist es später ähnlich. Da müssen Frauen auch mal den Mut haben, so wie die Männer zu sagen: „Ich kann das!", nicht etwa „Ich kann das vielleicht."

KP: Ist denn dieser fehlende Mut die Ursache dafür, dass Frauen nur bis zu einem bestimmten Punkt nach oben kommen und ihnen die obersten Etagen versperrt bleiben?

BF: Ich denke, es hat genau zwei Ursachen. Frauen haben manchmal einfach eigene Ziele, die sie verwirklichen wollen und können sich nicht mit dem Einheitsziel und den Einheitsgedanken eines Unternehmens identifizieren. Manche Frauen denken vielleicht auch schon einen Schritt über dieses Ziel hinaus und bedenken die Konsequenzen. Und dann gibt es noch die Frauen, für die die Familienplanung ein Grund gegen eine hohe Position sein kann. Viele Frauen sind schlichtweg mehr Mutter und Frau als eine Führungspersönlichkeit.

KP: Sie haben ja immer den Mut gehabt, aber sicherlich gab es doch auch in Ihrer

Karriere Situationen, die Sie als extrem schwierig empfunden haben. Wie haben Sie dann aus dieser Situation heraus wieder den Mut und das Selbstvertrauen gefunden?

BF: Es gab natürlich erfolgreiche und nicht erfolgreiche Jahre und es gab auch immer wieder Niederlagen. Diese Niederlagen haben mich aber nicht herunter gezogen, ganz im Gegenteil: aus Niederlagen bin ich immer stärker hervorgegangen. Eine Niederlage war auch immer ein wichtiger Anlass, um darüber nachzudenken, was falsch gelaufen ist und was ich noch besser machen kann. Mit der Zeit habe ich die Sachen immer schneller abgehakt und mich auf neue Dinge konzentriert.

KP: Wäre das Ihr abschließender Rat an die zukünftige Generation?

BF: Es gibt immer Menschen oder Situationen im Leben, gegen die man nicht ankommt, gegen die man nichts machen kann. Heute sage ich, dass ich meine Lebensenergie nicht dafür verschwende, Dinge, die wirklich nicht zu verändern sind, verändern zu wollen. Ich gehe auch mal einen Schritt zurück und überlege mir etwas Neues.

KP: Sie raten also zu einer gewissen Flexibilität?

BF: Ja, auf jeden Fall. Ich finde es auch wichtig, im Leben Fehler zu machen. Es dürfen natürlich keine schwerwiegenden sein, wo es um Leib und Leben geht. Man sollte viele Dinge im Leben einfach machen und Mut haben mehr an sich denken. Mehr an sich denken heißt, dass man sich nicht verbiegen sollte, nur um anderen zu gefallen. Nur wer mit sich selbst zufrieden ist, kann auch Ideen und Lebensmut in der Umgebung verbreiten.

„Die Frau ist die geistige Gefährtin des Mannes, im öffenlichen wie im privaten Leben. Ohne sie würden wir die wahren Ideale vergessen."

Oscar Wilde
irischer Schriftsteller

CATHY FREEMAN

DAS GESPRÄCH

CATHY FREEMAN

*1973 | Langjährig international erfolgreiche Leichtathletin und erste Aborigine-Olympiasiegerin

Bei den Sommerspielen 2000 in Sydney entzündete sie das olympische Feuer: Doch Cathy Freeman war nicht nur die dritte Frau weltweit, der diese Ehre zuteil wurde, sie war auch die erste Aborigine, die an olympischen Spielen teilnahm.

Damals, 1996, holte die australische Leichtathletin in Atlanta die Silbermedaille im 400 Meter Lauf. Ihr erstes Rennen gewann die 1973 in Mackay, Queensland, geborene Sportlerin schon 1981. Im Laufe ihrer Karriere erzielte Cathy Freeman, die nach der Hochzeit mit dem Börsenmakler James Murch dessen Namen annahm, sieben Gold-, zwei Silber- und eine Bronze-Medaille bei olympischen Sommerspielen, Weltmeisterschaften und den Commonwealth Games.

Seit ihrem Rückzug vom Leistungssport 2003 engagiert sie sich in der Cathy Freeman Foundation fur die Ureinwohner Australiens sowie die Versöhnung mit der weißen Bevölkerung.

KP: Wie haben Sie die Zeit Ihrer Kindheit empfunden?

CF: In meinen Augen war meine Kindheit sehr angenehm. Ich bin eines von fünf Kindern und habe zwei ältere Geschwister, einen älteren Bruder und eine ältere Schwester, sowie zwei jüngere Brüder. Ich genoss eine solide, für die Arbeiterklasse typische, Erziehung. Unglücklicherweise nahm ich die Schulausbildung nicht so ernst und auch meine Eltern legten darauf keinen allzu großen Wert, da es in ihrem Leben nie eine Situation gab, die das erfordert hätte. Somit habe ich die Bedeutung einer schulischen Ausbildung, die junge Menschen weiterbringen soll, nicht verstanden.

KP: Wie war die Beziehung zu Ihren Eltern?

CF: Die Beziehung zu meinen Eltern war überaus herzlich und ich war eine Tochter, die ihre Eltern sehr liebte. Aus meiner Sicht war ich ein sehr respektvolles Mädchen, das Regeln und die Erwartungen, die von den Eltern an mich gestellt wurden, überwiegend annahm. Wie auch immer, die Ehe meiner Eltern zerbrach noch, bevor ich zehn Jahre alt war. Meine Mutter heiratete wieder und ich bekam einen Stiefvater, den ich einfach nur bewundere.

„DAS BESTE VORBILD, DAS ICH HATTE, WAR MEINE MUTTER."

KP: Lebt Ihr Vater noch?

CF: Ja, er lebt noch. Nun, da ich älter werde, verstehe ich, dass wir weit davon entfernt waren, eine perfekte Familie zu sein. Meine Eltern taten aber ihr Bestes und ich bin ihnen sehr dankbar für das Vorbild, das sie mir waren. Da ich nun woanders wohne, vermisse ich sie mehr denn je.

KP: Haben Sie engen Kontakt zu Ihrer Mutter und Ihrem Stiefvater?

CF: Meine Mutter wird nächsten Januar 72 Jahre alt und ich kann sie so oft sehen, wie ich möchte. Mein Stiefvater hat unglücklicherweise etwas an mentalen Fähigkeiten eingebüßt und ist sehr krank.

KP: Was war in Ihrer Kindheit von Bedeutung, war es bereits der Sport?

CF: Ich wuchs sehr glücklich auf. Zurückblickend würde ich sagen, dass das Wichtigste für mich meine Familie war. Das Zweitwichtigste war die direkte Verwandtschaft meiner Mutter, ihre Geschwister und deren Kinder, meine Cousins und Cousinen und meine Großmutter. Meine Mutter war eins von zwölf Kindern, also können Sie sich ja vorstellen, wie viele Menschen meine Familie umfasst, wenn man zudem die Cousins und Cousinen und Onkel etc. mit einrechnet. Es gab eine besondere Person in der Familie meiner Mutter und das war ihre Mutter. Jeder liebte und bewunderte sie einfach.

KP: Gab es Vorbilder in Ihrer Kindheit?

CF: Das beste Vorbild, das ich hatte, war meine Mutter.

KP: Warum war sie für Sie so etwas Besonders?

CF: Sie war aufgrund ihrer Arbeitsmoral und ihres Pflichtgefühls gegenüber ihren Kindern, aber auch in ihrem Sinn für Würde etwas Besonderes. Mein älterer Bruder ist zwölf Jahre älter als ich und er hatte bereits seine Flügel gespreizt und das Haus verlassen, als ich noch ein Kind war. Meine ältere Schwester war krank und musste im Krankenhaus behandelt werden. Mein Vater war kaum präsent. Meine Mutter war demnach größtenteils alleinerziehend. Sie hatte eine Aufgabe zu bewältigen, die sie vermutlich als unglaublich schwierig, wenn nicht sogar als unmöglich empfand, nämlich sich um zwei Kinder, die noch nicht einmal fünf Jahre alt waren und meine Schwester mit ihrer Behinderung zu kümmern. All dies forderte meine Mutter sehr, ließ sie aber auch zu einem Vorbild für mich werden.

KP: Wie denken Sie heute über diese schwierigen Zeiten?

CF: Jemand fragte mich einmal nach der besten Erfahrung meines Lebens. Die Antwort darauf ist, dass die besten Dinge, die einem passieren, oft auch die schlimmsten sind. Denn durch diese Momente und Gefühle von Verlust und Traurigkeit, Schmerz und Verzweiflung wird man erwachsen und erkennt, was das Leben eigentlich bedeutet. Man versteht, dass man eigentlich jederzeit aus dem Leben gerissen werden kann. Die Ehe mit meinem Mann ist wahrscheinlich eine der schönsten Erfahrungen in meinem Leben. Aber auf einer tieferen Ebene sind es die eben beschriebenen Momente, die einen stark machen. Sie machen uns zu stärkeren und zielstrebigeren Individuen. Es wird einem deutlich, wer man ist und wohin man will.

KP: Können Sie sich an den Moment erinnern, in dem Ihnen klar wurde, was Sie erreichen wollen?

CF: Das erste Mal, als mir bewusst wurde, was meine Bestimmung sein bzw. wer ich werden würde und wo ich hin wollte, war, als ich meine ältere Schwester verlor. Ich war 16 Jahre und damit alt genug, um die Situation geistig wirklich zu erfassen. In diesem Moment begriff ich, das ich ihrem Namen und ihrer Erinnerung eine größere Bedeutung einräumen musste. Ich fühlte oft so, auch ungewollt und unbewusst, weil die Erinnerungen sehr stark sind. Ich habe ein Bild von ihr auf meinem Schreibtisch und die Erinnerung an sie ist ein emotionaler Antrieb für mich.

KP: Was denken Sie, wie würde Ihre Mutter Sie in jungen Jahren beschreiben?

CF: Sie würde wahrscheinlich sagen: „Cathy war immer sehr ruhig." Ich glaube, sie verglich mich immer besonders mit meinen beiden jüngeren Brüdern. Einer der beiden war ein Jahr, der andere drei Jahre jünger. Für die beiden war ich so etwas wie eine Mutterfigur, vor allem in der Zeit, als meine Mutter alleinerziehend war. Sie sagte immer, dass ich es im Leben zu etwas bringen würde, obwohl sie sich nie ganz sicher war, was es sein würde.

KP: Wann haben Sie mit dem Sport angefangen?

CF: Ich lief mein erstes Rennen, als ich fünf Jahre alt und in der ersten Klasse der Grundschule war. Ich lief 60 Meter. Ich tat es einfach und gewann.

KP: Liefen Sie, weil es sich richtig anfühlte oder weil Ihnen jemand die Gelegenheit dazu gab?

CF: Meine Lehrerin sagte mir, ich solle beim Sportfest der Schule am Lauf-Wettkampf teilnehmen. Ich hielt mich an ihre Anweisungen und lief. Es fühlte sich ausgezeichnet an, so mühelos und richtig, einfach gut eben. Es war für mich auch völlig natürlich. Ich glaube, dass jeder, der mich als Kind laufen sah, erkannte, dass ich meine Bestimmung im Leben gefunden hatte. Ich vertraute diesem Glücksgefühl.

KP: Mit fünf Jahren bereits seine Bestimmung fürs Leben zu finden, ist sehr früh. Wirklich großartig und ein echtes Glück!

CF: Fünf Jahre später, im Alter von zehn Jahren war es mein Stiefvater, der mir dabei half, meinem zukünftigen Weg eine Richtung zu geben. Mit fünf wusste ich noch nicht, dass das Laufen mein Leben werden würde. Es gab nichts, was an der Wand in meinem Zimmer hing und sagte: „Ich bin die weltbeste Sportlerin". Viele Menschen hatten große Erwartungen: meine Lehrerin, meine Eltern, meine Klassenkameraden, Trainer usw. Viele Menschen ereiferten sich auch schon mal angesichts meines Potentials.

KP: Was war Ihre Reaktion darauf?

CF: Ich blieb einfach das ruhige Mädchen, als das mich meine Mutter beschrieb. Ich ließ mich nie von den Erwartungen anderer Menschen beeindrucken, nicht einschüchtern oder nervös machen. Ich vertraute meinem Stiefvater und seinem Glauben an meine Fähigkeiten. Die Menschen sahen, dass ich das, was ich tat, wirklich liebte und dabei tatsächlich Potential zeigte. Laufen fühlte sich einfach so natürlich an.

KP: Ab wann wurden die Medien auf Sie aufmerksam und wie gingen Sie mit deren Erwartungshaltungen um?

CF: Als ich 16 Jahre alt war. Ich hatte eine Goldmedaille als Teil eines Sprintteams errungen. Wir gewannen einen sehr anspruchsvollen Wettbewerb im Rahmen der Commonwealth Spiele. Die Medien waren interessiert, weil ich auffällig jung war. Faktisch beruhte das Interesse aber auf meiner Hautfarbe, da ich eine Eingeborene bin. Und kein eingeborener Sportler meines Alters hatte so etwas jemals zuvor erreicht. Ich denke, das waren meine ersten Schritte in die Öffentlichkeit. Ich konnte fühlen, wie ich mich veränderte und fing an, mir das erste Mal sorgen über Erwartungen zu machen. Aber irgendwie habe ich es geschafft, mich zu stabilisieren und mich auf das Wesentliche zu besinnen.

Cathy Freeman siegt bei den Olympischen Spielen 2000 in Sydney *Foto: www.rediff.com*

KP: Wie haben Sie das gemacht?

CF: Ich denke, es geht darum, sich selbst zu kennen, mit Menschen zu sprechen, denen man vertraut und den Menschen selbst zu vertrauen. Vielleicht geht es auch darum, durch eine Lebensphase zu gehen, in der man es sich selbst erlaubt, ein bisschen durchgeschüttelt zu werden. Wie ich zuvor schon gesagt habe, stellen sich die schlimmsten Ereignisse meist als diejenigen heraus, die einen in der Entwicklung am Weitesten voran bringen. Denn es sind die Dinge, aus denen man lernt.

KP: Was war für Sie eine Zeit, die Sie durchgeschüttelt hat?

CF: Ich kann mich nicht erinnern, darüber jemals groß gesprochen zu haben. Aber es gab die Zeit, in der ich fühlte, dass ich auf dem Weg war, eine professionelle Sportlerin zu werden aber das Laufen nicht mehr genoss. Es war eine Phase, in der etwas in mir gegen das Laufen sprach. Ich wurde auf der Gefühlsebene immer durch meine Schwester angetrieben, was ein sehr starker und außergewöhnlicher Antrieb ist. Dann habe ich mir gesagt, dass es keinen Weg gibt, nur aufgrund von fremden Menschen, die ich nicht mal kannte und ihren Erwartungen, etwas aufzugeben, was für mich so natürlich und wichtig war.

KP: Eine großartige Weise damit umzugehen. Sprechen wir über Dinge, die Sie zu einer guten Sportlerin machen. Was war für Sie entscheidend, um derart erfolgreich zu werden und diesen Erfolg über Jahre hinaus zu halten?

CF: Ich habe darüber oft nachgedacht und Bücher gelesen, weil ich mich für die Erfolgsrezepte anderer Menschen interessierte. Ich dachte darüber nach, was mich antrieb, so erfolgreich zu werden und es auch zu bleiben. Ich denke, es sind Leidenschaft, Teamgeist und Disziplin. Ich hatte eine unglaubliche Leidenschaft fürs Laufen. Dieser Leidenschaft liegen der Antrieb, die Zielstrebigkeit und der Fokus zugrunde. Es muss auf die Menschen, mit denen man arbeitet, überspringen. Denn alleine kann man einen derartigen Erfolg nicht erreichen. Wir alle wissen das und Disziplin ist eine erlernbare Eigenschaft. Ich denke, Disziplin ist eher eine strukturierte Form der Leidenschaft.

„DISZIPLIN IST EINE ERLERNBARE EIGENSCHAFT. ICH DENKE, DISZIPLIN IST EHER EINE STRUKTURIERTE FORM DER LEIDENSCHAFT."

KP: Wie sah Ihr Team in Ihrer aktiven Zeit als Sportlerin aus?

CF: Der Kern meines Teams bestand aus Männern. Das waren mein Manager, der Arzt, mein Lauf-Planer, ein Masseur und Trainingspartner.

KP: Haben Sie in Hinblick auf Führung Unterschiede bei Männern und Frauen festgestellt?

CF: Ich hatte durch meine Familie viel Erfahrung im Umgang mit Frauen. Zudem war ich als Kind auf einem Mädchen-Internat und später auf einem gemischten Internat. Wenn wir davon sprechen, mit Männern und Frauen zu arbeiten, glaube ich, dass beide die Möglichkeit haben, auf sehr effiziente Art und Weise Leistung zu erbringen. Dennoch glaube ich immer noch, dass Frauen das größere Gespür für „das große Ganze" haben. Sicherlich ist die Dynamik zwischen Männern und Frauen manchmal sehr unterschiedlich, wenn es um Macht, Ego oder darum geht, eine Situation langfristig zu erfassen. Männer und Frauen können sich auf verschiedene Stärken und Schwächen berufen. Unabhängig vom Geschlecht haben alle Menschen zudem unterschiedliche Erfahrungen, auf die sie zurückgreifen können.

KP: Sie haben so viele tolle Erfolge erzielt. Wie sind Sie mit Niederlagen fertig geworden?

CF: Ich erkannte an einem bestimmten Punkt in meinem Leben, dass ich es tatsächlich hasste zu verlieren. In diesen Momenten der Enttäuschung, wenn ich verlor, lernte ich sehr viel über mich selbst und was ich tun müsste, um mich zu verbessern. Zum Beispiel lernte ich, die Zeichen meines Körpers zu erkennen, wenn ich angespannt und aufgeregt war. Diese Symptome zu kontrollieren half mir, damit umzugehen. Zum Beispiel gab es 1995 eine Weltmeisterschaft und ich wollte unbedingt gewinnen, aber ich schaffte es nicht mal unter die ersten Drei, ich wurde Vierte.

KP: Wäre es korrekt zu sagen, dass, wenn man etwas zu sehr will, es zur Gefahr für den Erfolg werden kann?

CF: Aber sicher! Da stimme ich voll und ganz zu. Manchmal schwächt es deinen Hunger nach Gold, dein Bewusstsein, dich selbst übertreffen zu können. Ich habe es selbst schon erlebt und die Quintessenz ist, dass man Fehler machen kann, darf, ja sogar muss! Menschen machen Fehler. Das Wichtigste ist, das Beste daraus zu machen und daraus zu lernen.

KP: Würden Sie das jungen Menschen mit auf den Weg geben?

CF: Ja. Und sie sollten niemals vergessen, dass die Kraft und das Potential aus dem Inneren kommen. Wenn man dem Herzen folgt, macht man das, was man tun möchte von ganzem Herzen und das Herz sagt einem: „Das ist es, was du tun möchtest". So kann man niemals aus den Augen verlieren, wohin es geht. Dann gibt es keinen Schritt zurück, nur Schritte nach vorne.

KP: Was ist *Female Leadership* für Sie?

CF: Ich denke, es ist Mut, aber vor allem ist es, ehrlich dazu zu stehen, wer man ist und an sich selbst zu glauben.

KP: Ist das aus Ihrer Sicht typisch weiblich?

CF: Allerdings. Sich selbst gegenüber immer ehrlich zu sein, heißt, sich selbst zu lieben und Weiblichkeit ist ein Teil davon.

KIRSTEN HARMS

DAS GESPRÄCH

KIRSTEN HARMS

*1956 | Intendantin der Deutschen Oper Berlin

Kirsten Harms nimmt kein Blatt vor den Mund. Die Intendantin der Deutschen Oper Berlin wurde 1956 in Hamburg geboren. Nach dem Abitur studierte sie Musikwissenschaften und Musiktheater-Regie.

1983 gründete die junge Regisseurin mit anderen eine freie Theatergruppe, arbeitete als Regieassistentin, später als freischaffende Regisseurin und Lehrbeauftragte für Dialog-Regie im Studiengang Musiktheater-Regie an der Hamburger Hochschule für Musik und Darstellende Kunst.

Unter ihrer Intendanz von 1995 bis 2003 wurde die Kieler Oper zu einem der erfolgreichsten mittleren Häuser des deutschsprachigen Raums. 2003 debütierte die Mutter eines Sohnes als Regisseurin an der Deutschen Oper Berlin, deren Intendanz sie im Jahr darauf übernahm. Harms ist verheiratet und hat einen Sohn.

Foto: André Rival

KP: Lassen Sie uns mit Ihrer Kindheit und Jugend beginnen. Wie sind Sie aufgewachsen?

KH: Ich habe schon immer Regie geführt, auch beim Spiel mit Kindern. Meine Großmutter war Puppenbildnerin. Mit ihr habe ich Puppen modelliert und Kostüme hergestellt, und ich hatte natürlich ein eigenes Puppentheater. Ich wollte unbedingt Filmschauspielerin werden, weil ich mir vorstellte, dass ich dann viele schöne Männer küssen könnte, ohne gezwungen zu sein, sie gleich zu heiraten. Ich war sportlich und stark. Alle hatten Respekt vor mir, denn ich konnte Judo und notfalls auch zuschlagen. Mit 14 Jahren war ich ziemlich erstaunt, dass trotzdem aus mir ein feminines junges Mädchen geworden war.

„AUSTEILEN UND ABRECHNEN IST NIEMALS FÜHRUNG."

KP: Gab es Einflüsse seitens Ihres Elternhauses oder Ihres sonstigen Umfelds, die Sie in der Kindheit und in Ihrem späteren Karriereweg geprägt haben?

KH: Wir haben zunächst im Wald und später auf einer Obstplantage gewohnt und als Kinder nur draußen gespielt – ohne Aufsicht der Eltern. Das war sicher sehr prägend für mich, weil ein Leben im Freien die Eigenständigkeit fördert. Von Seiten der Erwachsenen gab es keine Kommentare zu unseren Spielen. Es ist wichtig, etwas tun zu können, ohne dass es von anderen gleich kommentiert und bewertet wird. Diese Spiele fanden in einer eigenen, einer selbstgestalteten Welt statt. Ich habe mir immer etwas Neues ausgedacht und andere Kinder davon begeistert.

KP: Wie alt waren Sie, als Ihnen der Berufswunsch der Regisseurin klar geworden ist?

KH: Sechzehn oder siebzehn. Zu der Zeit hatte ich bereits viele Sketches hauptsächlich mit meinem Bruder und meinem Cousin bei allen möglichen Gelegenheiten – etwa im Haus der Jugend oder auf Familienfesten – zum Besten gegeben. In der Schule bekam ich die Gelegenheit, zwei Stücke zu inszenieren, zum Beispiel Eugène Ionescos „Kahle Sängerin". Es blieb dann dabei: Ich wollte unbedingt zur Kunst und zum Theater. Wir hatten keinen direkten Kontakt zum Theater. Aber als ich erfuhr, dass es einen Studiengang Musiktheater-Regie gibt, habe ich mich noch am selben Tag zur Aufnahmeprüfung angemeldet. Nach dem Regiestudium und einigen Projekten in der freien Theaterszene ging ich an die Dortmunder Oper und habe dort auch bald selbst Regie geführt. Im Laufe meines Lebens bin ich interessanterweise oft mit größeren Aufgaben betraut worden, als ich sie mir selbst vorgenommen habe. Opernregie ist eine harte Prüfung. Man hat es mit großen Ensembles, mit Chören und einem riesigen Orchesterapparat zu tun. Entweder man packt es, oder man fliegt raus. Es kam auch immer wieder die Frage, ob ich Operndirektorin oder Intendantin werden wolle. Das konnte ich mir zunächst nicht vorstellen. Schließlich wurde ich aber doch Intendantin der Kieler Oper.

KP: Was hat Sie dazu bewogen?

KH: Ich hatte in der Zwischenzeit ein kleines Kind und mich entschlossen, eine Zeit lang an einem Ort zu bleiben. Als Regisseurin bin ich viel gereist, das ließ sich mit einem Säugling noch vereinbaren, aber als das Kind in den Kindergarten kam, ging das natürlich nicht mehr. Ich blieb acht Jahre in Kiel, es lief sehr gut. Durch umsichtige und weitblickende Besetzungspolitik und durch einen entdeckerfreudigen Spielplan mit zahlreichen zu Unrecht vergessenen Werken des Musiktheaters ist es gelungen, das Kieler Theater aus dem Augenwinkel der Öffentlichkeit ins Zentrum der medialen Wahrnehmung zu rücken. In der Zwischenzeit kam auch schon die Anfrage, ob ich Intendantin der Deutschen Oper Berlin werden wolle. Das habe ich zum damaligen Zeitpunkt erst abgelehnt, da ich meine Arbeit in Kiel nicht abbrechen wollte. Drei Jahre später hat die Deutsche Oper noch einmal gefragt, und dieses Mal habe ich beschlossen, es zu wagen. Berlin war eine sehr schwierige Aufgabe.

KP: Das war Ihnen vorher bewusst?

KH: Natürlich! Götz Friedrich, der damalige Intendant der Deutschen Oper Berlin, war mein ehemaliger Regie-Professor. Wir haben uns oft über seine und meine Intendanz und die enormen Herausforderungen ausgetauscht, ein Theater künstlerisch und finanziell zu leiten. Als ich mein Amt antrat, war die Deutsche Oper von der Schließung bedroht, die Auslastungszahlen entsprachen nicht den Erwartungen, der häufige Führungswechsel nach dem Tod von Götz Friedrich trug dazu zur Instabilität des Hauses nach außen und innen bei. Die Situation war wirklich kritisch.

KP: Hatten Sie Zweifel daran, ob Sie dieser Aufgabe gewachsen sind?

KH: Schwierig, aber machbar – das war mein erster Gedanke. Ich bin sehr schnell im Erfassen von Aufgaben und Problemstellungen und kann mich rasch auf neue Situationen einstellen. In Kiel hatte ich ausreichend Erfahrungen gesammelt, was die Führung eines Opernhauses in kritischen Zeiten betrifft. Aber als ich nach Berlin kam, waren viele Leute skeptisch. Von außen bekam ich zunächst kaum Unterstützung. Vielleicht wurde ich auch engagiert, damit man das größte Opernhaus endlich schließen konnte. Angesichts dessen hatten sich die Anhänger der Deutschen Oper als neuen Intendanten auch eher einen großen Namen und eine gewichtige Persönlichkeit gewünscht. Instinktiv glauben die Menschen oft, dass große Aufgaben letzten Endes doch nur mit großen Machtdemonstrationen und dementsprechenden Medienauftritten zu meistern sind. Wer am lautesten etwas behauptet, hat zwar nicht unbedingt Recht, aber er bekommt es meistens. Ich dagegen kam mit einem Stil nach Berlin, der andere Werte ins Spiel brachte: strategisches Vorgehen, Klugheit, Charme und nicht zuletzt die Fähigkeit, andere zu motivieren, zu begeistern. Poltern und Keifen, Verbalattacken und autoritäre Revierkämpfe verzeiht man Männern, aber nicht Frauen.

KP: Sie erwähnten eben strategisches Vorgehen, Klugheit und Charme, sind das für Sie die zentralen Elemente guter Führung?

KH: Austeilen und Abrechnen ist niemals Führung. Auch nicht in der Regie. Führung ist auch nicht Moderation und geschicktes Konfliktmanagement. Führung in der Regie ist Sicherheit schaffen, dass man etwas Gutes macht. Dafür braucht man zündende und stimmige Ideen und die Konsequenz, die Proben von der ersten bis zur letzten Minute auf souveräne Art im Griff zu behalten. Sonst entstehen Unsicherheit, Unzufriedenheit und jede Menge kontraproduktive Missverständnisse. Natürlich kann man Leitungsfehler kaschieren, indem man wütend wird, wenn es nicht so läuft, wie man will. Aber ehrlich gesagt hat eine junge selbstbewusste Generation, und zwar Männer wie Frauen, keine Lust mehr auf schlechte Führung, egal ob von Männern oder von Frauen. Gute Führung ist eine Kunst. Zu der braucht man sicher Talent und Begeisterung. Aber das Handwerk dazu will erlernt sein, sonst kommt man zum Beispiel über die Quote in eine Führungsposition, fällt aber dann unnötigerweise auf die Nase. Und man muss beharrlich sein im Verfolgen seiner Ziele. Mir ist es in den letzten sieben Jahren gelungen, die Deutsche Oper wieder ganz nach vorne, in die erste Liga der internationalen Opernhäuser zu bringen.

KP: Sehen Sie im Hinblick auf Führung Unterschiede zwischen Männern und Frauen?

KH: Ja. Körpersprache und Verhalten sind unterschiedlich. Als Regisseurin beobachte ich viel, denn ich gestalte ja verschiedene Figuren, starke und schwache, Männer und Frauen und verschiedenes Rollenverhalten. Männer und Frauen benutzen, wenn man so will, andere Sprachen und Verhaltensmuster, Alpha-Männer zum Beispiel Imponiergehabe. Sie bedienen jedes Machtklischee. Das Tragische an Klischees ist, dass so viele Menschen sie erfüllen, ohne es zu merken und viele Menschen auf sie reagieren, ob sie wollen oder nicht. Umgekehrt ist es so, dass bestimmte weibliche Attribute wie zarte Füße, hochhackige Schuhe, schmale Taille, geschmeidige Bewegungen oder ein Porzellan ähnlicher Teint hoch im Kurs stehen, denn sie sind Signale der Zerbrechlichkeit, sollen Beschützerinstinkte wecken. Irgendwo sind wir Menschen immer noch Urviecher. Wenn sich nun eine Frau durchsetzen will und dabei eine bestimmte weibliche Körpersprache benutzt, die allgemein Hilflosigkeit suggeriert, wird sie oft missverstanden im Sinne von schwach und uneindeutig, kurz: für eine leitende Funktion nicht geeignet. Wenn Frauen von Männern verstanden werden wollen, zum Beispiel, wenn sie eine große Sitzung leiten, dann müssen sie sich auch aufrichten, laut und langsam sprechen und ihren Worten buchstäblich Gewicht

Unser Gespräch in Berlin, im Januar 2011

verleihen. Frauen in Leitungspositionen müssen besonders Männern klare Anweisungen geben. Zu viele Nebensätze, Höflichkeiten oder die Mitteilung von eigenen Befindlichkeiten irritieren in solchem Zusammenhang. Ein Beispiel: Eine Chefin denkt, sie formuliert eine höfliche Bitte an einen Mitarbeiter: „Darf ich Sie fragen, ob Sie morgen oder übermorgen Zeit hätten? Ich würde Sie gerne bitten, etwas Bestimmtes für mich zu tun." Der Mitarbeiter denkt: „Wieso fragt sie eigentlich, sie ist doch meine Chefin?" Er antwortet zwar ebenso höflich, aber tut nicht, was seine Vorgesetzte von ihm möchte. Warum? Er sagt sich nämlich: „Sie sagt, sie würde mich gerne bitten. Aber sie hat mich nicht gebeten." Ein klassisches Missverständnis. Frauen können durchaus mit weiblichem Charme bitten. Führung ist eine Funktion, die man übernimmt: Man gibt einer Gruppe gegenüber vor, in welche Richtung sie sich bewegen soll und in welchem Tempo. Und sie definieren den Spielraum, den jeder hat. Führung heißt, Verantwortung dafür zu übernehmen, dass die Mitarbeiter selbstständig und motiviert arbeiten können. Das kann man als Frau tun wie als Mann. Dazu muss Frau sich nicht erst männlicher Verhaltensweisen bedienen. Männer lernen schon als Jungen, um Rangordnungen zu kämpfen und eindeutige Zeichen nach außen zu setzen, mit denen sie ihre Reviere markieren: dicke Autos, dicke Gehälter, hübsche Frauen sind dabei Ich-Verlängerungen. Es sind Signale der Machtverteilung, die Frauen nicht einfach ignorieren oder ablehnen sollten. Vielmehr sollten sie lernen, sie zu erkennen und gegebenenfalls zu benutzen. Warum sich mit einem geringeren Gehalt oder weniger Fortbildungsmöglichkeiten freiwillig eine Stufe tiefer stellen? Wir werden missverstanden, wenn wir uns nicht klar werden, worauf es im sozialen Zusammenspiel ankommt. Dazu müssen Frauen sich nicht kleiden wie Männer und auch nicht gebärden wie Männer. Schienenbeintritte, Rücksichtslosigkeit, fieser Schlagabtausch und Knock-out-Verhalten, wie sie in der Politik ungeniert benutzt werden, finde ich inakzeptabel und ungeeignet. Eine Frau muss ihre Führungsposition klar behaupten. Tut sie das nicht, reagieren besonders Männer irritiert, weil sie mit ihrer ungeklärten Rangordnung und ihrer darin unklaren Position beschäftigt sind. Oft unterlaufen Männer dann die Leitungsstruktur so lange, bis etwas passiert, das die Hierarchie klar herstellt. Frauen unterschätzen solche Mechanismen und sind oft genervt von Rang- und Positionskämpfen. Sie legen Wert auf ein gutes und produktives Miteinander. Ihnen ist wichtiger, sich möglichst rasch den eigentlichen Problemen zuzuwenden und an deren Lösung zu arbeiten.

„VIEL MEHR FRAUEN, ALS SIE SELBST DENKEN, SIND GEBORENE LEITERINNEN."

KP: Jenseits des Learning by Doing, wo und wie haben Sie das alles gelernt?

KH: Wenn mir etwas nicht gelingt, dann mache ich mir Gedanken darüber, was funktioniert und was nicht. Ich probiere aus. Und ich frage Leute, die etwas von Führung verstehen. Wir Frauen fragen uns natürlich, warum wir für mehr Leistung trotzdem oft nicht jene Anerkennung bekommen, die uns zusteht. Inzwischen habe ich erkannt, dass Leistung allein nicht gesellschaftliche Anerkennung garantiert. Die nichtverbalen Signale, also Körpersprache, Selbstbewusstsein, Auftreten, Authentizität, Überzeugungskraft spielen eine nicht zu unterschätzende Rolle. Die eigene Leistung muss auch optimal präsentiert werden, damit sie positiv wahrgenommen wird.

KP: Wie treten Sie selbst auf, wie ist Ihr Bild von Führung?

KH: Immer als Chefin. Und feminin. Ich habe mich viel mit der Philosophie der so genannten gewaltfreien Kommunikation beschäftigt. Dahinter steckt ein Menschenbild, das von Respekt und Empathie geprägt ist. Die Vision einer emphatischen Gesellschaft halte ich für zukunftsweisend.

KP: Gibt es aus Ihrer Sicht Unterschiede zwischen dem Führungsstil von Männern und dem Führungsstil von Frauen?

KH: Männer und Frauen trennt allein schon der unterschiedliche Anteil von Östrogen und Testosteron. Frauen sind von der sozialen Evolution her Nestpflegerinnen. Sie können sich als Person leichter zurücknehmen. Das ist für Kinder und die Familie und somit für den Gruppenzusammenhalt wichtig. Frauen fühlen sich wohl, wenn sie auf gleicher Ebene mit ihren Kollegen sprechen, sich schnell anstehenden Problemen zuwenden und gemeinsam eine Lösung finden können. „Gemeinsamkeit" ist eine weibliche Dachmarke: Frauen setzen darauf, ihre Mitarbeiter zu motivieren, zu überzeugen, weil sie gerne Konsens als Handlungsbasis herstellen. Sie neigen auch nicht so sehr dazu, sich von den anderen Mitarbeitern abzuheben oder sich über sie zu stellen. Das führt dazu, dass sie nicht um jeden Preis Leitungspositionen übernehmen müssen, um ihr Ich zu stärken. Die Männerwelt funktioniert meiner Erfahrung nach anders: Besonders junge Männer sind kämpferischer. Nichts funktioniert, wenn nicht eindeutig geklärt ist, wer die Chefposition innehat. Ein Chef muss bestimmte Eigenschaften aufweisen und zwar möglichst sichtbar und eindeutig, die seine Durchsetzungsfähigkeit beweisen. Bedauerlicherweise werden bei solchen Machtstrukturen die anstehenden Probleme oft vergessen. Das hat mitunter weitreichende Folgen.

KP: Sie haben circa 500 Mitarbeiter. Wie ist der Männer-Frauen-Anteil bei Ihnen?

KH: Es gibt in unterschiedlichen Abteilungen unterschiedlich viele Männer und Frauen. In der technischen Abteilung sind es mehr Männer als Frauen, aber die Zahl der weiblichen Mitarbeiter ist in den letzten Jahren erfreulicherweise angestiegen. Unser Technischer Direktor unterstützt diesen Trend, denn er hat beobachtet, dass durch den erhöhten Frauenanteil die Aggressivität unter den Männern abnimmt.

KP: Viele Frauen haben in den Interviews gesagt, dass sie die besten Erfahrungen mit gemischten Teams gemacht haben. Am Theater sind die Teams ohnehin sehr gemischt, oder? Es ist wahrscheinlich auch anders, mit Künstlern zu arbeiten?

KH: Künstler sind sehr selbstbewusste und ausdrucksstarke Menschen. Sie reagieren theatralisch und schlucken seltener etwas herunter. Kunst entsteht im Agieren nach außen.

KP: Wie führt man sehr selbstbewusste Menschen?

KH: Ich schätze und respektiere das Selbstbewusstsein anderer. Es ist ein kreatives Potential, am Theater wie im Leben unentbehrlich. Ich halte nichts von autoritärem Druck. Diktatorische Methoden – „Ich weiß, wie's geht, und ich sage Euch, was ihr zu tun und zu lassen habt" – sind heute nicht mehr gefragt. Ebenso wenig das Operieren mit Angst, unangemessenen Kontrollen oder Bevormundungen. Letzten Endes führt das immer zu schlechten Ergebnissen und stellt demjenigen – ob nun Mann oder Frau –, der sich solcher Manipulationen bedient, ein schlechtes Zeugnis aus hinsichtlich der Kunst optimal zu führen.

KP: Die meisten Frauen stehen irgendwann vor der Entscheidung zwischen Familie und Karriere. Standen Sie jemals vor dieser Entscheidung oder war das für Sie je eine Einschränkung?

KH: Ich wollte das Eine und das Andere. Aber es ist in jedem Fall eine Doppelbelastung.

KP: Work-Life-Balance: Ist oder war das für Sie ein wichtiges Thema?

KH: Es ist wichtig, innere Balance zu haben und etwas für sich zu finden, bei dem das Gleichgewicht schnell hergestellt wird. Ich versuche so oft wie möglich Sport zu treiben, um einen körperlichen Ausgleich zu haben, aber auch um den Kopf frei zu bekommen. Während der Arbeit ist mir wichtig, alles zu vermeiden, was unnötig Energie raubt. Eine wichtige Führungsaufgabe ist, Wichtiges von Unwichtigem zu trennen und Konflikte möglichst schnell und konstruktiv zu lösen. Sehr skeptisch stehe ich dem ungeschriebenen Theatergesetz gegenüber, dass Künstler und Mitarbeiter Tag und Nacht zur Verfügung stehen sollten. Auch wenn uns unser Beruf großen Spaß macht, er kann nie unser ganzes Leben sein.

KP: *Female Leadership* in einem Satz: Gibt es das für Sie?

KH: Es gibt eine weibliche Art, Leitungsaufgaben zu erfüllen, Führungspositionen auszufüllen, eine weibliche Form, sich auszudrücken, sowohl verbal als auch, was die Körpersprache betrifft. Und es gibt eine weibliche Art der zwischenmenschlichen Interaktion. Aber Leitung – ob nun von Frau oder Mann ausgeübt – ist, wie gesagt, eine Funktion, die man übernimmt. Ihre Gesetze zu kennen und diese effizient, sachbezogen und zielorientiert zu benutzen, ist eine Grundvoraussetzung.

KP: Was müssen junge Frauen Ihrer Meinung nach können, um in den gegebenen Rahmenbedingungen erfolgreich zu sein?

KH: Sich selbst genau beobachten, die eigenen Kernkompetenzen erkennen, sich nichts vormachen und sich ernsthaft fragen, ob man zu einer Führungsposition Lust hat. Mit kleineren Aufgaben beginnen, sich nicht gleich überfordern und prüfen, ob man geeignet ist. Eine Menge Kompetenzen sind zu erlernen, in viele Aufgaben wächst ein Mensch hinein. Bücher, Trainer und Seminare helfen dabei. Aber vor allem: Keine Angst haben! Und keinen Rollenbildern aufsitzen! – Viel mehr Frauen, als sie selbst denken, sind geborene Leiterinnen.

Männer und Frauen passen nun mal nicht zusammen. Frauen sind den Männern überlegen! Sie denken in gewisser Weise logischer. In einem Gespräch merken Frauen sofort, wohin es führt und kürzen es einfach ab.

Vicco von Bülow
Schauspieler und Regisseur

JUTTA KLEINSCHMIDT

DAS GESPRÄCH

JUTTA KLEINSCHMIDT

*1962 | Erste und bisher einzige weibliche Gewinnerin der Rallye Paris-Dakar

„Wenn man einen großen Traum hat, wenn man etwas wirklich will, kann man alles erreichen. Man muss nur bereit sein. Und alles dafür geben." Getreu ihrem Lebensmotto gibt Kleinschmidt alles für ihre Ziele: bei der Marathon-Rallye durch die Wüste, bei der Sponsorensuche, beim Zusammenbau des Motorrads in der eigenen Küche. Am liebsten wurde die 1962 in Köln geborene Rallye-Raid-Fahrerin noch zum Mond fliegen – oder aber die Rallye Dakar mit einem „grünen" Fahrzeug gewinnen.

Aufgewachsen in Berchtesgaden arbeitete die Diplom-Ingenieurin bis 1992 in der Fahrzeugentwicklung bei BMW und beschloss dann, professionelle Rallye-Fahrerin zu werden. Heute lebt Jutta Kleinschmidt in Monaco und gehört zu den erfolgreichsten Frauen im Motorsport – sowohl mit dem Auto als auch mit dem Motorrad. Als erste und bisher einzige Frau gewann die vielfach ausgezeichnete Extremsportlerin die Rallye Dakar 2001 in der Gesamtwertung.

KP: Wie sind Sie aufgewachsen und erzogen worden?

JK: Meine Eltern haben sich früh scheiden lassen. Ich bin bei meiner Mutter im bayerischen Berchtesgaden aufgewachsen. Wir waren ein reiner Frauenhaushalt: vier Mädels, dazu meine Mutter. Viele würden sagen, wie schlimm es sei, ohne Vater aufzuwachsen. Natürlich ist es schöner mit dem Vater und wenn die Familie funktioniert. Aber gerade weil wir nur Frauen waren und bei uns eben nicht die typische Rollenverteilung herrschte, haben wir sehr früh gelernt, dass eine Frau durchaus alles machen kann. Für mich war das immer eines meiner Grundprinzipien: vom Innersten heraus anzunehmen, dass ich das Gleiche leisten kann wie ein Mann.

KP: Die Bayern leben aber traditionell eher in männlich und weiblich dominierten Welten oder haben Sie das als Kind nicht so erlebt?

Jutta Kleinschmidt, 1965

JK: Doch, absolut. Die Gesellschaft geht davon aus, dass Männer und Frauen erst mal komplett unterschiedlich sind, was ja nun biologisch so ist. Sie geht aber auch davon aus, dass Männer und Frauen leistungsmäßig unterschiedlich sind. Das geht ja schon in der Schule oder beim Spielen los: die Jungs spielen ihre Räuber-und-Gendarmspiele und die Mädels spielen mit ihren Puppen und keiner darf beim anderen mitmachen. Das habe ich schon sehr früh und mit sehr viel Willen versucht abzustellen, weil ich es einfach nicht akzeptiert habe.

KP: Wie hat Ihre Umwelt reagiert, als Sie es abgestellt haben?

JK: Am Anfang musste man sehr dafür kämpfen, das ist ganz klar. Aber wenn man das durch Überredungskunst, viel Willen und oft auch Hartnäckigkeit geschafft hatte, dann wurde man doch relativ schnell akzeptiert. Meistens bin ich relativ schnell in die Rolle des Teamführers geschlüpft, weil ich mehr Willen hatte als der durchschnittliche Junge. Im Prinzip entscheidet das Durchsetzungsvermögen und das ist bei mir immer schon da gewesen. Gewiss hatte ich später, vor allem in meiner motorsportlichen Karriere, immer wieder Probleme im Team, weil die Teampartner sich sehr oft extrem dagegen wehren, dass jetzt eine Frau das gleiche Material bekommt. Es ist für sie peinlich, wenn sie gegen eine Frau verlieren oder langsamer sind als eine Frau. Da gab es ganz wenige Teamgefährten, die das verkraften können.

KP: Kann man das auffangen?

JK: Nur bedingt. Mit manchen Männern kann man das ganz gut. Die sehen einen wirklich als gleichwertigen und teilweise sogar als besseren Partner. Das funktioniert sehr gut mit jüngeren Kollegen, weil die häufig offener sind. Vor allem auch, weil sie einen durch das, was man schon erreicht und geschafft hat, respektieren und dann auch akzeptieren, dass sie von einem lernen können. Ein bisschen schwieriger ist es mit älteren Kollegen, die auch schon sehr viel erreicht haben.

KP: Versuchen die Älteren offen oder verdeckt ihre Vorteile zu behalten?

JK: Sie versuchen es verdeckt, aber man merkt das schon. Es gibt auch Seilschaften zum Teamchef oder zu einem Ingenieur. Der andere Fahrer ist ja am Anfang erst mal Konkurrent. Natürlich würden sich unter den Fahrern eher die Männer untereinander zusammentun als mit einer Frau. Man kann allerdings nicht sagen, dass sich alle Männer so verbünden, sonst hätte ich auch nicht geschafft, was ich erreicht habe. Man hat da schon seine Förderer und das sind durchaus Männer.

KP: Hatten Sie diese Förderer denn auch schon am Beginn Ihrer Karriere?

JK: Ich musste am Anfang alles selbst machen. Aber auf der anderen Seite findet man auf seinem Weg schon Menschen, die einen unterstützen. Die muss man halt suchen. Man kann es ja nicht ganz alleine machen, man braucht immer ein Team. Am Anfang ist so ein Team ganz klein. Das sind vielleicht zwei Leute, ein Mechaniker und ein Motorrad, aber das wächst über die Jahre.

KP: Was ist für Sie in Hinsicht auf die Teamarbeit am wichtigsten?

JK: Es ist wichtig, dass man sich auf das Team verlassen kann. Dann braucht das Team einen Teamleader und für den ganz engen Kreis muss man auf alle Fälle versuchen, Teammitglieder zu bekommen, die selbstständig denken. Sie brauchen Leute, die sich für die Sache einsetzen, die einem auch sagen, wo die Fehler liegen, die sich trauen, Verantwortung zu übernehmen und Fehler aufzudecken. Das ist ganz entscheidend. Der Aufgabenbereich der einzelnen Personen muss gut geklärt sein und am besten ist es, wenn man unterschiedliche Talente für unterschiedliche Aufgabenbereiche hat. Man sollte die Posten richtig besetzen und die Leute verantwortungsvoll arbeiten lassen.

KP: Dafür muss aber auch Verantwortung abgegeben werden, oder?

JK: Ganz genau. Das Abgeben der Verantwortung ist sehr wichtig, weil dann keiner die Verantwortung auf eine andere Person abschieben kann. Eine andere sehr wichtige Sache ist, dass die Leute motiviert sind und Spaß an ihrer Arbeit haben. Ich habe gelernt, dass es von großer Bedeutung ist, eine freundschaftliche, persönliche Beziehung zu den Teammitgliedern aufzubauen, da man dann schneller bereit ist, Fehler und Probleme einzugestehen und sich rechtzeitig Hilfe zu holen. Wenn dieses Vertrauensverhältnis da ist, kann man ziemlich viel erreichen.

KP: Glauben Sie, dass Frauen exakt an dieser Stelle anders führen als Männer?

JK: Ich glaube, dass Frauen etwas intelligenter führen als Männer. Eine Frau kann sich eher zurücknehmen und hat nicht so einen großen Selbstdarstellungsdrang. Sie kann dem Team das Gefühl geben, dass alle gleichberechtigt sind, obwohl sie es nicht sind. Frauen haben ein größeres Feingefühl, Männern ihre Ehre zu lassen und trotzdem ihre eigenen Interessen durchzusetzen. Sie führen, ohne dass der Mann merkt, dass er geführt wird.

KP: Wurden Sie am Anfang unterschätzt?

JK: Man wird natürlich am Anfang unterschätzt, vor allem dann, wenn man etwas macht, was noch keine Frau vorher gemacht hat und meint, es zu können.

KP: Und Sie wussten, dass Sie die Rallye Dakar gewinnen können?

JK: Ja, ich habe gewusst, dass ich, wenn alles zusammenpasst, die Dakar gewinnen kann. Mein Antrieb war herauszufinden, was ich denn eigentlich kann und wie weit ich es schaffe. 2001, in dem Jahr als ich die Rallye Dakar gewonnen habe, hätte ich nicht gedacht, dass ich sie gewinnen würde, da die Bedingungen für einen Sieg gar nicht gegeben waren. Mein Ziel war eigentlich nur, es überhaupt auf das Podium zu schaffen. Am Ende haben aber die anderen Fehler gemacht. Wir selber sind konstant ohne Fehler gefahren und haben es damit zum Sieg geschafft. Das Ziel ist das, was man in dem Moment für realistisch hält. Das ist auch ein Unterschied zwischen Mann und Frau: Dass wir in den Zielen ein bisschen realistischer sind.

KP: Realistisch in Bezug auf die eigenen Ressourcen und Kräfte oder in Bezug auf das Umfeld?

JK: Beides. Das Ziel kann ich mir nur aus meinen Ressourcen und dem, was mir zur Verfügung steht, zusammensetzen. Viele wissen gar nicht, was sie wollen. Daran scheitert es schon, sie schwimmen dann in der Gesellschaft mit. Ich wusste, was ich will, seit ich denken kann.

KP: Und der Erfolg im Motorsport, seit wann wollten Sie den?

JK: Das hat sich so entwickelt. Wichtig ist, dass man weiß, was man erreichen will. Und dann muss man etwas tun. Von alleine passiert nichts. Wenn ich mit meinem Wunsch Motorrad zu fahren gewartet hätte, bis mich einer entdeckt, hätte ich wahrscheinlich ziemlich lange gewartet. Ich glaube, dass jeder Mensch, der in Ruhe in sich gehen würde, etwas finden könnte, was ihm Spaß macht. Meine Karriere war nicht einfach, das ging schon früh los. Ich habe mein Geld eben nicht in Discos ausgegeben, sondern alles in den Motorsport gesteckt. Aber warum habe ich das gemacht? Es war keine Qual, ich habe es gern gemacht, es hat mir nichts ausgemacht. Und warum? Weil ich im Hinterkopf hatte, dass ich etwas erreichen will. Und weil ich es so sehr wollte, machte es mir sogar Spaß. Das ist der Schlüssel zum Erfolg: Man kann nur wirklich viel leisten, wenn man weiß, wofür man es macht.

KP: Sehen Sie auch an dieser Stelle einen Unterschied zwischen Männern und Frauen?

JK: Ich glaube, Frauen werden schon von der Erziehung her weniger dazu trainiert, sich Gedanken darüber zu machen, was sie im Leben erreichen wollen. Männer werden sehr viel über den Erfolg definiert. Ein erfolgreicher Mann ist ein Jemand, ein erfolgloser ist ein Niemand. Bei einer Frau ist das nicht so entscheidend, um in der Gesellschaft anerkannt zu werden.

KP: Bei Ihnen kam dann der – amerikanisch gesagt - tipping point 2001 mit dem Sieg der Rallye Dakar: Haben Sie das als Durchbruch gesehen?

„VIELE WISSEN GAR NICHT, WAS SIE WOLLEN. DARAN SCHEITERT ES SCHON, SIE SCHWIMMEN DANN IN DER GESELLSCHAFT MIT."

JK: Es war eher ein bisschen gleitend. Selbst als ich mit dem Motorrad Erfolg hatte, war ich schon erfolgreicher als jede Frau vorher.

KP: Aber wurde das auch schon regelmäßig honoriert?

JK: Das wurde honoriert, aber nicht in dem Umfang. Ich hatte ja vorher bereits meine Presse und eine kleine Fangemeinde. Letztere ist nach dem Sieg 2001 natürlich richtig groß geworden. Aber im Endeffekt hat sich bei mir nicht viel geändert, außer, dass mein Bekanntheitsgrad extrem gestiegen ist.

KP: Glauben Sie, dass Sie ein Vorbild für viele junge Menschen und speziell für Frauen sind?

JK: Ich glaube schon. Das merkt man definitiv auch durch E-Mails und Veranstaltungen. Viele Frauen finden das toll und nehmen sich ein Beispiel daran. Ich merke, dass auch wenn in den Vorträgen leider immer noch sehr wenige Frauen anwesend sind, diese dann häufig besonders aufmerksam sind. Sie lassen sich auch motivieren und trauen sich danach das eine oder andere mehr zu.

KP: Hatten Sie in Ihrer Jugend oder auch später weibliche Vorbilder?

JK: Ich hatte nie Vorbilder, außer vielleicht meine Mutter. Sie war eine starke Frau, die ihre vier Kinder alleine großgezogen hat, ohne die Unterstützung unseres Vaters. Da sie auch keine finanzielle Unterstützung bekam, ist sie eine bewundernswerte Frau, die viel geleistet hat. Ansonsten habe ich keine Vorbilder. Ich sehe Menschen und an denen gefällt mir irgendwas. Aber es gibt jetzt keine einzelne Person, die ich als Vorbild definieren würde.

KP: Wie ist Ihre Mutter mit Ihrem Berufswunsch umgegangen und dann später mit Ihrer Karriere? War sie jemand, der Sie gefördert hat?

JK: Gefördert hat sie mich nicht direkt, aber sie hatte vor allem nichts dagegen, was auch eine Art Unterstützung ist.

Im Dialog in Monaco, Juli 2010

Sie hat gewusst, dass sie keine Chance gehabt hätte. Mein Wille war einfach zu groß und ich hätte es sowieso gemacht.

KP: Haben Sie Angst bei Ihrer Mutter bemerkt, weil ihre Tochter Motorrad fährt und Extremsportarten ausübt?

JK: Sicherlich. Aber sie ist relativ entspannt. Sie hat auch keinen großen Einfluss drauf.

KP: War denn trotzdem ab und an Angst Begleiter auf Ihrem Weg oder in einzelnen Situationen?

JK: Bei mir war Angst immer nur ein Begleiter, wenn ich quasi schon beim „Abflug" war. Wenn es schon zu spät war und man kurz vor oder im Unfall ist. Aber dann ist es eigentlich auch keine Angst. Denn in dem Moment reagiert der Körper mit einer Art Schutzfunktion und es läuft alles in Zeitlupe ab. Ich habe jedoch schon Respekt davor, einen Fehler zu machen. Die Rallye Dakar findet nur einmal im Jahr statt. Man hat ein großes Team hinter sich und trägt die Verantwortung für dieses und den Teamerfolg. Die einzige Angst ist dann, einen Fehler und damit alles zunichte zu machen.

KP: Wie kommt die Konzentration zustande, diesen Fehler nicht zu machen?

JK: Allein schon das Bewusstsein über die „Gefahr", einen Fehler zu begehen, macht einen wach und konzentriert. Deswegen ist es gut, die Gefahren zu sehen.

KP: Wie sind Sie mit Niederlagen umgegangen?

JK: Einfach noch mal probieren. Man hat erst verloren, wenn man das letzte Mal aufgegeben hat.

KP: Haben Sie nie den Mut verloren und wollten aufgeben?

JK: Natürlich, das ist normal. Wenn man gerade etwas nicht geschafft hat, braucht man Zeit, um es zu verarbeiten. Dann kommt mir aber relativ schnell ein Gedanke, was ich ändern könnte, wie ich es nächstes Mal besser, schneller machen könnte, um bessere Chancen zu haben. Man muss in jedem Fall dranbleiben, aber man darf keine Angst davor haben, dass man scheitert. Scheitern ist etwas Normales. Gerade als Frau, wenn man etwas macht, was nur Männer machen, ist man vorsichtiger, weil man sich denkt, dass die anderen vielleicht Recht hatten. Man sollte es aber trotzdem versuchen. Wenn man merkt, dass man es wirklich nicht kann, kann man es auch immer noch bleiben lassen.

„MAN HAT ERST VERLOREN, WENN MAN DAS LETZTE MAL AUFGEGEBEN HAT."

KP: Frauen, die sehr erfolgreich geworden sind, sagen, dass Männer mit ihnen anders umgehen.

JK: Die Männer haben viel mehr Respekt. Sie haben teilweise sogar Angst vor einem.

KP: Ist mehr Respekt etwas Gutes oder Schlechtes?

JK: Sowohl als auch. Privat ist es so, dass viele Männer Angst vor einem haben. Deswegen haben ja auch viele erfolgreiche Frauen Probleme, einen Partner zu finden. Man muss erst mal einen Mann finden, der bereit ist, sich auf Konfrontationen – die unweigerlich kommen – einzulassen. Aber es kommen andere Probleme dazu, wenn die Frau beispielsweise auch noch mehr Geld verdient als der Mann. Das ist für Männer ein Problem. Davor haben sie ein wenig Angst: Wie sie vor ihren Freunden dastehen oder, dass sie nur noch als Anhängsel der Frau wirken könnten. Aber wenn man den richtigen Mann findet, der stark genug ist, das zu akzeptieren, dann stellt es kein Problem dar. Geschäftlich ist das ein größeres Problem. Da gibt es welche, die einen gerne heraus mobben würden, weil man zu stark, zu gefährlich ist.

KP: Was ist der meist gehörte Satz, wenn Sie mit einem Mann zusammen in ein Auto steigen?

JK: Viele bieten mir an, dass ich fahren kann, weil es Ihnen unangenehm ist, dass ich ihnen vielleicht auf die Finger schaue. Männer sind eher verängstigt, wenn ich mit einsteige.

KP: Und wie reagieren Frauen typischerweise auf Sie?

JK: Frauen macht das gar nichts aus. Eine Frau ist vielleicht auf eine andere Art verunsichert, wenn sie mich fahren muss. Sie sagt eher, dass sie schon weiß, dass sie nicht so gut fährt. Aber sie macht sich da nicht ganz so viele Gedanken wie ein Mann.

KP: Frau Kleinschmidt, wenn Sie auf die nächste Generation junger Frauen blicken, was würden Sie diesen aus Ihrer Erfahrung heraus raten?

JK: Man sollte sich gut überlegen, was man wirklich machen will und sich weder zu einem Beruf noch zu einer Ausbildung überreden lassen. Denn wenn man etwas wirklich erreichen will, kann man es auch schaffen, selbst wenn es anfangs unerreichbar erscheint. Wenn man seine eigenen Ziele verfolgt, kann man nahezu unendlich viel Energie dafür aufbringen und es macht zudem viel Spaß. Zunächst ist es wichtig, dass man erst einmal in die richtige Richtung losgeht. Vieles Unerwartetes, was einem hilft, sein Ziel zu erreichen, findet man dann auf diesem Weg.

Frauen, wacht auf! Was auch immer die Hürden sein werden, die man euch entgegenstellt, es liegt in eurer Macht, sie zu überwinden. Ihr müßt es nur wollen.

Olympe de Gauches
französische Revolutionärin und Frauenrechtlerin

KATJA KRAUS

DAS GESPRÄCH

KATJA KRAUS

*1970 | Fußballfunktionärin, erste Frau im Vorstand eines Bundesliga-Fußballclubs

Die Karriere als Fusball-Bundesligaspielerin war alles andere als geplant. Eigentlich wollte die 1970 in Offenbach am Main geborene Katja Kraus Schriftstellerin werden. Noch während ihrer Zeit als Torhüterin begann sie ein Studium der Germanistik und der Politikwissenschaften, das sie im Jahr ihrer Teilnahme an den Olympischen Spielen, 1996, abschloss. In der Zeit ihrer aktiven Karriere von 1986 bis 1998 wurde Katja Kraus mit ihren Teams mehrfache Deutsche Meisterin, DFB-Pokalsiegerin, Europameisterin und Vize-Weltmeisterin. Nach Ende der Sportkarriere arbeitete die Ex-Torhüterin zunächst als Pressesprecherin von Eintracht Frankfurt, bevor sie die Verantwortung für Kommunikation und Marketing beim Hamburger SV übernahm. Kraus war von 2007-März2011 die erste Frau im Vorstand eines Fußball-Bundesligaclubs; Anfang 2010 übernahm sie darüber hinaus das Amt der zweiten Vorstandsvorsitzenden. Ihr Erfolgsrezept: Selbstreflexion und ein großes Maß an Engagement und Einsatzbereitschaft.

KP: Sie sind mit dem Fußball aufgewachsen. Wie sind Ihre Eltern damals damit Umgegangen?

KK: Meine Eltern waren sehr liberal. Sie waren nicht über die Maßen fordernd, sondern haben mich gelassen, so dass ich mich eigenständig entwickeln konnte. Als ich Fußball zu spielen begann, waren sie allerdings nicht begeistert. Sie hatten eine andere Vorstellung davon, was ein Mädchen tun sollte. Zu meiner Zeit war es auch noch nicht so populär und verbreitet wie heute, dass Mädchen und Frauen Fußball spielen. Wir waren noch Pionierinnen und der Sport wurde mit vielen Vorbehalten bedacht. Das habe ich aber eigentlich gar nicht wirklich wahrgenommen. Ich habe einfach gemacht, woran ich Spaß hatte und habe dafür immer meinen Raum gefunden. Die Grenzen und das Durchsetzungsvermögen, das mir dabei abverlangt wurde, waren mir gar nicht bewusst.

KP: Haben Ihre Eltern ihre Vorbehalte formuliert?

KK: Zunächst haben sie mir das Fußballspielen sogar verboten. Wir wohnten in einem Vorort von Frankfurt und als ich zwölf Jahre alt war, durfte ich nicht mehr mit den Jungs spielen und für die Frauenmannschaft war ich zu jung. Ich musste dann zu einem größeren Verein wechseln, der eine Mädchenmannschaft hatte, das war in Frankfurt, etwa 25 km entfernt. Meine Eltern dachten, dass ich unter diesen Bedingungen ohnehin aufhören würde, da ich die Entfernung logistisch nicht bewältigen könne. Ich habe es dann eben selbst organisiert.

KP: Würden Sie sagen, dass es typisch für Sie ist, die Dinge selbst in die Hand zu nehmen?

KK: Na ja, ich arbeite am liebsten im Team und brauche Austausch mit Menschen. Aber ich habe schon gelernt, Verantwortung anzunehmen und Probleme selbst zu lösen. Insbesondere dann, wenn ich etwas wirklich will. Es ist aber auch nicht immer einfach zu glauben, die Verantwortung für alles tragen zu müssen.

KP: Woran haben Sie denn als Kind gemerkt, dass Sie nicht bereit sind, den Fußball aufzugeben?

KK: Es war ein Antrieb in mir, der überhaupt nicht in Frage stand. Wenn meine Eltern es nachdrücklich verboten hätten, wäre ich vermutlich schon früher ausgezogen. Es war, wie später auch an anderen bedeutenden Punkten meines Lebens, keine bewusste Entscheidung, sondern mein Weg war ganz klar.

KP: Wie hat Ihr sonstiges Umfeld, Ihre Freunde, Ihre Klasse darauf reagiert?

KK: Die Jungs haben sich gefreut, dass sie mit einem Mädchen über Fußball reden konnten. Es war immer irgendwie cool, in jedem Fall besonders. Meine Freunde fanden es auch ok.

KP: Hat Sie das bestärkt, oder war Ihnen das gleichgültig?

KK: Das war mir ehrlich gesagt nicht

wichtig. Ich war ganz aufgehoben in meiner Mannschaft und hatte dort Freunde über den Sport hinaus. Dadurch, dass wir beinahe jeden Abend trainierten und dazu sehr viele Auswahllehrgänge hatten, war ich ohnehin nur selten bei Partys und Klassenreisen, sondern vielmehr in Sportschulen und auf Sandplätzen. Aber das war richtig für mich.

KP: Als sich die ersten Erfolge als Torfrau eingestellt haben, hat sich in der Akzeptanz Ihrer Eltern etwas geändert?

KK: Nein, bei meinen Eltern hat sich das nicht verändert. Erst gegen Ende hin sind sie mal zum Zuschauen gekommen, aber ansonsten wurde das Thema komplett ausgeblendet. Das hat unseren Kontakt erschwert und phasenweise sogar unmöglich gemacht, weil meine Eltern mich darin nicht verstanden haben.

„ICH BIN EIN EMOTIONALER MENSCH, UND DAS IST AUCH MEINE ART ZU FÜHREN."

KP: Hat Ihnen der Kontakt gefehlt?

KK: In dieser Zeit nicht bewusst. Ich konnte meinen Eltern nie vermitteln, was mir dieser Sport und grundsätzlich mein Engagement bedeutet und wie wichtig es für mich ist, meinen eigenen Weg zu finden. Ich bin mit 17 Jahren ausgezogen und auf eine gewisse Weise fühlte ich mich dann auch stark und unabhängig. Und mit 17 denkt man ohnehin man weiß, wie das Leben funktioniert.

KP: Können Sie versuchen, in einem Satz zu formulieren oder bildlich darzustellen, was Fußball Ihnen bedeutet?

KK: Ich hab einfach eine Liebe zu diesem Spiel. Es ist so komplex. Und so einfach. Als ich ein kleines Mädchen war, habe ich immer von einer Szene geträumt: ein ganz wichtiges, leidenschaftliches Spiel, viele Zuschauer und ich habe den entscheidenden Ball gehalten. Diesen Film habe ich jede Nacht zum Einschlafen angeschaut. Ein ähnliches Spiel habe ich dann später tatsächlich erlebt - so, dass mir der Moment fast vertraut vorkam. Das war eine Form von Erfüllung und ein bleibendes Bild. Das Spiel war aber auch immer mehr als Sport für mich: Ich habe erstmals ein Talent in mir entdeckt, das war eine fundamentale Erkenntnis. Und mit all dem, was Mannschaftsport, Spiel, Sieg, Niederlage und Gemeinschaft so in sich birgt, konnte ich vieles lernen und leben, was mir etwas bedeutet, das hat mich geprägt.

KP: Gesellschaftliche Anerkennung zeigt sich im Fußball ja durch die Zahl der Zuschauer und die Höhe der Gelder, die bezahlt werden. Haben Sie das Gefühl, dass Sie auf diese Weise in irgendeiner Form reguliert wurden oder war Ihnen das gleichgültig?

KK: Das ist im Frauenfußball zu meiner Zeit etwas anders gewesen als jetzt. Ich kann mich erinnern, als wir das erste Mal Prämien erhielten – in sehr überschaubarer Höhe – wollte ich sie gar nicht haben, weil es nicht das war, wofür ich eigentlich Fußball spielte. Aber der Grad der Betroffenheit im Umgang mit Kritik zum Beispiel, hat nichts mit der Höhe der Gehälter zu tun.

Wenn man sich sehr intensiv in einer Welt bewegt, sieht man nicht, wie groß oder wie klein diese Welt ist. Ein kritischer Artikel über meine Torwartleistung in einer Regionalzeitung war für mich genauso schwerwiegend, wie es wohl ein schlechtes Spiel für einen Bundesligatorwart vor Millionenpublikum sein mag.

KP: Ist es schwierig für Sie, öffentlich kritisiert zu werden und damit umzugehen?

KK: Ja, es ist grundsätzlich schwer, aber es fühlte sich als Sportlerin anders an als jetzt. Ein Torwartfehler ist ein Torwartfehler und ich war für meine eigene Leistung weitestgehend selbst verantwortlich. In meiner Aufgabe als Vorstand war es schwieriger, da objektive Bewertungskriterien fehlten. Die Beurteilung beinahe aller Bereiche richtet sich nach dem jüngsten Spielergebnis und dem Stand des Vereins in der Bundesligatabelle. Und alles wird aus der Euphorie des Sieges und der Depression nach Niederlagen betrachtet, da fehlt mir oft Maß und Differenziertheit. Allerdings hat mir die Erfahrung mit Sieg und Niederlage, aber auch mit Lob und Kritik ganz sicher zu einer größeren Gelassenheit im Umgang damit verholfen. Und doch habe ich großen Respekt davor, wie schnell öffentliche Bilder entstehen und wie verzerrt diese mitunter sind.

KP: Glauben Sie, dass die öffentliche Personifizierung von Politikern, Sportlern und Managern durch die Medien von der eigentlichen Leistung ablenkt?
KK: Die Tendenz, Themen in diesem

Im Stadion des HSV, August 2010

enormen Maße zu personifizieren und zuzuspitzen ist in jedem Fall bedenklich. Die Personifizierung, der damit verbundene Druck und auch die Modellierung des eigenen Images verhindert allzu oft nicht nur notwendige inhaltliche Auseinandersetzungen, sondern auch eine konsequente Haltung. Die Beschäftigung mit der Person nimmt die Konzentration auf das Wesentliche. Im Fußball ist es das Spiel, das in der Berichterstattung hinter den Geschichten und Skandalen von Spielern und Trainern zurücksteht. Zudem fehlt oft der Respekt vor Entscheidungsträgern und der Komplexität der Verantwortung. Sicher habe ich das in der Fußballbranche mit einem Thema, bei dem sich jeder Hoheitswissen zubilligt, extrem erlebt. Aber die stete Beurteilung von Sachverhalten aus dem verantwortungsfreien Raum gilt auch für andere Bereiche.

Die Bereitschaft selbst Verantwortung zu übernehmen sinkt, aber die Bewertung von Verantwortungsträgern und deren Entscheidungen nimmt zu und wird immer gnadenloser. Auch, weil es beinah keine Rückzugsräume mehr gibt. Bundeskanzlerin möchte ich also auf gar keinen Fall mehr werden. Die Handlungsspielräume sind einfach zu begrenzt.

KP: Hatten Sie in Ihrem Job genügend Handlungsspielräume?

KK: Der Gestaltungsspielraum ist das Faszinierende an dieser Aufgabe. Die Emotionalität des Spiels und die Bedeutung für die unterschiedlichsten Menschen öffnen viele Türen. Es gibt wohl kein Thema, das die Menschen auf solch direkte Weise miteinander verbindet. Und es ist noch immer eine Branche, die sehr auf bewährte Wege setzt und dementsprechend noch Entwicklungsmöglichkeiten in sich trägt.

KP: Wie war die erste Zeit Ihrer Berufstätigkeit? Sie waren ja doch in einem Umfeld, in dem weibliche Führungskräfte nicht an der Tagesordnung waren.

KK: Ich habe 1997 als Pressesprecherin bei Eintracht Frankfurt begonnen. Als ich das Angebot bekam, habe ich mich ganz unbedarft dazu entschieden, diesen Job anzunehmen. Ich habe die Probleme und Widerstände nicht vorhergesehen. Tatsächlich war es dann erst mal ziemlich mühsam und ich musste gegen viele Vorbehalte ankämpfen. Ich war sehr jung, unerfahren und eben eine Frau. Anfangs hat mich das sehr getroffen, auch weil es mich so überraschte, wie brachial Männer ihr Refugium umkämpft haben und wie unsachlich die Kritik war. Das hat mich motiviert zu überzeugen, wenig Fehler zu machen und schnell zu verstehen, wie das Geschäft funktioniert. Ich habe dabei versucht, auf die richtigen Leute zu hören und gleichzeitig meinen eigenen Weg zu finden. Vieles habe ich aber auch aus Fehlern gelernt. Zu Beginn war das schwer, aber man kommt irgendwann an einen Punkt der Selbstsicherheit, an dem man mit Fehlern auch ganz offen umzugehen vermag. Das habe ich als große Erleichterung empfunden. Allerdings ist das in der Fußballbranche nicht sehr verbreitet.
KP: Brauchen Sie auch Kritik aus dem

Freundeskreis oder aus Ihrem intimen, nichtöffentlichen Umfeld?

KK: Das brauche ich sogar dringend, besonders von Menschen, die mich gut kennen. Ich löse viele Probleme tatsächlich im Gespräch. Das ist ein ganz wesentlicher Bestandteil meiner Lebens- und auch meiner Jobzufriedenheit. Es ist mir unvorstellbar, einen Job zu machen, der mich auf solch vielfältige Weise fordert wie ein Vorstandsamt in einem Bundesligaverein, ohne Menschen in meinem Umfeld zu haben, denen ich bedingungslos vertraue und die mir ein Korrektiv sind.

KP: Hatten oder haben Sie Vorbilder?

KK: Nein, aber ich habe ein großes Interesse an Menschen. Es ist meine größte Freude Menschen anzuschauen, wie sie ihren Weg gehen. Menschen zuzuhören, die Geschichte gelebt haben. Und mich an der Hingabe von Menschen zu begeistern. Völlig unabhängig davon, was die Berufung ist.

KP: Könnten Sie jungen Menschen oder jungen Frauen Tipps geben?

KK: Begeisterungsfähigkeit und die Bereitschaft, sich für das, was man tut, mit ganzem Herzen zu engagieren, ist mit Sicherheit etwas, was einen jungen Menschen leicht relativ weit nach vorne bringt. Ich finde es zudem wichtig, den Mut zu haben, sich auszuprobieren und dabei zu seinen Talenten zu finden. Berufswahl ist keine Lebensentscheidung mehr und die Erfahrungen und Erkenntnisse aus einer Aufgabe können den Weg ebnen für einen ganz neuen Schritt. Offenheit ist wichtig und die Fähigkeit, immer wieder neu in sich hinein zu horchen, um die wirkliche Leidenschaft zu finden. Ich war keine herausragend talentierte Spielerin, aber ich hatte Willen und vor allem Leidenschaft für den Sport. Das sind auch in meinem beruflichen Weg entscheidende Voraussetzungen gewesen.

KP: Welche Rolle spielt Bildung dabei?

KK: Bildung ist sicher die Basis für einen linearen beruflichen Werdegang. Im Umgang mit Menschen ist aber Herzensbildung der entscheidende Aspekt. Ich konnte meinen Weg so gehen, weil es mir gelungen ist, Menschen auf dem Weg mitzunehmen und sie bereit waren, für das gemeinsame Ziel mehr zu tun, als gefordert war. Auch wenn ich in meinem beruflichen Leben nicht allzu oft konkret auf meine Schul- und Studienzeit zurückgreifen konnte, so hat sie mich doch einiges gelehrt und vor allem mein Erwachsenwerden orchestriert.

KP: Wie haben Sie diese Herzensbildung kultiviert und ausgebaut?

KK: Ich war immer neugierig auf Menschen und darauf, mich zu entwickeln. So bin ich auch in jeder Aufgabe immer an Grenzen gestoßen und habe nach neuen Herausforderungen gesucht. Jeder Schritt auf neuen Wegen ist auch eine Konfrontation mit Ängsten und Unsicherheiten. Und es ist ein fortwährender Prozess.

KP: Der HSV engagiert sich doch im sozialen, karitativen Bereich. Ist das auch Teil Ihrer Arbeit?

KK: Ja und einer, der mir ganz besonders am Herzen liegt. Wir haben mit dem Hamburger Weg vor fünf Jahren eine Initiative ins Leben gerufen, die sich ganz unmittelbar an hilfsbedürftige Projekte und Menschen richtet, weil wir als Fußballverein eine gesellschaftliche Funktion und einen sozialen Auftrag haben. Ich bin überzeugt, dass wir die Aufmerksamkeit, die der Fußball bei so vielen Menschen genießt, nutzen müssen, um auf unterstützungswürdige Themen und Menschen hinzuweisen. Ein Fußballverein sollte nicht nur Imageträger für die Stadt sein, sondern als Verantwortungsträger auch eine Gestaltungsrolle einnehmen. Auch ganz konkret mit der Vorbildfunktion, die Fußballspieler für Kinder und Jugendliche haben. Und es ist auch für unsere Spieler wichtig, dass sie durch diese Initiative daran erinnert werden, dass es auch andere Lebensrealitäten gibt als die, die sie zu diesem Zeitpunkt ihrer Karriere wahrnehmen und die ihnen nahegebracht werden.

KP: Wie würden Sie in wenigen Thesen Ihre Prioritäten bei der Mitarbeiterführung, aber auch bei der Selbstmotivation beschreiben? Wie führen Sie sich und andere?

KK: Wirklich wichtig ist mir Messbarkeit und Verbindlichkeit. Ich möchte messbar sein an dem, was ich sage und zusage und an den Zielen, die ich für mich und für meine Mitarbeiter formuliere. Als ein früherer Chef mir zum ersten Mal sagte, er schätze mich für meine Berechenbarkeit, habe ich das nicht direkt als Wertschätzung verstanden. Inzwischen weiß ich um die Bedeutung von Berechenbarkeit, wenn man in der Gemeinschaft an einem Ziel arbeitet. Sie ist eine Form von Verantwortung. Und sie zeigt Respekt für den Beitrag des Anderen. Ich versuche sehr, meinen Mitarbeitern Sicherheit zu geben. Sie sollen wissen, dass ich sie in ihren Entscheidungen unterstütze und sie ein offenes Feedback bekommen. Unsicherheit und die Notwendigkeit von Interpretationen lenken von Inhalten ab und hemmen die persönliche Entfaltung. Ich bin ein emotionaler Mensch und das ist auch meine Art zu führen. Auch mich selbst. Es ist schön und schafft Bindung, erfordert aber auch viel Aufmerksamkeit und Kraft. Wenn ich am Abend nach Hause fuhr, bin ich immer gedanklich noch mal alle Büros durchgegangen und habe überlegt, ob ich irgendetwas vergessen habe, ein krankes Kind eines Mitarbeiters oder einen wichtigen Vortrag. Ich habe nie eine Ausbildung in Personalführung bekommen. Das ist etwas, was ich aus mir heraus entwickle und wobei ich sicher auch ganz viele Fehler gemacht habe und noch mache. Aber es ist auch die interessanteste und bleibendste Aufgabe.

ARUNDHATI NAG

DAS GESPRÄCH

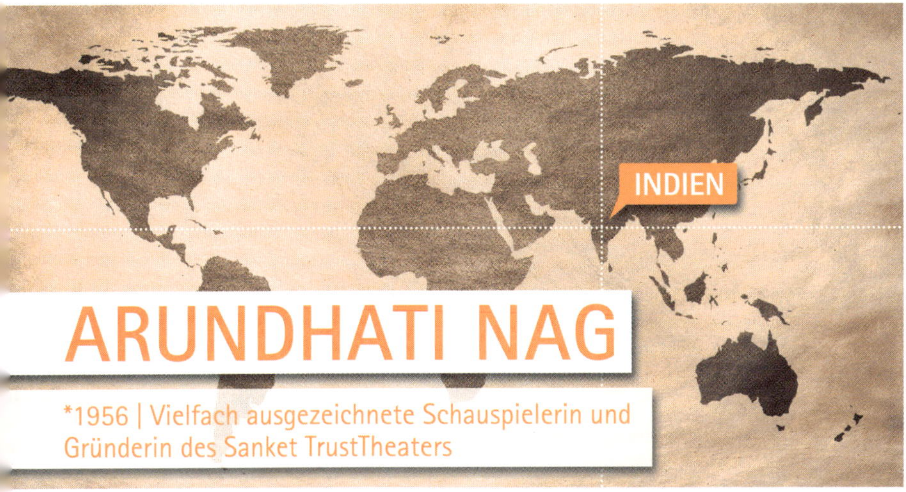

ARUNDHATI NAG

*1956 | Vielfach ausgezeichnete Schauspielerin und Gründerin des Sanket TrustTheaters

Als „Wolke" bezeichnete Arundhati Nags Vater seine Tochter. Die hochtalentierte 17-jährige engagierte sich intensiv am Theater, eilte von Probe zu Probe und war kaum zu bremsen. Als die Tochter streng gläubiger Eltern der indischen Mittelschicht mit 23 Jahren Shankar Nag heiratete, einen der berühmtesten Schauspieler und Filmregisseure Südindiens, war sie selbst bereits eine anerkannte Schauspielerin.

1990 verunglückte Shankar Nag bei einem Autounfall tödlich, Arundhati Nag selbst wurde dabei schwer verletzt und benötigte ein ganzes Jahr für die Rekonvaleszenz. Danach tat sie alles, um den Traum ihres Mannes nach einem eigenen Theater zu verwirklichen. Und es gelang ihr. Heute ist die 54-jährige vielfach ausgezeichnete Film- und Theaterschauspielerin Direktorin des Ranga Shankara Theaters in Bangalore.

KP: Wie alt waren Sie, als Sie geheiratet haben?

AN: Ich war 23 Jahre alt, was damals das richtige Alter war, aber es hat sich verändert. Meine eigene Tochter heiratete mit 25 Jahren und ich denke, das ist ziemlich früh.

KP: Können Sie mir ein wenig darüber erzählen, wie Sie aufgewachsen sind?

AN: Ich wurde in Delhi geboren. Mein Vater hat bei der Regierung gearbeitet und meine Mutter war Hausfrau. Beide Eltern hatten selbst ein ziemlich dramatisches Leben. Sie kamen aus sehr orthodoxen Hindu-Brahmanen Familien. Meine Mutter wollte nicht verheiratet werden. Also riet meine Großmutter ihr zu einer Affäre mit einem Briten – Indien war zu dieser Zeit noch von den Briten besetzt. Als meine Mutter mit der Schule fertig war, nahm sie aber ihr Zeugnis entgegen und sagte ihrem Vater, dass sie gehen würde. Wenn er es ihr gestatten würde, würde sie eines Tages zurückkommen, wenn nicht, würde sie wegrennen und niemals zurückkehren.

KP: Also war Ihre Mutter eine starke Persönlichkeit?

AN: Ja, sie war eine sehr starke Person. Ich erzähle Ihnen das, weil der Kern dessen, was ich heute tue, von meiner Mutter stammt. Mein Zentrum, die Stärke, der Sinn für Farben, die Künste, Musik – all diese Werte kommen von meiner Mutter. Meine Mutter war zudem eine tolle Gärtnerin und eine gute Köchin. Sie verließ ihr Zuhause und arbeitete zehn Jahre lang in Mumbai. All ihr Geld schickte sie nach Hause.

KP: Wo war ihr Zuhause?

AN: Ihr Zuhause war Nashik. Das ist ein kleines Dorf in Maharashtra. Sie unterrichtete ihren Bruder und ihre Schwester und brachte schließlich die ganze Familie nach Mumbai. Dann heiratete sie. Mein Vater kam aus einem kleinen Dorf in Karnataka. Er beendete die Schule und ging nach London, um Luftfahrttechniker zu werden. Während des Zweiten Weltkriegs arbeitete er für die Royal Airforce. Meine Eltern kamen also aus kleinen Dörfern und beider Welten wurden auf einen Schlag größer. Sie lebten unübliche Leben: ein normales indisches Mädchen würde heiraten und das wäre es dann. Aber sie hatten ihr Zuhause verlassen.

Zwei Menschen, die ihre Heimat verlassen hatten, trafen sich, heirateten und bekamen uns Kinder.

KP: Wie viele Geschwister haben Sie?

AN: Wir sind zu viert. Ich habe zwei ältere Brüder und eine jüngere Schwester. Ich bin die Wilde in der Familie. Als Kind war ich als erste Tochter nach zwei Söhnen der Liebling meines Vaters und keiner durfte etwas gegen mich sagen. Meine Jugend war die wildeste überhaupt. Das kam wegen des Theaters. In der Schule kam ich mit Theater in Berührung und nahm an Schulaufführungen teil. Auch auf der Hochschule beteiligte ich mich an Aufführungen und schloss mich einer berühmten Theatergruppe an. Seit meinem 16. Lebensjahr spiele ich Theater.

„ICH DENKE, EINEN CHARAKTER ZU MEISTERN UND MIT LEBEN ZU FÜLLEN, IST EINE LEKTION IN SACHEN FÜHRUNG."

KP: Wollten Sie jemals etwas anderes als Schauspielerin werden?

AN: Nein, eigentlich nicht. Höchstens noch Malerin.

KP: Also fanden Sie Ihre Berufung recht früh?

AN: Sehen Sie, ich glaube, ich war zu schlau. Ich habe zwei Klassen übersprungen von der 2. in die 4. Klasse. Ich war voller Energie. Die Schule entschied, dass ich zu intelligent sei, und steckte mich in die vierte Klasse. Dort war ich die Jüngste und verstand die Mathematik nicht. Wenn sie mich fragten, ob ich meine Hausaufgaben gemacht hätte, sagte ich, die seien zu Hause, und wenn meine Mutter mich fragte, ob ich Hausaufgaben hätte, sagte ich ihr, dass ich keine auf hätte. Ich erzählte ihr nur von Rechtschreibtests und Zeichenaufgaben, denn das waren die Dinge, die ich konnte. Meine Mutter war im Zeichnen sehr gut, und mein Verlangen, zu malen und zu zeichnen, nahm im Laufe meines Lebens zu.

KP: Malen Sie heute immer noch?

AN: Manchmal. Aber all das wandelte sich in Schauspielerei um und darin, eine Person darzustellen und den Zeilen einer anderen Person Größe zu verleihen. Zunächst schloss ich die Schule mit sehr guten Noten ab und wollte Malerin werden. Meine Mutter fragte mich dann, warum ich malen wolle und warum ich nicht etwas machen wolle, was mir im Leben nützt. Sie hatte schwere Zeiten erlebt, also war eine Ausbildung für sie etwas, das Stabilität verlieh. Daher ging ich zur Handelsschule.

KP: Haben Sie die Schule beendet?

AN: Nein, meinen Abschluss hab ich nicht gemacht. Ich hasste es dort. Augenblicklich aber fand ich eine Theatergruppe. Im zweiten Jahr bezahlte die Schule meine Gebühren, da ich sämtliche Theaterpreise in Wettbewerben zwischen den Schulen gewann. Also wurde ich in der Handelsschule als Schauspielerin berühmt, aber nicht als Akademikerin. Meine Lehrer und der Direktor sagten meinen Eltern, dass ihre Tochter sehr talentiert sei, und baten sie, mir die Schauspielerei zu erlauben. Und das taten sie. Daraufhin schloss ich mich der People's Theater Assosciation, kurz IPTA, einem Zentrum radikal ideologischer Theatergruppen, an.

KP: Würden Sie sagen, dass Ihre Mutter ein Vorbild für Sie war?

AN: Im Alter von 0 bis 16 Jahre war sie alles für uns. Sie war eher die Versorgerin, und sehr still. Aber es gab Musik und sie sang uns in den Schlaf. Es gab gutes Essen und die Farben, die sie nach Hause brachte, waren definitiv Farben, die eine begabte Person aussuchen würde. So begann alles zu Hause. Als ich zum Theater kam, gab es dort Menschen wie meine Mutter, aber die hatten eine Stimme und wussten, wie man sich artikuliert. Und plötzlich stellte ich fest, dass auch ich mich ausdrücken konnte.

KP: Fanden Sie neue Vorbilder in Ihrer Theatergruppe oder bekamen Sie zu den existierenden noch welche dazu?

AN: Nein, nicht wirklich. Im Alter von 16 bis 23 Jahre waren meine Vorbilder meistens Schauspieler, die sehr gut waren. Da ich niemals an der Theaterschule war, beobachtete ich die Schauspieler und lernte die Details, indem ich es selbst ausprobierte.

KP: Was sind die entscheidenden Elemente für Führung, die Sie als Künstlerin und Schauspielerin erfahren haben?
AN: Ich denke, einen Charakter zu meistern und mit Leben zu füllen, ist eine Lektion in Sachen Führung. Man ist ständig unter der Führung des Regisseurs und lernt im Team. Man wählt verschiedene Möglichkeiten aus seinem Repertoire, denkt über Kleinigkeiten nach und zeigt diese dem Regisseur, der einem sagt, ob ihm die Interpretation gefällt oder nicht. Inmitten der eigenen Möglichkeiten trifft man weitere Entscheidungen. Wenn man heute einen Charakter auslotet, gibt es nur wenige Regisseure, die einem die Richtung weisen, was sehr schade ist. Also versucht man ständig, etwas Neues zu erschaffen. Natürlich mache ich heute mehr Dinge, in denen ich die Führung habe und ich die Entscheidungen treffen muss. Das Theater hat mir diese Möglichkeit gegeben: Ich habe andere Menschen Entscheidungen treffen sehen und auch mich selbst, zum Beispiel, wenn man eine gewisse Tonart für die Stimme einer Figur auswählt.

KP: Also würden Sie sagen, dass Führung eine Frage des Entscheidungen treffens ist?

AN: Ja, so ist es. Manchmal kommt es wie von selbst und manchmal findet man sich in einer Situation wieder, die einen zur Führenden macht. Als ich dieses Theater aufbaute, erkannte ich nicht, dass es mich zu dem machen würde, wie die Welt mich heute sieht. Ich erhalte Preise und Titel, weil ich die Leitung über eine künstlerische Einrichtung wie diese habe. Ich wusste damals nur, dass wir ein Theater brauchten. So einfach war das. Ich wusste, dass Bangalore kein Theater hatte, das

Arundhati Nag zeigt mir auf einem Markt in Bangalore / Indien einheimische Spezialitäten

der Kunst des Dramas gewidmet ist, und ich war Teil der Gemeinschaft, die dieses Theater haben wollte.

KP: Also erschien es Ihnen nur natürlich, dieses Theater zu bauen?

AN: Beinahe. Als mein Ehemann starb, waren meine Arme und Beine durch den Unfall gebrochen. Es kostete mich ein Jahr, um wieder auf die Beine zu kommen. Ich musste lernen, wie man geht, wie man spricht und das Einzige, was ich wusste, war, dass ich spielen wollte. Wenn in Indien jemand stirbt, haben wir viele Zeremonien und sprechen Gebete am ersten Jahrestag des Todes. Wir jedoch führten ein Theaterstück auf. Die ganze Gruppe – alle von uns hatten eine geliebte Person verloren. Alle von uns brauchten eine Gelegenheit, um zusammen zu kommen. Dann entschieden wir ein Theater zu bauen, aber es dauerte wirklich lange, bis wir das Geld zusammen hatten. Viele Leute verließen uns auch wieder, weil es mit dem Geld so lange dauerte. Schließlich fand ich mich ganz alleine mit diesem Projekt.

KP: Was taten Sie, als Sie das erkannten?

AN: Ich erkannte nicht einmal, dass ich alleine war. Wenn alle weglaufen, dann macht man es einfach. Jede Nacht, wenn ich zu Bett ging, dachte ich über den Tag nach und über die Menschen, die ich getroffen hatte und wer mir Geld geben würde.

KP: In Ihrem Leben gab es eine Zeit voller Leid und Schmerz. Ich frage mich, ob Sie darüber reden möchten, aber viele Führungspersönlichkeiten wurden durch eben diese schmerzvolle Zeiten stark in ihrem Tun geprägt.

AN: Mein Mann starb vor 20 Jahren. Wenn er heute noch leben würde, wäre ich sicherlich ein ganz anderer Mensch. Ich wäre einfach nur Schauspielerin und er Unternehmer. Ich war immer der Mensch im Hintergrund, half ihm und gab ihm Ratschläge. Ich hätte nicht den Wunsch verspürt, Unternehmerin zu sein. Vielleicht hätte er dieses Theater gebaut und ich hätte ihm geholfen, es zu leiten. Aber durch seine Abwesenheit hatte ich eine Menge finanzieller Probleme. Seit er vor 20 Jahren gestorben ist, hat es mich zehn Jahre gekostet, die Darlehen abzuzahlen und dann begann ich hiermit.

KP: Hatten Sie manchmal Angst, dass Sie nicht genügend Kraft besitzen könnten für diese schwere Aufgabe?

AN: Ich machte das ganze Selbstmitleid durch: „Warum ich? Wie soll ich das alles schaffen?" Aber als er starb hatte ich eine fünfjährige Tochter und in einer solchen Situation ist es extrem wichtig für ein Kind, eine stabile Mutter zu haben. Sie war der einzige Grund, der mich morgens bei Verstand aufwachen ließ. Dank meines Kindes, meiner Schwester, meiner Brüder und meiner Theatergruppe gab es jede Menge emotionaler Unterstützung. Sie konnten mir aber finanziell nicht helfen. Aber während der neun Monate, die ich im Rollstuhl saß, brachten sie mir Eis oder lasen mir Gedichte vor.

KP: Menschen können einen aufheitern, aber am Ende kommt es auf die eigene Kraft an, die einen aus dem Rollstuhl holt. Was in Ihnen brachte Sie dazu aufzustehen?

AN: Es gibt Dinge, bei denen man keine Wahl hat. Das Kind war da, also durfte ich nicht länger im Rollstuhl bleiben. Außerdem waren da das Theater und der Drang zu spielen. Ein Freund fragte mich, ob ich die Mutter Courage spielen wolle, wenn ich zurückkomme. Und während ich im Krankenhaus war, adaptierten er und ich die Rolle. Als ich gesund war, fingen wir sofort mit den Proben an.

KP: Haben Sie in dieser Zeit oft an Ihren Mann gedacht?

AN: Ich fühlte immer, wie er neben mir saß, und auch heute kann ich ihn im Theater sitzen spüren, wie er mir dabei zusieht, wie ich Kommentare abgebe. Er ist eine spirituelle Kraft. Das ist der Grund, warum im Theater nirgendwo eine religiöse Statue ist.

KP: Würden Sie sagen, dass Sie eine religiöse oder spirituelle Person sind?

AN: Nein, ich bin überhaupt nicht religiös, aber ich habe Respekt. Meine Mutter erzählte mir alles über die Götter und ich habe das auch meine Tochter gelehrt, aber ich bin keine praktizierende Hindu. Wenn es so etwas wie Religion gib, dann ist das Theater meine Religion, weil es mir alles gegeben hat. Es hat mir die Stärke gegeben, Verluste zu ertragen, die sonst vernichtend hätten sein können. Es hat mich gelehrt, zu akzeptieren und es hat mir die Werkzeuge gegeben, um ein redegewandter Mensch zu sein, der etwas erkennt und sagt, was er zu sagen hat.

KP: Was ist Ihnen in Ihrem Leben wichtig?

AN: Ich denke, es geht um Integrität. Es geht darum, sich selbst am Leben zu halten, so dass man Signale empfangen kann. Ich habe das Buch „Der Alchimist" von Paulo Coelho gelesen. Ich glaube an Signale. Sie kommen. Sie kommen und bieten sich an. Wenn man sie nicht erkennt, geht das Leben natürlich weiter. Man muss aber bereit sein, diese Signale zu empfangen.

KP: Welchen Rat würden Sie Ihrer Tochter oder der jüngeren Generation geben?

In Arundhati Nags Theater, Januar 2011

AN: Was immer du tust, hebe es auf eine künstlerische Ebene. Ob es nun Malen, Musik oder Gemüseanbau ist – es muss für einen selbst eine Kunst sein. Wenn man morgens in den Spiegel blickt und wenn man an das Erste denkt, was man am Morgen tut, muss man sich fragen: Bin glücklich, mit dem was ich tue? Fühle ich mich stolz es zu tun? Ich selbst genieße tatsächlich jeden Moment.

KP: Wenn Sie an Führungsqualitäten denken, sehen Sie einen Unterschied zwischen Männern und Frauen?

AN: In Geschäftskreisen denke ich das nicht. Aber wenn ich die Kunst in Indien betrachte, haben wir dort weibliche Führungspersönlichkeiten. Die besten Institutionen werden alle von Frauen geführt. Ich habe es nie als schwer empfunden, eine Frau zu sein, ganz im Gegenteil.

KP: Als eine Frau und Schauspielerin, was wäre Ihre Definition von weiblicher Führung?

AN: Ich denke, es ist das Auge für Details, das Frauen besitzen. Das ist es, was die weibliche Führungsrolle definiert oder anders gesagt von den männlichen Führungsstilen unterscheidet.

CATHY O'DOWD

DAS GESPRÄCH

CATHY O'DOWD

*1968 | Extremsportlerin und erste südafrikanische Bergsteigerin, die den Mount Everest erklomm

Südafrika ist kein typisches Land, um das Bergsteigen zu lernen: in Cathy O'Dowds Heimatstadt Johannesburg gibt es keine Berge. Dennoch gelang es der 1968 geborenen Südafrikanerin als erster Frau weltweit, den Mount Everest sowohl von der Nord- als auch der Südseite zu besteigen. Als 18-jährige Studentin der Medienwissenschaften schloss sie sich einem Kletter-Club an und erklomm schon drei Jahre später, 1990, mit einer Expedition das dritthöchste Gebirge Afrikas. 1995 erhielt Cathy O'Dowd nach einem umfangreichen Auswahlverfahren die Zusage für die Teilnahme an der First South African Everest Expedition, die in ihrer Heimat stark kritisiert wurde. Die erfolgreiche Besteigung markierte hiermit den eigentlichen Beginn ihrer Karriere als Bergsteigerin, Felskletterin, Buchautorin und Motivationstrainerin. Seit nunmehr 14 Jahren referiert die mit dem britischen Bergsteiger Ian Woodall verheiratete Extermsportlerin, weltweit über ihre Erfahrungen und berät internationale Konzerne.

KP: Das ist eine interessante Kombination: Berge zu besteigen und zu Menschen zu sprechen, die überhaupt nichts mit diesem Metier zu tun haben.

CO: Das sind zwei unterschiedliche Welten und unterschiedliche Arten von Menschen. Aber Tatsache ist: es gibt in beiden Gruppen Erfolgreiche. „A-Typen" sind in beiden Welten aggressiv, selbstbewusst und ehrgeizig. Sie können Menschen antreiben. Allerdings gibt einem die Kombination aus Antrieb und Ehrgeiz nicht unbedingt Geduld. Und man braucht die Fähigkeit, Kompromisse einzugehen, verschiedene Sichtweisen zu sehen und von einer Herausforderung abzulassen, sollte es notwendig sein. Überall dominiert die Erwartung, Ziele zu erreichen. Tatsächlich wichtig ist es aber, Ziele fallen zu lassen. Das ist oft sehr schwierig. Allerdings es ist wichtig, zurückzukehren. Es gibt Entscheidungen, die das Leben retten. Erfolg bei Bergsteigern bedeutet nicht, den Gipfel zu erreichen, sondern in einem Stück nach Hause zu kommen.

KP: Gilt das auch für die Geschäftswelt? Ist es auch dort wichtig, hinter das Ziel zu blicken?

CO: Im Geschäftsleben geht es immer um das nächste Quartal: die Zahlen müssen besser sein als im letzten. Viele denken auch, dass es immer besser ist, in Gruppen zu arbeiten; aber das ist nicht unbedingt wahr. Gruppen tendieren dazu, die Vorsichtigen schweigen zu lassen, sie furchtsam, feige oder fehleranfällig zu nennen. Das Problem dabei ist, dass man dem Enthusiasmus und der Energie erlaubt, die Vorsicht außer Acht zu lassen.

KP: Wenn Sie diese Einschätzungen in Unternehmen vertreten, hört man Ihnen wirklich zu?

CO: Ich habe keinen unternehmerischen Hintergrund, aber ich habe einige Erfahrung mit menschlichem Verhalten und ich habe eine Vorstellung von ehrgeizigen Menschen unter Stress, die sich großen Zielen gegenübersehen. Dieses Jahr halte ich 30 bis 35 Reden. Es lässt mich das nötige Geld für meine Unternehmungen verdienen und gibt mir aber auch einmal die Möglichkeit, weg von den Bergen zu sein.

KP: Wie viel Zeit verbringen Sie denn tatsächlich in den Bergen?

CO: Nun ja, ich lebe in Andorra, also kann ich von meiner Tür direkt in die Berge und in den Wald laufen. Viele Menschen meinen, wenn man die Berge des Himalaja erklommen hat, kommt nur noch der Himalaja infrage. So ist es aber nicht. Der Himalaja ist sicherlich das herausforderndste Gebirge, weil er diese extreme Höhe und begrenzten Sauerstoff hat und es sehr kalt ist. Aber das ist nicht wirklich das, worauf es mir ankommt. Ich bin an der Gesamterfahrung interessiert und kann diese direkt auf einem Berg gleich hinter meinem Haus in den Pyrenäen haben.

KP: Nach welcher Art von Erfahrung suchen Sie?

CO: Es geht mir um zwei Hauptpunkte. Zum einen diese natürliche, wilde und sich verändernde Schönheit der vier Jahreszeiten. Zum anderen geht es mir um die Herausforderung, raus in die Natur zu gehen, die nicht der eigenen Kontrolle unterliegt. Aber es muss nicht um Leben oder Tod gehen. Ich bin eine Alpinistin und Bergsteigerin. Es ist eine Sportart, bei der man viel Kraft, Flexibilität und Beweglichkeit sowie mentale Stärke braucht.

KP: Haben Sie diese mentale Stärke in Ihrer Kindheit entwickelt? Wie sind Sie aufgewachsen?

CO: Ich war die einzige Tochter. Meine Eltern waren sehr entspannt, aber ihre Erwartungen hoch: Es wurde verlangt, dass man sein Bestes gibt. Ich wuchs in einem Haushalt mit höchst gebildeten Eltern auf. Beide hatten einen Universitätsabschluss und bei uns zu Hause ging es hauptsächlich um Bücher. Aber die hohen Erwartungen und der Druck wurden mit einem beachtlichen Maß an Freiheit kombiniert. Mein Vater erwartete keinen großen Erfolg von mir. Er war in dieser Hinsicht eher altmodisch und hoffte, ich würde reich heiraten. Ich ging zur Universität, verbrachte sieben Jahre dort und erhielt mit seiner Unterstützung verschiedene Abschlüsse.

„OFT WILL MAN ES ALLEN RECHT MACHEN. DAS FUNKTIONIERT ABER IN DER REALITÄT NICHT."

KP: Gefiel Ihnen die Universität?

CO: Ich liebte es. Außerdem hatten wir einen riesigen Garten und da meine Eltern nicht sehr gesellig waren, verbrachte ich dort eine Menge Zeit allein, stellte mir Dinge vor und fing an, Geschichten zu erzählen. Für mich war es sowohl erfüllend als auch einsam, obwohl ich das zu dieser Zeit nicht wahrnahm.

KP: Was machten Ihre Eltern beruflich?

CO: Mein Vater arbeitete für Südafrikas größte Goldmine. In den letzten 15 Jahren seiner Karriere war er verantwortlich für die Vergabe der Gelder an Entwicklungshilfeorganisationen in Südafrika. Meine Mutter war Hausfrau, obwohl sie es eigentlich nicht hätte sein sollen. Sie hätte als Englischprofessorin an der Universität arbeiten sollen.

KP: Warum war sie es nicht? Wegen der Kinder?

CO: Nein, sie hatte nicht das Selbstvertrauen. Sie wuchs in Armut auf, ihr Vater arbeitete bei der Bahn und sie besaßen ein paar kleine Hütten, die sie vermieteten. Er fiel im Krieg, als meine Mutter gerade zwölf Jahre alt war. Sie war wirklich intelligent und erhielt eine Assistenzstelle an der Universität. Dort begegnete sie auch meinem Vater.

KP: Wie haben Ihre Eltern reagiert, als Sie anfingen, Ihren Weg zu gehen?

CO: Meine Mutter war eine äußerst fähige Frau mit Träumen, die sie niemals realisieren konnte. Deshalb entwickelte ich einen starken Sinn dafür, finanziell

Cathy O'Dowd (links) auf dem Mount Everest

unabhängig zu sein. Sie unterstützte mich, war aber vorsichtig. Als ich auf die Universität ging, fing ich mit dem Klettersport an. Ich hatte kein natürliches Talent dafür, doch ich liebte die Freiheit sowie die körperliche Herausforderung. Meine Eltern waren überrascht und es brauchte einige Monate, bis sie verstanden hatten, dass ich mir meiner Sache sicher war. Dann waren sie absolut einverstanden.

KP: Wieso waren Ihre Eltern überrascht?

CO: Weil ich selbst immer gesagt hatte, ich sei nicht gut in Sport. Sie hielten mich jedoch niemals vom Klettern ab. Mein ältester Bruder starb im Alter von 21 Jahren bei einem Autounfall. Ich war damals gerade acht Jahre alt. Meine Eltern wussten also, was es bedeutete ein Kind zu verlieren. Trotzdem hielten sie mich nicht davon ab. Als ich den Everest bestieg, waren meine Eltern schon besorgt, aber ich hatte in meinem Leben bereits viel unternommen und daher fragten sie eher, was sie tun könnten, um mich zu unterstützen.

KP: Das ist erstaunlich.

CO: Sie waren immer so. Es ist von großem Vorteil, wenn man Eltern hat, die einen nicht belasten und einem erzählen, dass man gewisse Dinge nicht tun sollte oder könnte.

KP: Aber Sie selbst hatten doch sicher Angst. Wie sind Sie damit fertig geworden?

CO: Ich lernte, dass Angst immer ein Teil des Ganzen ist. Wenn man sich allerdings selbst vorsichtig antreibt, wird sie schwächer, aber sie verschwindet nie ganz. Angst ist in der Tat sogar nützlich. Jemand ohne Ängste ist ein Narr.

KP: Würden Sie sagen, dass Männer und Frauen unterschiedlich mit der Angst umgehen?

CO: Ja, bis zu einem bestimmten Punkt. Frauen neigen eher dazu, sich selbst einzuschränken, zum Teil weil sie dazu erzogen wurden, vor bestimmten Dingen Angst zu haben. Männer tendieren dazu, ohne Unterstützung mit ihren Ängsten fertig werden zu wollen und versuchen, sich durchzukämpfen. Frauen suchen sich häufig jemanden, der sie unterstützt.

KP: Sind Sie auch ein „A-Typ"?

CO: Nein, eher nicht. Meine Karriere im Klettersport begann langsam. Ich fing am Felsen an, dann nahm ich an Schnee- und Eisexpeditionen teil. Ich hatte keine großen Erwartungen und war zufrieden, etwas zu lernen. Schließlich war ich überrascht, als ich zurückblickte und erkannte, dass ich durchaus schon mehr erreicht hatte als andere Menschen.

KP: Gab es denn einen Plan, den Everest zu besteigen?

CO: Nein, so einen Plan gab es nicht. Als es um die Bewerbung ging, sah ich mir das Auswahlverfahren an und für den Fall der Fälle begann ich mit dem Training. Ich wäre allerdings schwer enttäuscht gewesen, wenn ich es nicht geschafft hätte, obwohl ich mir alle Mühe gab, es

In einem Dubliner Pub, Juni 2010

nicht zu erwarten. Und dann wurde ich ausgewählt, was eine große Bestätigung für mich war. Noch während der Expedition nahm ich niemals an, es bis zur Spitze zu schaffen.

KP: In der Wirtschaft sagen die Menschen häufig von sich, dass sie diese große Vision hatten, die Spitze zu erreichen. Es ist erstaunlich, dass jemand nur wegen der Erfahrung teilnehmen wollte.

CO: Für mich macht das Sinn. Ich hatte viele Möglichkeiten, denen ich nachging. Also kann ich nicht behaupten, dass das alles von Anfang an so geplant war. Ich glaube auch nicht, dass so etwas möglich ist.

KP: Haben Sie jetzt konkrete Pläne für die Berge oder andere Herausforderungen?

CO: Man hat immer ein ganzes Bündel verschiedener Projekte vor sich, da manche aus den unterschiedlichsten Gründen nicht klappen: manche scheitern aus Mangel an Geld oder Zeit, andere daran, dass man nicht die richtigen Leute hat. Man sucht ein Projekt danach aus, ob es zu den Umständen passt. Also geht es nicht darum, einem großen Ziel hinterher zu jagen und sich selbst dazu zu zwingen, es durchzuführen.

KP: Wie bringen Sie Ihre Pläne mit Ihrem Partner in Einklang? Ian Woodall ist ja auch eine energiegeladene Persönlichkeit.

CO: Wir sind sehr individuell. Wir kommen gut damit zurecht, eine Menge Zeit getrennt zu verbringen und getrennte Projekte zu verfolgen. Zum Glück ist er nicht der Typ Mann, der mich in diesem von Männern dominierten Bereich von meinen Projekten abhalten würde.

KP: Warum, glauben Sie, ist das Bergsteigen so von Männern dominiert?

CO: Ich denke, da spielen viele Dinge eine Rolle, aber es scheint, dass Frauen empfindsamer sind und von diesen Dingen weniger angezogen werden. Meines Erachtens hat es damit zu tun, wie Frauen erzogen werden. Die Gesellschaft will starke Männer und romantische Frauen. Viele Mädchen durchbrechen dieses Schema in ihren Zwanzigern und entdecken, dass sie nicht so leben müssen. Und dann ist da noch das Thema „Kinder". Kinder sind ein einzigartiges Geschenk. Aber sie zu haben, bedeutet auch eine außergewöhnliche Verantwortung.

KP: Würden Sie immer noch Bergsteigen, wenn sie Kinder hätten?

CO: Ja, das würde ich sicherlich tun. Aber ich habe mich dagegen entschieden, Kinder zu haben. Dennoch weiß ich nicht, welches Risiko ich tatsächlich eingehen würde.

KP: In Großunternehmen setzt sich dieErkenntnis durch, dass es sehr von Vorteil wäre, wenn sich mehr Frauen in Führungspositionen befänden. Ich frage mich, ob das so auch auf gemischte Teams im Sport anwendbar ist, vor allem da Sie gesagt haben, dass sie meist mit Männern zusammenarbeiten?

CO: Reine Männer-Teams sind immer weniger die Regel. Gespräche und Benehmen kommen dann schnell auf ein ekelhaft, niedriges Niveau. Das mag in einem bestimmten Moment sehr witzig sein, aber manche Männer mögen das nicht dauerhaft. Andererseits würde sich keiner trauen, den anderen zu sagen, dass sie aufhören sollten. Wenn Frauen im Team sind, taucht diese Art von Benehmen nicht auf.

KP: Was würde passieren, wenn nur Frauen in einer Gruppe wären?

CO: Ich habe nur wenig Erfahrung mit reinen Frauen-Teams. Ich befürchte, dass der Umgangston eher gehässig werden würde. Es gibt immer Situationen, in denen man sich nicht wohl fühlt, aber in vielen Fällen hat man die Möglichkeit, die Dynamik der Umgebung zu verändern, anstatt zu viel Energie darauf zu verwenden, etwas als sexistisch, rassistisch oder falsch zu definieren. Ich glaube sehr stark an persönliche Verantwortung.

KP: Hatten Sie jemals Vorbilder?

CO: Nicht wirklich. Ich war immer eher an Aspekten interessiert. Ein Schlüsselaspekt ist Integrität. Es ist wichtiger, für seine Werte zu kämpfen, als für den Erfolg. Das bringt mich doch auf eines meiner großen weiblichen Vorbilder: Helen Suzman. Sie war Mitglied sowie Mitbegründerin einer liberalen Partei und während der 60er Jahre die einzige Frau im südafrikanischen Parlament. Für mich ist sie ein Symbol für Integrität, weil sie, obwohl es nur begrenzte Möglichkeiten gab, in einer von Männern dominierten Welt für die Rechte der Nicht-Weißen einstand. Ein weiterer Aspekt ist Leidenschaft, etwas das einen antreibt, um etwas Bestimmtes im Leben zu finden.

KP: Denken Sie, dass viele Menschen etwas finden, wofür sie wirkliche Leidenschaft empfinden?

CO: Nicht jeder hat die Möglichkeit, weil zum Beispiel das Geld fehlt. Auf erfolgreicheren Menschen liegt ein gewisser Druck, denn die Gesellschaft erwartet, dass man sich zur Verbesserung der Welt einsetzt. Es erfordert eine Menge Kraft zu sagen, dass man kein Interesse daran hat, die Welt zu verändern und ein Anführer zu sein. Es erfordert eine Menge Mut sich von unserer erfolgsorientierten Gesellschaft fernzuhalten und Leidenschaft für das zu zeigen, was man möchte.

KP: Was würden Sie jungen Frauen raten, die erfolgreich sein wollen?

CO: Ich würde ihnen zwei Dinge sagen wollen. Eine Sache ist Selbstbewusstsein. Jeder von uns hat die Fähigkeit zu bemerkenswerten Dingen. Eines der größten Probleme, denen wir gegenüberstehen ist der Mangel an Selbstbewusstsein, wobei das nicht nur auf Frauen zutrifft. Zum Beispiel hatte ich früher auch einige Probleme: ich war intelligent, gebildet, wurde unterstützt und war dennoch in manchen Dingen wenig selbstbewusst. Oft will man es allen Recht machen. Das funktioniert aber in der Realität nicht. Während der ersten Everest Expedition lernte ich, dass es Verlust und Versagen gibt. Und ich würde den Mädchen sagen, dass es viele verschiedene Möglichkeiten gibt: versucht alles, was Ihr möchtet. Ihr müsst euch nicht jetzt entscheiden.

„DENKE IMMER DARÜBER NACH, WAS DU VERSUCHEN KÖNNTEST."

KP: Aber was sagen Sie einem Mädchen, das Ihnen sagt, es hätte nicht genug Selbstbewusstsein? Was würden Sie ihm raten?

CO: Ich würde ihm Verschiedenes raten. Selbst wer in etwas gut ist, ist auch immer in etwas schlecht. Sei ehrlich zu dir selbst. Viele Menschen hinterfragen sich nicht selbst; sie bringen die Anforderungen und Bedingungen nicht in Einklang mit ihrer eigenen Kapazität. Also sei ehrlich zu dir selbst. „In was bist du gut? In was bist du nicht gut? Vor was hast du Angst? Warum hast du Angst?" Verbringe einige Zeit alleine oder mit Menschen, die sich auskennen. Versuche, eine ehrliche Meinung von dir selbst zu bekommen. Bleib nicht bei Dingen, bei denen du nicht gut bist. Frage dich selbst, welche Fähigkeiten du lernen und wen du danach fragen kannst. Aber denke immer darüber nach, was du versuchen könntest.

Der nachhaltigste Weg um die (Partei)führung zu ändern, ist ihr Geschlecht zu ändern.

Kim Campbell
ehemalige kanadische Premierministerin

FEMALE
LEADERS
IN DER
WISSENSCHAFT

KAPITEL 6

SEINER BERUFUNG FOLGEN: FEMALE LEADER IN DER WISSENSCHAFT

Die Wissenschaft ist zweifelsfrei ein Gebiet, in dem Frauen, historisch betrachtet, größte Zugangsbarrieren zu überwinden hatten und selbst, wenn sie über Umwege doch in der Forschung angekommen waren, bedeutete dies noch lange keine gesellschaftliche Honorierung ihrer Arbeit. Die 1878 in Österreich geborene Lise Meitner ist ein gutes, wenn auch tragisches Beispiel dafür. Zunächst ließen die staatlichen Gymnasien in Österreich keine Mädchen zu, so dass Meitner ihre Schullaufbahn auf einer Bürgerschule absolvieren musste und schließlich ihr Abitur über eine Externenprüfung an einer Knabenschule bestand. Die Öffnung der Universität Wien für Frauen erfolgte Ende des 19. Jahrhunderts und so erhielt Meitner 1901 die Möglichkeit Physik, Philosophie und Mathematik zu studieren. Als zweite Frau in Österreich promovierte sie schließlich und lernte kurz danach Otto Hahn kennen, mit dem sie die ersten chemischen Experimente durchführte, die wichtige Erkenntnisse für die Atomforschung lieferten. Der erste Weltkrieg unterbrach ihre Forschungen, aber bereits ab 1917 nahm sie ihre Arbeit wieder auf und habilitierte als erste Frau in Deutschland in Physik und wurde für vier Jahre als außerordentliche

Dr. Lise Meitner

Professorin an die Humboldt Universität in Berlin berufen. Aber durch die Nazis endete auch diese Tätigkeit und sie floh 1934 nach Stockholm.

Von dort allerdings forschte sie weiter und hielt brieflichen Kontakt zu Otto Hahn. Heute ist nachgewiesen, dass ihre Gedanken eine wesentliche Rolle bei seiner Entdeckung der Kernspaltung von Neutronen spielten. Hahn erhielt den

Nobelpreis für Chemie 1944 allerdings alleine, ein Umstand, der die überzeugte Pazifistin Lise Meitner auch im Hinblick auf die darüber eingeleitete Entwicklung von Atomwaffen sicher in mehrfacher Hinsicht mehr als nur negativ berührte. Meitner veröffentlichte insgesamt 169 wissenschaftliche Publikationen und Zeitschriftenartikel, wurde 1959 mit dem Bundesverdienstkreuz ausgezeichnet und verstarb 1968 in Cambridge, England. Ihr Werdegang war typisch für viele Wissenschaftlerinnen ihrer Zeit, aber auch heute noch betreten Frauen in der Wissenschaft manchmal völliges Neuland.

Der 1933 geborenen Amerikanerin Elinor Ostrom beispielsweise wurde in ihren jungen Jahren als Frau auch der Zugang an die wirtschaftwissenschaftliche Fakultät der University of California verwehrt, weswegen sie sich für ein Studium der Politikwissenschaften entschied. Aber die Leidenschaft für Wirtschaftswissenschaften wurde dadurch nicht geschmälert und sie erhielt 2009 zusammen mit dem amerikanischen Ökonomen Oliver Williamson als erste Frau den Nobelpreis für Wirtschaft. Ostrom forscht noch heute, im stolzen Alter von 78 Jahren, aktiv und als Betrachter vieler Lebensläufe von Wissenschaftlerinnen erkennt man auch bei ihr wieder ein hohes Maß an Hartnäckigkeit und Leidenschaft – wie bei vielen *Female Leadern* dieser Welt. Und vielleicht brauchen Frauen historisch betrachtet genau diese Leidenschaft, um ihren beruflichen Weg, oft entgegen der gesellschaftlichen Konventionen, überhaupt verfolgen zu können.

Schon Agnodike im alten Athen oder später Hildegard von Bingen, Trotula von Salerno, zwar ausgestattet mit großem wissenschaftlichem Talent, benötigten eben diese Hartnäckigkeit und Leidenschaft sowie zudem viel Kreativität, um Wege zu finden, ihrem wissenschaftlichen Ruf folgen zu können. Agnodike beispielsweise verkleidete sich als Mann, um studieren und praktizieren zu können, denn das Studium der Heilkunde war damals „Sklaven und Frauen" (!) verboten. Andere Frauen nahmen weite Wege in andere Länder auf sich, um studieren zu können, so zum Beispiel die in Russland geborene Rosa Kerschbaumer-Putjata. Sie verließ ihre Heimat, um Medizin zu studieren und kam so in die Schweiz, wo Frauen bereits studieren durften. Nach der Promotion 1876 führten ihre Wege sie nach Österreich, wo sie die erste Ärztin des Landes wurde und auf dem Gebiet der Augenheilkunde so große Verdienste erreichte, dass der damalige Kaiser Franz Joseph ihr die Sondergenehmigung erteilte, die mit ihrem Mann in Salzburg gemeinsam betriebene Klinik nach seinem Tod alleine weiterzuführen. Zu diesem Zeitpunkt durften Frauen in Österreich noch nicht einmal Medizin studieren.

Gesellschaftliche Hürden wie verwehrte Zugänge an die Universitäten oder veraltete wissenschaftliche Standpunkte waren aber nicht die einzigen Hürden, die die großen Wissenschaftlerinnen wie Marie Curie, Maria Montessori, Gertrude Belle-Elion, Lise Meitner oder Maria Sybilla Merian zu überwinden hatten. Oft waren es auch familiäre Verhältnisse, fehlende Finanzen oder gesundheitliche Einschränkungen, welche die Frauen zu meistern hatten.

Marie Curie, die berühmte Begründerin der modernen Kernphysik, die als erste und bis heute einzige Frau zwei Nobelpreise erhielt, war in ihrer Kindheit vor allem familiären und wirtschaftlichen Widrigkeiten ausgesetzt. Die Mutter der in Warschau 1867 geborenen Maria Sklodowska starb früh an Tuberkulose und das fehlende Gehalt der Lehrerin an einer Mädchenschule brachte den Vater in große finanzielle Schwierigkeiten. Marie war erst 10 Jahre als ihre Mutter starb, aber auch die Jahre vor ihrem Tod war die Krankheit immer präsent gewesen. Die Mutter hatte, um ihre ansteckende Krankheit wissend, jeden körperlichen Kontakt mit ihr vermieden, und so wuchs die ohnehin scheue Marie auf, ohne je von der Mutter geküsst worden zu sein. Ihre ältere Schwester studierte in Paris, aber für ein weiteres Studium reichte das geringe Einkommen des Vaters nicht aus. Deswegen nahm sie nach ihrer schulischen Ausbildung, zunächst eine Stelle als Gouvernante an und unterstützte damit das Studium der Schwester finanziell. Diese revanchierte sich als Maria 24 Jahre alt war und ermöglicht es ihr ebenfalls nach Paris zu kommen, um dort an der Sorbonne Physik zu studieren.
Mit der Ankunft in Frankreich begann das neue, lange ersehnte Kapitel für Maria. Sie änderte ihren Vornamen in Marie und stürzt sich mit größtem Eifer in ihr Studium, absolvierte als Jahrgangsbeste und erhielt so ein Stipendium für ein Studium der Mathematik, welches

Marie Curie

sie ebenfalls erstklassig abschloss. Ihre spätere Ehe mit Pierre Curie, den sie während des Studiums kennenlernte, war von der beidseitigen großen Leidenschaft für die Wissenschaft gekennzeichnet und gipfelte in der gemeinsamen Ehrung durch den Nobelpreis für Physik. Dieser beendete aber nicht ihre dauerhafte Geldnot. Zeitlebens lebte sie äußerst zurückgezogen, lehnte jeden Prunk und Reichtum ab und von Journalisten nach ihrem größten Wunsch befragt, gab sie an: „Zwei Gramm Radium, für meine Studien." Ihr großes Lebensziel, das Lernen, was ihr aufgrund ihrer enormen Konzentrationsfähigkeit selbst unter schwierigsten Umständen leicht fiel, lebte sie jeden Tag mit größter Leidenschaft und Konzentration. Aber auch ihre zusätzliche Rolle als Mutter von zwei Töchtern und spätere Großmutter erfüllte sie liebevoll, auch wenn sie ihre Töchter von klein auf zu größtmöglicher Selbständigkeit erzog und sich bereits kurz nach der Geburt wieder ihren Forschungsarbeiten zuwandte. Die „Ausnahmewissenschaftlerin" ließ sich weder von Skandalen noch von Geldnot abhalten, ihre Studien fortzusetzen und zahlte schließlich, den höchstmöglichen Preis an die große Leidenschaft ihres Lebens: die Wissenschaft. Sie starb 1934 an Anämie, den Folgen ihrer langen Erforschung der Radioaktivität.

Inhaltlich ebenso großes Neuland wie Marie Curie betrat Maria Sybilla Merian, die 1674 in Frankfurt am Main geborene Begründerin der Insektologie. Sie näherte sich dem bis dato wenig beachteten Bereich der Wissenschaft über die Kunst und sah dort genau hin, wo andere sich ekelten: zu Raupen, Würmern, Wanzen und Käfern. Ihr Vater, ein bekannter Schweizer Verleger, vor allem aber ihr Stiefvater erkannten ihr künstlerisches Talent bereits sehr früh und förderten es mit Malstunden. Bereits mit elf fertigte sie eigene Kupferstiche an und mit 13 Jahren dokumentierte sie ihre ersten naturwissenschaftlichen Studien, die Entstehung und Verwandlung von Seidenwürmern. Ihre Studien von Insekten und Raupen vertiefte sie kontinuierlich, gegen alle gesellschaftlichen Widerstände der damaligen Zeit und unternahm schließlich, als erste Frau, mit ihrer Tochter eine zweijährige Forschungsreise, nach Lateinamerika. Eine enorme Reise für eine, zu diesem Zeitpunkt bereits geschiedenen, alleinstehenden Frau. Ihre farbenprächtigen Bücher wurden jeweils schon kurz nach Erscheinen weltberühmt. Viele Bewunderer besuchten sie nach ihrer Rückkehr nach Amsterdam. Als sie dort 1717 verstarb, war sie eine anerkannte Naturforscherin und Künstlerin, deren Werke lange Jahre die Grundlage für spätere Forschungen waren und der zu Ehren etliche Schmetterlinge und Pflanzen benannt wurden.

Als ebenso bahnbrechend ist das Werk der italienischen Ärztin Maria Montessori einzuordnen, wenn auch auf einem ganz anderem Gebiet, dem Gebiet der Pädagogik und frühkindlichen Erziehung. Die Frau, die lebenslange Konsequenzen aus ihren ersten beruflichen Erlebnissen mit geistig behinderten Kindern in Rom zog und aus ihrem persönlichen Unglück, der unglücklichen Liebe zu einem Kollegen, der sie zur unehelichen Mutter machte, persönliche Kraft zog, entwickelte Lern- und Spielmethoden für Kinder, die zunächst das italienische Schulsystem reformierten und später weltweite Anerkennung finden sollen. Noch heute arbeiten Zehntausende von Kindergärten und Schulen nach ihren Methoden und dem von ihr geprägten Grundsatz, dass Kinder nicht als kleine Erwachsene behandelt werden sollen, sondern als die Kinder, die sie sind.

Auf der anderen Seite des Erdballs, in Australien, begann Elizabeth Kenny 1910, nach einer abgeschlossenen Ausbildung als Krankenschwester, erste Versuche mit Infizierten der Polio-Epidemie, die nach vielen Behandlungserfolgen später zur Erfindung des Impfstoffes gegen Kinderlähmung führten. Elizabeth Kenny zeichnete sich vor allem durch Geduld aus. Von ihren ersten Erfahrungen mit an Kinderlähmung erkrankten Patienten, bis zur weitreichenden Behandlungserfolgen vergingen viele Jahre. Dazwischen kam zudem der erste Weltkrieg, in dem sie als Krankenschwester gebraucht wurde. Aber 1929 gelang ihr der ersehnte Durchbruch, der ihr 1933 die Eröffnung einer eigenen Klinik ermöglichte. In den 40er Jahren machte sie die so genannte Kenny-Methode auf zahlreichen Vortragsreisen nach Europa und in die USA bekannt und gründete schließlich das „The Sister Kenny Institute" in Minneapolis, Minnesota. Das Tor zur „neuen Welt" hatte sie erfolgreich für ihr Wissen geöffnet.

Betrachtet man herausragende Wissenschaftlerinnen in den Industrienationen heute, zum Beispiel die deutsche Nobelpreisträgerin und Entwicklungsbiologin Christiane Nüsslein-Volhard, so wird deutlich, dass zwar die Einstiegsbarrieren nicht mehr existieren, aber die Frauen in Mehrfachrollen, etwa die der Mutter und berufstätigen Frau, zusätzlich zu ihrer Arbeit oft nicht-wissenschaftliche Aufgaben zu lösen haben. Dazu zählt das Thema der Kinderbetreuung oder das des Rollenverständnisses in der eigenen Familie. Fraglich, ob es dann reicht sich die große Marie Curie als Vorbild zu nehmen, die herausragende Wissenschaftlerin und mehrfache Mutter. Eher wird diese Aufgabe individuell zu lösen sein, manchmal mit Hilfe zusätzlicher Förderung, z.B. durch Stiftungen, wie die von Christiane Nüsslein-Vollhard, manchmal durch die Veränderung der eigenen Sicht auf das Thema Frau und Familie, wie im Fall der von mir

Dr. Christiane Nüsslein-Volhard

besuchten und im folgenden Kapitel portraitierten Françoise Barré-Sinoussi. Welchen Weg die Frauen heute aber auch immer beschreiten, die Leidenschaft wird wohl immer ein Kennzeichen dieser *Female Leader* sein. Wir dürfen nur die Länder Afrikas, Südamerikas und Asiens nicht vergessenen, in denen nach wie vor enorme Zugangshürden für Mädchen in Schulen und Frauen in Universitäten bestehen. Dort mögen viele Mädchen zwar das Talent und auch die Leidenschaft für die Wissenschaft besitzen, vielleicht sogar das Potential für die ganz große Leistung, aber für die arme Familie ist es wichtiger, dass sie betteln, auf die Geschwister aufpasst oder kilometerlange Wege zum nächsten Brunnen anstatt zur Schule gehen. Lassen Sie uns diese Einblicke in den weltweiten Kreis der *Female Leader* im Bereich der Zivilgesellschaft beenden und zu den Interviews in diesem Bereich kommen.

FRANÇOISE BARRÉ-SINOUSSI

DAS GESPRÄCH

FRANKREICH

FRANÇOISE BARRÉ-SINOUSSI

*1947 | Entdeckerin des AIDS-Virus und Medizin-Nobelpreisträgerin 2008

Tiere und Pflanzen faszinierten sie schon als Kind. Françoise Barré-Sinoussi verbrachte viele Stunden damit, die Natur genau zu beobachten. Jedes Detail war dabei wichtig. Jahre später, als die 1947 in Paris geborene Französin ihr Studium der Biomedizin längst abgeschlossen hatte und in der Arbeitsgruppe von Luc Montaigner am Institut Pasteur über Retroviren forschte, gelang Françoise Barré- Sinoussi eine sensationelle Entdeckung: mit ihrem Team identifizierte die Virologin das HI-Virus als Auslöser von Aids. Drei Jahre später, 1988, wurde sie Laborleiterin, und 1996 schließlich Professorin und Leiterin der Forschungsgruppe über die Biologie von Retroviren. Unermüdlich ist sie auf Konferenzen, in der Öffentlichkeit und als wissenschaftliche Beraterin nationaler französischer Einrichtungen und internationaler Organisationen aktiv und erhielt dafür 2008 gemeinsam mit Luc Montagnier eine Hälfte des Nobelpreises für Medizin und Physiologie. Françoise Barré-Sinoussi ist seit 1978 mit Jean-Claude Barré verheiratet.

Foto: Institut Pasteur

KP: Können Sie mir ein wenig darüber erzählen, wie Sie das Interesse für die Wissenschaft für sich entdeckt haben?

FB: Als ich noch klein war, verbrachte ich während meiner Ferien eine Menge Zeit in der Natur. Ich war schon immer am Leben an sich interessiert und wurde von allem angezogen, was mit dem Leben zu tun hatte. Später dann auf der Schule interessierte ich mich auch für die Naturwissenschaften. Es war relativ einfach für mich und ich musste mich nicht zu sehr anstrengen, um zu lernen. Ich konnte mir alles, was Naturwissenschaften anging, sofort merken. Ich war sehr an der Forschung interessiert, auch wenn ich dieses Interesse damals noch nicht in Worte fassen konnte. Also entschieden meine Eltern und ich, dass ich auf die Universität gehen und Naturwissenschaft studieren sollte.

KP: Dachten Sie jemals daran, dass Naturwissenschaft und Forschung Dinge waren, die typischer Weise Männer tun? War das für Sie je ein Thema?

FB: Nein, das war niemals ein Thema für mich. Außer, dass ich aus einer eher bodenständigen Familie komme und definitiv mehr daran interessiert war, Ärztin zu werden. Um das zu erreichen, hätte ich auf die Universität gehen müssen, um den Doktortitel zu erlangen. Aber ein Medizinstudium dauerte sehr lange. Ich war der Meinung, dass es für meine Eltern schwierig wäre, mir einen so zeitintensiven Studiengang zu finanzieren. Das ist der Grund, warum ich an die naturwissenschaftliche Universität ging, wo das Studium kürzer und weniger teuer für meine Eltern war. Aber diese Annahme stellte sich als völlig falsch heraus.

KP: Warum das? War es eher teurer?

FB: Nein, die Dauer und die Kosten der Studiengänge waren ungefähr die gleichen. Aber Naturwissenschaften zu studieren war an sich kein wirklicher Fehler, weil ich nach dem Studium, als ich mit der Forschung begann, eine Menge Dinge entdeckte, die ich interessant fand. Ich komme aus einer Generation in der weibliche Wissenschaftler eher ungewöhnlich waren. Mein Vater dachte zum Beispiel, dass Frauen eher zu Hause bleiben, Kinder bekommen und sich um ihre Ehemänner kümmern sollten. Er akzeptierte, dass ich zur Universität gehen würde, war sich aber nicht sicher, ob ich Erfolg haben und mein Studium bis zum Ende durchziehen würde. Als ich jünger war, trieb mich das allerdings eher an und so sagte ich ihm, dass ich es ihm zeigen und erfolgreich werden würde.

KP: Was dachte Ihre Mutter über die ganze Sache?

FB: Sie hat mich sehr unterstützt.

KP: Hat Ihre Mutter gearbeitet?

FB: Nein, sie war immer zu Hause, aber überaus an Medizin interessiert, was wahrscheinlich auch Einfluss auf mich hatte. Ich weiß noch, wie es war, als ich mein drittes Jahr begann. Ich wusste vieles und sprach mit ihr darüber. Sie war

Im Büro von Françoise Barré-Sinoussi, Paris im Juni 2010

sehr daran interessiert.

KP: Als Sie Ihr Studium begannen, gab es dort einige Frauen in Ihren Kursen? Oder war es eher eine Männerdomäne?

FB: Tatsächlich war es eine sehr liberale Universität. So waren die Kurse eher gemischt und ich kann nicht behaupten, dass dort mehr Männer studierten. Was die Abschlüsse angeht, kann ich auch nicht sagen, ob es mehr erfolgreiche Männer oder Frauen gab. Ich sah allerdings Unterschiede zwischen Männern und Frauen, als ich mit der Arbeit im Forschungsinstitut Pasteur begann. Obwohl beide Geschlechter gleichermaßen vertreten waren, sah man, wenn man die Hierarchie betrachtete, dass die Spitzenforscher alle Männer waren. Es gab zu dieser Zeit vielleicht vier oder fünf Professorinnen im Institut. Heute sind es eine Menge mehr. Deswegen bin ich der Meinung, dass sich über die Jahre viel entwickelt hat. Als ich 1970 mit der Forschungsarbeit anfing, waren alle Direktoren in den Laboren Männer.

KP: Störte es Sie damals, dass Sie von Männern in den Führungspositionen dominiert wurden?

FB: Ich dachte darüber nicht allzu viel nach.

KP: Aber wussten Sie damals schon, dass Sie eine Führungsposition innehaben wollten oder entwickelte sich das erst nach und nach?

FB: Ich trug mich nicht mit dem Gedanken, eine Führungsrolle zu übernehmen. Vielmehr war ich darauf bedacht, dass ich genoss, was ich tat. Mein Ziel war, einfach die Forschung zu genießen,

Fragen zu stellen und die Antworten zu finden, die ich erwartete. Denn wissen Sie, die Forschungsarbeit ist wie ein Spiel: Man denkt nicht darüber nach. Man fragt nach etwas und die Antwort könnte dies oder jenes sein. Aber man weiß es nicht, bis man die Ergebnisse der Experimente erhält, die man selbst entwickelt hat.

KP: Sie fingen in den 70ern mit der Forschung an. HIV wurde dann 1983 entdeckt. War es für Ihre Motivation jemals entscheidend, dass Sie sich mit solch bedeutenden Fragen auseinandergesetzt haben?

FB: Sicherlich war dies wichtig und motivierend. Aber am Anfang arbeitete ich wie die meisten Forscher in den Laboren und dachte nicht zu sehr über das Ausmaß von Wissenschaft nach. Erst später, als ich an der HIV-Forschung arbeitete, als ich den Kontakt zu Patienten hatte, erkannte ich die Erwartungen dieser Menschen.

KP: Wie kamen Sie in Kontakt mit diesen Patienten? Gingen Sie in die Kliniken?

FB: Die Patienten kamen zum Institut Pasteur, weil sie hörten, dass dort das HI-Virus entdeckt wurde. Sie kamen nicht, um mit uns wie mit Ärzten zu sprechen. Sie wollten nur wissen, um was es sich bei dem Virus handelte, eine Erklärung haben und erfahren, was man als Forscher zu tun gedenkt, um diesen Virus zu heilen. Der Kontakt zwischen Patienten und den Wissenschaftlern war sehr wichtig. Seit damals kann ich ohne diesen Kontakt nicht mehr arbeiten, weil die Patienten oft die richtigen Fragen stellen und die Richtung, in die die Forschung geht, nicht dieselbe ist, als wenn man keinen Kontakt zu den Patienten hat.

KP: Ist es das, was Sie in manchen Interviews als „Nicht-Dogmatische-Herangehensweise" bezeichnen?

FB: Nein, das ist etwas anderes. Dogma bedeutet, dass man seine Hypothese ausschließlich auf die Konventionen und das wissenschaftliche Wissen darüber stützt. Aber an einem gewissen Punkt muss man als Wissenschaftler einsehen, dass es Unterschiede und Faktoren gibt, an die man zuvor nicht gedacht hat. Also sollte man sehr aufgeschlossen sein, grundlagenbasiert, aber offen. „Nicht-dogmatisch" heißt, dass wir auch die Möglichkeit berücksichtigt haben, dass es ein anderer Virus sein könnte.

KP: Viele Menschen sagen, dass Frauen einen anderen Führungsstil haben als Männer, besonders wenn sie in Teams arbeiten. Frauen würden demnach eher aus dem Hintergrund führen, ihr eigenes Wissen und ihr Ego zurückstellen. Männer dagegen wären eher dominant in ihrer Position. Aber ich bin mir nicht wirklich sicher, ob das auch auf die Wissenschaft zutrifft. Ist das der Fall?

FB: Ja, das gab es sicher vor mehr als 30 Jahren auch in der Wissenschaft. Ich machte die Erfahrung, dass es nicht leicht war, meine Ideen zu transportieren, weil ich eine Frau war. Als ich zum Beispiel über die Entdeckung von HIV berichtete, stellte ich fest, dass es schwieriger war, von anderen Wissenschaftlern ernst genommen zu werden, weil ich eine Frau bin, ganz im Gegensatz zu Forschern wie Luc Montagnier, die Männer sind. Die Tatsache, dass ich eine Frau und auch noch jünger war, machten es mir schwer, mir Gehör zu verschaffen. Als junge Forscherin ist es zudem mühevoller, als wenn man sich schon als Wissenschaftlerin etabliert hat.

KP: Änderte sich das alles, nachdem Sie eine derart breite Akzeptanz durch den Nobel-Preis bekommen hatten? Oder kam diese Veränderung schon früher?

FB: Diese Veränderung trat schon früher ein. Zum einen änderte sich etwas, weil ich älter wurde, zum anderen, weil mein Name mit bestätigten Entdeckungen assoziiert wurde.

„ES IST WICHTIG, SEIN BESTES ZU GEBEN, UM DIE ZIELE ZU ERREICHEN, DIE MAN SICH IM LEBEN SETZT."

KP: Was wäre Ihre Botschaft an junge Frauen, die gerade erst am Anfang ihrer Karriere stehen? Was wäre Ihr Rat an sie? Würden Sie ihnen zum Beispiel sagen: „Verschafft euch Gehör!" oder „Steht für eure Sache ein!"?

FB: Der Erfolg als Wissenschaftler kommt selten durch kleine Erfolge und sehr oft bringen die Experimente nicht die Antworten auf die eingangs gestellten Fragen. Man sollte also beständig und stark sein. Das gilt vor allen Dingen für Frauen. Sie müssen härter kämpfen als Männer.

KP: Ist das auch Ihre Erfahrung, härter kämpfen zu müssen?

FB: Ja. Wie ich schon sagte, als junge Wissenschaftlerin ist es schwer, sich in einer Männerdomäne Gehör zu verschaffen. Das bedeutet, dass man hartnäckig sein muss und somit seinen Weg trotz eventueller darauf liegender Hindernisse geht. Man muss weitermachen.

KP: Wenn Sie davon sprechen, dass man beständig und stark sein soll, sollte dies auf mentaler Stärke, Wissen oder Bildung basieren? Woher sollten Frauen diese Stärke beziehen?

FB: Wahrscheinlich ist das für jede Frau unterschiedlich. Ich bezog meine Stärke von einem starken Gefühl der Verantwortung. Ich hatte die Möglichkeit zu entdecken, was in der Welt vor sich geht. Es gab mir Kraft zu sehen, dass Hilfe gebraucht wurde und dass es meine Pflicht war, zu helfen. In anderen Worten, es scheint, dass es für Frauen meist einfacher ist, für andere zu kämpfen, anstatt für sich selbst zu kämpfen. Meine Stärke kommt mit Sicherheit daher. Wenn ich nur für mich gekämpft hätte, wäre es für mich sicher schwieriger gewesen, mich selbst zu motivieren. Aber es war ein fortwährender Kampf für die Patienten. Wenn ich nur für mich gekämpft hätte, für meinen Lebenslauf und meine eigene Karriere, bin ich mir nicht sicher, ob ich die Art von Motivation erfahren hätte.

KP: Hatten Sie früher jemals Vorbilder?

FB: Nicht nur als ich jünger war. Es gibt einige Wissenschaftler, die ich sehr respektiere, vor allem Jean Paul Levy, den früheren Direktor des Pasteur Institutes, der heute in Rente ist. Er war eine Art Vorbild für mich, nicht nur, weil er ein großartiger Wissenschaftler war, sondern weil ich mit ihm zum Beispiel viel über Kulturelles, wie Geschichte oder Kunst diskutieren konnte.

KP: Hatten Sie auch Vorbilder außerhalb der Welt der Wissenschaft?

FB: Sicher keine Politiker. Nun, wenn ich sage keine Politiker, sollte ich Personen wie Nelson Mandela zum Beispiel außen vor lassen. Sie sind etwas anderes. Ich habe die meiste Zeit meines Lebens in der Welt der Wissenschaftler verbracht, weswegen mir keine Vorbilder außerhalb der Wissenschaft in den Sinn kommen würden.

KP: Wenn Sie an sich selbst und an Ihre Karriere denken, was hatte den größten Einfluss auf Sie und hat Sie auf Ihrem Weg weiter machen lassen? Gibt es dahingehend einen oder mehrere Punkte in Ihrem Leben, die Sie als wichtig erachten würden?

FB: Nach der Entdeckung von HIV verglich ich mein Leben immer mit der Zeit davor. HIV war sicher ein Wendepunkt in meinem Leben. Und sicher gab der Nobel-Preis meinem Leben noch eine weitere Wendung. Aber generell gesehen verlief mein Leben eher Schritt für Schritt. Ich kann nicht sagen, dass eine bestimmte Zeit ausschlaggebend gewesen wäre. Mit der Ausnahme als ich in San Francisco ein Seminar hielt: ein Arzt fragte mich, ob ich zustimmen würde, nach einem Vortrag einen Patienten zu treffen, der mich gerne sehen

wollte. Dieser Mann lag im Sterben, aber es war ihm wichtig, mir für meine Arbeit zu danken, auch wenn er deren Früchte nicht mehr ernten konnte. Diese Begegnung bleibt mir sicher mein Leben lang in Erinnerung.

KP: Was halten Sie von Herausforderungen? Sehen Sie diese als Motivation?

FB: Herausforderungen eignen sich, um sich selbst zu motivieren und ein Ziel zu erreichen. Egal, welches Ziel man hat und es gibt eine Menge unterschiedlicher Ziele. Es ist wichtig, sein Bestes zu geben, um die Ziele zu erreichen, die man sich im Leben setzt. Das ist es, was ich normalerweise jungen Wissenschaftlern oder vielmehr der jüngeren Generation im Allgemeinen sage.

ALEXA CANADY

DAS GESPRÄCH

ALEXA CANADY-DAVIS

*1950 | Erste afroamerikanische Neurochirurgin

Dr. Alexa Canady-Davis ist in doppelter Hinsicht eine Ausnahmeerscheinung: die Medizinerin war die erste Frau und die erste Afroamerikanerin, die sich 1976 ihren Platz in der Neurochirurgie eroberte. 1950 in Lansing, Michigan, geboren, waren sie und ihr Bruder die einzigen afroamerikanischen Kinder an ihrer Schule. Trotz zweifelnder Lehrer waren ihre Begabungen nicht zu übersehen; 1967 erhielt die 17-Jährige die Auszeichnung als National Achievement Scholar. Nach dem Medizinstudium und ersten beruflichen Erfolgen wurde Alexa Canady 1987 Chefärztin der Neurochirurgie des Children's Hospital of Michigan und 1997 Professorin der Neurochirurgie. Sie galt als eine der Top-Spezialistinnen in den USA. Ihre Patienten litten häufig an besonders komplizierten Erkrankungen und kamen aus dem gesamten Mittleren Westen zu ihr. Seit ihrer Pensionierung 2001 bemüht sich Canady darum, das Bild afroamerikanischer Patienten und Mediziner in der Öffentlichkeit zu verändern.

KP: Genießen Sie hier Ihren Ruhestand?

AC: Nicht wirklich. Ich bin Kinder-Neurochirurgin an einem Krankenhaus, aber ich arbeite keine 100 Stunden mehr am Stück und das fühlt sich gut an.

KP: Lassen Sie uns damit beginnen, wie Sie aufgewachsen sind. Wenn Sie an Ihre Eltern und Ihre Jugend zurückdenken, wie würden Sie diese beschreiben?

AC: Ich genoss eine sehr gute Erziehung. Ich wuchs in einer Mittelklassefamilie mit drei Brüdern auf. Meine Großmutter war College Professorin. Ich genoss ein privilegiertes Leben. Wir waren nicht reich, aber wir reisten viel und so lernte ich die großen amerikanischen Städte kennen. Meine Mutter heiratete in den 50er Jahren, das heißt mein Vater ließ sie alles tun, was sie nur wollte, solange sie kein Geld verdiente. Also engagierte sie sich in der Gemeinde. Später hat sie ihren Abschluss als Lehrerin gemacht, arbeitete an der Hochschule und leitete zuletzt eine Stiftung.

KP: Wie war es für Sie als einzige Tochter mit drei Brüdern aufzuwachsen?

AC: Das Gute daran war, dass immer jemand zum Spielen da war - ich war zu dieser Zeit ziemlich sportlich. Das weniger Gute war, dass immer ziemlich offensichtlich war, dass ein anderer Maßstab angelegt wurde. Ich pflegte immer zu sagen, dass ich die Art von Tochter war, von der mein Vater nicht wollte, dass meine Brüder sie heiraten. Aber das war ok für mich, schließlich war ich ja seine Tochter.

KP: Wie glauben Sie, würden Ihre Eltern Sie als Kind beschreiben? Wie waren Sie so?

AC: Ich war schon ein wenig schwierig. Ich sprach sehr schnell und erwartete, dass alle anderen mir folgen konnten, was sie nicht konnten. Das war vermutlich eine Herausforderung. Tatsächlich übersprang ich die dritte Klasse.

KP: Weil Sie so schnell waren?

AC: Nun ja, zum einen, weil ich sehr schnell war, zum anderen war etwas Spannendes passiert. 1956 zogen meine Eltern aus der Stadt aufs Land, was bedeutete dass meine Brüder und ich auf eine Schule gingen, auf der wir die einzigen farbigen Kinder waren. Dies spielte zu Anfang keine Rolle, aber es sollte ein größeres Problem werden, als ich als Kind überhaupt begreifen konnte. Meine Großmutter belegte Kurse an der Hochschule und befasste sich mit psychometrischen Tests. Also wurden wir Versuchskandidaten. Ein Teilnehmer Ihres Kurses testete mich und ich war ziemlich gut. Noch am selben Abend ging ich mit ihr ans College. Ich wurde vor der Klasse noch einmal getestet, was für mich eine erstaunliche Sache war. Normalerweise kommen Achtjährige nachts nicht soviel raus. Es stellte sich heraus, dass ich sogar sehr gut abschnitt. Der Professor sprach mit meinem Schuldirektor, warum sie das nicht festgestellt hatten. Zu dieser Zeit hatten wir regelmäßig standardisierte Tests in der Schule. Sie suchten meine Testergebnisse heraus und stellten fest, dass die Ergebnisse sich nicht mit denen des anderen Tests deckten. Beim Durchsehen der Klassenunterlagen bemerkten sie, dass es gar nicht meine Ergebnisse waren, sondern die eines anderen Schülers. Es kam heraus, dass eine Lehrerin sie vertauscht hatte, weil sie der Meinung war, dass ich solch eine hohe Punktzahl nicht haben dürfte. Letzten Endes wurde die Lehrerin gefeuert.

KP: Wie fühlten Sie sich als einziges Kind mit anderer Hautfarbe in der Schule?

AC: Es kümmerte mich nicht wirklich und ich glaube auch, dass es die anderen nicht wirklich interessierte. Damals nannte dich ab und zu mal jemand „Neger", aber meiner Auffassung nach war das ihr Problem und nicht meines.

KP: Sie haben die Schulzeit sehr schnell hinter sich gebracht. Wie und wann haben Sie Ihr Interesse an der Medizin entdeckt?

AC: Eigentlich ging ich auf die Universität, um Mathematikerin zu werden, aber es machte mir nicht wirklich Spaß. Ich war damals für eine Zeit lang ziemlich ratlos. Meine Brüder nahmen an einem Programm für medizinische Studien für Minderheiten teil und das tat ich dann auch. Ich liebte es gleich von Anfang an. Ich arbeitete in einem Genetiklabor und entdeckte mein Interesse für Medizin. Ich bin nicht der Typ Mensch, der ohne Zielsetzung gut zurecht kommt - ich brauche ein Ziel vor Augen.

KP: Können Sie sich an Ihr erstes selbst gestecktes Ziel erinnern?

AC: Es war nicht mein erstes Ziel, aber in der Schule hatten wir einen Hindernisparcours. Ich wollte die Schnellste sein, also stellte ich mir zu Hause auch einige Hindernisse auf und übte an diesen. Ich wollte immer die Beste sein.

KP: Woher, glauben Sie, haben Sie diese Eigenschaft?

AC: Meine Mutter wollte immer, dass wir unser Bestes geben. Das war ihr sehr wichtig. Sie unterschied dabei zwischen dem, was andere Menschen dachten, was dein Bestes ist, und zwischen dem, von dem sie wusste, dass es dein Bestes ist.

KP: Also lernten Sie früh sich selbst einzuschätzen?

AC: Ja, so ziemlich. Es war sehr hilfreich,

wenn es darum ging, rassistisch geprägten Situationen gegenüber zu treten oder in eine reine Männerwelt vorzudringen.

KP: War Ihr Vater eine ehrgeizige Persönlichkeit?

AC: Nicht wie meine Mutter. Für ihn war es eher wichtig, dass man das Richtig tat. Aber im Gegensatz zu meiner Mutter war er weniger daran interessiert, was die anderen dachten.

KP: Was hielten Ihre Eltern davon, als Sie sich für die Medizin begeisterten?

AC: Ich glaube, sie waren darüber besorgt, auch wegen der Rassismusproblematik. Ich teilte die Sorge, dass ich nach dem Studium nirgends genommen werden würde. Ich hatte davon sogar Alpträume. Als ich mit dem Studium fertig war, dachte ich, ich könnte nicht einfach meine erste Praxis aufmachen und damit Erfolg haben. Ich dachte, ich sollte vielleicht eher an eine Einrichtung gehen, wo die Menschen zuerst einmal in diese Einrichtung kommen und nicht gleich zu mir. Letzten Endes stellten sich diese Befürchtungen als haltlos heraus. Allerdings habe ich erst in der Retrospektive begriffen, dass ich gewisse Dinge nicht tat, weil ich mich selbst einschränkte.

KP: Aber in dem Moment oder in der Phase Ihres Lebens haben Sie es nicht so gesehen?

AC: Ich denke, ich muss es irgendwie gewusst haben, da ich ja diese Selbstwahrnehmung hatte. Aber ich erkannte nicht, welche Selbstzweifel diese Gefühle repräsentierten. Das wurde mir erst später klar. Ich glaube es gibt eine Generation von Beschränkungen. Meine Eltern hatten selbst erlebt, dass es nur wenige weiße Menschen gab, die einen farbigen Arzt aufsuchten. Als Neurochirurgin kann man nicht einfach eine Praxis aufmachen wie ein Zahn- oder ein Kinderarzt. Für Patienten einer Minderheit braucht man ein viel breiteres Spektrum, eine größere Bevölkerungsbasis. Das waren meine Bedenken.

„MEIN SINN DAFÜR, WER ICH BIN, WIRD SICH SICHER NICHT AUF GRUND DER SICHTWEISE ANDERER MENSCHEN ÄNDERN."

KP: Als Sie bereits als Neurochirurgin arbeiteten, kamen weiße und farbige Menschen zu Ihnen. Machte es einen Unterschied?

AC: Ich machte ein paar Erfahrungen mit Menschen, die daran dachten eine Behandlung auf Grund meiner Hautfarbe abzulehnen. Wenn sie am zweiten Tag unverhältnismäßig freundlich sind, weiß man genau was sie am ersten Tag gedacht haben.

KP: Nach Ihrem Studium und ersten Erfahrungen im Berufsleben, an welchem Punkt dachten Sie, dass Sie die Karriere machen würden, die Sie sich vorgenommen hatten?

AC: Als erstes verließ ich das Henry Ford Krankenhaus, weil ich fühlte, dass das nicht das Richtige war. Dort gab es keinen Schwerpunkt auf Kindermedizin. Also ging ich ans Kinderkrankenhaus und das war das Richtige für mich.

KP: An diesem Punkt kamen Sie Ihren Zielen näher. Sie sagten ja, Sie bräuchten Ziele in Ihrem Leben.

AC: Das ist richtig. Ich wollte das beste neurochirurgische Zentrum in Michigan aufbauen.

KP: Und Sie haben es geschafft. Setzen Sie sich heute immer noch Ziele?

AC: Sicher, das habe ich immer getan in meinem Leben.

KP: War eines Ihrer Ziele, hierher nach Florida zu kommen?

AC: Nein, das war das Ziel meines Ehemannes. Als wir heirateten, kam er nach Detroit. Ich sagte, wenn ich mit der Arbeit fertig bin und wir woanders hingehen, darfst du aussuchen, wohin es geht. Das erschien mir nur fair.

KP: Ja, das klingt durchaus fair. Konnten Sie immer gut mit Männern zusammen arbeiten?

AC: Ja, weil ich mit drei Brüdern aufgewachsen bin und mich daher in der Welt der Männer durchaus wohl fühle. Ich glaube aber auch, dass die Erfahrungen einer farbigen Frau sich grundlegend von der einer weißen unterscheiden. Weiße Frauen sind es gewohnt, positiv wahrgenommen zu werden. Wenn sie jemand negativ wahrnimmt und es nichts mit ihrer Persönlichkeit zu tun hat, verstehen sie es nicht und können es nicht verarbeiten. Für mich als farbige Frau ist der Umstand, dass Menschen mich aus keinem ersichtlichen Grund nicht mögen, keine große Ausnahme. Mich hat es deswegen nie interessiert, ob man mich mag oder nicht. Mich hat es vielmehr interessiert, ob sie meine Studienbescheinigungen unterschrieben haben, weil ich einen Plan einhalten wollte. Mir sind immer wieder weiße Frauen aufgefallen, die in den ersten Jahren ihres Berufs wütend waren. Dies beruhte auf der Tatsache, dass sie nicht glauben konnten, dass sie jemand schlecht und unfair behandelte. Sie hatten so etwas noch nie erlebt. Aber dann lernt man, zwischen dem eigenen Selbstwertgefühl und dem, wie andere Leute dich sehen, zu unterscheiden. Das ist es, was uns die Familie beibringt: nur weil andere denken, du bist weniger Wert, heißt das nicht, dass du es bist.

KP: Wie haben andere farbige Frauen oder Frauen im Allgemeinen auf Sie reagiert?

AC: Ich glaube, die Menschen haben mich als eine Person wahrgenommen, die sich in ihrer eigenen Haut wohl fühlt. Mein Sinn dafür, wer ich bin, wird sich sicher nicht auf Grund der Sichtweise anderer Menschen ändern.

KP: Jemand wie Sie, so in sich selbst ruhend und ausgeglichen, muss doch das Vertrauen der Patienten genießen.

AC: Ich denke, dass mein Verhältnis zu

Ein Gespräch im Wohnzimmer, Florida im Dezember 2010

den Patienten ein gutes ist. Ich sehe sie als Menschen und ich denke, dass es für sie sehr wichtig ist, mich als Person zu sehen. Die „Ich bin der gute Onkel Doktor"-Herangehensweise ist eher destruktiv. Ich sehe mich im Informationsgeschäft: Ich kann ein besserer Arzt sein, wenn sie mit mir reden und mir sagen was los ist, als wenn sie vor mir Angst haben. Je mehr man mich als Mensch sieht, desto eher sagt man mir, was los ist. Also versuche ich eine nicht so förmliche Atmosphäre zu schaffen, in der ich eine Unterhaltung mit den Patienten führen kann und in der sich die Patienten wohl fühlen. Ich habe es mir auch zur Aufgabe gemacht, jeden im Krankenhausbetrieb zu kennen und spreche mit jedem. Auch mit dem Reinigungspersonal. Man kann zwar der beste Chirurg der Welt sein, aber trotzdem läuft kein Krankenhaus, ohne die Leute, die es sauber machen.

KP: Was denken Sie, sind Ihre wichtigsten Qualitäten oder Eigenschaften als Führungskraft?

AC: Es ist entscheidend, dass jeder eine Stimme hat und Menschen das Gefühl haben, sie können auch über unterschiedliche Ansichten offen reden. Ich denke, dass man letztendlich als Führungskraft zwar immer noch Entscheidungen treffen muss, aber in einer Art und Weise, die allen das Gefühl vermittelt, dass sie mitreden durften, und dass das, was sie gesagt haben, auch gehört wurde.

KP: Ich nehme an, dass Sie schon sehr oft schwere Entscheidungen getroffen haben; als Neurochirurgin sind Sie die Verantwortliche über Leben und Tod.

AC: Ja, das schon, aber jede schwere Entscheidung ist nur ein Bündel aus kleinen Entscheidungen. Ich glaube, meine Liebe zur Mathematik ist nicht ganz von meiner Herangehensweise an

Probleme zu trennen. Man nimmt sich eines Problems an und löst es Schritt für Schritt; es ist nicht als riesiges kompliziertes Problem zu lösen.

KP: Sie sagten, dass Sie früher 100 Stunden die Woche gearbeitet haben. Wie haben Sie Ihre Batterien wieder aufgeladen?

AC: Ich habe meinen Job sehr geliebt. Ich habe auch andere Dinge gemacht in dieser Zeit, aber nicht viele. Ich habe immer gelesen und ein paar sehr gute Freunde gehabt. Und dann ist da ja auch noch mein Ehemann. Wenn ich heim komme, habe ich eine völlig andere Welt vor mir. Zum Glück war er beim Militär, also sagte er immer: „Was du tun musst, musst du tun. Es ist deine Pflicht. Also geh zur Arbeit."

KP: Ich nehme mal an, dass Ihre Arbeit auch emotional sehr aufreibend war.

AC: Ja und nein. Man ist emotional involviert, aber man darf sich von seinen Gefühlen nicht überwältigen lassen. Wenn das passiert, muss man etwas anderes machen.

KP: Wenn Sie ein Fall mitgenommen hat, was haben Sie getan?

AC: Darüber geredet.

KP: Prof. Barré-Sinoussi sagt, dass ein Großteil ihrer Motivation für Ihren Beruf aus dem Gespräch mit Patienten kommt.

AC: Irgendwie wird man nach einer Weile ein Teil der (Patienten-)Familie und man fühlt sich auch als Bestandteil. Es ist auch eine Freude zu sehen, wie Menschen in die Situationen hineinwachsen, mit denen sie konfrontiert werden.

KP: Spielt die Religion oder eine höhere Macht in Ihrem Beruf eine Rolle?

AC: Es spielt für viele meiner Patienten eine Rolle. Ich glaube, dass das Konzept Religion wichtiger ist, als die tägliche Ausrichtung danach. Ja, ich glaube es ist wichtig, sich als Teil von etwas Größerem zu begreifen und zu spüren, dass man eine generelle Bestimmung hat.

KP: Was würden Sie jungen Menschen für ihren Lebensweg, für ihre Karriere raten?

AC: Zuallererst: Sei dein eigener Richter. Beurteile selbst, was du tust und lass nicht andere dich beurteilen. Du musst entscheiden, was richtig ist. Zweitens: Die Entscheidung für den Beruf sollte nicht mit dem Verstand getroffen werden, sondern mit dem Herzen. Du musst lernen was Dir gefällt und dann eine Karriere daraus machen.

KP: Was ist für Sie *Female Leadership*?

AC: *Female Leadership* führt vielleicht zu besserer Führung. Je mehr Leute am Tisch sind, desto näher kommt man der Wahrheit.

PROMINENTE RATSCHLÄGE

INSPIRATIONEN & WEISHEITEN

KAPITEL 7

AUF DEN PUNKT GEBRACHT: PROMINENTE RATSCHLÄGE, INSPIRATIONEN UND WEISHEITEN

In diesem Kapitel bringen erfolgreiche Frauen aus aller Welt in wenigen Worten das auf den Punkt, wonach Andere ein Leben lang suchen: die Elemente erfolgreicher Führung. Es sind persönliche Statements und Einsichten. Jedes Statement und jeder Fragebogen enthüllt verschiedene Sichten auf das Thema Frauen und Erfolg. Alle laden zum Reflektieren, Selbstformulieren und Hinterfragen ein. Denn aus den persönlichen Gesprächen mit den *Female Leadern* ist klar geworden: Gute Führung und Erfolg sind immer personenspezifisch, d.h. sie gestalten sich von Frau zu Frau unterschiedlich. So wie auch der Erfolg kein Ziel, sondern eher eine kontinuierliche Reise ist, so sind auch die nachfolgenden Einsichten als Anstöße und nicht als Endergebnisse zu sehen. Ergebnisse definieren alle Leserinnen und Leser dieses Buches selbst, zum Beispiel nach der Lektüre von Teil III.

SOLVITA ABOLTINA

*1963 | Lettland | Präsidentin des lettischen Parlaments

Solvita Aboltina arbeitete bereits als 16-jährige neben der Schule in der Kanzlei einer Rechtsberatung. Nach ihrem Abschluss behielt sie ihre Anstellung und studierte parallel dazu Jura an der Universität Lettlands. 1995 begann ihre außerodentlich erfolgreiche politische Karriere als Direktorin der Konsularabteilung im lettischen Außenministerium. Solvita Aboltina ist Mitglied der erst 2001 gegründeten liberal-konservativen Partei „Neue Zeit". Nur ein Jahr später, 2002, wurde sie zum ersten Mal in das lettische Parlament gewählt und war von 2002 bis 2006 Justizministerin. 2008 wurde Aboltina Vorsitzende der Partei „Neue Zeit". Seit 2010 ist die verheiratete Mutter zweier Kinder Präsidentin des Parlaments. Im Jahr 2011 wurde sie Vorsitzende des Drei-Parteien-Bündnisses „Einheit".

10 Fragen & Antworten

1. Hatten Sie in jungen Jahren ein prägendes Erlebnis oder einen Menschen, der sie besonders inspiriert hat?

Als Kind hat mich die Schule ganz entscheidend geprägt. Denn hier wurden die Grundsteine für meine persönliche Entwicklung gelegt. Ich habe dort nicht nur eine umfassende Bildung erhalten, sondern auch ein großes Maß an Verantwortungsbewusstsein entwickelt. Besondere Würdigung verdient dabei mein Lettischlehrer, Arnolds Rükitis. Er war ein ganz besonderer Mensch und ein gutes Vorbild für uns alle. Er hat mich inspiriert und mir beigebracht, dass Arbeit eine Tugend ist. Die Schule hat mich also maßgeblich beeinflusst, weil sie meine heutige Arbeitshaltung geprägt hat und ich gelernt habe, in schwierigen Momenten Ruhe zu bewahren und an meinen Überzeugungen festzuhalten.

2. Welche Bedeutung hat Bildung für Sie?

Bildung ist für jeden Menschen ein wichtiger Bestandteil des Lebens. Wenn ich mit Schülern und Studenten spreche, betone ich immer wieder, dass Bildung etwas Wertvolles ist, was ihnen niemand nehmen kann. Man sollte immer daran denken, dass sich Menschen bilden, um ihre Kenntnisse zu perfektionieren und um später ihren Wohlstand an andere weiterzugeben. Menschen müssen sich stetig weiterbilden und ihr Leben lang lernen, weil sich die Menschheit permanent weiterentwickelt und auch die Gesellschaft sich immer wieder verändert. In der Politik ist es wichtig, frühere Standpunkte der Menschen und vergangene Ereignisse zu verstehen. Ebenso wichtig, ist es ihre zukünftigen Einstellungen vorherzusagen

3. Was war die wichtigste positive Erfahrung in Ihrer Karriere? Was war die negativste?

Was die positiven Erfahrungen angeht, kann ich sagen, dass ich mich sehr darüber freue, wenn mir gute Taten gelingen, ich die Menschen um mich herum aufheitern kann und sie mir für diese Taten danken. Diese Worte der Dankbarkeit sind mir sehr wichtig, weil sie mich darin ermutigen, mich neuen Herausforderungen zu stellen. Das gibt mir Kraft und Inspiration, besonders in Zeiten, in denen man an seinen Fähigkeiten zweifelt. Die negativste Erfahrung, die eine Frau in der Politik machen kann, sind oberflächliche oder auf ihrem Geschlecht basierende Beurteilungen. Es ist vollkommen inakzeptabel, dass eine Frau aufgrund ihrer Charaktereigenschaften, anstelle ihrer Taten beurteilt wird.

4. Welche Bedeutung haben Konflikte für Sie und wie lösen Sie diese?

Jeder Konflikt führt zu negativen Emotionen. Man sollte den Konflikt und seine Ursachen rechtzeitig erkennen. Es gibt verschiede Methoden, um Konflikte zu lösen, aber man muss immer bedenken, dass sie die Arbeit ernsthaft beeinträchtigen, wenn sie ignoriert und nicht gelöst werden. Vielfalt sollte unsere Arbeit bereichern, statt sie zu beeinträchtigen. Momentan habe ich eine wichtige Aufgabe: ich muss als Koalitionsvorsitzende aus einem Drei-Parteien-Bündnis, das die Parlamentswahl gewonnen hat, eine stabile politische Partei machen. Meine Aufgabe besteht darin, die politischen Kräfte zu bündeln, um möglichst viel für die Entwicklung Lettlands bewirken zu können. Dieser Prozess bringt natürlich alle möglichen Meinungen und Standpunkte hervor. Aber Politik ist ja auch nicht dafür da, um Freunde zu finden, sondern um zusammenzuarbeiten und gemeinsame Ziele zu erreichen.

5. Wie würden Sie Ihren Führungsstil beschreiben? Inwiefern führen Frauen anders als Männer?

Eine der wichtigsten Eigenschaften einer Führungskraft ist die Fähigkeit, Entscheidungen zu treffen. Eine Führungspersönlichkeit sollte sich verschiedene Meinungen anhören können, Aufgaben und Zuständigkeiten verteilen und Verantwortung für die eigenen Entscheidungen übernehmen. Ebenso sollte ein Vorgesetzter in der Lage sein, Fehler zuzugeben und sich wenn nötig, zu entschuldigen. Ich glaube nicht, dass es wesentliche Unterschiede zwischen dem Verantwortungsbewusstsein von Männern und Frauen gibt, aber es gibt durchaus Unterschiede, wenn es zur konkreten Umsetzung dieser Entscheidungen kommt. Wenn es die Umstände erfordern, sollten weibliche Führungspersönlichkeiten auch ihre weiblichen Fähigkeiten einsetzen, um gute Ergebnisse zu erzielen. Für Politikerinnen ist es zudem ganz wichtig, trotz ihres Berufs und der männlichen Dominanz in diesem Bereich, ihre Weiblichkeit zu wahren.

6. Was ist ihre Definition von Macht? Was von Erfolg? Wie sehen Sie den Zusammenhang?

Zunächst einmal ist Macht mit Pflichten und Verantwortung verbunden. Je mehr Macht man besitzt, desto mehr Pflichten und Verantwortung sollte man tragen. Macht ist die Fähigkeit, Prozesse und Entscheidungen so zu beeinflussen, dass die gewünschten Ergebnisse auch erzielt werden. Man sollte zudem die anvertraute Macht immer zum Wohl der Menschen einsetzen. Erfolg braucht man in allem was man tut und ja, es gibt einen Zusammenhang zwischen Macht und Erfolg. Allerdings ergänzen sie sich eher, als dass sie sich widersprechen. Einer Führungspersönlichkeit sollte es gelingen, seine oder ihre Macht einzusetzen und dabei trotzdem von den verschiedenen Beteiligten unterstützt zu werden – das ist meine Definition von Erfolg.

7. Worin sehen Sie die größten Herausforderungen für *Female Leadership* in Lettland?

Lettland ist in der Vergangenheit mit mehreren weiblichen Führungspersönlichkeiten gesegnet gewesen. Wir können viele beeindruckende Frauen aus Wirtschaft, Kunst und Politik vorweisen. Zu den bemerkenswertesten Politikerinnen gehört zum Beispiel Vaira Vike-Freiberga, die ehemalige Präsidentin von Lettland. Zur damaligen Zeit hat sie eine der wichtigsten Herausforderungen Lettlands bewältigt – den Beitritt in die NATO und in die Europäische Union. Sie hat dabei ihre Macht und ihr Wissen sehr erfolgreich eingesetzt. In Lettland und in anderen EU-Mitgliedsstaaten besetzen Frauen tendenziell eher niedrige Positionen und erzielen bei gleicher Arbeit ein geringeres Einkommen als Männer. Ich möchte betonen, dass Frauen in Lettland nicht daran gehindert werden, sich als hervorragende Führungskräfte zu beweisen. Mit anderen Worten hat eine Frau in Lettland gute Chancen aufzusteigen und ihre Ziele zu verwirklichen, wenn sie es will.

8. Work-Life-Balance: Wie realisieren Sie das persönlich?

Manchmal ist es wirklich schwer, die Arbeit vom Privatleben zu trennen. Oft muss man sich, wie in meinem Fall, wenn man Schulkinder hat, gleichzeitig um familiäre und berufliche Angelegenheiten kümmern. Als Mutter sorge ich mich sehr um meine Kinder, deshalb muss ich auch auf ihre Probleme eingehen, manchmal auch während der Arbeitszeit. Grundsätzlich versuche ich, Berufliches und Privates streng voneinander zu trennen. Ich versuche mir regelmäßig feste Zeiten freizuhalten, in denen ich schöne Stunden mit meiner Familie verbringe, sodass ich mein Privatleben nicht für den Beruf opfern muss. Es ist eine schwierige Aufgabe, dennoch sollte eine weibliche Führungskraft in der Lage sein, ihre Termine so zu legen, dass ihr immer noch Zeit für ihre Liebsten bleibt. Gerade in der Politik ist es wichtig, eine gesunde Balance zwischen Arbeit und Privatleben zu erreichen, weil Politiker für die Gesellschaft arbeiten und unsere Familien sind der wesentliche Teil dieser Gesellschaft.

9. Inspiration: Gibt es ein Kunstwerk oder Musikstück, das sie inspiriert?

Ich werde von gemeinsamen Reisen mit meiner Familie inspiriert. Während dieser Zeit kann ich die Schönheit der Berge oder des Meeres genießen. Gegen die Erhabenheit der Natur, wirken unsere täglichen Probleme ziemlich belanglos. Außerdem mag ich Opern und klassische Musik. Zeitlose klassische Werke sind für mich eine Quelle der Inspiration.

10. Zukunft: Was ist Ihr Rat an die nächste Generation von *Female Leadern*?

Ich wünsche den *Female Leadern*, dass sie an ihre Fähigkeiten glauben und ihren Optimismus beibehalten. Eine Frau, die erfolgreich sein will, sollte an sich glauben. Deshalb sollten alle Frauen immer daran denken, dass es ein Privileg und kein Diskriminierungsgrund ist, eine Frau zu sein. Ich wünsche uns allen Erfolg!

MEHRIBAN ALIYEVA

*1964 | Aserbaidschan | Mitglied der Nationalversammlung Aserbaidschans und UNESCO Goodwill Ambassador

Mehriban Aliyeva studierte an der heutigen I.M. Sechenov First Moscow State Medical University und erlangte dort ihren Abschluss in Medizin. Mit 19 Jahren heiratete sie den aktuell amtierenden Präsidenten Aserbaidschans, Ilham Heydar oglu Aliyev. Nach ihrer Karriere in der medizinischen Forschung widmet sie sich seit nunmehr über 20 Jahren der interkulturellen Verständigung und der Verbreitung der Kultur ihres Heimatlandes. So engagiert sie sich als UNESCO Sonderbotschafterin für die Förderug von deren musikalischen und die mündlichen Traditionen. Die dreifache Mutter wurde mehrfach ausgezeichnet und erhielt u.a. den „Offiziersorden der französischen Ehrenlegion". Seit 2005 gehört die gesellschaftlich und politisch sehr engagierte First Lady der Nationalversammlung an.

10 Fragen & Antworten

1. Hatten Sie in jungen Jahren ein prägendes Erlebnis oder einen Menschen, der sie besonders inspiriert hat?

Kindheit und Jugend sind die besten Zeiten im Leben eines jeden Menschen. Diese Lebensabschnitte werden oft als sorglos und teilweise gar oberflächlich angesehen. Aber gerade in diesen „sorglosen" und „oberflächlichen" Jahren lernen wir die wichtigsten moralischen, ethischen und geistigen Prinzipien, die uns als Menschen prägen. Die wichtigsten Lebensweisheiten erfahren die meisten von uns in der Familie. In dieser Hinsicht bin ich ein richtiger Glückspilz. Ich bin in einer Umgebung aufgewachsen, in der Liebe sowie Strenge und Autorität der Erwachsenen, Demokratie, Traditionstreue und Aufgeschlossenheit für neue Ideen auf wunderbare Weise vereint waren.

Unsere Familie ist künstlerisch und wissenschaftlich geprägt. Meine beiden Großväter waren bekannte und hoch angesehene Schriftsteller und Journalisten, mein Vater ist Physiker und meine Mutter die erste Aserbaidschanerin mit einem Professortitel in Orientwissenschaften. Zu Hause besuchten uns ständig interessante Menschen, darunter Wissenschaftler, Schriftsteller oder Journalisten.

Meine Eltern haben unsere Liebe zur Kunst, Malerei und Literatur geweckt. Von Kindheit an haben sie uns beigebracht, dass ein guter Ruf mehr wert ist, als all die Attribute wirtschaftlichen Erfolgs, dass wir in erster Linie Anderen helfen und auf keinen Fall mit eigenen Leistungen prahlen dürfen. Die Autorität der älteren Familienmitglieder war zwar unanfechtbar, auf der anderen Seite mussten wir uns aber auch keine Moralpredigten anhören und wurden praktisch nie bestraft. Ich bin meinen Eltern unendlich dankbar für die Liebe und Wertschätzung, die mich immer umgeben haben und die immer noch präsent sind.

2. Welche Bedeutung hat Bildung für Sie?

In meinem Heimatland wurden Bildung und gebildete Menschen immer sehr hoch geschätzt. Die Anrede „Lehrer" gilt als Zeichen besonderer Achtung. In der modernen Gesellschaft ist Bildung zu einer Voraussetzung für Erfolg geworden. Bildung ist heute die sicherste „langfristige" Investition. Dies gilt sowohl für einzelne Personen als auch für die gesamte Gesellschaft. Aus diesem Grund muss das Bildungssystem unterstützt und weiter entwickelt werden.

Es reicht nicht aus, schöne Bildungseinrichtungen zu gründen, die sich dann zu Eliteschulen entwickeln. In erster Linie muss der Zugang zur Bildung maximal erweitert werden und gute Bildung für jeden möglich sein. Es betrifft vor allem Kinder, die in einer sozial schwachen Umgebung aufwachsen müssen.

In Aserbaidschan sind es meistens Kinder aus Flüchtlings- und Aussiedlerfamilien. Auch für Kinder mit besonderen Bedürfnissen ist eine wettbewerbsfähige

Bildung wichtig, weil sie dadurch mehr Chancen auf ein aktives und vollwertiges Leben bekommen. Bildung kann und muss der Gesellschaft als „sozialer Fahrstuhl" dienen. Eine qualitativ hochwertige Bildung bietet unseren Kindern die Möglichkeit, zu ehrenwerten Bürgern heranzuwachsen und eine so genannte „strategische Reserve" für das intellektuelle Potential der Gesellschaft zu bilden, die kaum zu überschätzen ist. Unsere Zukunft hängt in vieler Hinsicht davon ab, was für ein Bildungssystem wir heute haben, sowohl in Bezug auf dessen Qualität als auch auf den Zugang dazu.

3. Was war die wichtigste positive Erfahrung in Ihrer Karriere? Was war die negativste?

Jede Erfahrung ist wichtig, egal ob negativ oder positiv. Mir macht es natürlich Freude, die Früchte meiner Arbeit zu sehen und zu wissen, dass meine Bemühungen nicht umsonst waren. Natürlich kommen auch Misserfolge vor. Manchmal ist man mit der eigenen Hilflosigkeit konfrontiert, wenn man objektiv nicht in der Lage ist, demjenigen, der Unterstützung erwartet, zu helfen. Man tut sein Bestes und ist trotzdem erfolglos. Besonders schwer ist es mit kranken Kindern. Denn das tut richtig weh.

4. Welche Bedeutung haben Konflikte für Sie und wie lösen Sie diese?

Es gibt kein Leben ohne Konflikte. Und wenn man in einem Konflikt steckt, ist es wichtig, die Emotionen unter Kontrolle zu halten. Was manchmal jedoch nicht so einfach ist. Man muss sich mit der wirklichen Ursache des Konflikts auseinandersetzen. Was ist es: ein Interessenkonflikt, verletztes Selbstwertgefühl, zu hohe Ansprüche oder ein triviales Missverständnis? Es ist immer gut, eine Möglichkeit zur schmerzfreien Lösung des Konflikts anzustreben.

Für mich persönlich ist es wichtiger, meine Würde zu bewahren, ohne zu versuchen, meine Sichtweise um jeden Preis zu verteidigen und auf Kosten des Anderen mich selbst zu behaupten. Meiner Meinung nach ist der beste Konfliktansatz, es gar nicht so weit kommen zu lassen oder zumindest den Übergang zum Schlagabtausch zu verhindern.

5. Wie würden Sie Ihren Führungsstil beschreiben? Inwiefern führen Frauen anders als Männer?

In der heutigen Gesellschaft hat ein autoritärer Führungsstil – egal ob bei Frauen oder Männern – keine Chancen mehr. Wichtiger ist es ein Team von Gleichgesinnten zu bilden, die sich durch dieselben Ziele und Ideen vereint fühlen. Ich habe großen Respekt vor Menschen, die sich ständig weiterentwickeln, dazu lernen und ihre Professionalität erhöhen. Es spielt keine Rolle, in welcher Branche man tätig ist, wichtig ist, dass man seine Aufgaben gewissenhaft erfüllt. Ein solches Team bringt viel mehr als alle Anordnungen und Anweisungen. Üblicherweise denkt man, dass ein weiblicher Führungsstil weniger autoritär ist und eher auf Überzeugungsarbeit Wert legt, aber in Wirklichkeit ist das eher ein Vorurteil als

eine Regel. Und wie alle Vorurteile wird auch dieses eher selten bestätigt.
Darüber hinaus muss eine Frau in einer Führungsposition die gleichen Aufgaben lösen und den gleichen Herausforderungen standhalten können wie ein Mann. Kurz gefasst stellen der Kampf um Gleichberechtigung und seine großen Errungenschaften die Natur des weiblichen Führungsstils dar. Frauen in den Führungsrollen tragen tatsächlich dazu bei, die Unterschiede zwischen den Geschlechtern in diesem Kontext zu vermindern.

6. Was ist Ihre Definition von Macht? Was von Erfolg? Wie sehen Sie den Zusammenhang?

Ich habe keine Machtansprüche. Meine Ambitionen sind anderer Natur und vollständig umgesetzt. Macht ist nicht mein Ziel. Jede Aufgabe, jede Funktion bedeutet für mich vor allem eine Verantwortung. Verantwortung für meine Aufgaben, Mitmenschen sowie für diejenigen, für die etwas gemacht wird.

Ich würde „Macht" und „Erfolg" nicht gleichstellen. Vielleicht mit einer Ausnahme: Das Streben nach Erfolg und Macht um jeden Preis verändert die Menschen manchmal und dies nicht immer zum Besseren.

7. Worin sehen Sie die größten Herausforderungen für *Female Leadership* in Aserbaidschan?

Trotz der verbreiteten Vorstellung von einer Frau im Orient als „gehorsame Hausfrau" haben die Aserbaidschanerinnen von je her kaum in dieses Bild gepasst. Unsere Geschichte des Altertums und des Mittelalters erzählt von weiblichen Herrscherinnen. Bereits im Mittelalter haben aserbaidschanische Dichterinnen Werke geschaffen, die jetzt zur Weltliteratur zählen.

Im 19. Jahrhundert beschreibt Alexandre Dumas in seiner „Gefährlichen Reise durch den wilden Kaukasus" begeistert ein Treffen mit der Tochter und Nachfolgerin des karabachischen Khan Natavan, Dichterin und Politikerin. Sie hat in Schuscha, der Hauptstadt von Karabach, ein Wasserleitungssystem gebaut, das bis zur Stadtbesatzung durch die armenische Armee 1992 noch im Betrieb war. Bereits Anfang des 20. Jahrhunderts wurden Aserbaidschanerinnen in die besten Universitäten Europas zum Studieren geschickt. In jener Zeit wurde in Aserbaidschan die erste öffentliche Mädchenschule im ganzen muslimischen Orient gegründet.

Als 1918 in Aserbaidschan die erste demokratische parlamentarische Republik des Orients erklärt wurde, haben die Frauen das Wahlrecht bekommen und dies Jahre vor den USA und Jahrzehnte vor einigen Ländern Europas. Heute macht die weibliche Bevölkerung des Landes mehr als die Hälfte der hoch qualifizieren Fachleute und Studenten aus, sie ist im nationalen Parlament und seinen Führungsorganen stark vertreten, darüber hinaus nimmt der Anteil von Geschäftsfrauen immer zu. Natürlich gibt es noch hier und da Probleme. Dies betrifft vor allem die Tatsache, dass ein bestimmter, wenn auch geringer Anteil der Gesellschaft nicht bereit ist, eine Frau in Führungsposition zu sehen. Aus diesem Grund werden die Mädchen bzw. Frauen, die große Ziele vor sich haben, von ihren Eltern und Verwandten nicht immer unterstützt, insbesondere dann, wenn sie diese Unterstützung am meisten brauchen.

Leider verlassen in einigen ländlichen Regionen Aserbaidschans Mädchen die Schule ohne auch nur die Mittlere Reife erlangt zu haben, weil ihre Familien der Meinung sind, dass Bildung für Frauen weder nötig noch wichtig ist. Das hat zwar keinen massenhaften Charakter, aber schon ein einzelner Fall ist mehr als genug.

8. Work-Life-Balance: Wie realisieren Sie das persönlich?

Diese Frage wird Frauen öfter gestellt als Männern. Obwohl sie für Männer genauso aktuell ist wie für Frauen. Denken Sie an die Politiker, die ihre politische Karriere, wie sie sagen, für ihre Familien aufgegeben haben. Heutzutage wird eine neue Tendenz immer deutlicher: Downshifting. Es geht dabei um eine bewusste Entscheidung beruflich einen Schritt zurück zu gehen, um mehr Zeit für Privatleben und Familie zu haben.

Schon seit Jahrzehnten spielen Frauen eine aktive Rolle im öffentlichen Leben, gleichzeitig ist die Rolle als „Hüterin des heimischen Herdes" für sie unabdingbar. Im Rahmen eines kurzen Fragebogens ist es unmöglich, die Balance zwischen Arbeit und Privatleben zu schildern. Jeden Tag, jede Stunde müssen wir eine Entscheidung treffen. Ich bin mir meiner Verantwortung gegenüber der Familie immer bewusst. Die Familie hatte schon immer die erste Priorität. Die größte Freude für mich ist es, die Erfolge meiner Kinder mitzuerleben, zu beobachten, wie sie zu anständigen, klugen und zielstrebigen Menschen heranwachsen.

Was die Balance zwischen Beruf und Privatleben angeht, ist ein vollständiges Gleichgewicht grundsätzlich nicht möglich. Das Leben ist viel komplizierter und unberechenbarer als jedes Szenario und jeder Moment stellt eine eigene Geschichte dar.

Manchmal scheint es, als hätten wir alles unter Kontrolle und könnten über uns selbst bestimmen, und manchmal müssen wir leider feststellen, dass wir angesichts unseres Schicksals machtlos sind. Für mich ist es am wichtigsten, Würde zu bewahren und eigenen Prinzipien treu zu bleiben.

9. Inspiration: Gibt es ein Kunstwerk oder Musikstück, das Sie besonders inspiriert?

Die Antwort auf diese Frage lässt sich wahrscheinlich wieder in meiner Kindheit finden, wobei die Literatur für mich schon immer an erster Stelle stand. Dabei ziehe ich kein konkretes Genre, kein Land oder keine konkrete Epoche vor. Ich liebe die unsterbliche Klassik, aber nicht zum Nachteil der modernen Literatur. Ich höre gerne Musik und auch hier viele verschiedene Richtungen. Und natürlich liebe ich unseren aserbaidschanischen Mugham.

10. Zukunft: Was ist Ihr Rat an die nächste Generation von *Female Leadern*?

Für Frauen gelten dieselben Ratschläge wie für Männer. Wichtig ist, sich am Anfang nicht nur klare Ziele zu setzen, sondern auch den Weg dahin zu bestimmen. Und zwar nicht in Form schöner und allgemein gehaltener Phrasen, sondern so konkret und ausführlich wie möglich. Man muss die Fähigkeiten und Möglichkeiten klar einschätzen können, die eigenen, wie auch die von Geschäftspartnern und Kollegen. Und man muss voraussehen können, wer dem Vorhaben entgegenwirken könnte und aus welchem Grund.

Es ist sehr wichtig, in jeder, auch schwierigen Situation, seine Verantwortung und Würde nicht zu vergessen. Und haben Sie keine Angst vor Träumen oder ambitionierten Zielen. Glauben Sie an sich und Ihre Gleichgesinnten. So werden Sie alles schaffen. Das Wichtigste, was ich der neuen Generation von Frauen in Führungspositionen wünschen möchte, ist viel Erfolg und Glück auf ihrem Weg.

HELGA BREUNINGER

*1947 | Deutschland | Für ihr Engagement vielfach ausgezeichnete Unternehmerin und Geschäftsführerin der Breuninger Stiftung

Dr. Helga Breuninger studierte Volkswirtschaftslehre und im Zweitstudium Psychologie.

Bereits 1968 gründete sie mit ihrem Vater aus Unternehmensanteilen der familieneigenen Kaufhauskette die Breuninger Stiftung zur Förderung von Wirtschaft, Geschichte, Medizin und Psychotherapie.

Hinzu kamen später zahlreiche soziale Unternehmen, die sich vor allem dem Thema Bildung widmeten sowie 1996 die Unternehmensberatung successio, die zwölf Jahre später in HELGA BREUNINGER Consulting umbenannt wurde und sich auf Unternehmensnachfolgerinnen mittelständischer Familienbetriebe konzentriert.

10 Fragen & Antworten

1. Hatten Sie in jungen Jahren ein prägendes Erlebnis oder einen Menschen, der sie besonders inspiriert hat?

Meine jüngste Schwester starb nach der Geburt als ich fünf Jahre alt war und mein ältester Bruder verunglückte unter einer Lawine als ich 15 war. Diese Verlusterfahrungen und die fehlende Kommunikation darüber in meiner Familie haben mich geprägt. Meine Berufswahl als Psychotherapeutin sehe ich im Zusammenhang mit dieser Erfahrung. Mein Bruder war eine prägende Persönlichkeit für mich und ich übernahm seine Rolle in der Familie nach seinem Tod. Er war der einzige Sohn und ich wollte ihn als Nachfolger im Familienunternehmen, der Warenhausgruppe Breuninger ersetzen. Nach meinem erfolgreich abgeschlossenen Wirtschaftsstudium und einer Diplomarbeit im Kaufhaus erfuhr ich dann von meinem Vater, dass er sich eine Tochter als Nachfolgerin nicht vorstellen konnte. Damit wurde das Thema Frauen und Führung zu einem meiner Lebensthemen. Als Unternehmensberaterin begleite und qualifiziere ich heute Töchter aus Familienunternehmen, die übernehmen wollen und vernetzte diese Nachfolgerinnen bundesweit miteinander.

2. Welche Bedeutung hat Bildung für Sie?

Lernen ist für mich Leben und Bildung ein Herzensthema. Praktische Lernerfahrungen zu machen ist meine Hauptantriebsfeder für verschiedenste Aktivitäten. Mir standen sowohl als Kind und Jugendliche als auch im Erwachsenenalter alle Bildungsmöglichkeiten offen und ich habe sie gut genutzt: Musikunterricht für zwei Musikinstrumente, Sportunterricht, zwei abgeschlossene Studien, eine Promotion und viele Fortbildungen im Sinne eines lebenslangen Lernens. Meine Promotion beschäftigte sich mit Lernstörungen und mit einer schülerorientierten Ausbildung für Lehrer. Ich habe die integrative Lerntherapie mit Kolleginnen und Kollegen erfunden und einen bundesweiten Fachverband gegründet. Die akademische, kognitiv ausgerichtete Bildungskarriere sehe ich aber nur als einen Teil von Bildung an. Die emotionale Bildung erlebe ich als gleichwertig. Ich habe für meine Persönlichkeitsentwicklung mehrere Psychotherapien in Anspruch genommen. Gerade als Frau in Führung ist es wichtig, die eigenen Emotionen zu professionalisieren und Intuition zu entwickeln.

3. Was war die wichtigste positive Erfahrung in Ihrer Karriere? Was war die negativste?

Mein Grundschullehrer hat mich ermutigt, mir Selbstvertrauen gegeben und mich gefördert. Ich hätte ohne ihn wahrscheinlich eine Lernstörung entwickelt. Er war mein Vorbild für die, von mir später entwickelte, integrative Lerntherapie. Die negativste Karriereerfahrung war der Neid von Kolleginnen und Kollegen an der Universität für meine Begeisterung, mein Engagement und meine Einsatzbereitschaft.

4. Welche Bedeutung haben Konflikte für Sie und wie lösen Sie diese?

Konflikte sind der Treibstoff für die Innovation. Ich nehme Konflikte an, fühle mich in die Konfliktpartner ein und nutze die Konfliktenergie für die Konzentration auf den Konflikt und das zeitliche Engagement für die Kommunikationsprozesse. Störungen haben Vorrang. Ich bemühe mich, so gut es geht, alle betroffenen Personen zu beteiligen und die Konfliktlösung als gemeinsamen Lernprozess zu nutzen. Jeder Konflikt birgt einen wertvollen Informationsschatz, der gehoben und verstanden werden will.

5. Wie würden Sie Ihren Führungsstil beschreiben? Inwiefern führen Frauen anders als Männer?

Als partnerschaftlich sowie anführend. Ich bin oft die Initiatorin und brauche Mitstreiterinnen und Mitstreiter, die ich begeistern kann und die mit mir selbständig auf Augenhöhe zusammenarbeiten. Ich brauche keine Hierarchie und keinen Status, ich brauche Engagement und Eigeninitiative. Ich traue meinen MitarbeiterInnen viel zu und biete Entfaltungsspielräume. Wenn sie das nicht nutzen können bzw. wollen, trenne ich mich von ihnen. Plakativ formuliert fühlen Frauen sich in Heterarchien wohl und legen mehr Wert auf Sinn. Männer bevorzugen klare Hierarchien und legen mehr Wert auf Verdienst und Status.

6. Was ist Ihre Definition von Macht? Was von Erfolg? Wie sehen Sie den Zusammenhang?

Macht bedeutet für mich Gestaltungsspielraum und Autonomie. Macht ermöglicht mir, die Spielregeln in meinem Arbeitsprozess, meiner Organisation zu bestimmen und solche Mitarbeiter und Mitarbeiterinnen auszuwählen, die zu mir passen und mit mir zusammen arbeiten können. Um mein Umfeld zu beeinflussen hilft mir Macht. Erfolg erfordert eine Kombination von Zielstrebigkeit, Kompetenz, Glück und günstige Umstände. Macht und Erfolg können über gut moderierte Beteiligungsprozesse enger gekoppelt werden. Ich bin davon überzeugt, dass Erfolg durch die koordinierte und inspirierte Zusammenarbeit von möglichst unterschiedlichen Personen gefördert wird. Im Gegensatz dazu sehe ich einen Führungsstil als Auslaufmodell, der nur von oben nach unten durchregiert.

7. Worin sehen Sie die größten Herausforderungen für *Female Leadership* in Deutschland?

Female Leadership bedeutet für mich, soziale und emotionale Kompetenzen in der Führung aufzuwerten, Sinnfragen in Arbeitsprozessen zu stellen und nachhaltig zu wirtschaften. In Deutschland werden Führungskräfte noch überwiegend nach ihren strategischen und fachlichen Kompetenzen beurteilt. Die von mir geleitete Breuninger Stiftung hat gemeinsam mit der York University Toronto ein Trainingsprogramm für emotionale Intelligenz (emotional literacy) entwickelt, das die Frauen in ihren Stärken fördert und diese ausbaut. Derzeit entwickeln wir gemeinsam mit Nachfolgerinnen aus Familienunternehmen weibliche Rollenmodelle für den Führungsalltag. Es fehlen Vorbilder, an denen sich junge Frauen orientieren können. Eine deutsche Kanzlerin wie Angela Merkel reicht dafür nicht aus. Viele Frauen sind den Männern an kommunikativer Kompetenz und Intuition überlegen, dafür aber mit mehr Selbstzweifel ausgestattet. Für die Töchter sind die meisten Väter in Führungspositionen zwar überzeugende Vorbilder, die sie idealisieren, aber nicht imitieren können. Die Väter sind keine Rollenmodelle für die Töchter. Es fehlen flächendeckend Netzwerke und der Zugang zu den vorhandenen Netzwerken ist noch zu zufällig und zu mühsam. Für die Vereinbarkeit von Familie und Beruf müssen traditionelle Rollenklischees überwunden und die Partnerwahl unter neuen Kriterien erfolgen.

8. Work-Life-Balance: Wie realisieren Sie das persönlich?

Indem ich mein Leben als Gesamtkunstwerk gestalte und meine Arbeit im Flow schaffe. Ich lebe mit einem liebevollen und zuverlässigen Mann und zwei treuen, supersüßen Hündinnen zusammen, werde durch einen Freundeskreis unterstützt und arbeite mit Prof. Almuth Sellschopp, meiner besten Freundin an meinem Lebensthema *Female Leadership* zusammen. Regelmäßige körperliche und geistige Entspannung hole ich mir beim Sport, mit Yoga, bei der Meditation, in der Sauna, bei Büchern und Musik. Ich freue mich an den schönen Dingen des Lebens und gönne mir Auszeiten. Des Weiteren sind Dankbarkeit und Demut meine Grundgefühle, die mich fröhlich und zufrieden stimmen und in Balance halten.

9. Inspiration: Gibt es ein Kunstwerk oder Musikstück, das Sie besonders inspiriert?

Bach, Mozart und Chopin beflügeln und inspirieren mich. Die Natur erlebe ich jeden Tag als Kunstwerk. In einen Sonnenaufgang oder -untergang kann ich vollkommen eintauchen und Glück erleben.

10. Zukunft: Was ist Ihr Rat an die nächste Generation von *Female Leadern*?

„Yes, we can". Vieles ist möglich, wenn wir es wirklich wollen – aber es muss auch Spaß machen! Mit einer spielerischen Arbeitshaltung erreichen wir Frauen mehr als mit Ellenbogen und zu viel Ehrgeiz. Unseren Charme und unsere Einfühlung brauchen wir in der Zusammenarbeit mit den Männern aber auch mit Frauen. Die Zukunft gehört den gemischten Teams.

WARIS DIRIE

Somalia | UN-Sonderbotschafterin, ehemaliges Top-Model und Gründerin der Waris-Dirie-Foundation

Foto: Karl Holzhauser

Waris Dirie floh mit 13 Jahren vor einer Zwangsheirat und zog nach London. Später wurde sie in New York von einem Fotografen entdeckt und erlangte schnell Berühmtheit als Model und Bond-Girl.

Sie beschloss ihre Popularität aktiv für den Kampf gegen die selbst erlittene Beschneidung einzusetzen und klärte die Öffentlichkeit als weltweit aktive UN-Sonderbotschafterin engagiert über dieses brutale Ritual auf.

1997 veröffentlichte sie ihre Autobiografie „Wüstenblume", von der weltweit über 11 Millionen Exemplare verkauft wurden. Zudem gründete die Mutter zweier Söhne 2002 die in Österreich ansässige Waris Dirie Foundation (seit 2010 Desert Flower Foundation).

10 Fragen & Antworten

1. Hatten Sie in jungen Jahren ein prägendes Erlebnis oder einen Menschen, der sie besonders inspiriert hat?

Der Tag, an dem ich als kleines Kind beschnitten wurde, hat mein Leben verändert. Als ich nach dieser schrecklichen Tortur wieder das Bewusstsein erlangte, wusste ich, obwohl ich noch ein kleines Mädchen war, dass mit mir etwas geschehen war, dass unrecht und falsch war. Obwohl ich nicht wusste wie, wann und wo, war mir klar, dass ich eines Tages dagegen kämpfen würde.

2. Welche Bedeutung hat Bildung für Sie?

Bildung bedeutet für mich, niemals mit dem Lernen aufzuhören. Ich hatte nie die Möglichkeit, eine Schule zu besuchen, aber ich war immer neugierig und wollte neue Dinge lernen. Ich bin davon überzeugt, dass Neugierde der Schlüssel zum lebenslangen Lernen ist.

3. Was war die wichtigste positive Erfahrung in Ihrer Karriere? Was war die negativste?

Ich bin immer noch erstaunt über die Reaktionen, die ich von Menschen aus der ganzen Welt bekomme. Das Ausmaß an Unterstützung und Verständnis, das ich von Frauen und Männern aus allen kulturellen und sozialen Schichten erhalte, ist unglaublich und gibt mir viel Kraft. Die Interaktion mit Menschen, die meine Bücher lesen und meine Arbeit verfolgen, zeigt mir aber auch etwas Negatives: die Gewalt gegen Frauen existiert auf allen Kontinenten und in jedem Land dieser Welt. Das macht mich sehr traurig und wütend.

4. Welche Bedeutung haben Konflikte für Sie und wie lösen Sie diese?

Konflikte entstehen, wenn Menschen unterschiedliche Meinungen haben. Meinungsvielfalt ist wichtig und diese Konflikte müssen prinzipiell nicht immer nur negativ sein. Es gibt nur eine allgemeingültige Regel: kein Konflikt kann durch Gewalt gelöst werden, aber viele durch Liebe.

5. Wie würden Sie Ihren Führungsstil beschreiben? Inwiefern führen Frauen anders als Männer?

Der weibliche Führungsstil ist weniger gewalttätig. Das klingt naheliegend, ist aber ein wichtiger Unterschied.

6. Was ist Ihre Definition von Macht? Was von Erfolg? Wie sehen Sie den Zusammenhang?

Unabhängigkeit ist Macht, besonders für Frauen. Erfolg bedeutet, seine Unabhängigkeit von jenen Faktoren zu erlangen, die einen daran hindern, seine Ziele zu erreichen.

7. Worin sehen Sie die größten Herausforderungen für *Female Leadership* in Somalia?

Die Situation der Frauen in meinem Heimatland Somalia ist immer noch sehr schlecht. Ich bin in einer Gesellschaft aufgewachsen, in der Frauen wie Güter behandelt werden. Sie werden zur Hochzeit verkauft. Ich bin diesem System zwar entkommen, aber es existiert weiterhin. Gegenwärtig ist es schwer die Situation für somalische Frauen überhaupt einzuschätzen. Aber ich bin der Überzeugung, dass es dem Land wesentlich besser gehen würde, wenn Frauen in der Gesellschaft mehr Mitspracherecht hätten. Heute wird der Staat ausschließlich von Männern regiert und wir alle können sehen, wohin das geführt hat.

8. Work-Life-Balance: Wie realisieren Sie das persönlich?

Es liegt in der Natur meiner Arbeit, die Themen, mit denen ich mich befasse, nie beiseite zu legen. Zeit mit meinen Kindern zu verbringen, ist mein Weg, einen Ausgleich zu finden.

9. Inspiration: Gibt es ein Kunstwerk oder ein Musikstück, das Sie besonders inspiriert?

Jede Art von afrikanischer Musik inspiriert mich. Es gibt auch viele wunderbare afrikanische Maler und Künstler, die in Europa wesentlich mehr Anerkennung erfahren sollten.

10. Zukunft: Was ist Ihr Rat an die nächste Generation von *Female Leadern*?

Glaube an dich selbst, du hast jegliche Kraft, die es braucht, eine Führungskraft zu sein. Begegne den Menschen in deiner Umgebung bei allem was du tust, mit Respekt und Liebe.

Eine Frau, die ihren Widerstand aufgibt, geht zum Angriff über.

Marcello Mastroiani
italienischer Schauspieler

IRENA ERIS

*1950 | Polen | Gründerin des Unternehmens *Kosmetisches Labor Dr Irena Eris*, Inhaberin von zwei exklusiven SPA-Hotels und 24 Kosmetikinstituten

Dr. Irena Eris studierte an der Medizinischen Akademie in Warschau Pharmazie. Die Doktorwürde erlangte sie an der Humboldt Universität zu Berlin. Sie ist Inhaberin des Unternehmens *Kosmetisches Labor Dr Irena Eris*, in dem sie selber die Forschung- und Entwicklungsabteilung leitet. Das *Kosmetische Labor Dr Irena Eris* wurde 1983 als ein kleiner Familienbetrieb mit nur einem Mitarbeiter gegründet und begann mit nur einer Cremesorte.

Das Unternehmen beschäftigt heute mehr 700 Mitarbeiter und gehört zu den bekanntesten Kosmetikunternehmen Polens. Neben Kosmetikproduktion und -vertrieb führen das mit über 120 Preisen ausgezeichnete Ehepaar Irena Eris und Henryk Orfinger 24 Kosmetik-Institute und zwei exklusive SPA-Hotels.

10 Fragen & Antworten

1. Hatten Sie in jungen Jahren ein prägendes Erlebnis oder einen Menschen, der sie besonders inspiriert hat?

Maria Sklodowska-Curie hat mich schon immer sehr inspiriert: sie war Polin, Ehefrau, Mutter und eine Frau die herausragendes geleistet hat. Sie hat zur Wahrung des polnischen Erbes im Ausland beigetragen. Marie Curie hat sich voll und ganz der Wissenschaft gewidmet, zwei Nobelpreise erhalten und niemals ihre Träume aufgegeben. Ihre Leidenschaft und der Glaube an ihre Träume haben ihr zum Erfolg verholfen.

2. Welche Bedeutung hat Bildung für Sie?

Ich wurde mit dem Glauben erzogen, dass Bildung ein wertvolles und wichtiges Gut ist. Meine Eltern wollten, dass ich mich zu einer selbstständigen und selbstbewussten Person und Frau entwickle. Sie wollten, dass ich mich unabhängig von meiner momentanen Lebenssituation immer auf meine eigenen Kenntnisse und Fähigkeiten verlassen kann. Sie haben es geschafft, mir einen großen Respekt vor der Wissenschaft einzuflößen. Darum ist Bildung für mich nicht nur ein hilfreiches Werkzeug, sondern auch eine notwendige Voraussetzung für Erfolg im Leben. Bildung ist die Grundlage für eine bereichernde Zukunft und eine universelle Vermögensanlage: Wenn man sie einmal erhalten hat, zahlt sie sich ein Leben lang aus.

3. Was war die wichtigste positive Erfahrung in Ihrer Karriere? Was war die negativste?

Die Entscheidung, mein eigenes Unternehmen zu gründen war sowohl beruflich als auch persönlich sehr wichtig für mich. Zufriedenheit im Job hatte für mich immer schon oberste Priorität. Aus Unzufriedenheit bei meinem damaligen Job im Forschungslabor des Pharmaherstellers Polfa Warschau, habe ich vor fast 30 Jahren meine eigene Firma gegründet. Ich hatte schon immer eine Neigung, neue Dinge zu erschaffen. Polfa konnte mir dafür keine Bedingungen bieten, also entwickelte sich mit der Zeit die Idee, ein eigenes Unternehmen zu gründen. Ich wollte mich weiter entwickeln: Mit 28 Jahren habe ich in Pharmazie promoviert und beherrschte drei Fremdsprachen, was zur damaligen Zeit in Polen sehr ungewöhnlich war.

Ich hatte meine berufliche Karriere als Pharmazeutikerin mit umfassenden Kenntnissen begonnen, die ich in der Kosmetikindustrie gut gebrauchen konnte. Darüber hinaus hatte ich ein gutes Verständnis für die Bedürfnisse der menschlichen Haut, die physiologischen Prozesse innerhalb der Haut und für die Dinge mit denen man den Zustand der Haut insgesamt verbessern könnte. Ich war gut darin. Ich wollte neue Formeln und moderne hochqualitative Hautpflegeprodukte entwickeln und Zufriedenheit durch meine berufliche Tätigkeit erlangen. Gleichzeitig wurde mir klar, dass die Verfolgung meines neuen beruflichen Ziels die Aufgabe meines bisherigen sozialen Status mit sich bringen würde. Es bedeutete die Herabsetzung vom Wissenschaftler zum kleinen Fabrikanten und zur damaligen Zeit war es im kommunistischen Polen eine Schande, ein privates Unternehmen zu betreiben. Das war auf jeden Fall ein negativer Aspekt meiner Entscheidung.

4. Welche Bedeutung haben Konflikte für Sie und wie lösen Sie diese?

Misserfolge spornen mich dazu an, mich noch mehr anzustrengen. Sie treiben mich zur Arbeit an. Statt mich zurückzuziehen, gebe ich noch mehr als vorher und ich versuche die effektivste Lösung zu finden. Konflikte und Misserfolge erlebt jeder, schließlich sind wir alle nur Menschen. Es ist ganz wichtig, dass wir diese Lektion lernen, immer weiter kämpfen und an unseren Zielen, Leidenschaften und Träumen festhalten. Vertrauen in die eigenen Fähigkeiten und Sicherheit über die getroffenen Entscheidungen können ebenfalls dabei helfen, vorübergehende Probleme zu lösen.

5. Wie würden Sie Ihren Führungsstil beschreiben? Inwiefern führen Frauen anders als Männer?

Von dem was ich bisher beobachtet habe, kann ich nur sagen, dass die strategische Geschäftsentwicklung in keiner Weise mit dem Geschlecht zu tun hat. In letzter Zeit wurde viel über unterschiedliche Führungsstile bei Männern und Frauen diskutiert. Ich finde es sehr schwierig, einen Zusammenhang zwischen verschiedenen Führungsstilen und Geschlecht herzustellen. Vielmehr hängt das alles von der Persönlichkeit ab. Es ist eine weitläufige Meinung, dass weibliche Manager einen interaktiven Führungsstil verfolgen, der ihre Lebenserfahrungen widerspiegelt. Frauen legen bei der Führung ihrer Mitarbeiter Wert auf Kooperation und Kommunikation. Sie sind empathischer und nehmen Emotionen besser wahr, sie sind intuitiver und können besser mit Frustrationen und Stress umgehen. Außerdem können sie Probleme und zwischenmenschliche Konflikte schneller lösen als Männer.

In vielen europäischen Ländern wird dieser ganzheitliche und demokratische Führungsstil zunehmend von Experten befürwortet. Als ich mein Unternehmen vor 30 Jahren gegründet habe, hatte ich noch keine Ahnung von Personalmanagement, aber auch nicht die Absicht solch einen großen Betrieb aufzubauen. Ich habe auf meine Intuition vertraut und mich auf meine Prioritäten konzentriert. Ich habe Mitarbeiter ausgewählt, die meine Werte teilten und späteren Angestellten als Vorbild dienen sollten. Wir haben eine familiäre Atmosphäre geschaffen, die für mich unerlässlich ist. Es war mir immer wichtiger, Partnerschaften, Beziehungen und Teams sowie Stärke und ein Firmenimage aufzubauen und zu pflegen. Denn das ist etwas worauf ich mich verlassen kann. Ich weiß, dass wenn ich meinen Mitarbeitern Respekt entgegenbringe, kann ich mich darauf verlassen, dass sie diesen Respekt wiederum gegenüber ihrer Umwelt und ihren Kunden zeigen. Wir behandeln andere so wie wir selbst behandelt werden wollen. Wir wissen welche Werte wir für wichtig halten und in welcher Art von Umgebung wir gerne arbeiten würden und wir tauschen unsere Meinungen über diese Themen aus.

Ich glaube das Wichtigste ist, mit gutem Beispiel voranzugehen. Außerdem wollte ich immer, dass die Mitarbeiter in meinem Unternehmen zufrieden mit ihrem Job sind, dass sie meine Leidenschaft teilen und jeden Tag gerne zur Arbeit kommen.

6. Was ist Ihre Definition von Macht? Was von Erfolg? Wo sehen Sie den Zusammenhang?

Erfolg hat viele Gesichter. Es ist das was ich aus einer Sache mache. Jeder hat große oder kleine Bestrebungen, Ziele und Träume. Erfolg bedeutet, seine Wünsche zu erfüllen und seinen Leidenschaften nachgehen zu können. Er stellt sich selten über Nacht ein - normalerweise braucht man Mühe, Hingabe und man muss hart dafür arbeiten. Jeder hat ein anderes subjektives Verständnis von Erfolg. Macht sollte mit Gleichberechtigung einhergehen und sie sollte niemals als Instrument zur Durchsetzung privater Interessen oder zur Rechtfertigung unmoralischen Verhaltens missbraucht werden.

Man muss sich selbst treu bleiben und sein Leben so leben, dass man sich nicht dafür schämt, wer man ist, was man tut und besitzt und man sollte darauf achten, dass niemand wegen einem leiden muss. Ich glaube, Macht ist eine ganz besondere Art von Verantwortung für dein Handeln. Wenn ich meine eigenen Bedürfnisse genau verstehe, kann ich versuchen mich selbst und meine Umgebung besser kennenzulernen. Ich mache immer weiter und versuche mich nicht von vorübergehenden Problemen entmutigen zu lassen.

Mit solch einer Herangehensweise kann ich definitiv sagen, dass ich eine erfolgreiche Frau bin – eine Frau die das Gefühl hat, ihrer Leidenschaft nachgehen zu können, die etwas für andere und nicht nur für sich selbst tut und daraus große Zufriedenheit schöpft. Für mich ist das Gefühl von Zufriedenheit das Maß meines Erfolgs.

7. Worin sehen Sie die größten Herausforderungen für *Female Leadership* in Polen?

Eine der größten Herausforderungen, der sich Frauen in Polen stellen müssen, ist der Kampf gegen bestehende Vorurteile hinsichtlich der Rolle der Frau in der Gesellschaft. Das gilt insbesondere für kleine Städte und ländliche Gemeinden, wo sich die Rolle der Frau noch immer darauf beschränkt, Ehefrau und Mutter zu sein. In größeren Städten ist es für Frauen leichter, Vorurteile zu beseitigen und sowohl berufliche als auch persönliche Erfüllung zu finden. Wir sollten es uns zum Ziel setzen, eine Brücke zwischen Dörfern und Großstädten zu schlagen, Ungleichheit zu beenden und eine Lohngleichheit für Männer und Frauen zu erreichen.
Darüber hinaus müssen wir weiterhin

Kinderbetreuungsmöglichkeiten schaffen und ausbauen, so dass Frauen ihre berufliche Karriere verfolgen können. Wir müssen aber auch gegen häusliche Gewalt kämpfen, das geht aber nur durch eine Gesetzgebung, die so etwas strafrechtlich verfolgt. Wir sollten uns dafür einsetzen, dass das Adoptionsverfahren optimiert und beschleunigt und künstliche Befruchtung legalisiert wird.

Insgesamt geht es darum, die Lebensqualität zu verändern oder zu verbessern – nicht nur für Frauen, sondern für die gesamte Gesellschaft. Außerdem sollten wir toleranter sein und keine irrationalen Vorurteile gegenüber anderen haben.

8. Work-Life-Balance: Wie realisieren Sie das persönlich?

Ich versuche ganz bewusst die Balance zwischen diesen beiden Bereichen meines Lebens zu halten. Die Tatsache, dass mein Mann und ich das Unternehmen gemeinsam betreiben, hat nie ein Problem für unser Familienleben dargestellt. Unsere Arbeit ist unsere Leidenschaft und unsere Familie ist die größte Bereicherung für uns. Wir schaffen es, diese beiden wichtigen Lebensbereiche auseinanderzuhalten. Dank dieser Balance bestimmt das Berufsleben in keiner Weise unser Privatleben.

9. Inspiration: Gibt es ein Kunstwerk oder Musikstück, das Sie besonders inspiriert?

Ich habe ein lebendiges Interesse an Kunst und ich liebe gute Musik. Was mich aber am meisten inspiriert und mir hilft, der Realität zu entfliehen, sind Bücher. Ich mag besonders Sachbücher die literarisch geschrieben sind und von echten Menschen, ihrem Leben und ihren Erfahrungen handeln. Leider habe ich nur an Feiertagen genug Zeit, um weiter zu lesen. Einer meiner Lieblingsautoren ist Orhan Pamuk. Ich liebe seinen Roman „Schnee", bei dem hinter einer spannenden Handlung der Versuch steht, den Ursprung des heutigen Terrorismus zu entdecken. Ich mochte auch seinen Roman „Istanbul", eine einzigartige Führung durch eine der schönsten Städte der Welt und die herausragende Autobiografie des Autors und seiner Familiengeschichte.

10. Zukunft: Was ist Ihr Rat an die nächste Generation von *Female Leadern*?

Wenn man ein Unternehmen führen will, braucht man eine Vision und Intuition – Theorie alleine reicht nicht. Meine Kenntnisse über Wirtschaft und Marketing habe ich in der Praxis erlernt. Heute treten Universitäten und Wirtschaftsverbände an mich heran, wenn sie Fallstudien durchführen, weil ich das beste Beispiel für eine erfolgreiche Geschäftsfrau bin, die einiges selbstständig erreicht hat.

Aber Wissen – egal wie umfangreich – ist noch keine Garantie für Erfolg im Geschäft. Man braucht natürlich ein gewisses Grundwissen, aber wie ich schon sagte, man braucht auch Intuition und die Fähigkeit seine Zeit einzuteilen. Charaktereigenschaften sind ebenfalls wichtig – wie zum Beispiel Ausdauer, Entschlossenheit und eine strukturierte

Herangehensweise. Ich war nie der Meinung, dass das was ich tue, meine Kreativität widerspiegelt. Ich hatte einfach das Gefühl, dass ich etwas tue, was Menschen brauchen. Ich glaube, dass wir immer mal wieder im Leben von unserer Intuition geleitet werden und das macht den Unterschied zum reinen Handwerker aus. Ein Unternehmen, das Leidenschaft, Hingabe und Vorstellungskraft als Werte integriert, ist erfolgreicher als ein Betrieb, der nur auf Berechnungen, Diagrammen und Marktanalysen aufbaut. Natürlich muss man den passenden Mittelweg zwischen diesen beiden Modellen finden. Außerdem – und das ist das Wichtigste – muss man sich trauen, rational zu denken und weiter nach dem zu suchen, was man wirklich im Leben machen will, denn es ist niemals zu spät seine Träume zu erfüllen.

HYUN JEONG-EUN

*1955 | Südkorea | Vorsitzende der Hyundai Group, unter den „100 Most Powerful Women" der Forbes-Liste 2008 und 2009

Jeong-Eun studierte zunächst in Seoul, ging dann aber in die USA, wo sie 1983 ihren Master in Entwicklungspsychologie machte. Nach dem Tod ihres Mannes, dem Vorsitzenden der Hyundai Group, übernahm sie seine Position.

Die einstige Hausfrau entwickelte sich entgegen aller Vorurteile schnell zu einer sehr erfolgreichen Geschäftsfrau, die den Umsatz des Unternehmens innerhalb von acht Jahren verdoppeln konnte.

Zudem liegt Hyun Jeong-Eun der Tourismus nach Nordkorea besonders am Herzen, da sie damit einen Beitrag zur Grenzöffnung und zum Frieden zwischen den verfeindeten Ländern leisten möchte.

10 Fragen & Antworten

1. Hatten Sie in jungen Jahren ein prägendes Erlebnis oder einen Menschen, der sie besonders inspiriert hat?

Ich denke, ich war in der Lage, den Stier bei den Hörnern zu packen und wurde auch dank meines frühen Umfelds, 2003 Vorsitzende der Hyundai Group. Meine beiden Großeltern waren Unternehmer. Ich bin bei meinem Großvater mütterlicherseits aufgewachsen, der mich häufig bei sich hatte, wenn er sich mit Gästen unterhielt. Viele der Menschen, die zu uns nach Hause kamen, haben heute hochrangige Positionen in der koreanischen Geschäftswelt inne, also habe ich vielleicht schon in jungen Jahren einige Einblicke in das Thema Unternehmensführung erhalten. Mein Vater hat mir auch oft von seiner Firma erzählt. Oft sprach er über das Reedereigeschäft. Er hat immer betont, dass man ein internationales Bewusstsein entwickeln muss, weil die Schifffahrt von internationalen Faktoren abhängig ist. Obwohl ich lange Zeit Vollzeit-Hausfrau war, hat mir der Einfluss meiner beiden Großeltern wahrscheinlich geholfen, mich als Geschäftsfrau anzupassen. Dafür bin ich ihnen sehr dankbar.

2. Welche Bedeutung hat Bildung für Sie?

Ich habe die Wichtigkeit von Personalentwicklung während meines Studiums in den USA erkannt. Ich denke, dass die Hauptaufgabe bei der Personalentwicklung nicht darin besteht, jemanden einfach nur als „gut" oder „schlecht" zu bewerten. Es geht vielmehr darum, Synergien zu schaffen um Individuen dabei zu helfen, ihre verschiedenen Stärken zu entwickeln und mit ihrem Potential in Einklang zu bringen. Auf dieser grundlegenden Basis fördern wir die Mitarbeiter der Hyundai Group und ermutigen sie dazu, kreative und enthusiastische Führungskräfte zu sein. Das Hyundai Human Resources Development Center bietet regelmäßig maßgeschneiderte Bildungsprogramme für verschiedene Positionen an. Bei diesen Programmen geht es nicht nur um geschäftsbezogene Themen, sondern auch um Geschichte, Philosophie und Fremdsprachen. Ich glaube, dass es bei der unternehmensbezogenen Bildung nicht nur darum geht, einen einzelnen rohen Diamanten zu schleifen, sondern „Edelsteine" in der Firma zu finden und sie dort zu positionieren, wo sie am meisten strahlen können. Zu diesem Zweck tun wir alles was wir können, um eine Umgebung zu schaffen, in der die Mitarbeiter ihr Potential voll ausschöpfen können.

3. Was war die wichtigste positive Erfahrung in Ihrer Karriere? Was war die negativste?

Leider haben Externe – wenn ich sie als solche bezeichnen kann – seit meinem Amtsantritt zwei Mal versucht, das Management zu übernehmen. Durch die Unterstützung meiner Mitarbeiter habe ich aber die geschäftsführende Kontrolle behalten und dieser Erfolg hat mich dazu ermutigt, die zu werden, die ich heute bin. Ich war oft nervös, wenn ich im Mittelpunkt stand, nicht weil ich ein Unternehmer, sondern weil ich ein weiblicher Unternehmer war. Natürlich wusste ich, dass es völlig zwecklos war, so zu tun als wäre ich ein Mann in Frauenkleidung. Stattdessen habe ich bei der Unternehmensführung meine weiblichen Stärken und Erkenntnisse zum Einsatz gebracht. Zum Beispiel habe ich eine Niederlassung von Hyundai Securities in eine spezielle Niederlassung nur für weibliche Kunden umgewandelt – die erste in Korea. Diese Niederlassung hat durch die nutzerfreundliche Umgebung mit einem Café große Beliebtheit entwickelt. Dort können die Kundinnen Meetings abhalten, die angebotenen Seminare in den Bereichen Finanz- und Anlagenwirtschaft besuchen, aber auch Vorträge zu kulturellen Themen hören. Die Projekte in Nordkorea sind leider nicht immer ganz reibungslos verlaufen. Aber ich werde die Hoffnung nicht aufgeben und ich bin auch ein wenig stolz darüber, dass ich einen Beitrag zur Vereinigung von Nord- und Südkorea leiste: Ich knüpfe an die Bestrebungen des verstorbenen Ehrenvorsitzenden Chung Ju-Yung und des verstorbenen Vorsitzenden Chung Mong-Hun an und baue sie weiter aus. Ich habe die Hoffnung, dass ich mit meinen gesamten – negativen wie positiven – Erfahrungen auf eine aussichtsvolle Zukunft der Hyundai Group hinwirken kann.

4. Welche Bedeutung haben Konflikte für Sie und wie lösen Sie diese?

Ich stehe vor allem mit mir selbst in Konflikt, besonders dann, wenn ich in meiner Funktion als Vorsitzende bindende Entscheidungen zu sehr wichtigen Angelegenheiten treffen muss. In solchen Fällen atme ich tief durch und denke gründlich darüber nach, was mein Vorgänger und verstorbener Mann Chung Mong-Hun an meiner Stelle getan hätte. Diese besonnene Herangehensweise hilft mir, das Problem etwas objektiver zu betrachten und zu einer sachkundigen Entscheidung zu kommen. Wenn ich mich in einem Konflikt mit anderen Menschen befinde, versuche ich, den Konflikt in einem positiven Licht zu sehen. Konflikte sind ein unvermeidlicher Teil des Lebens, aber eine flexible Herangehensweise an die Problemlösung führt häufig zu unerwartet positiven Ergebnissen. Dialog und Kommunikation sind für mich insofern sehr wichtig. Daher bevorzuge ich das Gespräch mit meinen Mitarbeitern an deren Arbeitsplatz. So etwas schätze ich mehr als das Lesen von sachlich kühlen Berichten in meinem Büro. Solch eine offene und ehrliche Kommunikation kann Konflikte entschärfen und oft kürzere Wege zu guten Lösungen aufzeigen.

5. Wie würden Sie Ihren Führungsstil beschreiben? Inwiefern führen Frauen anders als Männer?

Mein Führungsstil basiert auf einer positiven Einstellung. Positives Denken verhilft Menschen dazu, Schwierigkeiten zu überwinden und Neues zu wagen. Es gibt einen großen Unterschied zwischen abstruser Tagträumerei und einem vernünftigen und kreativen ins Auge fassen, was möglich sein könnte. Ebenso ist es eine Sache, Probleme realistisch zu betrachten, aber es ist etwas anderes, sich in Gedanken unüberwindbare Barrieren aufzubauen und darüber in einen Zustand der Verzweiflung zu verfallen. Die erste Herangehensweise führt zu Hoffnung, die andere zu Hoffnungslosigkeit. Ich weiß welche Herangehensweise ich bevorzuge. Zum Beispiel sind seit der Aussetzung des Hyundai Group's Geumgang Mountain Tourismus mittlerweile drei Jahre vergangen und ich werde oft gefragt, ob wir dieses Projekt wieder aufnehmen werden. Ich antworte darauf immer: „Ja, solange es mindestens einen Touristen gibt." Die Kraft der positiven Herangehensweise ist hilfreich, um sich auf die Zukunft vorzubereiten und jede Notlage zu überwinden, ohne die Hoffnung zu verlieren. Das ist also im Prinzip mein Führungsstil. Zum zweiten Teil der Frage: Ich glaube nicht, dass es einen wesentlichen Unterschied zwischen weiblicher und männlicher Führung gibt – obwohl Männer und Frauen ganz offensichtlich ihre eigenen Erkenntnisse haben. In der Geschäftswelt spielt das Geschlecht aber keine große Rolle. Was am Ende zählt ist, wie gut ein Geschäftsführer oder eine Geschäftsführerin ihr Unternehmen leitet.

6. Was ist Ihre Definition von Macht? Was von Erfolg? Wie sehen Sie den Zusammenhang?

Macht zwingt jemanden dazu, verantwortungsbewusst zu handeln. Wenn wir verantwortungsbewusst handeln, kann uns Macht anvertraut werden. Ich glaube Erfolg bedeutet, seinen wahren Wert zu beweisen. Dieser Ausdruck kommt aus Leo Buscaglias „Living, Loving and Learning". Dieses Buch hat mich sehr beeindruckt. Er sagt, dass wenn eine Person stirbt und den Schöpfer trifft, sie dann gefragt wird: „Warum warst du zu Lebzeiten nicht du selbst?" Das ist etwas was ich immer im Hinterkopf behalte. Die Geschichte des Phaethon aus der griechischen Mythologie zeigt meiner Meinung nach sehr gut die Verbindung zwischen Macht und Erfolg. Die Geschichte verläuft folgendermaßen: Phaethon, Sohn von Helios dem Sonnengott, reiste gegen den Willen seines Vaters in einem Sonnenstreitwagen nach Westen. Einige Zeit nach Phaethons Abreise geriet der Streitwagen außer Kontrolle und das Land wurde in Flammen gesetzt und der Fluss und der Meeresboden zeigten sich. Zeus war über diese Zerstörung aufgebracht und ließ einen Blitzschlag auf Phaethon nieder, von dem er getötet wurde. Der leichtsinnige Phaethon musste dieses Unglück erleiden, weil er Regeln und Vorschriften hochmütig überging und seine Macht missbraucht hatte. Meiner Ansicht nach sollten Menschen Regeln und Vorschriften respektieren, um einen Konflikt zwischen Erfolg und dem Gebrauch von Macht zu vermeiden.

7. Worin sehen Sie die größten Herausforderungen für *Female Leadership* in Südkorea?

In der konservativen koreanischen Gesellschaft waren Frauen nicht viel mehr als Objekte, die diszipliniert und kontrolliert werden müssen, aber diese Art von Vorurteil hat sich erheblich verändert. Als ich den Vorsitz der

Hyundai Group übernahm, habe ich oft Fragen gehört wie: „Was versteht eine Hausfrau von Geschäftsführung?" und „Versteht sie nicht, dass die Hyundai Group kein Tante-Emma-Laden ist?" Ich habe diese unterschwellige Kritik widerlegt und betont, dass es eine Sache ist, keine Erfahrung zu haben, es aber etwas anderes ist, nicht die Fähigkeiten zu haben. In Korea behalten Frauen ihre Nachnamen nach der Hochzeit. Als mein Mann, der Vorsitzende Chung Mong-Hun verstarb und ich sein Amt übernahm, habe ich sogar Andeutungen gehört, dass die Familie Hyun versuchen würde, die Familie Chung zu verdrängen. Ich habe solch eine altmodische Bevormundung, die eine strikte Abgrenzung beider Familien vornimmt, als komplett überholt abgelehnt. Seitdem leite ich die Hyundai Group nun schon acht Jahre - in denen sich die Umsätze und Betriebsgewinne des Unternehmens mehr als verdoppelt haben. Natürlich sind diese Resultate nicht nur allein meinen Fähigkeiten zuzuschreiben, aber ich glaube, dass diese außergewöhnlichen Ergebnisse für einige störende Wellen in der patriarchalischen koreanischen Gesellschaft gesorgt haben. Dennoch bleibt die größte Herausforderung für *Female Leadership* dieses fest verwurzelte Vorurteil.

8. Work-Life-Balance: Wie realisieren Sie das persönlich?

Wie bereits erwähnt, hatte ich mit einigen feindseligen Übernahmeversuchen zu kämpfen und ich musste mich um die Aussetzung des Süd-Nordkoreanischen Kooperationsprojekts kümmern. Ich hatte keine andere Wahl als mein Privatleben zur Seite zu stellen. Während ich über die Zukunft der Hyundai Group nachdachte, ging ich so weit zu denken, dass es ein unverantwortlicher Luxus wäre, mir eine Auszeit für mich selbst zu nehmen. Die Leute um mich herum bezeichneten mich als Workaholic und wiesen mich daraufhin, dass ich bis zum Hals in Arbeit stecke. Schließlich wurde mir klar, dass ich von dem Stress ernsthaft krank werden könnte, also mache ich mittlerweile manchmal einen Abendspaziergang mit meinen Kindern. Beim Spazierengehen merke ich, dass sich Körper und Geist erholen. Ich glaube also, dass ein Mensch bessere Leistungen erbringt, wenn er gesund und voller Energie ist. Wenn möglich, werde ich dieses Jahr nach mehr Möglichkeiten suchen, um mich zu bewegen und andere Interessen zu entwickeln. Ich glaube, das ist ein guter Weg, um eine energievolle Balance zwischen Arbeit und Privatleben zu entwickeln.

9. Inspiration: Gibt es ein Kunstwerk oder Musikstück, das Sie besonders inspiriert?

Einer meiner Favoriten ist das Meisterwerk „Bird in Space" des berühmten römischen Bildhauers Constantin Brancusi. Dieses Werk zeigt einen schnell aufsteigenden Vogel und ich bin von der Vorstellungskraft des Künstlers fasziniert, der die Vitalität und Kraft dieses Vogels auf eine so einfache und perfekte Weise dargestellt hat. Um in dieser komplexen Wirtschaftswelt den Kern eines Problems aufzudecken, brauchen wir scharfe Augen, um an den Nerv der Sache zu rühren. Große Künstler haben diese Fähigkeit und ich bewundere dies, wenn ich Gemäldegalerien besuche. Ich kann mich in deren Vorstellungskraft und Leidenschaft hineinversetzen, wenn ich über ihre Arbeiten nachdenke. In einer Umfrage eines koreanischen Forschungsinstituts über wahrgenommene Verbindungen zwischen Kunst und Management, bejahten 95 % die Frage: „Hilft Ihnen Kunstverständnis bei der Führung Ihres Unternehmens?" Das kann damit zusammenhängen, dass man mit Kunstverständnis im Management Dinge sieht, die andere nicht sehen und kreatives Denken dazu führt, dass man Probleme aus verschiedenen Blickwinkeln betrachtet. So gesehen braucht man sowohl im Management, als auch in der Kunst Kreativität, Leidenschaft und fachliche Qualifikation, um erfolgreich zu sein. Vielleicht ist es gar kein so unlogischer Sprung zu sagen, dass Unternehmensführung sich damit beschäftigt, verdiente „Kunst" zu schaffen.

10. Zukunft: Was ist Ihr Rat an die nächste Generation von *Female Leadern*?

Mentale Stärke ist die wichtigste Eigenschaft für *Female Leader*. Wir sollten uns von der Unermüdlichkeit einer Balletttänzerin beim Training inspirieren lassen – wie sie ihre Muskeln und ihre armen Zehen dehnt – das alles, um schließlich von den Zuschauern Applaus zu bekommen. Wie viele Ballettschüler waren frustriert und haben aufgegeben, bis eine einzige Primaballerina geboren wurde? Wir sollten nicht aufgeben, ohne vorher unser Bestes gegeben zu haben. Selbstvertrauen und eine positive Einstellung zu haben ist wichtiger als alles andere und man sollte keine Angst davor haben, Fehler zu machen. Außerdem sollten weibliche Führungskräfte vermeiden, in die „Superfrau"-Falle zu tappen – das Bedürfnis in allem erfolgreich zu sein. Es ist wichtig, mit weiblicher Feinfühligkeit und Sensibilität zu führen. Wir leben in einer Zeit in der weibliche Führungspersönlichkeiten nicht darüber verunsichert sein sollten, dass sie Frauen sind. Als ich 2003 als Geschäftsführerin anfing, haben sich viele Leute Gedanken über meine Persönlichkeit und die Zukunft des Unternehmens gemacht. Ich war mit ernsthaften Problemen konfrontiert, aber trotzdem habe ich es geschafft, Hyundai in einen starken Handelskonzern zu verwandeln. Also, wie schwer die Situation auch sein mag, eine Frau kann erfolgreich sein und ihre Ziele verwirklichen. Sie muss nur dauerhaft dafür arbeiten und positiv bleiben, und – und das ist das Wichtigste: sie darf niemals aufgeben.

MARIA FEKTER

*1956 | Österreich | Österreichische Bundesministerin für Finanzen

Dr. Maria Fekter studierte Jura und Betriebswirtschaft, bevor sie 1982 in das elterlichen Baustoffunternehmen eintrat, in dem sie 1986 geschäftsführende Gesellschafterin wurde. Ihre politische Karriere begann im Gemeinderat von Attnang-Puchheim. Von 1990 bis 1994 bekleidete Frau Fekter den Posten der Staatssekretärin im Bundesministerium für wirtschaftliche Angelegenheiten; es folgten u.a. Stationen als Abgeordnete zum Nationalrat und als Mitglied der Wirtschaftskommission der Europäischen Frauenunion, deren Vorsitzende sie von 2002 bis 2007 war. Seit 2007 hat Frau Dr. Fekter dort den Posten der Landesvorsitzenden inne. 2008 wurde die engagierte Juristin zur Bundesinnenministerin ernannt; seit April 2011 ist sie österreichische Finanzministerin.

10 Fragen & Antworten

1. Hatten Sie in jungen Jahren ein prägendes Erlebnis oder einen Menschen, der sie besonders inspiriert hat?

Der Tod meines älteren Bruders hat mein weiteres berufliches Leben geprägt und damit auch die Studienwahl Jura und BWL, weil ich die Firma der Familie übernehmen musste.

2. Welche Bedeutung hat Bildung für Sie?

Bildung erlaubt mir ein unabhängiges, selbstbestimmtes Leben zu führen. Sie war die Basis für meine politischen Karrierestufen und gutes, unverzichtbares Handwerkszeug.

3. Was war die wichtigste positive Erfahrung in Ihrer Karriere? Was die negativste?

Die positive Karriereerfahrung: als Innenministerin das Koalitionspaket zu verhandeln und jetzt als Bundesfinanzministerin das umsetzen zu können. Ich sehe außergewöhnlichen Gestaltungsspielraum als wichtigste positive Erfahrung. Die Negativste: das Denken mancher Menschen, Politiker seien „Freiwild" und die Strategien einiger Medien.

4. Welche Bedeutung haben für Sie Konflikte und wie lösen Sie diese?

Konflikte versuche ich pragmatisch und konsensorientiert zu lösen, wenn es um die Sache geht. Ich sehe Konflikte aber auch als Teil der politischen Debatte. Sie sind notwendig für die mediale Aufmerksamkeit, weil konfliktfreie Lösungen keine „Geschichte" sind.

5. Wie würden Sie Ihren Führungsstil beschreiben? Inwiefern führen Frauen anders als Männer?

Sach- und Ergebnisorientiert, mit direkter Kommunikation, einer klaren Sprache und vor allem klaren Verantwortlichkeiten. Aber auch strategieorientiert mit hoher Umsetzungsautonomie. Ich delegiere viel, wenn ich Vertrauen habe. Wichtig ist mir ein angenehmes Arbeitsklima und eine Verantwortungsbasis zu jenen, die zusammenarbeiten.

6. Was ist Ihre Definition von Macht? Was von Erfolg? Wie sehen Sie den Zusammenhang?

Macht ist Gestaltungsmöglichkeit, Erfolg ist das Erreichen von Zielen und Wünschen. Der Zusammenhang zwischen Macht und Erfolg: Seine Ziele aktiv gestaltend zu verfolgen, bringt schneller Erfolg als darauf zu warten (machtlos), bis sich Erfolg von selbst einstellt.

7. Worin sehen Sie die größten Herausforderungen für *Female Leadership* in Österreich?

Frauen haben andere Prioritäten und sehen die Dinge anders als Männer. Sie bewerten Umstände differenzierter. Dies durch die gläserne Decke zu bringen schafft Innovation und ein kreatives Klima.

8. Work-Life-Balance: Wie realisieren Sie das persönlich?

Gar nicht! Bisher habe ich schwere Schlagseite Richtung WORK, das heißt minimaler Freiraum, gesundheitsgefährdende Belastung, sowie Mangel an Schlaf, Freizeit, Bewegung und Privatem.

9. Inspiration: Gibt es ein Kunstwerk oder Musikstück, das Sie besonders inspiriert?

Ja, die Bilder in meinem Büro und in meinen Wohnungen.

10. Zukunft: Was ist Ihr Rat an die nächste Generation von *Female Leadern*?

Erstens: Such dir einen Partner, der *Female Leadership* aushält! Einen, der Dich unterstützt, fördert und Freude mit deiner Karriere hat. Denn hinter jeder erfolgreichen Frau steht mindestens ein Mann, der bremst.

Zweitens: Lerne die nonverbale Kommunikation der Alphatiere, damit Du nicht ins „Weibchenschema" gepresst wirst.

Die größte Revolution unseres Jahrhunderts ist die veränderte Stellung der Frau.

Theodor Heuss
erster Bundespräsident der Bundesrepublik Deutschland

TEMPLE GRANDIN

*1947 | USA | Bestsellerautorin und führende Spezialistin für den Anlagenentwurf für die artgerechte kommerzielle Tierhaltung

Prof. Dr. Temple Grandin kam als Autistin auf die Welt. Sie studierte Psychologie und machte schließlich ihren Master in Tierzuchtwissenschaften. Sie ist spezialisiert auf artgerechten Anlagenbau, Haltung und Umgang mit Nutztieren. Ihre Werke „Animals in Translation" und „Animals Make Us Human" über die bedeutende Fähigkeit von Autisten fanden weltweit Beachtung. 2010 wurden ihre Zeit als autistischer Teenager und der Beginn ihrer Karriere verfilmt und mit fünf Emmys ausgezeichnet. Im selben Jahr ernannte das Time Magazine sie zu einer der 100 einflussreichsten Personen der Welt. Dr. Temple Grandin kam als Autistin auf die Welt. Sie studierte Psychologie in New Hampshire, erlangte ihren Master jedoch in Tierzuchtwissenschaften in Arizona und promovierte 1989 an der University of Illinois.

10 Fragen & Antworten

1. Hatten Sie in jungen Jahren ein prägendes Erlebnis oder einen Menschen, der sie besonders inspiriert hat?

In der Schule half mir mein Lehrer für Naturwissenschaften sehr. Er motivierte mich dazu zu studieren. Generell halfen mir gute Lehrer dabei erfolgreich zu sein.

2. Welche Bedeutung hat Bildung für Sie?

Ich liebe es etwas Neues zu lernen. Bildung ist mir sehr wichtig. Als ich Anfang Zwanzig war, wollte ich den Menschen beweisen, dass ich nicht dumm war.

3. Was war die wichtigste positive Erfahrung in Ihrer Karriere? Was war die negativste?

Wenn ich meine frühen Design-Projekt richtig gut machte, stellte mich das immer vollkommen zufrieden. Negative Erfahrungen machte ich mit der Geschlechterdiskriminierung, das war in den 70er Jahren wirklich schlimm.

4. Welche Bedeutung haben Konflikte für Sie und wie lösen Sie diese?

Ich bin immer darauf aus, Konflikte zu vermeiden und meine Arbeit zu erledigen. Ich bin sehr projektorientiert.

5. Wie würden Sie ihren Führungsstil beschreiben? Inwiefern führen Frauen anders als Männer?

Als ich mit den männlichen Kollegen von der Konstruktion zusammenarbeitete, wurde ich einfach eine von ihnen. Einige waren wirklich wunderbar.

6. Was ist Ihre Definition von Macht? Was von Erfolg? Wie sehen Sie den Zusammenhang?

Ich war nie auf dem Macht-Trip, sondern habe meine Augen immer darauf gerichtet, mein Projekt erfolgreich zu beenden. Mit Menschen zu kämpfen führt nicht dazu, dass Dinge erledigt werden.

7. Worin sehen Sie die größten Herausforderungen für *Female Leadership* in den USA?

Mittlerweile gibt es in den Vereinigten Staaten weitaus weniger Hindernisse für Frauen. Heutzutage sind viele Frauen in der Viehwirtschaft tätig. Als ich anfing, war ich eine einsame Vorreiterin. Work-Life-Balance: Wie realisieren Sie das persönlich? Ich bin ein totaler Workaholic. Meine Arbeit ist mein Leben und die Arbeit gibt meinem Leben einen Sinn.

9. Inspiration: Gibt es ein Kunstwerk oder ein Musikstück, das Sie besonders inspiriert?

Ja, das ist „walk through the storm" aus dem Musical Carousel.

10. Zukunft: Was ist Ihr Rat an die nächste Generation von *Female Leadern*?

Man muss hart arbeiten. Ich habe herausgefunden, dass eine Frau zweimal so gut wie ein Mann arbeiten muss. Deshalb sollte man ausgezeichnet in seinem Beruf sein.

BERTHA OTILIA OLIVA GUIFARRO

*1962 | Honduras | Engagierte Menschenrechtsaktivistin und Generalkoordinatorin der Menschenrechtsorganisation COFADEH

Bertha Otilia Oliva Guifarro de Nativí heiratete 1981 einen in der Gewerkschaft aktiven Lehrer und ließ sich von seiner Vision inspirieren, dass alle Kinder eine Schulbildung erhalten sollten und niemand auf der Straße leben muss. Nur vier Monate nach der Hochzeit wurde ihr Ehemann festgenommen und verschwand. Bertha Guifarro gründete daraufhin gemeinsam mit anderen Betroffenen das „Comité de Familiares de Detenidos Desaparecidos en Honduras" (COFADEH), eine Menschenrechtsorganisation, die sich für Gerechtigkeit und Entschädigung der Angehörigen verschwundener Menschen einsetzt. Die Mutter zweier Kinder gehört heute zu den führenden Menschenrechtlerinnen Lateinamerikas.

10 Fragen & Antworten

1. Hatten Sie in jungen Jahren ein prägendes Erlebnis oder einen Menschen, der sie besonders inspiriert hat?

In meiner frühen Jugend habe ich leider indirekt das Horcones-Massaker von 1975, den gewaltsamen Tod von Bauern, Mönchen, Nonnen und Studenten im Schacht eines Göpelwerks im Lepaguare-Tal von Olancho miterleben müssen. Das soziale und politische Ausmaß dieses Ereignisses hat meinen Charakter sehr geprägt und ich kann sagen, dass dieses Erlebnis ausschlaggebend für meine Solidarität und Suche nach Gerechtigkeit gewesen ist.

2. Welche Bedeutung hat Bildung für Sie?

Bildung ist für mich ein Prozess bei dem man seine persönlichen Fähigkeiten innerhalb seines familiären, sozialen und politischen Umfelds entdeckt und verfeinert. Dieser Prozess hält solange an, bis man so ein hohes Kompetenzniveau erreicht hat, dass es zur Verbesserung der individuellen und kollektiven Arbeit reicht.

3. Was war die wichtigste positive Erfahrung in Ihrer Karriere? Was war die negativste?

In den mehr als 30 Jahren meiner Karriere habe ich eine Reihe von Erfahrungen gemacht, aber die negativen Erfahrungen haben noch einmal mehr meinen Charakter und meine Zielsetzung gestärkt. Die wichtigste positive Erfahrung war die Schaffung eines Ortes der Bruderschaft, der Begegnung, der Suche und der Möglichkeit Verbrechen anzuzeigen: Gemeinsam mit anderen Angehörigen haben wir die Organisation COFADEH gegründet und aufgebaut. Später haben wir entdeckt, dass den Menschen das „Verschwindenlassen" von Personen wieder ins Gedächtnis gerufen werden muss. Wir haben das historische Gedächtnis wiederentdeckt und gefördert. Diese Erfahrungen nehmen im Hogar Contra el Olvido, dem Haus gegen das Vergessen, im Museum der nationalen Identität und einer Erinnerungsstätte, derzeit Gestalt an. Zu meinen negativsten Erfahrungen zählen das Verschwindenlassen meines Mannes und die späteren Hasskampagnen, die gegen mich gerichtet wurden. Diese Kampagnen wurden von Agenten des Staates Honduras initiiert und unterstützt, um meinem öffentlichen Image zu schaden, weil ich Wahrheit, Gerechtigkeit und Wiedergutmachung gefordert habe und für die rechtliche Anerkennung und Achtung der Menschenrechte kämpfe.

4. Welche Bedeutung haben Konflikte für Sie und wie lösen Sie diese?

Konflikte sind Interessen gegen bestimmte Positionen und finden zwischen zwei oder mehr Personen statt – und manchmal haben wir auch einen inneren Konflikt mit uns selbst. Konflikte können Auswirkungen auf das familiäre, soziale und politische Umfeld haben, sie können eine Machtdynamik in Gang setzen. Im Prinzip löse ich sie, indem ich versuche die Denkweise des Anderen zu erkennen und höre so viel wie möglich zu, um dann die Bedingungen für einen Konsens oder weitere Verhandlungen zu schaffen und so eine gewaltsame Eskalation zu verhindern.

5. Wie würden Sie Ihren Führungsstil beschreiben? Inwiefern führen Frauen anders als Männer?

Es ist eine Kombination aus interner Demokratie und institutioneller Führung, bei der man die Individuen mit ihren Qualitäten und Fähigkeiten respektiert. Diese Kombination entsteht bei COFADEH aus einer ganz bestimmten Dynamik, die sich jeden Tag aufs Neue aus dringenden, aber auch aus strategischen Gründen ergibt. Ich halte Kommunikation und Werte wie Toleranz und Vertrauen für unerlässlich. Diese Werte schaffen neue Initiativen, Raum für Partizipation und fördern die Entscheidungsfindung bei der Arbeit. Ich vertrete einen mütterlichen, humanistischen und solidarischen Führungsstil, der sich auf die Menschen konzentriert – was sicher auch damit zu tun hat, dass ich die Frau eines Verschwundenen bin. Ich habe mich aber weiterentwickelt und meine Führung ist nun institutionell und basiert auf strategischen Planungsprozessen. Ein Mann würde sich in diesem Umfeld wahrscheinlich mehr auf die Ziele als auf Menschen konzentrieren, er wäre ohne Zweifel autoritär und vielleicht auch paternalistisch.

6. Was ist Ihre Definition von Macht? Was von Erfolg? Wie sehen Sie den Zusammenhang?

Macht ist eine Befugnis, die die Menschen besitzen, um zu erreichen, dass andere das freiwillig ausführen, was sie tun müssen, ohne sich dabei schlecht zu fühlen, bzw. sich idealerweise dabei gut fühlen. Es ist ein moralischer Einfluss mit dem versucht wird, Wohlergehen und Glück innerhalb einer bestimmten Ordnung und Harmonie zu bewirken. Erfolg ist ein persönlicher oder kollektiver mentaler Zustand, es ist ein Zustand des „Sich gut fühlens", ein Gleichgewicht mit der Umgebung, aber gleichzeitig die Frucht großer Taten und kleiner Siege. So sagte einmal Alfonso Guillén Zelaya, ein Dichter aus Olancho: „Der Stolz, die Dinge gut gemacht zu haben, die Begeisterung über das Gefühl der Zufriedenheit, die Liebe zu sich selbst, die gesunde Belohnung für die Mühen, diese Menschen haben ein starkes Herz und eine reine Seele." Auch das ist Macht.

7. Worin sehen Sie die größten Herausforderungen für *Female Leadership* in Honduras?

Die Feminisierung in der politischen Kultur voranzutreiben, um die patriarchalischen Strukturen der Vorfahren zu beseitigen, die die Partizipation von Frauen unsichtbar macht, diskriminiert und bestraft. Frauen brauchen eine umfassende Bildung, um an den neuen Prozessen des sozialen und politischen Wandels teilnehmen zu können, die durch den Verfassungsbruch von 2009 in Gang gesetzt wurden. Frauen sollen ihre Stimmen in der Öffentlichkeit, in der Kirche, in den Medien und in der Politik erheben und für unsere Menschenrechte eintreten. Es ist wichtig, dass wir unsere unmittelbaren Erfahrungen teilen und uns die Frauen aus Wirtschaft, Politik, Kommunikation und Kultur zum Vorbild nehmen. Wir müssen unsere Anliegen an die Öffentlichkeit bringen.

8. Work-Life-Balance: Wie realisieren Sie das persönlich?

Durch die angespannte politische Lage ist die gemeinsame Zeit zu Hause zwar immer weniger, dafür aber intensiver geworden. Wegen meiner Abwesenheit hat es häufig Beschwerden gegeben. Daher kommunizieren wir jetzt virtuell in Echtzeit und haben gemeinsame Arbeitszeiten festgelegt. Ich arbeite nah bei meinen Kindern. Sie sind junge Menschen, die durch Initiativen der Organisation mit anderen jungen Leuten zusammengebracht worden und verbunden sind. Auf diese Weise haben sie die Gelegenheit, eine Welt zu teilen, die ihnen zuvor entzogen wurde. Kampf und Familie; Arbeit und Nähe. Zudem ist COFADEH eine Familie von Familien, die meine Kinder von klein auf kennen. Es ist ein offenes Haus, das uns alle einander näher gebracht hat. Wir machen gemeinsame Spaziergänge mit unseren Kindern, gleichzeitig gehört der tägliche Kampf für die Menschenrechte dazu. Das ist meine und auch ihre Balance. Kolleginnen mit kleinen Kindern werden feste Zeiten eingeräumt, damit sie sich um sie kümmern können.

9. Inspiration: Gibt es ein Kunstwerk oder ein Musikstück, das Sie besonders inspiriert?

Ein Gemälde an der Wand vor meinem Schreibtisch. Auf dem Bild ist ein Kind, dass mit entschlossener Handschrift den Satz „Papi, komm zurück" schreibt: An der Wand im Flur der zweiten Etage des COFADEH-Gebäudes hängt ein Bild mit jungen Gesichtern, die uns jedes Mal, wenn wir den Korridor betreten und wieder verlassen, anschauen. Es sind die Gesichter verschwundener Männer und Frauen. Außerdem inspiriert mich das Instrumentalstück „Dying Young" von Kenny G.

10. Zukunft: Was ist Ihr Rat an die nächste Generation von *Female Leadern*?

Bildet euch stetig weiter und stellt euch ohne Angst und Vorurteile euren persönlichen Herausforderungen und den Herausforderungen eures Landes, aber versucht das Risiko zu minimieren. Seid offen gegenüber Innovationen und habt herausfordernde nachhaltige Ideen, die das Leben der Menschen grundlegend prägen.

VIVIANE REDING

*1951 | Luxemburg | Vizepräsidentin der Europäischen Kommission und Kommissarin für Justiz, Grundrechte und Bürgerrecht

Dr. Viviane Reding arbeitete 21 Jahre lang als Journalistin und einige Zeit auch als Vorsitzende der luxemburgischen Journalistenvereinigung. Parallel dazu engagierte sich die promovierte Anthropologin in der Politik: Sie war Mitglied des Luxemburgischen Parlaments sowie Vizepräsidentin der Christlich Sozialen Volkspartei. Als Nationale Vorsitzende der Vereinigung der Christlich-Sozialen Frauen setzte sie sich für politische Partizipation und Frauenrechte ein. 1989 wurde die Mutter dreier Söhne Mitglied des Europäischen Parlaments, 1999 wechselte sie zur Europäischen Kommission. Seit ihrer Ernennung zur Vizepräsidentin der Kommission 2010, leitet sie die Abteilung Justiz, Grundrechte und Bürgerschaft und engagiert sich unter anderem für die Geschlechter-Gleichstellung.

10 Fragen & Antworten

1. Hatten Sie in jungen Jahren ein prägendes Erlebnis oder einen Menschen, der sie besonders inspiriert hat?

Die Tatsache, dass ich in Esch-sur-Alzette, dem Zentrum von Luxemburgs Stahlindustrie aufgewachsen bin, hat meine Zukunft wirklich geprägt. Dort habe ich zum ersten Mal Europa als solches erfahren. Ich habe mit den Kindern von Gastarbeitern gespielt – aus Portugal, Italien und anderen Ländern. Und wenn die italienischen Mütter „La pasta pronto!" riefen, wusste ich, dass es Zeit fürs Mittagessen war. So lernte ich Italienisch auf der Straße. Und so machte ich die Erfahrung der Vielfalt Europas – die verschiedenen Sprachen und Kulturen. Die multikulturelle Umgebung, in der ich aufwuchs, gab mir den Anreiz, mehr über unsere Nachbarn aus verschiedenen Ländern zu lernen.

2. Welche Bedeutung hat Bildung für Sie?

Ausbildung ist die größte Investition im Leben. Sie ist eine persönliche Investition in unsere Entwicklung und dahingehend, ein besseres Leben zu führen sowie in einer besseren Welt zu leben. Aus der Sichtweise der EU-Justizkommissarin, ist sie auch das beste Werkzeug zur Reduzierung der Kriminalitätsrate: je besser die Ausbildung der Menschen, desto geringer die Wahrscheinlichkeit, dass sie Verbrechen begehen werden. Studien zeigen dies deutlich. Als ich 2004 EU-Kommissarin für Allgemeine und berufliche Bildung war, startete ich das Erasmus Mundus-Programm, welches den europäischen Studenten erlaubt, neben Europa auch an Partneruniversitäten auf der ganzen Welt zu studieren. Das Programm eröffnet ihnen nicht nur überwältigende Möglichkeiten bei der Auswahl der begehrten Studienprogramme, sondern erlaubt ihnen auch, ihren Lieblingsort zum Studium zu wählen und gleichzeitig etwas über neue Kulturen zu erfahren. Das ist der beste Weg, Menschen in jungen Jahren auf die globalisierte Welt von heute vorzubereiten.

3. Was war die wichtigste positive Erfahrung in Ihrer Karriere? Was war die negativste?

Die positivste Erfahrung war die Anerkennung meiner Arbeit, um die Situation der Roma in Europa zu verbessern. Als Herr Zoni Weisz, ein Überlebender Roma des Holocaust, vor dem deutschen Bundestag anlässlich des 66. Jahrestages des Holocaust sprach und einen speziellen Dank für meine positives Engagement im Bemühen um die Verteidigung der Roma und nicht nur die Akzeptanz des Status Quo aussprach. Diese Rede bewegte mich sehr. Auf der Negativseite erinnere ich mich daran, wie der heutige Vorsitzende des Aufsichtsrates bei Thyssen Krupp und damalige Vorstandsvorsitzende zu mir sagte, dass man im Aufsichtsrat nicht mehr Frauen haben wolle, denn das würde bedeuten, dass die Meetings zum Kaffeeklatsch verkommen würden. Ich hätte niemals so eine stereotype und stigmatisierende Bemerkung von einer so einflussreichen Wirtschaftspersönlichkeit erwartet.

4. Welche Bedeutung haben Konflikte für Sie und wie lösen Sie diese?

Konflikte sind niemals schön. Aber für eine Politikerin sind sie etwas, was sich nicht vermeiden lässt. Durch meine ganze politische Laufbahn hindurch habe ich versucht, Konflikte durch Kooperation zu lösen. Mit allen beteiligten Parteien zu sprechen, zuzuhören und gemeinsam einen Kompromiss zu finden – das war immer meine Herangehensweise. Als ich 2007 die große Reform der Telekommunikationsregeln der EU vorschlug, um die Märkte zu liberalisieren und die Rechte der Verbraucher zu stärken, sah ich mich 28 verschiedenen Standpunkten gegenüber: Jede Regierung hatte ihren eigenen Standpunkt und das Europaparlament hatte einen weiteren. Die Verhandlungen zogen sich über zwei Jahre. Und ich erinnere mich daran, dass wir am Ende bis in die frühen Morgenstunden zusammen saßen. Wir alle wollten, dass der Job erledigt wird. Durch die regen und konstruktiven Diskussionen fanden wir einen Kompromiss, der für alle akzeptabel war. Heute ist die Reform Realität. Ein weiteres Beispiel ist die Konfrontation mit Frankreich, als das Land Maßnahmen, die speziell gegen die Roma gerichtet waren, ergriff. Der Konflikt war sicher nicht angenehm und erforderte manchmal starke Nerven. Es war notwendig, die Idee eines Europas des Rechts, der Grundrechten und Gerechtigkeit auf der politischen Landkarte zu platzieren. Wir können keine Zweifel am politischen Engagement der Kommission im Bezug auf die Rechtstaatlichkeit und die Grundrechte aufkommen lassen. Am Ende beugte sich Frankreich der Kommission. Dies ist ein Beweis, dass die EU als Rechtsgemeinschaft funktioniert. Dieser Konflikt war notwendig, um die Dinge zum Besseren zu wenden. Daher können die Ergebnisse von Konflikten durchaus positiv sein.

5. Wie würden Sie Ihren Führungsstil beschreiben? Inwiefern führen Frauen anders als Männer?

Mein Führungsstil ist sicher nicht von oben nach unten, sondern eher „miteinschließend". Mein Team ist auch als die „Reding Brigade" bekannt – es ist wirkliches Teamwork und es ist wichtig, den Sinn, zu diesem Team zu gehören, zu fördern. Ich motiviere mein Team. Ich sage ihnen, dass ich den Job nie ohne sie machen könnte. Zudem sehe ich das Kabinett als meine Familie an. Ich würde es eine weibliche Herangehensweise an Führung nennen: Ich höre allen Mitgliedern meines Teams zu und versuche eher Ideen zu integrieren als vorgefertigte Ideen zu verwenden und dann nur Instruktionen zu geben, die diese Idee umsetzen. Ich bin der Überzeugung, dass diese Herangehensweise einen positiven Einfluss hat. Frauen sind zudem oft besser zu verstehen als Männer: sie reden weniger, haben kurze und effiziente Meetings und sehen keine Notwendigkeit darin, Dinge bis Mitternacht zu diskutieren. Sie sagen, was sie wollen und tun, was sie sagen.

6. Was ist Ihre Definition für Macht? Was von Erfolg? Wie sehen Sie den Zusammenhang?

Für mich ist Macht gleichbedeutend mit Verantwortung. Erfolg bedeutet für mich vollständige Harmonie mit sich selbst: etwas zu erreichen, das zu einer inneren Harmonie führt. Auf dieser Logik basierend denke ich nicht, dass es eine zwangsläufige Verbindung zwischen Macht und Erfolg gibt. Menschen mit Macht können niemals Erfolg erfahren. Auch das Gegenteil ist wahr: Menschen ohne Macht können viele Erfolge erzielen.

7. Worin sehen Sie die größten Herausforderungen für *Female Leadership* in Luxemburg?

Ich bin EU-Kommissarin, also kann ich eher über die Herausforderungen in der Kommission sprechen. Hier hat sich die Situation in den letzten Jahren sehr verbessert. Die Europäische Kommission besteht aus neun Frauen und 18 Männern, bisher die beste Geschlechterbalance – ausgehend von 5,6 % in den Jahren 1994/1995. 53 % des Kommissionsstabs sind Frauen. Dennoch, die Repräsentanz auf der Managerebene ist noch nicht zufriedenstellend: Die Zahl der Frauen in Führungspositionen ist über die Jahre von 8 % 1998 auf 21 % am Ende des Jahres 2009 gestiegen. Ich würde diese Zahlen gerne noch steigen sehen. In meiner eigenen Generaldirektion (GD Justiz) habe ich eine Frau als Generaldirektorin eingesetzt und 70 % der Managementpositionen sind von hochqualifizierten Frauen besetzt. Fähige Frauen gibt es da draußen – man muss nur nach ihnen suchen, da sie nicht unbedingt mit erhobenem Finger in die erste Reihen springen und rufen: „Hier bin ich, hier bin ich!"

8. Work-Life-Balance: Wie realisieren Sie das persönlich?

Ich bin ein Multi-Tasker und so habe ich es geschafft, Arbeit und Muttersein zu kombinieren. Ich habe drei Söhne und nie aufgehört zu arbeiten. Es ist durchaus möglich, wenn man sich gut organisiert.

9. Inspiration: Gibt es ein Kunstwerk oder Musikstück, das Sie besonders inspiriert?

Ich liebe es, Gedichte von Rainer Maria Rilke zu lesen. Ich finde sie wahrhaft inspirierend.

10. Zukunft: Was ist Ihr Rat an die nächste Generation von *Female Leadern*?

Ich versuche ihnen immer meine Geschichte zu erzählen. Es ist niemals ein Nachteil eine Frau zu sein – tatsächlich ist das Gegenteil der Fall. Mein Rat lautet: glaube an dich selbst und zeige dem Rest, dass Erfolg nicht vom Geschlecht abhängt. Ich würde sie darum bitten, mehr Courage zu haben, aus eigener Initiative heraus zu handeln. Sie sollten niemals denken, dass jemand anderes mehr weiß als sie selbst. Man ist ein Leistungstyp, ist hervorragend und muss hinaus gehen und es zeigen. Man darf nicht herum sitzen und darauf warten, dass jemand sein Talent und seine Fähigkeiten entdeckt.

OLGA MARÍA DEL CARMEN SÁNCHEZ CORDERO DE GARCÍA VILLEGAS

*1964 | Mexiko | Richterin des Obersten Gerichtshofs von Mexiko

Foto: Juan Espejel

Richterin des Obersten Gerichtshofs von Mexiko Olga María del Carmen Sánchez Cordero de García Villegas studierte Jura in Mexiko sowie Sozialpolitik und Verwaltung in Wales, bevor sie Dozentin an der Universidad Nacional Autónoma de México und Direktorin der Rechts- und Sozialwissenschaftlichen Fakultät wurde.

1984 verließ die Juristin den akademischen Betrieb und wurde erste Notarin in Mexico City, elf Jahre später gelang ihr der Aufstieg in den Obersten Gerichtshof von Mexiko. Die mehrfach ausgezeichnete Juristin engagiert sich im „International Women's Forum" und in der „International Association of Women Judges" für die Förderung weiblicher Richter und für Frauen in Führungspositionen.

10 Fragen & Antworten

1. Hatten Sie in jungen Jahren ein prägendes Erlebnis oder einen Menschen, der sie besonders inspiriert hat?

Ich glaube nicht, dass mein Leben nur von einem einzelnen Ereignis oder einer einzelnen bestimmten Person geprägt wurde. Es sind zu viele Menschen, um sie alle aufzuzählen. Aber genau genommen muss ich sagen, dass meine Mutter mein Leben entscheidend beeinflusst hat. Für die damalige Zeit war sie sehr gebildet (sie hat drei Jahre lang studiert) und das war für Frauen ihrer Generation schon außergewöhnlich. Sie hat den ganzen Tag lang gelesen und mir immer wieder einen wichtigen Satz gesagt, der meinen Lebensweg bestimmt hat: „Sei unabhängig. Beruflich - aber vor allem finanziell, um eine gleichberechtigte Beziehung mit deinem Partner führen zu können." Nur so – und damit hatte sie absolut Recht – kann man eine gleichberechtigte Beziehung führen. Meine Mutter hatte sich entschieden, ihr Studium abzubrechen, um zu heiraten. Während meiner Tätigkeit als Sekretärin im Dezernat für Akademische Angelegenheiten an der Universidad Nacional Autónoma de México habe ich mich dafür eingesetzt, dass meine Mutter an der Juristischen Fakultät aufgenommen wurde und ihr Studium beenden konnte. Sie erkrankte jedoch und verstarb im Alter von 53 Jahren.

2. Welche Bedeutung hat Bildung für Sie?

Bildung ist der wichtigste Faktor bei der persönlichen Entwicklung. Nur durch Bildung lernt man seine Rechte kennen und dass man sie wahrnehmen muss. Das fängt schon in der frühkindlichen Bildung an. Ich glaube, dass man Kindern schon in der Grundschule einen gleichberechtigten Umgang miteinander beibringen sollte.

3. Was war die wichtigste positive Erfahrung in Ihrer Karriere? Was war die negativste?

Die wichtigste und positivste Erfahrung meiner Karriere war es, das Auswahlverfahren zu bestehen und die Notarbefähigung zu bekommen. Damit konnte ich mich beruflich zielgerichteter orientieren. Negative Erfahrungen hatte ich glücklicherweise bisher noch nicht. Es gab jedoch dramatische Erfahrungn, die ich während meiner Tätigkeit als Notarin machen musste, zum Beispiel als ich die öffentlichen Zeugenaussagen über das furchtbare Erdbeben, das sich 1985 in meinem Land ereignete, amtlich ausstellen sollte. Bei einer dieser Zeugenaussagen musste ich zu einem Baseball-Feld fahren, wo sich viele Leichen der Erdbeben- Opfer befanden. Das war wirklich eine furchtbare Erfahrung. Solche Erlebnisse, die mit viel menschlichem Schmerz verbunden waren, haben dazu geführt, dass ich grundlegend über den Sinn des Lebens nachgedacht habe. Und auch wenn diese Erfahrungen traurig und schmerzhaft waren, so waren sie mir eine unvergleichliche Lehre.

4. Welche Bedeutung haben Konflikte für Sie und wie lösen Sie diese?

Der menschliche Konflikt gehört zu den bedeutendsten Dingen, die uns passieren. Sie zu lösen wurde daher für mich eine Aufgabe von unvergleichlicher Wichtigkeit. In meinem Fall ist das Lösen von Konflikten Teil meiner täglichen Arbeit. In meiner Tätigkeit als Verfassungsrichterin wäge ich zwischen materiellen und grundlegenden Rechten ab, um den Konflikt zu lösen. Dies scheint mir der beste Weg dafür zu sein.

5. Wie würden Sie Ihren Führungsstil beschreiben? Inwiefern führen Frauen anders als Männer?

Mein Führungsstil besteht darin, meinen Mitarbeitern Freiheit zu lassen und ihnen zu vertrauen. Sicherheit und Vertrauen sind daher die Parameter, die meinen persönlichen Stil bestimmen. Als Frau versuche ich mich in die Art des Problems hineinzuversetzen und es auf diese bestimmte Weise zu lösen. Frauen sind in vielen Situationen empathischer und haben eine weibliche Sensibilität für die Dinge. So bin ich in der Lage, mich auf die jeweilige Angelegenheit zu konzentrieren und das ist das Entscheidende.

6. Wie lautet Ihre Definition von Macht? Wie sieht Ihre Definition für Erfolg aus? Sehen Sie zwischen beiden eine Verbindung?

Macht gibt mir die Möglichkeit, Entscheidungen zu treffen. Jede Entscheidung ist wichtig und transzendent, da sie sowohl positive als auch negative Auswirkungen auf das Leben vieler Menschen haben kann. Macht auszuüben ist eine sensible Angelegenheit, daher muss man sie zum Wohl der anderen Menschen einsetzen und darf sie niemals für eigene Vorteile missbrauchen. Macht und Erfolg hängen eng miteinander zusammen: Es reicht nicht, einfach nur Erfolg zu erreichen, sondern man muss sich permanent der Verantwortung bewusst sein, die der Erfolg mit sich bringt. Dazu gehört auch zu wissen, wie man mit diesem Erfolg umgeht und wie man sich entwickeln wird. Und obwohl man den Erfolg bereits erreicht hat, ist es wichtig sich immer wieder neue Ziele zu setzen - auch wenn man schon die höchsten Auszeichnungen erhalten hat.

7. Worin sehen Sie die größten Herausforderungen für *Female Leadership* in Mexiko?

Die gläserne Decke zu durchbrechen und sich auch auf den oberen Entscheidungsebenen und nicht nur auf dem einfachen Arbeitsmarkt zu etablieren.

8. Work-Life-Balance: Wie realisieren Sie das persönlich?

Es ist wirklich nicht leicht, aber zu schaffen. Frauen haben zwei wichtige Rollen, die sie miteinander kombinieren müssen: Zum einen ist die Frau Partnerin ihres Mannes, der Unterstützung braucht und zum anderen – und das ist das Wichtigste – ist sie Mutter. Meine Mutter sagte, dass es ein großer Gewinn ist, einen verständnisvollen Mann zu haben, aber bei Kindern hat man diese Möglichkeit nicht. Ihnen gegenüber ist man verpflichtet und hat Verantwortung.

9. Inspiration: Gibt es ein Kunstwerk oder Musikstück, das Sie besonders inspiriert?

Ja, das 1. Klavierkonzert von Tschaikowski, weil es sehr schwer zu spielen und überaus kraftvoll ist.

10. Zukunft: Was ist Ihr Rat an die nächste Generation von *Female Leadern*?

Nicht nur für die folgende Generation, sondern für alle gilt: Man muss immer wissen, dass man es schaffen und genauso gut wie andere (Männer und Frauen) sein kann. Man muss sich auch stets dessen bewusst sein, dass mit guten Leistungen und einem hohen Selbstwertgefühl alles möglich ist. Am Ende können Paradigmen durchbrochen werden und ein Gespräch auf Augenhöhe ist möglich.

FIONA STANLEY

*1946 | Australien | Epidemiologin und „Australierin des Jahres 2003"

Prof. Dr. Fiona Stanley begann ihre medizinische Karriere als Kinder-epidemiologien, spezialisierte sich auf Geburtsfehler und frühkindliche Hirnstörungen und gründete 1990 das erfolgreichste pädiatrische Forschungszentrum Australiens, das Telethon Institute for Child Health Research, das sie bis heute als Direktorin leitet.

Zudem arbeitet die Mutter zweier Töchter an der Fakultät für Kinderheilkunde der University of Western Australia und rief im Jahr 2000 die Australian Research Alliance for Children and Youth ins Leben.

Stanley ist Regierungsberaterin und weltweit gefragte Referentin im Bereich sozioökonomischer Einflüsse auf die Gesundheit von Kindern.

10 Fragen & Antworten

1. Hatten Sie in jungen Jahren ein prägendes Erlebnis oder einen Menschen, der sie besonders inspiriert hat?

Den inspirierendsten Einfluss hatten mein Vater und ein paar Bücher über Wissenschaft und Wissenschaftler. Darunter auch Eve Curies Buch über ihre Mutter, Marie, das ich als Teenager wieder und wieder las. Mein Vater war Virologe. Er arbeitete in den 40er Jahren am Polioimpfstoff und inspirierte mich dazu, in der Wissenschaft zu arbeiten. Ich denke, sein Wirken motivierte mich auch dazu, mich im öffentlichen Gesundheitswesen zu engagieren. Ich erinnere mich sehr deutlich an ein Buch über George Washington Carver, einen farbigen Wissenschaftler in Amerika, der mit Erdnüssen arbeitete – und „Der Erdnussmann" genannt wurde, das ich hatte, als ich noch ziemlich klein war. Ich weiß noch, dass ich sehr zufrieden war, als unser Hund den Buchumschlag zerbiss und wir das aus der Bücherei entliehene Buch behalten mussten. So konnte ich die ganze Zeit darin lesen!

2. Welche Bedeutung hat Bildung für Sie?

Bildung bedeutet, die Welt in all ihren Aspekten zu verstehen – wissenschaftlich, sozial und politisch. Es bedeutet in der Lage zu sein, kritisch über Themen zu lesen und zu diskutieren; genug Intelligenz zu besitzen, um die Komplexität des Lebens zu würdigen und die Fähigkeit, sich selbst zu informieren und das ganze Leben lang zu lernen. Alles in Allem bedeutet Bildung, eine Art Weisheit zu erlangen.

3. Was war die wichtigste positive Erfahrung in Ihrer Karriere? Was war die negativste?

Positive Erfahrung: im London der 70er Jahre das Gesundheitssystem und die Sozialmedizin zu entdecken, gerade als ich in meinen Mittzwanzigern etwas von der klinischen Medizin desillusioniert war. Da gingen bei mir alle Lichter an, ich hatte großartige Lehrer und kannte meinen Weg: die Gründe für Krankheiten zu erforschen, vorbeugende Maßnahmen zu suchen und diejenigen, die effektiv waren, auch umzusetzen. Meine negativste Erfahrung war der Versuch eines (männlichen) vorgesetzten Forschers, meine Arbeit zu untergraben, da er offensichtlich nicht wollte, dass unser Institut Erfolg hat.

4. Welche Bedeutung habe Konflikte für Sie und wie lösen Sie diese?

Konflikte können überall vorkommen. Sei es innerhalb der Familie oder zwischen Nationen. Es gibt Parallelen wie sie entstehen und wie wir – individuell oder kollektiv – auf sie reagieren. Wenn nur mehr von uns, individuell oder auf nationaler Ebene, Nelson Mandelas Herangehensweise folgen würden, der versucht hatte, die entsetzliche Rache zu vermeiden, die dem Kollaps des Apartheit-Systems in Südafrika folgte. Er selbst würde immer versuchen den

Standpunkt des anderen zu sehen. Auf nationaler Ebene setzte er eine Reihe von strategischen Maßnahmen um, wie die Wahrheits- und Versöhnungskommission, die es es Weißen und Schwarzen möglich machten, trotz der geschichtlichen Vorkommnisse, in einem Land zusammen zu leben. Obwohl sich das weit hergeholt anhört, glaube ich, dass diese Herangehensweisen intelligent, durchdacht und klar funktionelle Wege sind, um Konflikte in unserem Leben, der Familie und am Arbeitsplatz zu lösen.

5. Wie würden Sie Ihren Führungsstil beschreiben? Inwiefern führen Frauen anders als Männer?

Ich liebe es, eine Führungspersönlichkeit zu sein und bin (nach vielen Jahren!) stolz auf meinen Erfolg in diesem Bereich. Das mag den Anschein geben, ich sei arrogant. Aber ich denke, dass meine andere miteinschließende, ermutigende, freundliche und lehrende Art von Führung ein guter Weg ist. Ich weiß, welche die richtig guten Menschen für die administrativen und leitenden Forschungspositionen im Institut und auch in der Nationalen Allianz, die wir gegründet haben, sind. Und wenn das Team einmal an Ort und Stelle ist, ist alles, was man tun muss, beraten, ermutigen und es ihnen ermöglichen, den besten Job zu machen. Man sollte sich immer wieder nach seinen Angestellten erkundigen und fragen, wie es ihnen und ihren Familien geht, mit welchen Probleme sie kämpfen und wie man ihnen helfen kann, etc. Ich denke, je mehr Menschen gerne zur Arbeit kommen und je mehr sie sich für ihre Arbeit bewundert, respektiert und wertgeschätzt fühlen, desto mehr hat man von der Quantität und der Qualität der Arbeit, die sie bewerkstelligen. Darüber hinaus kann man ihnen dann die Möglichkeit geben, Dinge zu tun, von denen sie niemals dachten, dass sie sie tun könnten und dürften. Die besten Zeiten sind die, wenn alle umherschwirren und wir das Gefühl haben, gute Forschungsarbeit zu leisten, die das Leben der Kinder und ihrer Familien verbessern wird. Dann kann man spüren, dass das Team wirklich ausgezeichnet arbeitet. Ich bin der Ansicht, dass Frauen eine bessere Herangehensweise an diese Art der Führung haben: es ist wie in einer Familie zu sein, die sich sorgt und gut funktioniert. Frauen akzeptieren es, wenn sie kritisiert werden und positives wie auch negatives Feedback geben können, weil es der Erfolg der ganzen Organisation und nicht der des Einzelnen ist, der uns antreibt. Das Ego der Frauen ist weniger davon getrieben, der Boss zu sein, sie sind glücklicher mit einem Arbeitsplatz, der gut funktioniert.

6. Was ist Ihre Definition für Macht? Was von Erfolg? Wie sehen Sie den Zusammenhang?

Macht ist die Möglichkeit, andere zu kontrollieren. Sie gründet sich in Einfluss, der Position, Reputation, der sozialen Position in der Gesellschaft und der Glaubwürdigkeit. Leider in unserer Welt auch zu oft in monetärem Wohlstand und militärischer Macht. Erfolg bedeutet für mich, diese Macht einzusetzen, um die Gesellschaft zu verbessern – also besteht zwischen Macht und Erfolg definitiv eine Verbindung. Vieles von dem, was wir taten, um in unserer Arbeit Erfolg zu haben, basierte auf empirisch fundierten Daten und umfangreichem Wissen. Demnach denke ich auch, dass Macht aus Wissen kommen und dieses auf eine einflussreiche Art und Weise nutzen kann. Es besteht natürlich auch die Möglichkeit, dass Wissen negativ genutzt wird, beispielsweise durch Rassismus. Aber es gibt eben auch die positive Seite, wie die effektive Immunisierung zeigt. Erfolg sollte sich meines Erachtens auf alle Aspekte eines Lebens verteilen, sei es eine gute Mutter und eine gute Freundin zu sein oder sich als vorbildliche Bürgerin zivilgesellschaftlich zu engagieren. Ein weiterer Maßstab für Erfolg ist, wenn man für andere ein Vorbild ist und sie in ihrem Leben ermutigt.

7. Worin sehen Sie die größten Herausforderungen für *Female Leadership* in Australien?

Zwar haben wir in der Politik weibliche Führungspersönlichkeiten (selbst unser Premierminister ist nun eine Frau), aber sie traten erst relativ spät auf die von Männern dominierte Bühne und werden von den Medien vergleichsweise härter angefasst als die Männer. Wir haben auch eine Weile gebraucht, um annähernde Gleichheit im akademischen und wirtschaftlichen Bereich zu erreichen und wir liegen, was das angeht, immer noch hinter anderen Ländern zurück. Die entscheidenden Herausforderungen liegen in den, im Gegensatz zu den etablierten männlichen Netzwerken, weniger effektiven weiblichen Netzwerken, den Gehaltstabellen, der Unterstützung für Kinderbetreuung, weniger weiblichen Vorbildern und Frauen, die es in bestimmten Positionen nicht auf die „Art der Männer" machen wollen. Mir scheint, der Hauptvorteil, Frauen zu stärken und sie in mächtige Positionen zu bringen, liegt darin, dass dies die Möglichkeit bietet, die Welt dahingehend zu verändern, fürsorgender und weiblicher zu sein und nicht Frauen maskuliner und härter im Wettbewerb zu machen. So viele wirklich gute Frauen vermeiden Führungspositionen, weil die dort angelegten Maßstäbe ihnen und ihren Eigenschaften nicht entsprechen. Wenn wir mehr *Female Leadership* haben wollen, müssen wir nicht nur den Arbeitsplatz verändern, sondern auch die Erfolgskriterien.

8. Work-Life-Balance: Wie realisieren Sie das persönlich?

Mit großen Schwierigkeiten, mit erheblichen organisatorischen Fähigkeiten und weil ich es so will. Ich kann mich glücklich schätzen, eine Menge Energie zu besitzen und bin, was meinen Job und meine Familie angeht, sehr leidenschaftlich. So will ich, selbst wenn ich müde bin, noch diese Extrameile gehen, um einen Report zu beenden oder etwas Wichtiges für meine Familie zu tun. Ich habe immer Menschen, die mir zu Hause helfen und habe im Vergleich zu anderen Frauen geringere Ansprüche an das „wunderschöne Haus mit Garten". Solange Essen auf dem Tisch steht, die Rechnungen bezahlt, die Kleider sauber, die Hausaufgaben überwacht sind,

Bücher gelesen, Familienspiele mit viel Gelächter und Witzen gespielt sowie Vorträge und Forschungspapiere gut vorbereitet werden, kann alles andere über Bord gehen! Ich habe wunderbare Freundinnen, die meine emotionale und psychische Stütze sind und die ich sehr schätze. Ich hoffe, sie schätzen mich auch für etwas.

9. Inspiration: Gibt es ein Kunstwerk oder ein Musikstück, das Sie besonders inspiriert?

Ich höre unheimlich gern Musik und liebe Kunst, vor allem Beethovens Violinsonate in D-Dur und seine 9. Symphonie, aber auch Bachs Kantanten, im Speziellen No78, die mich sehr beflügelt. Ich liebe Phillip Glass. Eine Produktion seiner Oper über Gandhi in Afrika hat mich wirklich fasziniert. Außerdem mag ich die eindringlich schöne Kunst der East-Kimberly-Aborigines-Künstler wie Queenie McKenzie und Rover Thomas.

10. Zukunft: Was ist Ihr Rat an die nächste Generation von *Female Leadern*?

Verschaffe dir die beste Ausbildung, die du bekommen kannst. Suche dir die besten Mentoren, werde nicht arrogant, kümmere dich nicht zu sehr darum, wie du aussiehst. Bewege dich, um fit sowie bei guter Laune zu bleiben und achte auf deine Freunde. Betrachte alle Seiten eines Themas und suche Übereinstimmungen. Lass dich nicht – wie es Eleanor Roosevelt einst sagte – von jemandem dazu bringen, dich ohne deine Zustimmung unterlegen zu fühlen. Pack es an!

Ist die Frau weniger wert als der Mann? Wer diese Frage beantwortet kann auch sagen, ob Feuer mehr wert ist als Wasser.

Carl Ludwig Schleich
deutscher Chirurg und Schriftsteller

LISBETH BERG-HANSEN

*1963 | Norwegen | Norwegische Ministerin für Fischerei und Küstenangelegenheiten

Lisbeth Berg-Hansen war erst Zahnarzthelferin, bildete sich dann über Aquakulturen fort und unterrichtete an einer weiterführenden Schule, bevor sie die Geschäftsführung eines Meeresfrüchte-Exportunternehmens übernahm und das Fischereiministerium beriet. Parallel dazu gehörte sie dem Vorstand der Arbeiterpartei Norwegens an. Nach einer vierjährigen Erziehungszeit engagierte sie sich als Vizepräsidentin des Dachverbandes Norwegischer Unternehmen und als Vorstandsmitglied der SOS Kinderdörfer Norwegen. Von 2000-2001 war die zweifache Mutter und dreifache Großmutter Staatssekretärin in der Regierung, seit 2009 ist sie Ministerin.

DET KONGELIGE
FISKERI- OG KYSTDEPARTEMENT

Royal Ministry of Fisheries and Coastal Affairs
The Minister

Wenn ich an Female Leadership denke, kommt mir als erstes in den Sinn, dass Frauen stark genug sind, um andere mit ihrem Mut und Knowhow anzuführen. Wenn Sie die Möglichkeit erhalten, die Verantwortung für etwas Neues und Herausforderndes zu übernehmen, sagen Sie Ja. Erinnern Sie sich immer daran, dass man Sie fragt, weil jemand denkt, dass Sie über die erforderlichen Eigenschaften und Qualifikationen verfügen, um diese Aufgabe zu bewältigen. Ich wünsche Ihnen das Beste für Ihr Leben und Ihre berufliche Karriere. Glauben Sie fest an Ihre Fähigkeiten als Führungskraft und als Mensch.

Beste Grüße

Lisbeth Berg-Hansen
Norway's minister of fisheries and coastal affairs

FRANCINE BLAU

*1946 | USA | Professorin für Wirtschaftswissenschaften an der Cornell University

Prof. Dr. Francine Blau promovierte 1975 in Volkswirtschaftslehre in Harvard und setzt sich seit vielen Jahren für die Gleichbehandlung von Frauen auf dem Arbeitsmarkt ein. Sie veröffentlichte zahlreiche Artikel und Bücher zum Thema und unterstützte die Gründung des *„American Economic Association Committee on the Status of Women in the Economics Profession."* Die Vereinigung konzentriert sich speziell auf die Förderung von Frauen in wirtschaftswissenschaftlichen Berufen. Für ihre bedeutenden Forschungsbeiträge erhielt die verheiratete Mutter zweier erwachsener Kinder im Jahr 2010 als erste Frau den prestigeträchtigen *IZA Prize in Labor Economics.*

Cornell University
ILR School

Francine D. Blau
Frances Perkins Professor of
Industrial and Labor Relations
and Labor Economics

Cornell University
268 Ives Hall
Ithaca, NY 14853-3901

Ein grundlegendes Merkmal eines guten Chefs besteht darin, eine Vision über den Weg zu haben, der beschritten werden soll. Manche Menschen versuchen aus Prestigegründen, aufgrund eines höheren Lohns oder um soziale Anerkennung zu erlangen, Führungspositionen zu erreichen. Das ist zwar nicht unvernünftig, aber solange es zu diesem Bestreben nicht auch eine klare Vision der Ziele gibt, die man gerne erreichen will und die Fähigkeit diese zu kommunizieren, ist es unwahrscheinlich, dass man besonders erfolgreich wird.

Eine erfolgreiche Führungspersönlichkeit zeichnet sich jedoch nicht nur dadurch aus, dass sie Ziele hat und diese kommuniziert. Gute Führungspersönlichkeiten können andere Menschen motivieren und sie für ihre Ziele gewinnen; gute Führungskräfte inspirieren andere dazu, ihrem Beispiel zu folgen. Individuen folgen den Menschen, denen sie vertrauen und die ihnen das Gefühl geben, dass sie ihnen vertrauen können. Um andere Menschen mit ins Boot zu holen, muss man ihnen die dem eigenen Vorhaben zugrundeliegende Motivation erläutern.

Schließlich basiert erfolgreiche Führung nicht auf Einbahnstraßen-, sondern auf symmetrischer Kommunikation zwischen einem selbst und den Mitarbeitern, die man leiten möchte. Individuen, die den Kontakt zu denen verlieren, die sie leiten und Kommunikation nur als eine von oben nach unten verlaufende Einbahnstraße betrachten, verwehren sich selbst den Zugang zu wesentlichen Informationen, die sie brauchen, um herausragende Führungskräfte zu werden.

Inwieweit hat die Tatsache eine Frau zu sein, einen Einfluss auf all diese Punkte? In gewisser Hinsicht nicht wirklich. Die Fähigkeiten und Strategien, eine erfolgreiche Führungspersönlichkeit zu werden, ähneln sich bei Männern und Frauen. Und natürlich haben Frauen die nötigen Fähigkeiten, um großartige Führungskräfte zu werden. Aber sie haben im Vergleich zu den Männern, zusätzliche Herausforderungen zu bewältigen. Denn immer noch zweifeln zu viele an den Führungsqualitäten der Frauen. Somit brauchen Frauen zusätzliche Entschlossenheit und Ausdauer, um hohe Führungspositionen zu erreichen.

Mit herzlichen Grüßen

Francine D. Blau

Francine D. Blau

Foto: Philippe Christin

MICHELINE CALMY-REY

*1945 | Schweiz | Amtierende Bundespräsidentin der Schweiz

Micheline Calmy-Rey wurde am 8. Juli 1945 in Sion im Wallis geboren. 1968 machte sie am Institut universitaire de Hautes Etudes Internationales in Genf das Lizentiat. Sie ist verheiratet, Mutter von zwei Kindern und führte während 20 Jahren ein KMU, das im Buchvertrieb tätig war. 1979 trat Micheline Calmy-Rey in die Sozialdemokratische Partei Genfs ein, die sie während zwei Amtsperioden präsidierte. Als Vertreterin im Großen Rat widmete sie sich vor allem den öffentlichen Finanzen. Es war daher nahe liegend, dass sie 1998 das Finanzdepartement übernahm, nachdem sie 1997 in die Genfer Regierung gewählt worden war. Am 4. Dezember 2002 wurde sie in den Bundesrat gewählt, wo sie das Eidgenössische Departement für auswärtige Angelegenheiten (EDA) übernahm. Im Jahr 2007 war Micheline Calmy-Rey Bundespräsidentin. Im Jahr 2011 nimmt sie erneut die Aufgaben als Bundespräsidentin wahr.

Schweizerische Eidgenossenschaft
Confédération suisse
Confederazione Svizzera
Confederaziun svizra

Die Vorsteherin des Eidgenössischen Departements für auswärtige Angelegenheiten EDA

„Female Leadership – Von den erfolgreichsten Frauen der Welt lernen"

Meine Vision bleibt eine Welt, in der Frauen und Männer gleichberechtigte Teilhabe an Ressourcen, an Entscheid- und Gestaltungsprozessen haben und in der Belastungen ausgeglichen verteilt sind. Für die Umsetzung dieser Vision werde ich mich weiterhin nach Kräften einsetzen.
Es ist meine persönliche Erfahrung, dass Frauen Vernetzung und Solidarität anstreben und erfolgreich leben, wenn es darum geht, gemeinsame Ziele zu erreichen. Diese Strategie – auch eine Form von Female Leadership - ist wirkungsvoll, sie erlaubt, dass wir voneinander lernen, unsere Erfahrungen gezielt weitergeben und unsere Kräfte und Einflussmöglichkeiten bündeln.
In diesem Sinn ermutige ich Sie, Ihre Vernetzung zu pflegen, Ihre Machtansprüche gezielt einzufordern und zu nutzen und weiterhin dazu beizutragen, dass Frauen ihren Platz auf allen Ebenen des gesellschaftlichen Lebens einnehmen können und einnehmen.

Micheline Calmy-Rey
Bundesrätin

Bundeshaus West, CH-3003 Bern
departementsvorsteherin@eda.admin.ch
www.eda.admin.ch

Foto: SAP AG

ANGELIKA DAMMANN

*1959 | Deutschland | Erste und bisher einzige Frau im Vorstand der SAP AG

Dr. Angelika Dammann arbeitete nach dem Jura-Studium zunächst als Rechtsanwältin in Deutschland und Großbritannien, bevor sie für 17 Jahre verschiedene leitende Positionen bei Shell in Deutschland, Großbritannien und in den Niederlanden übernahm. 2008 wechselte die Juristin als Mitglied der Geschäftsleitung und Vizepräsidentin für den Bereich Human Resources zu Unilever, zwei Jahre später folgte ein weiterer Wechsel zu SAP. Als ehemalige Chief Human Resources Officer und Arbeitsdirektorin war Dammann für das Personalwesen aller SAP-Niederlassungen weltweit zuständig.

Executive Board

SAP AG
Dietmar-Hopp-Allee 16
69190 Walldorf
Germany
T +49 6227 7-47474
F +49 6227 7-57575
www.sap.com

SAP AG, Dietmar-Hopp-Allee 16, 69190 Walldorf

Was ist für mich Erfolg? Erfolg bedeutet für mich, einen Unterschied zu machen: im Leben anderer Menschen, bei SAP und in meinem Berufs- und Privatleben. Erfolg bedeutet für mich einen Unterschied zu machen – im Leben anderer Menschen, bei SAP und in meinem Berufs – und Privatleben. Zunächst mal sollte man sein eigenes Verständnis von Erfolg definieren. Es geht schließlich um die eigene Zukunft. Dies bedeutet, dass man sein Leben immer wieder reflektieren, seine Ziele klar formulieren, sich Möglichkeiten zum eigenen Wachstum suchen und ein Netzwerk aufbauen sollte. Es geht darum, zu bestimmten Zeitpunkten im Leben, Prioritäten zu erkennen und zu setzen und Entscheidungen entsprechend diesen Prioritäten und dem was zum momentanen Zeitpunkt wichtig ist, zu treffen. Prioritäten können sich also auch ändern. Das Leben hält immer wieder Überraschungen für uns bereit, also sollten wir flexibel bleiben, um uns dem anpassen zu können. Aber wenn man einen Plan hat, an sich selbst glaubt und seinen Werten treu bleibt, wird man sehr wahrscheinlich Erfolg haben.

Angelika Dammann

Foto: the Jane Goodall Institute / Bill Wallauer

JANE GOODALL

*1934 | Großbritannien | Vielfach ausgezeichnete Verhaltensforscherin und Gründerin des Jane Goodall Institute for Wildlife Research, Education and Conservation

Dr. Jane Goodall DBE begann in den 1960er Langzeitstudien über Menschenaffen. Obwohl sie nur über eine Sekretärinnenausbildung verfügte, wurde ihr durch eine Ausnahmegenehmigung erlaubt, zwischen 1962 und 1965 ihre Promotion an der University of Cambridge zu schreiben. Während ihrer Studien fand Goodall heraus, dass Schimpansen die Fähigkeit besitzen, Werkzeuge zu benutzen, Fleisch fressen und gelegentlich sogar in Gruppen Jagt auf kleinere Affenarten machen. 1977 gründete sie das Jane Goodall Institute for Wildlife Research, Education and Conservation. 2002 wurde sie zur Friedensbotschafterin der UN ernannt. Des Weiteren setzt sich Goodall für Umweltprojekte mit Jugendlichen ein, zu deren Zweck sie das Projekt „Roots & Shoots" ins Leben rief.

the Jane Goodall Institute

Als ich elf Jahre alt war und das Buch „Tarzan bei den Affen" gelesen hatte, entschied ich mich, dass ich, wenn ich erwachsen wäre, nach Afrika gehen würde, um mit den Tieren dort zu leben und ein Buch über sie zu schreiben. Alle lachten mich aus. Wir hatten sehr wenig Geld und zu der Zeit machten Frauen einfach nicht solche Sachen. Meine Mutter jedoch war die Einzige die nicht über mich lachte und ich erinnere mich noch heute an ihren Ratschlag: „Wenn du wirklich etwas willst, arbeite hart, nutze deine Chancen und gib niemals auf, denn dann wirst du einen Weg finden, es zu erreichen."

Sie lehrte mich zudem, dass ich Leuten, die eine andere Meinung haben, zuerst aufmerksam zuhören und über das Gesagte nachdenken soll. Vielleicht würde meine Ansichtsweise sich ja verändern oder es gäbe einen Kompromiss. Sollte ich mir aber weiterhin meiner Meinung sicher sein, sei es wichtig, für sie einzutreten.

Dies war ein wirklich guter Ratschlag und ich möchte ihn hiermit an alle zukünftigen, weiblichen Führungskräfte weitergeben.

Zudem möchte ich sagen: seid offen und bereit für Kritik, evaluiert eure eigene Leistung und seid bereit über euch selbst zu lachen. Seid bereit Verantwortung zu teilen und zeigt denen, die euch nahe stehen, dass ihr ihnen vertraut und ihren Rat wertschätzt.

Aber am wichtigsten ist es, einen freien Geist zu haben.

Think outside the box! Jane Goodall

The Jane Goodall Institute-UK

Orchard House, 51-67 Commercial Road, Southampton, SO15 1GG

Website: www.janegoodall.org.uk **Tel:** 02380 335660 **Email:** info@janegoodall.org.uk

Registered Charity No. 327858

MONIKA GRIEFAHN

*1954 | Deutschland | Politikerin und erste Frau im Vorstand von Greenpeace International

Monika Griefahn startete ihr Berufsleben als Bildungsreferentin für den Christlichen Verein Junger Menschen (CVJM). Gleichzeitig gehörte die Diplom-Soziologin zu den Gründungsmitgliedern von Greenpeace Deutschland, wurde Co-Geschäftsführerin und Campaignerin sowie 1984 erstes weibliches Vorstandsmitglied bei Greenpeace International. Sechs Jahre später wurde die Mutter dreier Kinder niedersächsische Umweltministerin, bis 2009 blieb sie als SPD-Abgeordnete im Deutschen Bundestag. Monika Griefahn ist Mitglied der UNESCO Kommission Deutschland und im Verwaltungsrat der Deutschen Welle, sowie Mitvorsitzende der „Right Livelihood Award Foundation", die seit 1980 den „Alternativen Nobelpreis" verleiht.

Buchholz, 4. August 2010

Monika Griefahn
Vice Chair

Liebe Kerstin Plehwe,

„female leadership" bedeutet für mich vor allem:

Zuhören, handeln und verschiedene Ebenen vernetzen: Unternehmen, NGOs und Politik an einen Tisch holen und Lösungen finden!

Ihre

Monika Griefahn

RIGHT LIVELIHOOD
AWARD FOUNDATION

PO Box 15072
104 65 Stockholm
Sweden

Phone:
+46 (0)8 702 03 40
Fax:
+46 (0)8 702 03 38

info@rightlivelihood.org
www.rightlivelihood.org

Founder and Chairman:
Jakob von Uexkull

Foto: Jorinde Gersina

KAREN HEUMANN

*1965 | Deutschland | Erster und einziger weiblicher Vorstand Strategie der vielfach ausgezeichneten Werbeagentur Jung von Matt AG

Karen Heumann studierte Wirtschaftswissenschaften und Germanistik in Frankreich. Nach ihrem Master in Business Administration gründete die damals 27-Jährige ihre eigene Werbeagentur in Cannes, zog dann 1995 nach Hamburg und führte in der Kommunikationsagentur BBDO die Planungsabteilung. Vier Jahre später wechselte sie zunächst als Geschäftsführerin zur Werbeagentur Leagas Delaney, 2000 dann zu Jung von Matt, wo sie 2004 in den Vorstand berufen wurde. Zudem leitet die Betriebswirtin als Mitglied des Aufsichtsrates das französische Internetportal für Frauen AuFeminin. Im März 2011 wurde Karen Heumann in den Aufsichtsrat der Douglas Holding AG gewählt.

JUNG v. MATT

Jung von Matt AG · Glashüttenstraße 38 · 20357 Hamburg

Ich glaube fest, dass man letztendlich mehr Erfolg hat, wenn das innere Ziel nicht die Karriere ist, sondern Inhalte, an die man glaubt.

Talentierte, aber eben auch wirklich für die gemeinsame Sache motivierte Mitarbeiter sind der eigentliche Motor erfolgreicher Unternehmen. Sie zu entdecken, zu fördern und ihre Leistung in jeder Hinsicht wertzuschätzen, ist Hauptaufgabe eines wirklich guten Chefs.

Karen Heumann

Vorstand Jung von Matt AG

Jung von Matt Aktiengesellschaft, Glashüttenstraße 38, 20357 Hamburg, Telefon 040/4321-0, Telefax 040/4321-2121
Vorstand: Dr. Peter Figge, Karen Heumann, Armin Jochum, Jean-Remy von Matt, Ulrich Pallas
Vorsitzender des Aufsichtsrates: Hans Hermann Münchmeyer · AG HH HRB 72893 · Ust-ID-Nr.: DE 159365098
Deutsche Bank PGK AG, BLZ 200 700 24, Kto. 392 10 61, IBAN DE 54 2007 0024 0392 1061 00, BIC (Swift Code) DEUTDEDBHAM

ELKE HOLST

Deutschland | Ökonomin und Forschungsdirektorin am Deutschen Institut für Wirtschaftsforschung

Dr. Elke Holst promovierte an der TU Berlin und habilitierte an der Universität Flensburg, an der sie auch als Privatdozentin lehrt. Ihre Forschungsschwerpunkte liegen in den Bereichen Arbeitsmarkt- und Gender Ökonomik. Dabei konzentriert sie sich insbesondere auf das Thema Frauen und Männer in Führungspositionen. Die Ökonomin leitet den Querschnittsbereich Gender Studies im Deutschen Institut für Wirtschaftsforschung in Berlin und gründete dort das Netzwerk Gender Studies. In zahlreichen Veröffentlichungen, darunter auch der renommierte Führungskräfte-Monitor, liefert die Wissenschaftlerin Fakten, Ursachen und Hintergründe zur Verbesserung der Chancengleichheit zwischen Männern und Frauen in der deutschen Privatwirtschaft.

DIW BERLIN

PD Dr. Elke Holst
Research Director Gender Studies, Economist

Research Infrastructure German Socio-Economic Panel Study (SOEP) at German Institute for Economic Research - DIW Berlin
University of Flensburg

Mohrenstr. 58
D-10117 Berlin
Germany

Berlin, 28. März 2011

Es hat schon immer Frauen gegeben, die in hochrangigen Positionen hervorragende Arbeit geleistet haben. Doch schaffen es bis heute viel zu wenige Frauen die gläserne Decke zu durchbrechen. Selbst auf den Management-Ebenen unterhalb der Spitzenpositionen besteht noch erheblicher Nachholbedarf. Die Wirtschaft und die Gesellschaft als Ganzes braucht aber die vielen starken Frauen, denn sie tragen mit ihrem Wissen und ihren Führungsqualitäten zur Sicherung unseres Wohlstands bei. Und die nächste Generation braucht mehr weiblicher Vorbilder, die ihnen helfen, negative Klischees über Frauen in Führungspositionen zu überwinden. Dieser Band bringt eine Reihe von Frauen zusammen, die als Vorbilder dienen können und andere ermutigen, ihrem Beispiel zu folgen. Ich wünsche allen Frauen das Allerbeste auf ihrem Weg nach oben.

Elke Holst

STEFFI JONES

*1972 | Deutschland | Welt- und Europameisterin im Fußball, Gewinnerin der Olympischen Bronzemedaille und Präsidentin des Organisationskomitees für die FIFA-Frauen-WM 2011

Steffi Jones absolvierte neben ihrer Fußball-Karriere eine Ausbildung zur Bürokauffrau und erlangte die Fußball-Lehrer-Lizenz. Von 2002 bis 2003 spielte sie in der US-Profiliga und wurde US-Meisterin. Die größten Erfolge erzielte sie jedoch in der deutschen Nationalmannschaft: sie gewann unter anderem die Weltmeisterschaft 2003 und drei Europameisterschaften in Folge. Zudem erlangte die mehrfache Deutsche Meisterin Bronzemedaillen bei den Olympiaden 2000 und 2004. 2007 beendete Steffi Jones ihre Fußballkarriere und ist heute Präsidentin des Organisationskomitees für die Fußball-Frauen-Weltmeisterschaft 2011 in Deutschland.

Organisationskomitee für die FIFA Frauen-Weltmeisterschaft Deutschland 2011™
und die FIFA U-20-Frauen-Weltmeisterschaft Deutschland 2010

FIFA Women's World Cup 2011™ and FIFA U-20 Women's World Cup Germany 2010
Organising Committee Germany

Steffi Jones
Präsidentin des Organisationskomitees
Für die FIFA Frauen-Weltmeisterschaft 2011™

„Positiv denken und seinen Prinzipien treu bleiben"

Ich finde es wichtig, dass gerade junge Leute -unsere Zukunft- schon früh ein eigenes Selbstwertgefühl entwickeln und Selbstvertrauen erlangen. Jedem Einzelnen wünsche ich das Selbstvertrauen, an sich und seine Stärken zu glauben.

Bleiben Sie Ihren Prinzipien treu und lassen Sie sich nicht verbiegen. Mir hilft dabei das Setzen realistischer Ziele, die erreichbar sind. Und wenn man etwas erreicht hat, sollte man die Bodenhaftung nicht verlieren. Denn auch Niederlagen und Rückschläge gehören zum Leben dazu. Lassen Sie sich von ihnen nicht aus der Bahn werfen, sondern denken Sie positiv und sehen Sie sie als Chance.

S. Jones

Steffi Jones
Präsidentin

ILHAM KADRI

Marokko | Generaldirektorin Mittlerer Osten und Afrika bei The Dow Chemical Company

Dr. Ilham Kadri hat an der Université Louis Pasteur in Straßburg promoviert. Zuvor studierte sie Chemieingenieurwesen an der Ecole des Hauts Polymères de Strasbourg und erlangte nach ihrem Abschluss ihren Master in Physik und Chemie an französischen und kanadischen Universitäten. Die junge Wissenschaftlerin begann ihre Karriere bei Shell Chemicals. 2007 wechselte sie zu The Dow Chemical Company. Seit 2010 ist Dr. Kadri Generaldirektorin Mittlerer Osten und Afrika für die Sparte Dow Advanced Materials. Zudem ist sie für den EMEA-Wirtschaftsraum (Europa, Mittlerer Osten und Afrika) kaufmännische Leiterin des Geschäftsbereiches Dow Water & Process Solutions. Die verheiratete Mutter eines Kindes wurde während ihrer gesamten Karriere für ihr Engagement im Bereich der beruflichen Förderung und Begleitung von jungen Frauen sowie in der Bekämpfung von Analphabetismus bei Frauen mehrfach anerkannt und ausgezeichnet. Zudem hat sie besonders Frauen in Führungspositionen in Wissenschaft und Ingenieurwesen aus dem Mittleren Osten und Afrika gefördert.

داو كيمكال الهند، الشرق الأوسط وافريقيا جي ام بي اتش
Dow Chemical IMEA GmbH
P.O.Box : 7893, Dubai — ص.ب : ٧٨٩٣، دبي
United Arab Emirates — الامارات العربية المتحدة
Tel: (04) 332 8866 — تليفون : ٨٨٦٦ ٣٣٢ (٠٤)
Fax: (04) 312 3660 — فاكس: ٣٦٦٠ ٣١٢ (٠٤)

Wenn ich über mein Erfolgsrezept für Führungsaufgaben nachdenke, wird mir bewusst, dass ich mich immer mehr auf den Weg als auf das Ziel konzentriere. Auf meinem Weg habe ich die folgenden Zutaten benutzt, die mir unterwegs geholfen haben:

a) Leidenschaft ist mein Antrieb: Ich arbeite besonders effektiv, wenn ich Freude an der Arbeit habe und von anderen Führungskräften inspiriert werde. Ich mag es, mit Hilfe meines Fachwissens und meiner Intuition gute und vernüftige unternehmerische Entscheidungen treffen zu können und auch mal unkonventionell zu handeln. Hätte ich nicht die Leidenschaft für meinen Job, würde ich auf jeden Fall einen anderen Weg einschlagen.

b) Neugier ist mein Motor: Meine Großmutter war Analphabetin, dennoch war sie meine Lehrerin und hat mir viel beigebracht. Ihr habe ich meine Liebe zu Büchern zu verdanken und sie erzog mich dazu, Wissen zu respektieren und die Menschen zu bewundern, die ihre Ideen niedergeschrieben haben. Einige dieser Menschen wurden später meine Vorbilder.

c) Demut ist die wichtigste Eigenschaft: Insgeheim haben alle großartigen Führungspersönlichkeiten diesen Charakterzug. Ich bin selbst eine arabisch-afrikanische Führungskraft und habe gelernt weisen Menschen zuzuhören und meine Herkunft zu kennen und zu verstehen, bevor ich die Entscheidung traf, die meine Zukunft geprägt hat.

d) Mentoren als Unterstützung: Ich hatte das Privileg, herausragende Mentoren kennenzulernen, die mich darin unterstützt haben, immer einen Schritt weiterzugehen. Das begann mit meinem Professor der Universität Straßburg, der mir als erste Frau die Chance gab, mit einem Doppelschneckenextruder ins seinem Labor zu arbeiten und ging weiter mit dem Professor, der mich davon überzeugt hat, in der stark männerdominierten Automobilbranche Vertrieb zu lernen, bis hin zu meinem jetztigen Vorstandsvorsitzenden, der mich zur ersten weiblichen arabischen Führungskraft für die Regionen Mitterer Osten und Afrika ernannt hat.

e) Entschlossenheit und Belastbarkeit als Überlebenswerkzeuge: Ohne diese Eigenschaften hätte ich meinen Weg schon mehrmals geändert, das aber auf Kosten meiner Träume.

f) Zielstrebigkeit und das Übernehmen meiner Rollen und Aufgaben: Zu Hause bin ich Ehefrau und Mutter. Bei der Arbeit bin ich Kollegin und Chefin. Als Weltbürgerin vermittle und verteidige ich meine Werte und begleite und berate gerne potentielle zukünftige Führungskräfte auf ihrem Weg nach oben.

Zu guter Letzt glaube ich fest daran, dass Kultur eine Rolle spielt. Ich bin dort aufgewachsen, wo sich die arabischen und afrikanischen Welten kreuzen und hier wird unser persönlicher und beruflicher Weg vom sozialen Ökosystem in dem wir leben, geprägt. Ich glaube, dass hinter jeder Frau eine tolle Mutter oder Großmutter und ein toller Vater oder Ehemann steht. Wir begleiten und unterstützen junge Frauen; auf diese Weise prägen wir ihren beruflichen Weg und respektieren ihre Herkunft.

Herzliche Grüße

Ilham Kadri

Dr.Ilham Kadri
General Manager, Middle East & Africa
Dow Advanced Materials
Dow Chemicals IMEA GmbH

EMMA MARCEGAGLIA

*1965 | Italien | Erste Präsidentin des Italienischen Arbeitgeberverbands Cofindustria

Cofindustria Emma Marcegaglia ging für ihr Betriebswirtschaftsstudium erst nach Mailand, dann nach New York und leitete anschließend den Geschäftsbereich Tourismus der familieneigenen Firma Marcegaglia. Später übernahm sie mit ihrem Bruder die Geschäftsführung und verantwortet seitdem den Bereich Finanzen und Verwaltung des weltweit führenden Industriekonzerns für Stahlumwandlung. Seit 1994 engagiert sich die verheiratete Mutter einer siebenjährigen Tochter im größten Arbeitgeberverband Italiens, Cofindustria, den sie heute als erste Frau in der Verbandsgeschichte als Präsidentin leitet. Um politisch unabhängig zu bleiben, lehnte sie 2010 das ihr angebotene Amt des Industrieministers ab.

CONFINDUSTRIA

Die größte Möglichkeit die mir gegeben wurde, war von meinen Eltern zu lernen – keine bestimmte Vorgehensweise, sondern Verhaltensprinzipien, wie Konzentration auf die Arbeit, Respekt vor den Mitarbeitern, Ethik und Werte am Arbeitsplatz.

Mit zunehmendem Alter wurde mir auch bewusst, welch seltene und wertvolle Möglichkeit ich hatte: ich konnte das weiterführen was sich meine Familie in langer harter Arbeit und unter vielen Entbehrungen aufgebaut hat. Ich habe mich der Realität immer entschlossen gestellt, meinen Instinkten vertraut und versucht, alle Anreize aus meiner Umwelt aufzunehmen, um zu wachsen und die passenden Mitarbeiter für mein Unternehmen zu finden.

Ich werde mich immer von der wichtigsten Person in meinem Leben inspirieren lassen: meiner Mutter. Sie war ebenfalls Unternehmerin und hat niemals aufgegeben und jeden Tag die Kraft gefunden, sich zusätzlich um mich und meinen Bruder zu kümmern.

Ich habe die Hoffnung, dass meine Erfahrung das Streben vieler junger Frauen und Mädchen bestärkt und sie darin ermutigt mit den Herausforderungen umzugehen, die sich ihnen stellen werden und die sie bewältigen müssen, um ihre Ziele zu erreichen.

Emma Marcegaglia

Foto: Arne Weychardt

LIZ MOHN

*1941 | Deutschland | Geschäftsführerin der Bertelsmann Verwaltungsgesellschaft (BVG) und stellvertretende Vorstandsvorsitzende der Bertelsmann Stiftung

Liz Mohn repräsentiert nach dem Tod ihres Ehemannes Reinhard Mohn († 2009) die fünfte Generation der Eigentümerfamilien Bertelsmann/Mohn. Sie ist Geschäftsführerin der Bertelsmann Verwaltungsgesellschaft (BVG) und gehört dem Aufsichtsrat des Unternehmens an. Darüber hinaus ist sie stellvertretende Vorstandsvorsitzende der gemeinnützigen Bertelsmann Stiftung und Präsidentin der Stiftung Deutsche Schlaganfall-Hilfe. Liz Mohn wurde als erste deutsche Frau in den Club of Rome aufgenommen.

„Frauen müssen lernen, Chancen nicht nur zu sehen, sondern auch für sich zu nutzen. Meine Empfehlung: Blicken Sie öfter mal über den eigenen „Tellerrand“ Ihres Arbeitsplatzes hinaus. Suchen Sie das Gespräch mit anderen und tauschen sich über Ihre Gedanken aus. Knüpfen Sie Netzwerke – schließen Sie Freundschaften!
Und machen Sie sich bewusst: Jeder trägt nicht nur Verantwortung für andere, sondern muss auch Verantwortung für sich selbst übernehmen. Also mehr Mut, meine Damen!“

Ihre

Liz Mohn
Vorsitzende der Bertelsmann Verwaltungsgesellschaft (BVG),
Mitglied im Aufsichtsrat der Bertelsmann AG und
Stellvertretende Vorstandsvorsitzende der Bertelsmann Stiftung

RUTH PLATO-SHINAR

*1965 | Israel | International renommierte Anwältin und Direktorin des Center for Banking Law

Prof. Dr. Ruth Plato-Shinar ist eine der führenden israelsichen Kapazitäten auf dem Gebiet des Bankenrechts. Seit 1997 lehrt die ehemalige Bankanwältin Wirtschaft und Wirtschaftsrecht am Netanya Academic College. 2004 gründete sie dort das Center for Banking Law, das sie bis heute leitet. Die verheiratete Mutter einer Tochter ist eine international gefragte Referentin. Zudem unterstützt sie als Beiratsmitglied das Jerusalem Center for Ethics, das es sich zur Aufgabe gemacht hat, ethische Werte und Orientierung in einer immer komplexer werdenden Gesellschaft zu bieten.

Netanya Academic College
1 University St.
המכללה האקדמית נתניה
רח' האוניברסיטה 1

Der Schlüssel zu weiblicher Führung ist es, einen Traum zu haben und den Willen, dafür wirklich hart zu arbeiten, um ihn wahr werden zu lassen.

Unglücklicherweise ist in unserer Welt die Situation jedoch immer noch so, dass eine intelligente Frau für eine Aufgabe oder einen Job sehr hart arbeiten muss, während ihn ein durchschnittlicher Mann ohne besonderen Aufwand bekommen würde. Daher lauten die Schlüsselworte: harte Arbeit, Fleiß, Zielstrebigkeit und Hartnäckigkeit.

Aber viel mehr noch sollte diese harte Arbeit auf eine bestimmtes, klares und vorher festgelegtes Ziel gerichtet sein. Es sollte ein besonderes Ziel sein, das nicht leicht zu erreichen ist. In gewissem Sinne könnte man es als persönlichen Traum beschreiben (man erinnere sich an die „Ich habe einen Traum"-Rede von Martin-Luther King). Eine weibliche Führungspersönlichkeit sollte von ganzem Herzen an ihren Traum glauben und dazu bereit sein, hart für dessen Erfüllung zu arbeiten. Der Traum selbst wird den geeigneten Kurs weisen, der dazu notwendig ist. Wenn er erfolgreich verwirklicht wurde – ein Prozess, der durchaus Jahre dauern kann – sollte sich die weibliche Führungskraft einen anderen Traum suchen, der ihr ihren neuen Weg weist.

Mit all meinen besten Wünschen,

Prof. Dr. Ruth Plato-Shinar

רח' האוניברסיטה 1, קרית יצחק רבין, נתניה 42365 • טל': 8607777 (972-9) • פקס: 8844439 (972-9)
1 University St., Kiryat Yitzhak Rabin, Netanya 42365 - ISRAEL • Tel.: (972-9) 8607777 • Fax: (972-9) 8844439

URSEL REININGER

*1953 | Deutschland | Leiterin Führungskräfte Konzern Deutsche Lufthansa AG

Ursel Reininger begann ihren beruflichen Werdegang bei Lufthansa in Köln. Nach ihrer Ausbildung war sie in unterschiedlichen Bereichen des Lufthansa Konzerns tätig u. a. als Leiterin des Zentralbüros des Vorstandsvorsitzenden und heute als Leiterin „Obere Führungskräfte Konzern". In den mehr als dreißig Jahren vorstandsunmittelbarer Tätigkeit, konnte sie wertvolle Erfahrungen im Bereich Unternehmensführung sammeln und war an wichtigen Entscheidungen des Unternehmens beteiligt. Reininger ist verheiratet und verbringt ihre freie Zeit gerne bei Lesen und im Kreise ihrer Freunde.

Ursel Reininger
Leiterin Führungskräfte Konzern

Deutsche Lufthansa AG
FRA PU
Lufthansa Aviation Center (LAC)
Airportring
D-60546 Frankfurt/Main
Telefon (069) 696 62811
Telefax (069) 696 28666
E-Mail: Ursel.Reininger@dlh.de

„Problem erkannt, Problem gemannt“!?! frage ich mich, wenn ich mich in deutschen Führungsetagen umsehe.

Zu glauben, dass Männer und Frauen in gleicher Weise führen ist Irrglaube.
Zu glauben, dass wir auf weibliches Führungspotenzial verzichten können, ist schlicht falsch.

Deshalb, seien Sie ganz Frau. Starten Sie durch und vergessen Sie dabei Ihre weiblichen Qualitäten nicht.

Warten Sie nicht, bis Sie aufgefordert werden. Es ist Damenwahl.

Ursel Reininger

A STAR ALLIANCE MEMBER

MANUELA ROßBACH

*1959 | Deutschland | Geschäftsführerin des Bündnisses von Hilfsorganisationen Aktion Deutschland Hilft e.V.

Manuela Roßbach studierte Ethnologie und Erziehungswissenschaften in Berlin und arbeitete zunächst fünf Jahre lang als Wissenschaftliche Mitarbeiterin. Parallel dazu gründete sie einen Arbeitskreis für künstlerisch und wissenschaftlich tätige Frauen, den sie bis 1996 leitete, und setzte sich unter anderem für die gegenseitige Unterstützung von Frauen in Führungspositionen ein. 1993 machte sie ihr ehrenamtliches Engagement zum Beruf und war bis 2005 in leitenden Positionen für die Hilfsorganisation CARE tätig. Danach wechselte die verheiratete Mutter eines Sohnes zum Bündnis Aktion Deutschland Hilft, dem sie bis heute als Geschäftsführerin vorsteht.

www.aktion-deutschland-hilft.de

Aktion Deutschland Hilft e.V. • Kaiser-Friedrich-Straße 13 • 53113 Bonn

Aktion Deutschland Hilft
Das Bündnis der Hilfsorganisationen

Liebe Frau Plakwe,

Female leadership bedeutet für mich vor allem, sich immer wieder Zeit zu nehmen, um die eigenen Ziele zu reflektieren und dabei nicht die Balance zwischen Arbeit und Privatleben aus den Augen zu verlieren.
Auch für die eigenen Mitarbeiter.
Gerade für Frauen gilt: Glauben Sie an sich, Ihre Fähigkeiten und Stärken!

Ihre Manuela Roßbach

Foto: Hollander

CLAUDIA ROTH

*1955 | Deutschland | Bundesvorsitzende BÜNDNIS 90/DIE GRÜNEN

Claudia Roth absolvierte nach dem Abitur zunächst ein Theater-Praktikum. Sie studierte in München Theaterwissenschaften, arbeitete anschließend als Dramaturgin an den Städtischen Bühnen Dortmund und gründete ein Freies Theater. Ihre politische Karriere bei BÜNDNIS 90/DIE GRÜNEN begann Claudia Roth 1985 als Pressesprecherin der Partei im Deutschen Bundestag. Vier Jahre später vertrat die Politikerin DIE GRÜNEN zunächst als Mitglied und dann als Fraktionsvorsitzende im Europaparlament. 2001 wurde sie zum ersten Mal zur Bundesvorsitzenden der Partei gewählt, seit 2004 hat sie dieses Amt ohne Unterbrechungen inne.

BÜNDNIS 90
DIE GRÜNEN

BÜNDNIS 90/DIE GRÜNEN, POSTFACH 04 06 09, 10063 BERLIN

Claudia Roth MdB
Bundesvorsitzende

BUNDESGESCHÄFTSSTELLE

Platz vor dem Neuen Tor 1
10115 Berlin
Tel: +49 (30) 28 442 - 147
Fax: +49 (30) 28 442 - 249
E-Mail: buero.roth@gruene.de

"Meine Antriebsfeder, aus der ich jeden Tag Kraft und Energie für mein Handeln ziehe, habe ich von meiner Großmutter. Sie sagte immer: "Mir kann es nicht gut gehen, wenn es meinem Nächsten schlecht geht."

Mein Einsatz für mehr Gerechtigkeit, für gleiche Rechte aller Menschen überall auf der Welt, ist also ein ganz eigennütziger. Und vielleicht auch ein sehr weiblicher. Aber es kann uns doch allen nicht egal sein, wenn zum Beispiel Frauen nicht automatisch die gleichen Rechte haben wie die Männer. Das ist für mich vor allem eine Frage der Demokratie und des guten Zusammenlebens.

Das immer wieder deutlich zu machen, ist mein Anspruch an mich in meinem Job, als Politikerin und Parteivorsitzende. Und ich wünsche mir noch sehr viel mehr Frauen, die mit viel Energie, Freude und Mut in die ersten Reihen stürmen."

Claudia Roth

Bankverbindung:
Bank: SEB AG Berlin, Kontonummer: 133 2755 800, Bankleitzahl: 100 101 11 www.gruene.de
Steuernummer: 27/650/52494 beim Finanzamt für Körperschaften Berlin

REGINE SIXT

Deutschland | Senior Executive Vice President, SIXT AG und Honorarkonsulin Barbados

Die Münchnerin Regine Sixt studierte in Cambridge und Paris. 1974 heiratete sie Erich Sixt, der das 1912 vom Großvater gegründete Unternehmen von seinem Vater übernahm, und 1986 an die Börse brachte. Das seitdem mit 4.000 Standorten und über 225.000 Fahrzeugen weltweite Unternehmen, wird gemeinsam mit den beiden Söhnen in vierter Generation zu neuen Dimensionen geführt. Regine Sixt ist die Markenbotschafterin des Unternehmens. Sie führt das internationale Marketing, entwirft das Corporate Design inklusive Uniformen und den Corporate Auftritt an den Flughäfen. Darüber hinaus ist sie in über 50 wohltätigen Organisationen tätig und gründete vor 10 Jahren ihre eigene Wohltätigkeitsorganisation, die Regine Sixt Kinderhilfe Stiftung „Tränchen Trocknen", die in über 105 Sixt-Ländern als offizielles CSR-Programm der Sixt AG unter dem Namen „Drying Little Tears" agiert. Regine Sixt dient Ihrer zweiten Heimat Barbados als Honorarkonsulin, ist Senatorin des BVMW und ist mit zahlreichen internationalen Auszeichnungen an der Front der erfolgreichen Frauen unserer Zeit.

SIXT
rent a car

Regine Sixt
Sixt AG

Büro
Regine Sixt

„Wenn die Frauen den Männern gleichgestellt werden, übernehmen sie schnell die Führung." Die Vision von Sokrates vor 2.500 Jahren entspricht nicht ganz der heutigen Realität: Frauen besetzen nicht einmal vier Prozent der Posten auf der obersten Führungsebene der DAX-Unternehmen. Schade, da doch eine ministerielle Studie zeigt, dass sich Frauen leichter tun, brenzlige Lagen zu entschärfen. Kein Wunder, da so oft in Entscheidungsfindungen wie auch Krisensituationen emotionale Intelligenz und soziale Kompetenz gefragt sind.

Zwei Drittel unserer Mitarbeiter sind Frauen – nicht nur in den ‚Schlüsselpositionen' am Counter. Um in die verantwortlichen Positionen hineinzuwachsen, brauchen Frauen Mentoring-Programme, fließende Arbeitszeitmodelle, Teilzeitarbeit und gute Kinderbetreuungsmöglichkeiten, um ihnen den Spagat zwischen 'Home & Job' leichter zu machen. In meinen Augen drückt sich Führung in Kreativität, Aktivität und Flexibilität aus, nicht in der Wahrung der Position.

Frauen in der Politik sind schon lange ganz oben angekommen. Nicht erst seit Sirimavo Bandaranaike, Golda Meir und Indira Gandhi. Heute wird Angela Merkel von *TIME Magazine* sogar als mächtigste Frau der Welt angesehen.

Auch mein Kinderhilfswerk Regine Sixt Kinderhilfe Stiftung *Tränchen trocknen* bedarf der Führung, um den Kleinsten und Schwächsten der Welt direkt und effektiv zu helfen - meine wichtigste Aufgabe und Herzensangelegenheit.

Gott sei Dank rückt durch Female Leadership das Menschliche in den Vordergrund.

"Why can't a woman be more like a man?"
Vive la différence!

Regine Sixt

Regine Sixt

Zugspitzstr. 1
82049 Pullach
Tel.: 089/7 44 44-4254
Fax: 089/7 44 44-8 4254
E-Mail: regine.sixt@sixt.de

the spirit of mobility

EVELINE WIDMER-SCHLUMPF

*1951 | Schweiz | Vizepräsidentin des Schweizer Bundesrates und Vorsteherin des Eidgenössischen Finanzdepartements

Dr. Eveline Widmer-Schlumpf war von 1987 bis 1998 als selbstständige Anwältin und Notarin tätig. Parallel dazu engagierte sich die Juristin in der Politik als Großrätin und Mitglied des Kantonsparlamentes; 1998 wurde sie Abgeordnete der Bündner Regierung. Bis 2007 war die dreifache Mutter Vorsteherin des Departements für Finanzen und Gemeinden sowie Regierungspräsidentin. Im Anschluss wurde sie zur Vorsteherin des Eidgenössischen Justiz- und Polizeidepartements in den Schweizer Bundesrat gewählt. Seit 2011 ist die Abgeordnete der Bürgerlich-Demokratischen Partei (BDP) Graubünden Vizepräsidentin der Schweiz.

Schweizerische Eidgenossenschaft
Confédération suisse
Confederazione Svizzera
Confederaziun svizra

Eveline Widmer-Schlumpf
Vorsteherin des Eidgenössischen Justiz- und Polizeidepartements EJPD

So wie es unterschiedliche Frauen gibt, gibt es auch unterschiedliche Lebensmuster, unterschiedliche Erfahrungen, Ideen, Wertvorstellungen und Ziele.

Unabhängig davon, welchen Weg sie wählen, rate ich allen Frauen:
Habt Mut, steht zu Euren Ansichten, geht Euren Weg und fordert Euer Recht ein.

Bundeshaus West, CH-3003 Bern
www.ejpd.admin.ch

Italienische Botschaft
Berlin

"Der Wunsch, sich selbst zu verbessern, ist die Motivation, die dazu führt, sich auszuzeichnen und in vielen Bereichen des menschlichen Tuns absolute Spitzenpositionen zu erringen. Das ist der Sinn des olympischen Mottos *Citius!, Altius!, Fortius!*, das uns dazu veranlasst, immer ehrgeizigere Zielen anzustreben. Dies ist das Geheimnis, auf dem der Erfolg vieler Frauen beruht, die es bei ihren sportlichen, intellektuellen, wirtschaftlichen oder politisch-sozialen Aktivitäten zu interpretieren wussten und so Anerkennung und Ruhm erwarben. Ihre Anstrengungen müssen ein Beispiel für uns alle sein."

14. II. 2011

Michele Valensise
Botschafter der Italienischen Republik

Botschafter
der Republik Polen
in der Bundesrepublik Deutschland

Dr. Marek Prawda

Lassenstr. 19-21, 14193 Berlin
Tel.: 030 / 22 313 100
Fax: 030 / 22 313 155
E-Mail: berlin.amb.sekretariat@msz.gov.pl

Berlin, den 15.03.2011

"Hinter jedem Mann, der Karriere gemacht hat, steht eine Frau.
Vor jeder Frau, die Karriere machen möchte, steht ein Mann."

Dr. Marek Prawda
Botschafter der Republik Polen in Deutschland

TEIL III

KAPITEL 8

PERSÖNLICHER ERFOLG IST MÖGLICH: DIE 7 SCHLÜSSELFAKTOREN

Als Jugendliche und auch später, als junge Frau im Beruf, habe ich es geliebt Management-Bücher und insbesondere die so genannte Erfolgsliteratur zu lesen. In den riesigen Buchhandlungen Amerikas gab es meterlange Regale mit Büchern wie „In 15 Schritten zum beruflichen Erfolg", die „1-Minuten-Erfolgsextrakte für Manager" oder die aus renommierten Firmen oder von berühmten Personen abgeleiteten Macht- und Erfolgsstrategien. Heute hat die Zahl eben dieser Bücher weiter zugenommen und auch online gibt es in diesem Bereich nahezu nichts, was es nicht gibt. Mit immer phantasievolleren Namen ausgestattet, haben all diese Bücher gemein, dass sie ihren Lesern den Zugang zu heiß begehrten Wissen versprechen: wie werde ich erfolgreich, reich, glücklich, gesund oder möglichst alles davon und möglichst gleichzeitig.

Heute, als Unternehmerin mit mehr als 20 Jahren Beratungserfahrung sehe ich die so genannten Erfolgsratgeber deutlich kritischer (was mich aber nicht davon abhält, meine Bibliothek regelmäßig um vielversprechende Exemplare zu erweitern), weil sie es oft nicht schaffen, das propagierte Ziel zu erreichen.
Dennoch bin ich fest davon überzeugt, dass zwar nicht die EINE goldene Regel für Erfolg existiert, sozusagen als Standardschablone anwendbar, es aber dennoch gewisse Grundregeln und Muster gibt, die über Erfolg und Misserfolg entscheiden. Die Frauen, die ich auf meinen Reisen kennenlernen durfte, sind der lebende Beweis dafür. Und das Beste daran: an jedem Punkt der vielen Gespräche wurde meine feste Überzeugung gestärkt, dass es auch anderen Menschen möglich sein kann, so erfolgreich zu sein.

Und diese Erfolgsgeheimnisse, ich nenne sie Bausteine des Erfolgs, sollen meiner Meinung nach möglichst vielen Menschen zugänglich gemacht werden, auch oder vielleicht insbesondere der nächsten Generation von Führungskräften. Immerhin werden sie diejenigen sein, die unsere Gesellschaft weiter prägen und unser Erbe antreten (müssen), wie immer es auch aussehen wird.

Die Bausteine des Erfolgs entstammen den Gesprächen mit den *Female Leadern*. Je öfter eine bestimmte Qualität oder Eigenschaft genannt wurde, desto höher wurde sie bewertet. Am Ende aller Gespräche und Auswertungen kristallisierten sich sieben Schlüsselfaktoren heraus, die mit Abstand am häufigsten genannt wurden. Alle anderen Faktoren, immerhin gut 55, sind im Teil IV / Anhang 2 für Sie gelistet, so dass keine einzige der von den *Female Leadern* genannte Qualität verloren geht.

Ich hoffe, dass Sie auch diesen Teil des Buches, für sich nutzen und die eine oder andere der dort aufgeführten Qualitäten in Ihnen, lieber Leser, liebe Leserin, etwas weckt oder eine weitere Anregung für persönliches Wachstum bietet.

Die 7 Schlüsselqualitäten der *Female Leader* dieses Buches:

1. *Selbstvertrauen*

2. *Vision*

3. *Mut*

4. *Integrität*

5. *Durchhaltevermögen*

6. *Dialogkompetenz*

7. *Aktivität*

1. Selbstvertrauen - Glaube an Dich selbst (und Deine Träume)

Es war nicht zu überhören. Kein einziges Gespräch adressierte dieses Thema nicht: Erfolgreiche Führung beginnt bei einem selbst. Rita Süssmuth, Deutschlands bekannte ehemalige Familienministerin und Bundestagspräsidentin, sagte es mir gleich zu Beginn unseres Gesprächs: „Bevor wir über *Female Leadership* sprechen, lassen Sie uns über Personal Leadership sprechen, denn das ist die Voraussetzung für alles." Erfolgreiches Führen beginnt beim eigenen Leben, den eigenen Werten, Wünschen und Einstellungen. Und es bedingt, dass man sich selbst schätzt, schützt und für wertvoll erachtet. Die bewusste Beschäftigung mit sich selbst ist deswegen unerlässlich und verlangt mehr von uns, als die reine Bewältigung des Alltags. Dennoch ist sie von großer Bedeutung, denn daraus kann sich alles entwickeln, sogar die Veränderung, die sich viele für unsere Gesellschaft wünschen.

Leben oder gelebt werden? Das ist in diesem Zusammenhang die entscheidende Frage. Leader haben darauf eine klare Antwort und jeder kann diese Frage ebenfalls für sich beantworten. Die Antwort ist der Schlüssel zur Handlung und die Chance, die Führung in seinem eigenen Leben (wieder) zu übernehmen. Jeder kann ein Leader sein. Ja, Jeder und natürlich Jede. Von den *Female Leadern* dieses Buches habe ich gelernt, dass nicht jede Frage im Leben beantwortet, nicht jede Herausforderung angenommen werden muss. Aber ohne den Glauben an sich selbst geht nichts. Und dieser Glaube kommt von innen.

Kennen Sie das Lied „The greatest love of all"? Es wurde 1977 von Michael Masser und Linda Creed geschrieben, später für die Filmbiografie von Muhammed Ali verwendet und von Whitney Houston 1986 zum Welterfolg gemacht. Die hohe Emotionalität des Liedes, vielleicht so authentisch durch die Verarbeitung der lebensbedrohlichen Erfahrung bedingt durch den Brustkrebs der Autorin Linda Creed, wird nur übertroffen von der Passgenauigkeit der Worte in Bezug auf die erste Erkenntnis der *Female Leader*: Du musst Dich selbst kennen (und lieben). Denn nur so wirst Du auf Deinem Weg wirklich erfolgreich sein und aus Deinem tiefsten Inneren Stärke beziehen können.

Alle *Female Leader* dieses Buches haben sich, manche früher, manche später in Ihrem Leben gefragt: Wo liegen meine eigenen Stärken und Schwächen? Was sind die Werte, die mich ausmachen? Was will ich im Leben erreichen? Was sind die innersten Überzeugungen, die mir Kraft geben, wenn es schwierig wird? Wer will ich im Leben sein?

Diese Fragen klingen relativ einfach. Wer sich aber auf die Suche nach den Antworten begibt und dabei darauf achtet, dass es die eigenen Antworten sind und nicht die von den Eltern, der Familie oder der Firma übernommenen, wird feststellen, dass man sich selbst vieles noch nicht (vielleicht sogar noch nie) bewusst gefragt hat und es entsprechend auch noch nicht beantwortet wurde. Die Kenntnis des Selbst allerdings ist der Schlüssel zum Erfolg und manchmal, wie im Fall der *Female Leader* Caroline Casey oder Arundhati Nag auch der erste Schritt zu einer grundlegenden Veränderung des eigenen Lebens, die beide heute als großes Glück beschreiben.

Sich selbst kennenzulernen ist übrigens kein einmaliger, sondern ein kontinuierlicher Prozess. Sich selbst für das anzuerkennen was man ist, fällt Manchen noch einmal schwerer. Sich selbst kennenzulernen beinhaltet den Dingen nachzugehen, die man gerne tut, regelmäßig inne zu halten, um zu reflektieren und seiner inneren Stimme zuhören bzw. den dadurch aufsteigenden Gefühlen nachzugehen. Das bedarf keiner großen zeitlichen Investition, sondern ist, so zeigen es die *Female Leader*, eher eine Frage von Offenheit sich selbst gegenüber. Dann kann es auch nur wenige Sekunden in Anspruch nehmen. Das kann und muss (manchmal) wieder gelernt werden, aber je öfter man in sich geht, desto leichter fällt es und desto weniger Zeit nimmt es in Anspruch. Das Entdecken der Liebe zu sich selbst kann ein längerer Prozess sein, aber er ist wichtig, manche *Female Leader* sagten sogar unerlässlich. Deswegen: beobachten Sie sich selbst, stellen Sie sich selbst regelmäßig in Frage, machen Sie sich klar was an Ihnen ganz besonders ist, was Ihre speziellen Talente sind. Reflektieren Sie Ihre Handlungen, holen Sie gezielt konstruktives (!) Feedback von außen ein und vor allem, seien Sie im besten Sinne des Wortes öfter bei sich selbst.

Diese Aufgabe kann einem keiner abnehmen, Externe können lediglich verstärken (oder auch das Gegenteil verursachen: Zweifel, Ängste, niedriges Selbstwertgefühl). Der Glaube an uns selbst wird gestärkt durch Erfahrungen und aktiv gelebte Werte. Deswegen ist es auch so wichtig zu entscheiden, welche Erfahrungen man machen, welche Werte man leben will und daraus die notwendigen Konsequenzen zu ziehen. Zum Beispiel bei der Berufswahl, der Entscheidung für oder gegen eine neue Position oder auch bei der Auswahl des Partners.

Die Gespräche mit diesen so unterschiedlichen Frauen haben gezeigt, dass der Glaube an sich selbst der erste und unabdingbare Schritt zum Erfolg ist. Alle meine Gesprächspartnerinnen, ob in Deutschland, Australien, Amerika, Indien, Dänemark, Frankreich, Pakistan, Österreich, Irland, England, Singapur, Senegal, Norwegen, der Schweiz oder in einem der vielen anderen Ländern, haben mir gezeigt, dass es nicht nur überall in der Welt wunderbare, kraftvolle und positive Menschen gibt, die die elementaren Bausteine des Erfolgs täglich leben, sondern auch wie entscheidend es ist, an sich und seine Träume zu glauben.

Diese *Female Leader* haben in einigen Lebenssituationen eine enorme, von außen betrachtet fast übermenschliche Kraft entwickelt, um ihrem Weg zu folgen und ihre Ziele zu erreichen. Und alle haben gezeigt, dass es möglich ist. Ob es um die Besteigung des Mount Everests geht oder darum, die erfolgreichste deutsche Sportlerin aller Zeiten zu werden, ob es um bahnbrechende wissenschaftliche Leistungen, das Erreichen höchster Positionen in der Wirtschaftswelt, Millionen von armen Frauen eine Stimme zu geben geht oder einfach darum ein ideales Vorbild für seine Kinder zu sein... diese Frauen haben gezeigt, dass Vieles möglich ist, wenn man an sich glaubt. Und, dass auch Dinge möglich sind, die man unter den Umständen nie als realisierbar erachtet hat. Selbstvertrauen, das war ein unüberhörbares und wiederkehrendes Schlüsselwort in allen Gesprächen: glaube an Dich selbst und liebe Dich so wie Du bist. Caroline Casey, die blinde irische Unternehmerin, hat in ihrer gesamten Jugend und den ersten Jahren ihres Berufes am eigenen Leib erfahren, wie anstrengend das sein kann. Aber als ich sie fragte, was ihre wichtigste Erkenntnis wäre, die anderen Menschen helfen könnte, formulierte sie es auf den Punkt: „Ich wünschte ich hätte nicht so viel Zeit damit verbracht jemand anders zu sein, als ich tatsächlich war."

2. Vision – Wage es, von großen Zielen zu träumen (und erreiche sie Stück für Stück)

„Wer nicht weiß wohin, für den ist kein Weg der richtige", so ein bekanntes Sprichwort. Die *Female Leader* dieses Buches waren sich immer sehr bewusst darüber wo sie hin wollen und was das große Ziel (oder auch die vielen kleinen) ihres Lebens ist. Und viele davon, z.B. Surayah Pakzad oder Bineta Diop setzten dem bekannten Sprichwort noch etwas hinzu: sie erlaubten es sich, mutig zu sein und einen großen Traum zu wagen. Bei der Entscheidung zur Gründung von Frau Pakzads Organisation in einem kleinen afghanischen Hinterhof entschied sie sich entgegen aller Ratschläge für den Organisationsnamen Voices of Women. Alle anderen Anwesenden hatten Afghan Voices of Women empfohlen, da Aktionen der Organisation auf internationalem Parkett nicht einmal ansatzweise umsetzbar schienen. Aber Suraya Pakzad wagte es, von einem großen Ziel zu träumen, nämlich für Frauen aus der ganzen Welt zu einer sie vertretenden Stimme zu werden, und sie konnte ihr Ziel umsetzen. Heute ist Voices of Women nicht nur international aktiv, sondern auch mehrfach ausgezeichnet, als von der Politik akzeptierte und weltweit anerkannte Stimme der Frauen, genau so wie Suraya es „geträumt" hatte.

Sie sehen, Träume dürfen ruhig groß sein. Entscheidend ist, dass es die eigenen Träume sind. Nicht die der Eltern, Partner oder Chefs. Und daraus resultieren dann alle Entscheidungen unseres täglichen Lebens. Viele Menschen leben aber ohne ihre Träume für sich formuliert zu haben oder Ihnen fehlt der Mut „groß" zu träumen. Da agieren *Female Leader* anders. Shirin Ebadi beispielsweise, die Friedensnobelpreisträgerin und engagierte Anwältin, die sogar ihre eigenen Kinder bittet sie nicht als Vorbild zu nehmen, weil sie will, dass sie in sich selbst hineinhören auf der Suche nach Zielen, sagt: „Entscheide selbst, was, für wen und wofür du leben willst, denn Du lebst nur einmal."

Von den vielen Geschichten der *Female Leader* habe ich gelernt, dass Frauen oftmals eine besondere Gabe haben ihrer inneren Stimme zu vertrauen. Manche nennen es Intuition, andere Eingebung oder Gefühl. Aber bei der Entwicklung der eigenen Vision, der Definition der eigenen Ziele ist eben diese Intuition unerlässlich. Auf sie zu hören bedeutet eine deutlich größere Chance, sein Ziel auch zu erreichen. Und wer seine eigene innere Stimme zu selten hört, kann sie wecken oder stärken indem er Fragen stellt. Wer Fragen stellt, erhält auch Antworten. Das steht schon in der Bibel.

Jeder Mensch entscheidet täglich aufs Neue, welche Richtung sein Tag nehmen soll, welchen Weg er geht, was er tut und was er nicht tut. Die Frage ist nur, wie sehr der Mensch typischerweise diese Chance nutzt oder auch sich selbst überhaupt Fragen stellt, wie z.B. macht es mich glücklich was ich hier tue? Die Frage ist auch, ob der Mensch typischerweise nach dem Stellen der Frage auf die Antwort seiner inneren Stimme hört und seiner Intuition folgt. Wenn nein, kann er von den *Female Leadern* dieser Welt lernen. Diese stellen sich selbst bewusst und regelmäßig die richtigen Fragen, hören auf ihre innere Stimme und folgen dem Weg zu ihrem Ziel. Egal wie groß oder klein, wie unerreichbar oder unrealistisch es anderen erscheinen mag.

3. Mut - Sei mutig, fair und flexibel

Spannenderweise war die am dritthäufigsten genannte Kernkompetenz meiner Gesprächspartnerinnen Mut, etwas was Frauen typischerweise eher abgesprochen wird. Worin aber besteht dieser Mut? Gibt es unterschiedliche Arten mutig zu sein? Nach meinen Erfahrungen mit verschiedensten Führungskräften, Männern wie Frauen, würde ich sagen: Ja. Frauen scheint aber öfter die richtige Balance zwischen Mut und blindem Erfolgsgehorsam zu gelingen. Vielleicht weil sie meist durch ihr Umfeld anders konditioniert wurden und die Gesellschaft von ihnen meist nicht Mut fordert, denn vielmehr Schutz der ihnen anvertrauten Personen.

Auch der Mut lässt sich nicht herbeireden, sondern wird in vielen verschiedenen, oft auch unerwarteten Situationen des Lebens erfahren. Die *Female Leader* dieses Buches haben in ihrem Leben immer wieder zum Teil großen Mut bewiesen. Sei es wie im Fall von Shirin Ebadi, der iranischen Friedensnobelpreisträgerin, die sich entgegen aller Bedrohungen und Repressalien für Demokratie und Menschenrechte in ihrem Land eingesetzt hat. Sie ließ sich trotz Haft, Folter und Morddrohungen nicht von Ihrem Weg abbringen. Oder aber Mut in alltäglicheren Situationen, in denen es galt zu sich selbst zu stehen, das zu tun was man selbst, auch entgegen aller Einsprüche von außen – für richtig hält, wie im Fall von Rita Süssmuth. Oder den Mut seine Träume nicht aufzugeben, wie im Fall von Cathy O´Dowd, die nach dem ersten missglückten Versuch einen zweiten, diesmal erfolgreichen, Anlauf zum Gipfel des Mount Everest unternahm.

Sich selbst Fehler zuzugestehen, sogar mehr als das: Wissen, das Fehler dazugehören und die perfekten Lernchancen sind, dazu gehört übrigens auch Mut – eine Qualität, die von etlichen Frauen dieses Buches als extrem wichtig für die eigene Entwicklung angesehen wird und darüber hinaus das übliche Perfektionsstreben in unserer Gesellschaft in ein anderes Licht rückt, auch die bis heute noch bestehenden Grundprinzipien der Kindererziehung.

Es bedarf aber auch erheblichen Mutes, dazu zu stehen anders zu sein und nicht in die Fußstapfen eines oder einer Anderen zu treten. Mut anders zu sein, ist eine Eigenschaft die in einer hochindividualisierten Gesellschaft normal sein müsste, es aber keineswegs ist. Wie oft suchen Firmen angeblich Querdenker und wie selten finden wir sie in den Führungsetagen? Uniformität statt interdisziplinärem Denken und Handeln bestimmt auch heute noch häufig das tägliche Management. Es gilt, sich von diesen alten Denkmustern zu lösen, will man neue Erfolgsqualitäten erreichen. Und eben diese Qualitäten werden für die vor uns liegenden Herausforderungen dringend benötigt. Ein weiterer Grund für mehr Interkulturalität, mehr Quereinstiege in die verschiedensten Bereiche unserer Gesellschaft und mehr *Mixed Leadership*, also divers zusammengesetzte Führungsteams, in Vorstandsetagen. Charlotte Sahl-Madsen, die dänische Ministerin für Wissenschaft, Technologie und Innovation ist ein wunderbares Beispiel für eine Erfolgskarriere, die in mehreren gesellschaftlichen Sektoren stattgefunden hat: in ihrem Fall in Wirtschaft, Kunst und Politik.

4. Integrität – Tue das was DU für richtig hältst

Die eigenen Maßstäbe anlegen bei dem was man tut, erfordert nicht nur Mut, sondern auch in hohem Maß persönliche Integrität. Und eben diese ist in einer performance- und profitorientierten Gesellschaft oft in Gefahr. Ich will hier keine Lanze für die jenseits von ethischen Regeln agierenden Manager unterschiedlichster Couleur brechen. Aber wenn man intensiv mit Führungskräften arbeitet, weiß man um die Konflikte und oft mühsamen Balanceakte zwischen dem was richtig ist (und auch von der eigenen inneren Stimme so gesehen wird) und dem was (vermeintlich) gefordert ist. Deswegen erfordert die, von den *Female Leadern* oft genannte, persönliche Integrität auch das oben genannte Bewusstsein über die eigenen Werte. Und was man von *Female Leadern* wie Alexa Canady, der ersten afroamerikanischen Neurochirurgin, zusätzlich lernen kann ist, wie wichtig es ist sein eigener Richter zu sein.

Alexa Canady wuchs in den Zeiten der Diskriminierung Farbiger in den USA auf, in einem Umfeld von Vorurteilen, Gewalt und Ausgrenzung. Sie war es, so hart es klingt, in ihrer beruflichen Laufbahn gewöhnt, dass die meisten um sie herum (vorwiegend Weiße) Vorbehalte gegenüber Afroamerikanern, insbesondere afroamerikanischen Frauen hatten. So lernte Sie worauf es ihrer Meinung nach ankommt: sich selbst zu beurteilen und sich nicht vom Urteil anderer abhängig machen oder noch schlimmer es gar zu glauben. In Ihren Worten gesprochen heißt es: „Sei Dein eigener Richter und lass Dich nicht von Anderen bewerten".

5. Durchhaltevermögen – Gib niemals auf

Jede meiner Gesprächspartnerinnen und sicher auch die meisten Leserinnen und Leser dieses Buches haben es mehr als einmal erlebt: den Wunsch aufzugeben. Ob es sich um ein Projekt oder eine große Vision handelt, um eine zwischenmenschliche Auseinandersetzung oder eine anstehende Entscheidung: der Wunsch aufzugeben ist nur allzu menschlich. Wahre *Female Leader* geben allerdings niemals auf. Sie drehen vielleicht eine Extra-Runde, geben sich mehr Zeit für eine Entscheidung, suchen sich neue Unterstützer, mobilisieren andere Kraftreserven. Aber sie geben niemals auf und weil sie sich selbst gut kennen, wissen sie auch WIE sie neue Kraft schöpfen können. Für die deutsche Spitzensportlerin Verena Bentele ist es der Glaube, für die australische Politikerin Malandirri McCarthy die innere Stimme und für andere Menschen ist es die Familie, der Partner oder eine bestimmte Sportart auszuführen.

Von großer Bedeutung beim Thema „Nicht aufgeben" ist übrigens die feine Unterscheidung zwischen „nicht aufzugeben" und „wissen, wann man loslassen oder einen anderen Weg einschlagen muss". Frances Hesselbein, die große Dame des amerikanischen Managements, formulierte es lakonisch auf meine Nachfrage hin, warum sie nach mehr als 10 Jahren ihre oberste Führungsposition bei den US Girls Scouts aufgab. Sie sagte: „Irgendwann weißt Du, dass es Zeit ist zu gehen." Und damit bringt sie ein großes Thema auf den Punkt. Wie oft hatte jeder von uns bereits das vage oder auch ganz klare Gefühl, dass das, was wir tun nicht (mehr) zu uns passt? Und wie oft haben wir daraus die Konsequenz gezogen zu gehen? Vermutlich eher selten. Loslassen ist schwierig und erfordert große persönliche Stärke. Das fängt im Kleinen bei der Trennung vom persönlichen Besitz an und wird im Großen, beim Loslassen geliebter Menschen oder Aufgaben nicht leichter. Dennoch muss man lernen loszulassen, dann es ist die Grundlage für persönliches Wachstum.

Und auch die Flexibilität nicht blind an einem einmal gesetzten Ziel festzuhalten, sondern offen für Veränderungen zu sein, sie zum Teil bewusst herbeizuführen, auch das zeichnet *Female Leader* aus. Birgit Fischer, die erfolgreichste Sportlerin der deutschen Sportgeschichte, hält diese Eigenschaft für einen ganz wesentlichen Baustein ihres eigenen Erfolgs. Stets war sie in ihrer langen sportlichen Karriere offen für neue Trainingstechniken, die Erfahrungen anderer Spitzensportler. Und sie hat für sich immer den richtigen Zeitpunkt gefunden, ein einmal gesetztes Ziel auch zu revidieren. Ohne Gesichtsverlust, sondern mit der inneren Stärke die einen *Female Leader* auszeichnet.

6. Dialogkompetenz – Authentisch sein, gut zuhören können und Vernetzung pflegen

Nahezu alle *Female Leader* wiesen auf die Notwendigkeit einer Art der Kommunikation hin, die heute immer noch viel zu selten zu finden ist. Und diejenigen, die nicht explizit darauf hingewiesen haben, waren selbst perfekte Beispiele für diese Form der Kommunikation – die Kommunikation auf Augenhöhe. Was ist damit gemeint? Nicht nur, auf Andere in Konsequenz des eigenen Status oder Intellektes nicht herabzusehen. Nein, sie beinhaltet auch, über gut geführte Gespräche die Position des Anderen zu verstehen, die Person intellektuell wie emotional zu involvieren und im Wissen der Motivationsmuster und Hintergründe des Anderen, eine gemeinsame Basis für das Gespräch, aber auch für die sich daraus ergebenden Handlungen zu finden.

Wie das funktioniert? Zunächst mal dadurch, dass man intensiv zugehört. Und zwar mit allen Sinnen, nicht nur mit den Ohren. Dann, indem man eine Sprache benutzt, die vom Anderen auch wirklich verstanden wird. Und, last but not least, muss man selbst als Gesprächspartner authentisch und anfassbar bleiben. Es steht außer Frage, dass dazu bestimmte Situationen und Settings dienlicher sind, als andere. Auch dass, unabhängig vom Inhalt des Gesprächs immer Klarheit, Berechenbarkeit und gegenseitiger Respekt vorhanden sein müssen. Manche der *Female Leader* sprachen in diesem Zusammenhang von Empathie, manchmal sogar von Liebe.

Und so merkwürdig sich solche Aussagen für durchschnittliche Manager-Ohren anhören mögen: Gespräche, die in diesem Duktus geführt werden, sind nicht nur in der Regel erfolgreicher im Hinblick auf das eigentliche Ziel. Darüber hinaus motivieren sie den Gesprächspartner, über lange Zeit sein Bestes zu geben, im Gespräch getroffene Verpflichtungen zu erfüllen und schließlich mehr zu leisten als der Durchschnitt.

Mit Reden alleine ist es aber nie getan und auch, wenn uns die modernen Technologien nahezu unzählige Möglichkeiten des Dialoges bieten, so fällt es vielen Leuten in den oberen Führungsetagen extrem schwer, anfassbar und berechenbar zu bleiben. Was uns zu Regel Nummer drei zurückbringt: Mutig zu sein. Es bedarf in einer performanceorientierten, hektischen Zeit Mut und Standhaftigkeit, dieser zwischenmenschlichen Qualität Raum zu geben. Aber es ist möglich und die Ergebnisse sprechen für sich. Abgesehen davon, kann ich mir schwer vorstellen, dass der Alltag von Nobelpreisträgerinnen, Sportikonen und Top-Mangerinnen nicht ebenso hektisch, wie der anderer erfolgreicher Manager sein soll und sie alle beherrschen diese Art der Kommunikation auf Augenhöhe.
Und: Sie nehmen sich Zeit für Vernetzung, wollen von anderen lernen, sich mit ihnen austauschen und über den eigenen Tellerrand blicken. Dieser Anspruch endet auch nicht im Alter. Ela Bhatt, die Mitbegründerin des Women's World Banking, die weltweite Anerkennung für ihre herausragenden Leistungen im Bereich Armutsbekämpfung erfahren hat und viele Positionen, unter anderem einen Sitz in der von Nelson Mandela gegründeten Initiative The Elders innehat, ist mehr als nur viel beschäftigt. Aber wie selbstverständlich schuf sie durch ihre Einladung in ihr Privathaus, die Zubereitung unseres Tees und das große Interesse an mir, dem Buch und Deutschland innerhalb von Sekunden Nähe, Vertrauen und damit letztendlich ein Gespräch, was ich mein Leben lang nicht vergessen werde. Ela Bhatt ist auch eine der vielen *Female Leader*, die Vernetzung als entscheidendes Erfolgskriterium beschreiben. Dennoch tun sich Frauen bei dem Thema aus mir unverständlichen Gründen noch häufig schwer. Denn die Vernetzung mit anderen erhöht die eigene Kraft und Wirkung sowie die Chance des eigenen Erfolgs auch in Krisen. Einzige Voraussetzung für eine gelungene Vernetzung ist es, sie nicht nur auf das Sammeln von Visitenkarten oder den oberflächlichen Austausch in Kaffeepausen zu beschränken. Echte Vernetzung bedingt Kommunikation auf Augenhöhe und Anfassbarkeit, womit sich der Kreis schließt.

7. Aktivität – Ergreife die Initiative und lass andere wissen, dass Du bereit bist

Im Lauf meines beruflichen Lebens, aber auch in etlichen Gesprächen mit den *Female Leadern* dieses Buches wurden viele Situationen deutlich, in denen es ausschließlich darum ging, aktiv zu werden. Egal wie lang oder kurz die eigenen Denk- und Entscheidungsprozesse zu einem Thema im Vorfeld waren, irgendwann muss die Aktivität beginnen, sonst bleiben alle Visionen und Wünsche nur bunte, aber ferne, nie umgesetzte Träume. Frauen scheinen im Gegensatz zu Männern über ein „ich-hebe-ungern-die-Hand-Gen" zu verfügen. Ich bin mir oft nicht sicher, ob das gesellschaftlich oder individuell bedingt ist, dass Frauen gerne in der zweiten Reihe bleiben, obwohl sie von der eigenen Kompetenz her und auch nach eigenem Wunsch, in der ersten Reihe stehen wollen. Regine Stachelhaus, erster weiblicher Vorstand beim Stromgiganten E.ON, formuliert es „die Zögerlichkeit ablegen" als die Eigenschaft, die Frauen auf den Chefstuhl bringt. Andere nannten es „die Initiative ergreifen" oder „Chancen aktiv nutzen". Aber egal wie es genannt wird, das Ergebnis ist ein Zeichen nach außen: ich bin bereit, Führung zu übernehmen. Den Zeitpunkt bestimmen Sie allein, aber ohne immer wieder zum richtigen Zeitpunkt aktiv zu werden, ist eine Weiterentwicklung nicht möglich und damit schließt sich auch der Kreis: nur wer sich an sich selbst und seine Ziele glaubt, wird bereit sein aktiv zu werden. Nur wer seine innere Kraft mobilisieren, seine Ziele formulieren, leben und Gleichgesinnte finden kann, wird die (unabänderlichen) Krisen auf dem Weg zum Ziel überstehen. Und nur wer sich und andere wertschätzen und motivieren kann wird sein Ziel, welches ihn erfolgreich und glücklich macht, erreichen. Nur wer mutig ist, wird immer wieder seinen Standpunkt behaupten, seinem Weg folgen, und Widerstände auflösen, aber auch bei Bedarf neue Wege gehen können. Und nur wer in allen Phasen des Lebens, den Hoch- wie den Tiefphasen, nie aufgibt, wird dort ankommen wo er hin will.

Wer bei allem Gegenwind dennoch weitermacht, bestärkt im Glauben an sich und das Ziel und dabei andere Menschen kommunikativ mitnimmt, sie beteiligt und inspiriert, dem ist persönlicher Erfolg, Glück und die Macht zur Veränderung sicher. Oder wie die amerikanische UNICEF-Präsidentin Caryl Stern es genannt hat: „Es geht nicht darum, wie man hingefallen ist, sondern darum, wie man sich wieder aufrafft. Es ist die Fähigkeit zurückzuschauen und zu lachen." Und auch diese Einstellung zeigt eine echte Führungsqualität. Bei aller harten Arbeit, die Erfolg unzweifelhaft fordert, sich selbst nicht all zu wichtig nehmen und das Lachen nicht zu vergessen – auch das ist eine wunderbare Lehre dieser Frauen des Erfolgs.

KAPITEL 9

PERSONAL LEADERSHIP ODER: DIE BESTE ZEIT ETWAS ZU BEGINNEN, IST JETZT!

Stellen Sie sich vor, Sie gehen auf eine Reise in ein Land, von dem sie bisher zwar einiges gehört, aber es selbst nicht erlebt haben. Das Land reizt Sie und Sie haben das Gefühl, dass es Ihnen dort gefallen könnte. Was tun Sie? Wie bereiten Sie sich auf Ihre Reise vor? Lesen Sie über das Land, sprechen Sie mit Freunden über Ihren Reisewunsch oder suchen Sie im Internet gezielt nach Information über das Land oder die Erfahrungen anderer Reisender?

Auch die weiteste Reise beginnt mit einem ersten Schritt. Den haben Sie schon getan, indem Sie dieses Buch gekauft und bis hierher gelesen haben. Das vorliegende Buch kann eine der Informations- oder auch Inspirationsquellen für Ihre Reise zu mehr persönlichem Erfolg und Glück sein. Nun wird es spannend. Wie sieht Ihr zweiter Schritt aus?

Ich möchte Sie einladen, den zweiten Schritt aktiv zu gestalten, um das bisher Gelesene und Erfahrene für Sie konkret für Ihr Leben nutzbar zu machen. Wenn Sie Lust haben, das Gelesene in persönliche Erfahrung umzusetzen, dann nehmen Sie sich, zu einem für Sie günstigen Zeitpunkt (wenn Ruhe um Sie herum herrscht und Sie ca. 30 Minuten Zeit haben) einen Stift und einen Zettel, oder nutzen Sie die vorbereiteten Seiten nach diesem Kapitel. Beginnen Sie mit einer persönlichen Inventur und schreiben Sie jede Antwort auf, die Ihnen zu den einzelnen Fragen einfällt. Jede, die Ihnen einfällt oder Ihre innere Stimme Ihnen zuflüstert. Bewerten Sie zunächst nichts. Machen Sie wenig Pausen. Schreiben Sie einfach alles auf, was Ihnen einfällt und beantworten Sie dann drei Fragen. Die erste lautet:

1. Wo stehe ich heute?

- Was sind meine Stärken:
- Was sind meine Schwächen:
- Was mache ich gerne und was möchte ich erreichen in meinem Leben:
- Was motiviert mich:
- Wer oder was unterstützt mich und was sind Ressourcen, über die ich bereits verfüge (z.B. Ausbildung, Freunde, besondere Fähigkeiten, Ersparnisse):

Dann beginnen Sie eine neue Seite. Dort schreiben Sie auf wovon Sie träumen, was Sie sich für Ihr zukünftiges Leben wünschen. Egal in welchem Bereich. In der Familie, der Partnerschaft, dem Beruf. Egal, ob es um Gesundheit, Erfolg, Geld oder Liebe geht. Schreiben Sie es auf und hören Sie nicht eher auf zu schreiben, bis Ihnen nichts mehr einfällt. Falls Ihnen die Beantwortung schwer fällt, lassen Sie sich so viel Zeit wie nötig. Jeder Mensch hat Wünsche und Träume, nur manchmal sind sie weit weg und brauchen Zeit, Raum und Gelegenheit, um artikuliert werden zu können. Manchmal muss man sich selbst in diesem Prozess unterstützen, indem man sich beispielsweise an seinen Lieblingsplatz setzt, sich an einen Ort begibt an dem man sich wohlfühlt, Fotos anschaut, eine bestimmte Musik hört, sich an seine Kindheit zurückerinnert oder einfach an das letzte Mal, als man bewusst glücklich war. Die Bilder und Gefühle, die dann wach werden, sind wichtig. Sie zeigen die Richtung auf, in die ich Sie einlade, weiter zu denken und zu fühlen, um die zweite Frage zu beantworten. Sie lautet:

2. Was wünsche ich mir in meinem Leben?

- Wo und wie will ich leben:
- Womit will ich am liebsten Geld verdienen:
- Was will ich beruflich erreichen:
- Mit wem will ich Erreichtes teilen:
- Was wünsche ich mir privat, für mich, meine Familie, meine Freunde:
- Welche Partnerschaft wünsche ich mir:
- Was sind meine Ziele, meine Träume:
- Wo will ich noch hin:
- Was will ich unbedingt noch tun, falls ich nur noch kurze Zeit zum Leben hätte:

Bevor Sie die dritte Frage beantworten, nehmen Sie sich Zeit. Lesen Sie das, was Sie schon geschrieben haben und machen Sie sich die Gefühle bewusst, die Sie damit verbinden.

Die Art der Gefühle ist entscheidend für alles was daraus folgt. Sind es Gefühle der Freude, der Ängstlichkeit, des Zweifels, der Hoffnung? Was haben Sie gefühlt, als Sie gelesen haben, was Sie sich für Ihr Leben wünschen? Merken Sie sich unbedingt die Antwort auf diese Frage, denn Sie ist entscheidend und macht den Unterschied zwischen einem 08/15-Erfolgsrezept aus, was sich zwar sinnvoll und richtig anhört und man auch kaufen, aber nicht für sich konkret umsetzen kann, aus und dem Beginn Ihrer Reise zu persönlichem Glück und Erfolg.

Die Gefühle zu Ihren Antworten führen uns dann auch zur dritten Frage:

3. Was muss ich tun, um mein Ziel zu erreichen?

- Was ist heute, morgen und übermorgen konkret zu tun, um die von mir formulierten Wünsche zu erreichen:
- Braucht es andere Fähigkeiten, andere Vorgesetzte, andere Lebenspartner:
- Ist ein Umzug nötig, mehr Selbstvertrauen, eine bestimmte Fähigkeit:

- Welche Entscheidung muss ich treffen:
- Welche meiner Fähigkeiten wird mir helfen, mein Ziel zu erreichen:

Egal was Ihnen hier einfällt, schreiben Sie es auf. Alle Punkte bilden die Grundlage für einen Plan, den Sie im Nachgang dieses Buches in aller Ruhe erstellen können. Dieser Plan ist die Grundlage für Ihre Reise und ich garantiere Ihnen, dass Sie von jedem einzelnen Schritt Ihrer Reise profitieren werden. Schon das bisher Aufgeschriebene hat Sie voran gebracht. Denn alles was formuliert ist, wird bewusst gemacht. Alles was bewusst ist, kann genutzt werden.

Und wenn ich eine persönliche Lehre aus diesem Buches ziehen soll, dann ist es diese: Erfolg ist möglich! Er setzt in den seltensten Fällen außergewöhnliche Talente voraus. Die *Female Leader* dieses Buches und viele andere Menschen zeigen es uns.

Man muss weder besonders privilegiert aufgewachsen sein, noch einzigartige Fähigkeiten besitzen. Leader leben und arbeiten lediglich nach Prinzipien, die jeder von uns umsetzen kann, aber die Wenigsten tun es.

Warum? Eine gute Frage. Vielleicht hängt es damit zusammen, dass Wissen meist nur passiv aufgenommen wird, aber keine aktive Umsetzung stattfindet. Mein Rat an Sie ist deswegen: Setzen Sie es um! Die Umsetzung aller Erkenntnisse des eigenen Lebens und dieses Buch ist nun auch ein Teil Ihres Lebens und ist das eigentliche Ziel. Über den Weg und das Instrument kann man streiten, aber sichtbare Ergebnisse entstehen naturbedingt erst in der Umsetzung. Dabei und für Ihre persönliche Reise, mit allen Bausteinen des Erfolgs ausgestattet, wünsche ich Ihnen das Allerbeste! Darüber hinaus Glück, Freude, Inspiration und Kraft. Genießen Sie Ihre Reise und freuen Sie sich über die vielen Gelegenheiten für Wachstum, die Sie am Wegesrand finden werden. Sie werden sehen, es lohnt sich!

Herzlichst,
Ihre

Kerstin Plehwe

1. WO STEHE ICH HEUTE?

2. WAS WÜNSCHE ICH MIR IN MEINEM LEBEN?

3. WAS MUSS ICH TUN, UM MEIN ZIEL ZU ERREICHEN?

KAPITEL 10

LEADERSHIP UND ZUKUNFT: JETZT DIE RICHTIGEN WEICHEN FÜR ALLE STELLEN

Wer sich mit dem Thema Frauen und Führung beschäftigt, kommt ganz schnell zum Thema gender equality, die Gleichheit der Geschlechter. Wie sehr dürfen und wollen Frauen das, was Männer dürfen? Wer darf zur Schule gehen, arbeiten und Besitz schaffen? In unserer globalisierten, wirtschaftlich und ökologisch eng verzahnten Welt zeigen die Zahlen, Daten und Fakten der Lebensumstände von Frauen aus aller Welt nahezu unglaubliche Zustände. Diese Fakten lassen die Diskussion in vielen Industrienationen um Quoten und Aufstiegsprozeduren, um Kindergartenplätze und Kindergeld als fast lebensfremd erscheinen. Zum Beispiel die Zahlen der Welthungerhilfe, die zeigen, dass in Afrika Frauen für 80 % der Nahrung sorgen, aber weniger als 10 % der Felder besitzen. Oder dass Frauen weltweit 52 % der Arbeitsleistungen erbringen, dafür aber nur 10 % Welteinkommens erhalten und nur 1 % des Eigentums besitzen.

Auch abseits des Themas Einkommen, Besitz und Arbeit sind die Zahlen erschütternd: in Indien finden etwa alle zwei Stunden sogenannte Brautverbrennungen statt. Damit werden Bräute für zu wenig Mitgift bestraft oder getötet, damit der Ehemann neu heiraten kann. In China sterben jährlich fast 40.000 neugeborene Mädchen, weil die Eltern, die sich traditionell einen Sohn wünschen, sie im ersten Lebensjahr weniger versorgen und auch die medizinische Betreuung oft vernachlässigen. In Afrika, im Nahen Osten und vielen Ländern Asiens müssen mehrere Millionen Mädchen jedes Jahr die Beschneidung ihrer Genitalien ertragen. Weltweit finden zudem millionenfach Zwangsprostitution, Sexhandel und Massenvergewaltigungen statt.Die Müttersterblichkeit fordert noch heute, im Zeitalter größter medizinischer Möglichkeiten, weltweit immer noch ein Leben pro Minute und auch sonst sieht es für Frauen alles andere als gut aus: zwei Drittel der rund 796 Millionen Analphabeten weltweit sind Frauen und auch unter den ärmsten Menschen der Welt (ca. 1 Milliarde Menschen) stellen Frauen mit drei Fünfteln den traurigen größten Anteil.

Wer diese Zahlen kennt, stellt sich unweigerlich die Frage, warum wir zum einen davon nicht öfter hören und zum anderen, was wir dagegen unternehmen können. Auch stellt sich die Frage, warum die sonst so schnell aufgeregten Medien nicht öfter über die millionenfachen Morde, Misshandlungen und existentiellen Benachteiligungen von Mädchen und Frauen berichten? Insbesondere, wo die enormen Einfluss- und Beeinflussungsmöglichkeiten der Medien

zumindest in den Industrieländern allseits bekannt sind? Die Antwort ist unbequem und wirft neue Handlungsnotwendigkeiten für alle auf.
Medien berichten über Aktuelles. Nicht über Alltägliches. Dazu aber gehört die Benachteiligung von Frauen. Deswegen lesen oder hören wir nur ab und an von Ehrenmorden, Steinigungen, fehlendem Zugang zu Bildung oder der hohen Analphabetismusrate bei Frauen. Das sind allerdings lediglich Einzelberichte, aktuelle Ereignisse oder Statistiken. Die Benachteiligung von Frauen aber hat Bestand. Sie passiert jeden Tag, in jedem Land der Welt und auch wenn sich schon viel getan hat, so liegt der größte Teil des Problems immer noch vor uns.

Die Benachteiligung von Frauen hat, je nach Land, Religion und Entwicklungsstand unterschiedliche Gesichter. Und so diskutieren die einen über die Quote und blicken neidisch nach Norwegen, wo Vorstände und Aufsichtsräte mit 42 % Frauen besetzt sind und in anderen Ländern kämpfen Frauen um Existentielleres: ihr Leben, ihr Recht auf Bildung und medizinische Versorgung.
Die Frage was wichtiger ist, stellt sich dabei nur bis zu einem gewissen Grad. Denn am Ende des Tages geht es nicht um reines *Female Leadership*. Am Ende des Tages geht es um Human Leadership und eine Welt in der alle Menschen, egal ob Mann, Frau, behindert oder nicht behindert, schwarz oder weiß, jung oder alt einen sicheren, lebenswerten Raum inne haben und diesen auch weiterentwickeln können.
Und es steht außer Frage, dass dazu jeder von uns, aber auch jeder Staat und jede Regierung einen Beitrag leisten kann. Ob das jedoch bereits in ausreichendem Umfang passiert, daran lässt sich angesichts der eingangs genannten Zahlen gut und gerne zweifeln. Deshalb will dieses Buches auf das Problem der weltweit – trotz aller Bemühungen – immer noch extrem schlechten Bildungssituation für Mädchen und Frauen aufmerksam machen und Gelder für gemeinnützige Projekte zu generieren, die Mädchen- und Frauenbildungsprojekte gezielt fördern. Was das für Projekte sind, werden Sie vielleicht fragen. Einen Teil der Antwort finden Sie in den Detail-Projektbeschreibungen der gemeinnützigen Organisationen im Anhang 1. Diese Organisationen profitieren von diesem Buch finanziell und fördern damit dedizierte Mädchen- und Frauenbildungsprojekte in Afrika, Asien und Südamerika. Den anderen Teil finden Sie hier, in der Beschreibung einer meiner besonderen Begegnungen auf einer der Reisen für das Buch. Es ist eine Geschichte, die wie

die Erfahrungen der *Female Leader* selbst, vom Leben geschrieben wurde:

Es war im Januar 2011 im Randgebiet der indischen Millionen-Metropole Mumbai (ehemals Bombay): „Ich möchte Anwältin werden." In gebrochenem Englisch aber mit strahlenden Augen und in selbstbewusster Körperhaltung steht die 10-jährige Manisha in einem Heim für Straßenkinder vor mir und mir wird im Bruchteil einer Sekunde klar, wofür dieses Buch ganz exakt entstand. Bis zu meiner Reise nach Indien, der vorletzten Station der hochspannenden Reise zu Gesprächen mit internationalen Top-Frauen, hatte ich noch gedacht, es wären die eingangs beschriebenen, erschütternden Zahlen der Ungerechtigkeit gegenüber Mädchen und Frauen weltweit gewesen, die mich in der New Yorker Sushi-Bar zutiefst schockiert hatten und gegen die ich unbedingt etwas unternehmen wollte.

Aber nein, das was mir hier in einem kleinen indischen Klassenzimmer ohne Tische und Stühle – denn dafür ist weder Geld noch Platz vorhanden – klar wurde, war der Unterschied zwischen den Zahlen und dem Leben selbst.
Manisha ist zwar Teil der weltweiten Statistik (mehr davon finden Sie auf der Webseite **www.female-leaders.de**) von Straßenkindern ohne Bildungschancen, aber sie ist eben auch das, was hinter jeder Statistik steht und viel zu oft beim Betrachten nüchterner Zahlen in Vergessenheit gerät.
Manisha ist ein kleiner Mensch voller Hoffnungen, Wünsche, Talente und persönlichen Träumen. Leider aber, statistisch gesehen, aufgrund Ihres Geburtsortes und Lebensweges, ist sie ein Mädchen mit wenig Chancen auf ein einigermaßen gutes Leben.

Manisha, das bedeutet Wunsch. Mädchen, die diesen Namen in Nepal und Indien tragen, sollen angeblich schön und intelligent sein, denn Manisha ist eine Göttin der Hindus. Unserer Manisha ist zweifelsfrei beides mitgegeben, aber ihre Situation ist schwierig und endet für die meisten Mädchen aus ähnlichen Verhältnissen in einem Alltag aus Armut, Betteln, Drogen und Prostitution. Sowohl Manishas Mutter wie auch Großmutter leben im indischen Mumbai, ebenso wie tausende Andere auf der Straße, verdienen etwas Geld als Gemüseverkäufer und Gelegenheitsprostituierte. Sie ernähren sich von dem, was der Tag so bietet – einer Handvoll Reis, manchmal ein Stück Obst, was von den Wagen der Händler fällt. Vom alkoholkranken, gewalttätigen Vater hat sich die Mutter getrennt, da war Manisha vier Jahre alt. Der Vater heiratete erneut und Manisha begleitete ihre Mutter Tag und Nacht auf ihren Wegen, zu Freiern, zum Betteln oder Arbeiten. Kein gutes Umfeld für ein kleines Mädchen.

Als Manisha im Heim für Straßenkinder abgegeben wurde, hatte auch sie bereits mit ihren sechs Jahren erste Drogenerfahrungen. „Wer Klebstoffe schnüffelt hat weniger Hunger." Die Wahrheit auf Indiens Straßen ist brutal, aber leibhaftig – leider. Mädchen die besonders hübsch sind, so wie Manisha, werden statistisch gesehen seltener in Heime gegeben, da sie von der Familie besser zum Betteln

Manisha (im gelben Sari) und Ihre Schulkameradinnen

eingesetzt werden können. Manishas Glück war eine Krankheit. Denn Geld für Arztbesuche ist nicht vorhanden, schon gar nicht für Mädchen, und so fiel sie der Familie zur Last und musste abgegeben werden.
Ich lernte Manisha kennen, als es ihr schon viel besser ging, sie war gesund und selbstbewusst. So selbstbewusst, dass sie Nein zu ihrer eigenen Mutter sagte, die Manisha, kaum war sie gesund geworden, wieder zurück auf die Straße als Unterstützung zum Betteln holen wollte. Noch heute lebt Manisha in einem Heim der Organisation SUPPORT am Rande Mumbais, erhält dort Schulunterricht, wird bei Krankheiten medizinisch versorgt und will mit ihren, dank ihrer raschen Auffassungsgabe, guten Noten Anwältin werden. Support ist eines der Projekte, die dieses Buch finanziell unterstützt und ich hoffe, dass es uns gemeinsam mit Ihnen gelingt, möglichst vielen Mädchen wie Manisha dort etwas Ähnliches wie ein Heim und durch die Finanzierung von Ausbildung zumindest die Grundlage für ein späteres Leben jenseits von Armut, Prostitution und Bettelei zu ermöglichen.

Ich selbst bin Manisha zutiefst dankbar für die Erkenntnis, die sie mir durch einen einzigen Satz beschert hat: „Ich möchte Anwältin werden!"

Statistiken kann man nicht anfassen, sie sind nicht spürbar, nicht hörbar. Die Menschen, für die dieses Buch Geld sammelt, sind es aber schon. Sie leben in Afrika, Asien, Südamerika, in Europa, Russland und im Nahen Osten. Sie heißen Neth, Momm, Claudine, Dada oder Makarita. Und sie alle hoffen auf eine Verbesserung ihrer Lebenssituation. Sie hoffen auf Nahrung, medizinische Vorsorge, Bildung. Und ja, sie hoffen auf mehr Rechte als Frau. Wie viele darauf hoffen? Darüber finden sich nur Mutmaßungen in den Statistiken. Fest steht aber: es sind nicht nur Tausende oder Hunderttausende, es sind Millionen.

Gleichberechtigung, *equal rights*? Das ist für diese jungen Frauen weit weg. Aber der nächste Tag des Kampfes um Essen, Wasser oder das Überleben einer simplen Grippe, die Nacht ohne Strom, ein Leben ohne Bildung oder die Chance auf ein Einkommen, was sie und ihre Familien menschenwürdig ernährt, das ist für sie Alltag. Und wir selbst, mit dem Glück der Geburt in westlichen Industrienationen ausgestattet, haben die Chance und vielleicht auch die Verpflichtung, unsere Fähigkeiten und unsere Macht, ob in der Politik, Wirtschaft, Wissenschaft, Kultur oder Zivilgesellschaft für die Rechte und Chancen von Mädchen und Frauen in anderen Ländern der Erde einzusetzen. Ob durch Unterstützung mit Sachleistungen, Zeit oder Geld, Sensibilisierung anderer, oder aber indem wir denjenigen, deren Stimmen tagtäglich ungehört bleiben unsere Stimme leihen.

Schließt das die Männer aus? Im Gegenteil. Männer sind wichtige Motoren, Multiplikatoren und Partner. In der Zeit die vor uns liegt, geht es nicht um Ausgrenzung, sondern um Inklusion. Alle wissen: gutes Leadership versetzt Menschen und Teams unterschiedlichster Zusammensetzung in die Lage gemeinsam Großes zu vollbringen, Widerstände erfolgreich zu meistern und etwas zu schaffen wovon nicht nur sie, ihr Umfeld und ihre Organisation, sondern die Gesellschaft insgesamt profitiert.

Meine Überzeugung als Autorin dieses Buches ist es, dass in jedem Land, an jedem Ort und an jedem Tag neue *Female Leader* entstehen. *Female Leader*, die auf die ihnen eigene Kraft zur Gestaltung vertrauen und um den hohen Wert von Unterschiedlichkeit (diversity) wissen. *Female Leader*, die diese Unterschiedlichkeit zu einem perfekten Ganzen zusammensetzen.

Und meine Hoffnung als Autorin ist es, dass sich aktuelle und zukünftige *Female Leader* von den Geschichten dieser einzigartigen Erfahrungssammlung motivieren und stärken lassen, ihre eigene Geschichte kreativ weiterentwickeln und als Persönlichkeiten Spuren für die Gesellschaft hinterlassen. Mit aller Kraft, mit allen Möglichkeiten, die eine faire Gesellschaft bietet, und mit aller Leidenschaft die den erfolgreichen Frauen dieser Welt zu Eigen ist.

NACHWORT

Am Ende jedes Buches hat man zwei Möglichkeiten.

Die Erste: Man stellt es in ein Regal oder legt es zur Seite und ist (hoffentlich) froh, dass man es gelesen hat. Je nach Intensität der Lektüre setzt über kurz oder lang unweigerlich das Vergessen über das Buch ein. Nur manchmal, in bestimmten Gesprächen oder Lebenssituationen, blitzen einzelne Inhalte oder Erinnerungen daran wieder auf, wie Sternschnuppen am Abendhimmel.

Die zweite Möglichkeit: Man entscheidet sich, es für sich länger nutzbar zu machen. Und eben diese Entscheidung können Sie jetzt und hier für sich treffen. Vergessen oder nutzen. Akzeptieren oder verändern. Gelebt werden oder leben.

Meine Hoffnung als Autorin ist es, dass Sie das Buch für sich bestmöglich nutzen. Dass es auch nach der ersten Lektüre ein Wegbegleiter, ein Ratgeber, eine Inspirationsquelle für Sie bleibt und Sie zu mehr *Personal Leadership* ermutigt.

Wie Sie das sicherstellen können? Indem Sie es jetzt entscheiden. So einfach ist das. Es braucht nur eine Entscheidung. Und die können Sie hier und jetzt fällen. Alles andere ist eine Konsequenz daraus. Entscheiden Sie, was Sie in Ihrem Leben, in Ihrer Arbeit verändern wollen. Manchmal fällt Einem eine Entscheidung leicht, manchmal schwer. Aber immer ist eine Entscheidung ein erster Schritt. Ein indisches Sprichwort besagt: „Ein Weg entsteht dadurch, dass man ihn geht."

Auf dem Weg zu mehr persönlichem Erfolg gibt es viel zu lernen, jedoch kein Patentrezept. Aber es existieren Bausteine für Erfolg. Viele wurden in diesem Buch genannt und beschrieben. Andere wurden nicht ausgesprochen, liegen aber individuell in Ihnen, in Ihrer Lebensgeschichte begründet. Alle überaus erfolgreichen Frauen haben diese Bausteine in einem individuellen Mix, in unterschiedlichsten Gewichtungen für ihr Leben eingesetzt.

Sie wollen das auch? Dann entdecken Sie Ihre Bausteine! Nutzen Sie die Inspirationen aus den Interviews in Teil 3, die 7 Schlüsselfaktoren für persönlichen Erfolg in Kapitel 8 oder die Gesamtliste in Anhang 2. Egal welches Instrument Sie nutzen, entscheidend ist, dass Sie sich heute entscheiden, sich auf die Suche zu begeben und sich über Ihre persönlichen Stärken, Wünsche und Träume klar werden.

Wer führen will, muss bei sich selbst beginnen. Das klingt einfach. Aber aus der langjährigen Beratung weiß ich auch, wie mühsam es ist, sich selbst zu verändern. Wie schwer es fällt, langjährige Gewohnheiten abzustreifen, alte Denkmuster zu revidieren und gezielt die Hand nach neuen Dingen auszustrecken. Aber die Begegnungen mit den *Female Leadern* dieser Welt haben mir genau das gezeigt:

Wahre Führung beginnt bei einem selbst, bedarf zwingend des Glaubens an sich selbst und den Glauben daran, dass sich persönliche Wünsche erfüllen können. Erfolg benötigt harte Arbeit, Konsequenz, Fairness, Widerstandsfähigkeit, Flexibilität, Motivationsfähigkeit und vieles mehr – aber er beginnt bei einem selbst. Und deswegen hoffe ich sehr, dass dieses Buch Ihnen nicht nur Mut macht, die Reise anzutreten, sondern Sie auch immer wieder dann bestärkt, wenn Sie den Glauben verlieren und denken, dass etwas nicht möglich ist und Sie es, aus welchen Gründen auch immer, nicht schaffen werden.

Auf dieser Reise sind Sie nicht alleine. Es gibt viele Gleichgesinnte, unendlich viele Quellen für Ratschläge, Unterstützung und Hilfe. Eine davon halten Sie in der Hand, das Buch, das Sie – nunmehr fast bis zum Ende – gelesen haben. Und auch ich werde Sie gerne begleiten. Auf der Webseite **www.female-leaders.de** werde ich auch im Nachgang des Buches aktuelle Ratschläge und Informationen für Sie zusammenstellen und *Female Leader* einladen, dort ihr Wissen zu teilen. Zudem gibt mir mein Beruf fast unendliche Möglichkeiten der Begegnung und des Austauschs. Wenn eine dieser Begegnungen in Zukunft mit Ihnen, liebe Leserinnen und Leser stattfindet würde mich das sehr freuen. Denn wie haben wir es von den *Female Leadern* dieses Buches gelernt? Pflegt und nutzt den Austausch! Sie sind herzlich dazu eingeladen indem Sie mir schreiben: **post@kerstinplehwe.de**.

Ich freue mich auf den Austausch mit Ihnen und wünsche Ihnen das Allerbeste für die Reise zu Ihrem persönlichen Erfolg!

DANKSAGUNG

Mein aufrichtiger Dank gebührt den Menschen und Organisationen, die dieses Buch möglich gemacht haben. Angefangen bei denjenigen, Männern wie Frauen, die mich über die vielen Jahre meines Beraterlebens und im Nachgang meiner Vorträge zu diesem Buch inspirierten bis zu denen, die mich von Anfang an in meiner Idee zu diesem Buch bestärkten. Auch denen, die die oft mühevolle Kleinarbeit von Recherchen, Terminkoordinationen, Lektoratsarbeiten, Layouts, Interviewvor- und -nachbereitungen gerne und höchst zuverlässig übernahmen, kann nicht genug gedankt werden. Ebenso gebührt den Unternehmen Deutsche Telekom, Lufthansa, Management Circle, SAP, Sparda Bank und The Dow Chemical Company großer Dank für ihre Projektunterstützung.

Zutiefst dankbar bin ich selbstverständlich den *Female Leaders* dieses Buches, den Frauen die ihre äußerst knappe Zeit für persönliche, sehr ausführliche Gespräche zur Verfügung gestellt haben. Nicht nur für ihre Zeit und Offenheit bin ich dankbar. Auch für die vielen inspirierenden Einsichten und persönlichen Erlebnisse, die ich ohne Vorbehalte und Bedingungen hautnah miterleben durfte. Mehr als einmal wurden in den Gesprächen auf beiden Seiten Tränen vergossen und viele Gesprächspartnerinnen haben ein so großes Maß an Offenheit, Freundlichkeit und Gastfreundschaft an den Tag gelegt, dass ich davon nicht nur zutiefst beeindruckt war, sondern für diese Erfahrung auch immer dankbar sein werde.

Ein großer Dank geht an die wichtigsten Menschen meines Lebens, meine Familie. Noch öfter als sonst musstet ihr auf mich verzichten, seid aber damit einmal mehr in der Euch eigenen wunderbaren Weise, der perfekten Mischung aus Verständnis und Liebe, umgegangen – Danke!

Danke auch dem ersten *Female Leader* meines eigenen Lebens: Meine Mutter. Ohne sie hätte ich keine Chance gehabt, diese und viele andere spannende Reisen meines Lebens zu unternehmen.

Mein abschließender Dank geht an Manisha und ihre Klassenkameradinnen in Indien, stellvertretend für die unzähligen Mädchen und Frauen dieser Welt, die die berechtigte Hoffnung haben, dass sich ihre Wünsche auf Zuwendung, Bildung und Sicherheit eines Tages erfüllen. Sie haben mir klar gemacht, wofür sich jede Reise, jedes E-Mail, jedes Telefonat, jeder Aufwand und jede Stunde für dieses Buch mehr als gelohnt haben.

TEIL IV

DREI PROJEKTE, DENEN DIESES BUCH HILFT

Die gemeinnützige Organisation Plan setzt sich seit über sieben Jahrzehnten dafür ein, benachteiligten Mädchen und jungen Frauen auf der ganzen Welt neue Perspektiven zu geben und die Chance auf ein selbstbestimmtes Leben zu eröffnen. Seit 2003 setzt sich Plan Deutschland e.V. mit Gründung eines Mädchen-Fonds in vielfältigen Projekten dafür ein, geschlechtsbedingten Benachteiligungen entgegenzuwirken. Durch den Mädchenfonds werden kontinuierlich rund 30 Projekte weltweit unterstützt.

Wir haben zwei Projekte ausgewählt, deren dringend benötigte Arbeit wir mit den Einnahmen dieses Buches finanziell unterstützen, um jungen Mädchen die Möglichkeit zu geben, ihren Lebensweg selbst zu bestimmen und erfolgreich zu gestalten - so wie die Female Leader dieses Buches..

1. Befreiung der „Kamalari-Mädchen"

Die „Kamalari-Mädchen" sind die Kinder der Tharu, einer ethnischen Minderheit in Nepal, die bereits im Kleinkindalter als Leibeigene an reiche Familien verkauft werden, weil ihre Eltern sie nicht ernähren können. Bis zu 10.000 dieser Mädchen sind gefangen im traditionellen System der Leibeigenschaft und werden wie Sklaven gehalten. Sie arbeiten unter menschenunwürdigen Bedingungen bis zu 18 Stunden am Tag und werden zudem oftmals Opfer von körperlicher Gewalt und sexuellem Missbrauch.

Seit 2006 engagiert Plan sich gegen diese menschenverachtende Praxis und für die Befreiung der Kamalari-Mädchen, um diesen nicht nur ein freies Leben, sondern auch die Chance auf eine schulische Bildung zu ermöglichen. Bereits mehr als 1.700 Mädchen wurden befreit und bei der Rückkehr in ihre Heimatdörfer unterstützt. Plan ermöglicht den Mädchen einen regelmäßigen Schulbesuch und hilft ihnen, einen Beruf zu erlernen. Medienkampagnen und die Vernetzung von lokalen und nationalen Akteuren tragen auch in der Öffentlichkeit und auf politischer Ebene zur Abschaffung der Kamalari-Praxis bei.

2. Schulbildung von Mädchen in ländlichen Gemeinden

Bildung ist der Schlüssel für ein selbstbestimmtes Leben. Doch nur etwa 15% der bolivianischen Mädchen besuchen eine weiterführende Schule, da sich ihre Familien den Schulbesuch oft nicht leisten können oder die Schulwege so weit sind, dass die Eltern sie aus Sorge um die Sicherheit nicht gehen lassen. Stattdessen müssen die Mädchen durch

Feldarbeit zum Lebensunterhalt der Familie beitragen oder im Haushalt helfen.

Plan unterstützt die Schulbildung von Mädchen in ländlichen Gemeinden und bietet insbesondere Töchtern alleinerziehender Mütter ein Stipendium, das die Übernahme aller Schul- und Prüfungsgebühren beinhaltet. Des Weiteren stellt Plan dringend benötigte Unterrichtsmaterialien wie Hefte, Stifte und eine Schultasche zur Verfügung und trägt die Kosten für die Schulspeisung. Mädchen aus entlegenen Gebieten erhalten außerdem die Möglichkeit, während der Schulwoche gemeinsam in einem Internat zu übernachten. Mit Hilfe von Schulungen und Informationsveranstaltungen sowie durch Treffen mit lokalen Politikerinnen und Politikern stärkt Plan das Bewusstsein für die Notwendigkeit einer weiterführenden Bildung für Mädchen. Darüber hinaus wird ein Radioprogramm über Bildungschancen für Mädchen erarbeitet, um ein breites Publikum zu sensibilisieren.

Möchten auch Sie diese und weitere Projekte für Mädchen weltweit fördern? Dann spenden Sie gerne zusätzlich hier:

Stiftung Hilfe mit Plan
Stichwort „Female Leadership"
Spendenkonto 88 75 707
BLZ 700 205 00
Bank für Sozialwirtschaft

Weitere Informationen zu den Projekten erhalten Sie bei:

info@plan-stiftungszentrum.de
Telefon: 040 611 40 170

Schweiz:
Plan International Schweiz
Konto PC 85 - 496212-5
Stichwort: „Female Leadership"

Österreich:
Plan International Österreich
Linke Wienzeile 4/2
A-1060 Wien
Raiffeisenzentralbank Wien
Konto 150 978261
BLZ 31000
Stichwort: „Female Leadership"

UNICEF ist die weltweit erfolgreichste Kinder-Hilfsorganisation und setzt sich seit vielen Jahren für die Kinderrechte und die Verbesserung der Bildungssituation von Kindern in über 150 Ländern ein. Der U.S. Fund for UNICEF unterstützt UNICEFs Arbeit durch Spendensammlung, rechtlichen Beistand und Bildungsmaßnahmen in den USA.

Auch hier haben wir drei spezifische Mädchenförderungsprojekte herausgesucht, deren dringend benötigte Arbeit wir mit den Einnahmen dieses Buches unterstützen.

1. 1.000 Classrooms Project

Afghanistan ist eines der Länder mit der weltweit höchsten Analphabetenrate. Unter der Herrschaft der Taliban waren Mädchen und Frauen von jeglicher Bildung ausgeschlossen. Doch auch wenn Frauen heute das gleiche Recht auf Bildung haben wie Männer, führt der große Mangel an geeigneten Räumlichkeiten und (qualifizierten) Lehrern dazu, dass vielen afghanischen Mädchen der Schulbesuch verweigert wird und sie stattdessen mithelfen müssen, zum Lebensunterhalt der Familie beizutragen. So sind noch immer 1,5 Millionen Mädchen im Grundschulalter vom Unterricht ausgeschlossen - das sind mehr als die Hälfte.

Das von UNICEF initiierte 1.000 Classrooms Project hat zum Ziel, die Knappheit an Lehrern und Klassenräumen in und im Umkreis von Kabul zu beheben und damit die Ungleichheiten bei der Ausbildung von Mädchen in Afghanistan zu verringern. Mit diesem Programm hilft UNICEF beim Bau von 1.000 Klassenräumen und bildet 3.000 Lehrer weiter.

2. Welcome to School

Die Bildungssituation in Pakistan ist prekär: Von 20 Millionen pakistanischen Kindern beenden 70 % nicht einmal die Grundschule. In ländlichen Regionen werden nur 17 % der Mädchen überhaupt eingeschult. Auch in der notleidenden pakistanischen Provinz Khyber Pakhtunkhwa haben Konflikte und Flut in vielerlei Hinsicht einen hohen Tribut gefordert. In der Region herrscht große Armut und oft werden die Kinder und insbesondere die Mädchen von ihren Eltern nicht zur Schule geschickt, damit sie sie bei der Feld- oder Hausarbeit unterstützen können. Im Zuge dessen liegt die Analphabetenquote unter Frauen bei 80 %.

Die von UNICEF unterstützte Welcome to School Initiative hat bereits 1000 heruntergekommene Grundschulen saniert und renoviert sowie insgesamt 900 Eltern-Lehrer-Gremien zur Einbeziehung der Gemeinden und insbesondere der Mütter gegründet, mit dem Ziel mehr Mädchen den Schulbesuch zu ermöglichen.

3. Management of Maturation

Somalia hat eine der niedrigsten Schulraten weltweit. Besonders Mädchen und Frauen fehlt es an ausreichender Bildung. So kommen auf 100 Jungen in einer Schule lediglich 55 Mädchen. In dem von Krieg und Gewalt geplagten Land fehlt es an den nötigen Kapazitäten, um der Bildungsverantwortung gerecht zu werden. Erschwerend kommt hinzu, dass die kulturellen Sitten in Bezug auf die Menstruation und ein mangelnder Zugang zu Hygieneartikeln oftmals den regelmäßigen Schulbesuch von Mädchen verhindern.

Aus diesem Grund unterstützt UNICEF das Management of Maturation Project, um die Zahl der Schülerinnen zu erhöhen und die Schulabbruchrate zu verringern. Durch dieses Projekt wurden bereits 12.000 Mädchen im ganzen Land mit Hygieneartikel-Sets ausgestattet, die sie während ihrer Periode verwenden können. Zusätzlich werden die Schüler im Unterricht über die physiologischen Veränderungen während der Pubertät aufgeklärt und dazu ermutigt, über den Wert und die Bedeutung von Bildung zu sprechen. Sie lernen zu argumentieren wie Bildung ihnen und ihren Familien helfen kann und warum es wichtig ist, in der Schule zu bleiben.

Nähere Informationen erhalten Sie unter: **www.unicefusa.org.**

Die gemeinnützige Organisation SUPPORT hat es sich zur Aufgabe gemacht, Straßenkindern in Mumbai zu helfen. Bereits in den 1990ern hat SUPPORT in Zusammenarbeit mit der indischen Regierung ein spezifisches Wiedereingliederungsprogramm entwickelt, bei dem je fünf Kinder in einem Zimmer zusammenleben, zur Schule gehen können und medizinisch versorgt werden. Bis heute gehört SUPPORT zu den wenigen Organisationen in Indien, die ein solches Programm anbieten und damit Kindern und Jugendlichen durch die Chance auf Bildung einen Weg zurück in die Gesellschaft ermöglichen.

SUPPORT bietet zudem ein spezifisches Wiedereingliederungsprogramm nur für Mädchen. Die meisten Mädchen die auf Indiens Straßen leben, kommen aus höchst problematischen Verhältnissen: Armut, Misshandlung und sexueller Missbrauch in der Familie treiben viele Mädchen dazu, von zu Hause zu fliehen. Einmal auf der Straße, gibt es für sie oft keinen Weg zurück, an einen regelmäßigen Schulbesuch und eine Ausbildung ist gar nicht zu denken. Oft flüchten sie sich in Drogen und finanzieren sich bereits in jungen Jahren ihre lebensgefährliche Sucht durch Betteln, Kleinkriminalität und Prostitution. In Folge dessen infizieren sich viele von ihnen mit dem tödlichen HI-Virus.
Diese Mädchen werden von SUPPORT von der Straße geholt und im organisationseigenen Wohnheim und Rehabilitationszentrum medizinisch und psychologisch betreut. Zudem wird den jüngeren Mädchen ein regelmäßiger Schulbesuch ermöglicht, die älteren erlernen wichtige praktische Fähigkeiten wie Kochen, Schneidern und Krankenpflege.

Momentan beherbergt SUPPORT etwa 30 Mädchen im organisationseigenen Wohnheim, welches dieses Buchprojekt kurz- und langfristig unterstützt. Um mehr Mädchen auf Mumbais Straßen die Chance auf Schulbildung und eine positive Zukunft zu ermöglichen, ist SUPPORT jedoch dringend auf weitere Unterstützung angewiesen.

Möchten Sie dieses Projekt fördern? Dann spenden Sie gerne zusätzlich hier:

SUPPORT
Old BMC Office,
2nd Floor, Vakoia Market,
Santacruz (East),
Mumbai 400 055
India

Bank:
SBI Commercial & Int. Bank Ltd. (SBICI)
Maker Chambers III,
Nariman Point,
Mumbai 400 021
India

Spendenkonto: 010001782/1
Swift Code: COBADEFF
Mumbai Swift Code No.: SBCLINBB
Verwendungszweck: Donation
Support/Girls/FemaleLeadership

Tatsächlich haben mehrere Studien bestätigt, dass es für die Gesellschaft als Ganzes (...) keine bessere Entwicklungsstrategie gibt als die, in der die Frau eine zentrale Rolle spielt.

Kofi Annan
ehemaliger Generalsekretär der Vereinten Nationen

ANHANG 2

DIE 55 LEADERSHIP-QUALITÄTEN DER FRAUEN DIESES BUCHES

Die hier gelisteten Eigenschaften wurden in den persönlichen Gesprächen von den *Female Leadern* genannt.

Die Reihenfolge dieser Eigenschaften stellt keine Priorisierung dar, vielmehr solle sie als Denk- und Handlungsanstoß dienen.

1. In Balance sein.
2. In die eigene Ausbildung investieren.
3. Gut überlegen, für wen und was man arbeiten will.
4. Mentoren haben oder sich gezielt suchen.
5. Ein positives Umfeld schaffen.
6. Sich selbst regelmäßig beobachten und sein Tun reflektieren.
7. Mit Anderen auf Augenhöhe kommunizieren.
8. Neugierig bleiben.
9. Immer bereit sein, dazu zu lernen.
10. Innerer Frieden.
11. Auf seine innere Stimme hören.
12. Niemals aufgeben.
13. Leidenschaftlich sein.
14. Die eigenen Träume pflegen und sie nie aufgeben.
15. Bewusst ganz andere Erfahrungen machen (Interdisziplinarität).
16. Sich selbst lieben.
17. Optimistisch sein.
18. Netzwerke pflegen.
19. Gut zuhören.
20. Partner sehr bewusst wählen.
21. Nonverbale Kommunikation beherrschen.
22. Aktiv werden.
23. Mutig sein.
24. Zu sich selbst stehen.
25. Loslassen können.
26. Tun, was man selbst für richtig hält.
27. Respekt gegenüber allen und allem haben und zeigen.
28. Als Führungskraft nicht vergessen, Frau zu bleiben.
29. Flexibel sein.
30. Die eigenen Werte kennen und sie leben.
31. Dinge mit Hingabe und Liebe tun.
32. Vertrauen haben und bewusst Vertrauen schaffen.
33. Andere begeistern.
34. Dinge tun, die man für sinnvoll hält.
35. Eigeninitiative von Anderen fördern.
36. Commitment einfordern.
37. Demut haben und zeigen.
38. Verspielt bleiben.
39. Ansprüche an sich selbst realistisch einschätzen.
40. Die „Super-Frau"-Falle vermeiden.
41. Verantwortung leben.
42. Hart arbeiten.
43. Standhaft bleiben.
44. Berechenbar sein.
45. Unterschiede lieben und leben.
46. Sich Zeit nehmen.
47. Ziele haben.
48. Regelmäßig Feedback von Anderen einholen.
49. An den eigenen Niederlagen wachsen.
50. Empathisch sein.
51. Messbar sein.
52. Sein Bestes geben.
53. Sein eigener Richter sein.
54. Ausdauer und Beharrlichkeit zeigen.
55. Sich selbst kennen und einschätzen.

ANHANG 3

WEITERFÜHRENDE INFORMATIONEN

Blog:

Female Leader Blog
www.female-leaders.com/blog

Webseiten:

Female Leader Webseite
www.female-leaders.de

UN Women. United Nations Entity for Gender Equality and the Empowerment of Women
www.unwomen.org

UNICEF
www.unicef.de
www.unicef.org

International Knowledge Network of Women in Politics
www.iknowpolitics.org

Europäische Kommission: Gender Pay Gap Calculator
http://ec.europa.eu/social/main.jsp?catId=835&langId=en

UNESCO Division for Gender Equality
www.unesco.org/new/en/unesco/themes/gender-equality/

Unterstützte Organisationen:

Plan Deutschland e.V.
www.plan-deutschland.de

US Funds for UNICEF
www.unicefusa.org

Society Undertaking Poor People's Onus for Rehabilitation - SUPPORT
www.supportstreetchildren.org

Statistische Jahrbücher und Übersichten:

Europäische Kommission: Europa in Zahlen – Eurostat Jahrbuch 2010
http://epp.eurostat.ec.europa.eu/cache/ITY_OFFPUB/KS-CD-10-220/DE/KS-CD-10-220-DE.PDF

United Nations: The World's Women 2010. Trends and Statistics
http://unstats.un.org/unsd/demographic/products/Worldswomen/WW_full%20report_color.pdf

United Nations: Women in Politics 2010
www.un.org/womenwatch/daw/public/womeninpolitics2010/wmnmap10_en.pdf

United Nations: Statistical Yearbook 2010
http://unstats.un.org/unsd/syb/syb53/SYB%2053%20Final%2020%20jan%202010.pdf

United Nations Economic Commission for Africa: African Statistical Yearbook 2010
www.uneca.org/statistics/docs/asyb2010/ADB_Yearbook_2010_web.pdf

Berichte über die Situation von Mädchen und jungen Frauen weltweit:

International Trade Union Confederation: The Global Gender Pay Gap 2008
www.ituc-csi.org/IMG/pdf/gap-1.pdf

Plan International: Because I'm a Girl. The State of the World's Girls 2010
http://plan-international.org/girls/static/docs/BIAAG_2010_EN2.pdf

OECD: Gender and Sustainable Development. Maximising the Economic, Social and Environmental Role of Women
www.oecd.org/dataoecd/58/1/40881538.pdf

UNICEF: The State of the World's Children 2011. An Age of Opportunity
www.unicef.org/sowc2011/pdfs/SOWC-2011-Main-Report_EN_02092011.pdf

United Nations: 2009 World Survey on the Role of Women in Development. Women's Control over Economic Resources and Access to Financial Resources, including Microfinance
www.un.org/womenwatch/daw/public/WorldSurvey2009.pdf

United Nations Girl's Education Initiative: Education for All Global Monitoring Report 2011. A Gender Review.
www.ungei.org/files/UNGEI_2011_GMR_Gender_Review.pdf

United Nations Economic Commission for Africa: Africa Youth Report 2011. Adressing the Youth Education and Employment Nexus in the New Global Economy
www.uneca.org/ayr2011/African%20Youth%20Report_2011_Final.pdf

United Nations Economic and Social Comission for Asia and the Pacific: Strengthening National Mechanisms for Gender Equality and the Empowerment of Women. Regional Study – Asia and the Pacific
www.unescap.org/sdd/publications/gender/2010-Regional-Study-on-NWM.pdf

Berichte und Statistiken Frauen im Beruf und in wirtschaftlichen Führungspositionen

Deutsches Institut für Wirtschaftsforschung Berlin: Berichte zum Thema Frauen im Erwerbsleben
www.diw.de/sixcms/detail.php?id=diw_01.c.359590.de&r=0003251&b =Frauen%20im%20Erwerbsleben

Europäische Kommission: Bericht zur Gleichstellung von Frauen und Männern 2009
http://ec.europa.eu/social/main.jsp?catId=765&langId=en&furtherPubs=yes

Europäische Kommission: Mehr Frauen in Führungspositionen. Ein Schlüssel zu wirtschaftlicher Stabilität und Wachstum
http://ec.europa.eu/social/main.jsp?catId=762&langId=en&pubId=476&type=2 &furtherPubs=yes

McKinsey & Company: Women Matter
www.mckinsey.de/html/publikationen/women_matter/index.asp

ÜBER DIE AUTORIN

Kerstin Plehwe arbeitet als Publizistin, Rednerin und Beraterin für Führungskräfte aus Wirtschaft, Politik und NGOs.

Von der Welt am Sonntag als Deutschlands führende Dialogexpertin benannt, gilt die Geschäftsführerin der überparteilichen Initiative ProDialog und Gründerin des Internationalen Instituts für Politik & Gesellschaft als leidenschaftliche Protagonistin eines neuen Leadership- und Engagementverständnisses in Politik, Wirtschaft und Gesellschaft.

Die langjährige Unternehmerin, die sich als Grenzgängerin zwischen Wirtschaft, Politik und Zivilgesellschaft bezeichnet, ist ein gefragter Gast in Rundfunk und Fernsehen. Neben ihrer beruflichen Tätigkeit moderiert sie verschiedene Fernsehsendungen und engagiert sich sowohl als social entrepreneur, als auch privat für verschiedene gemeinnützige Organisationen.

Nach Lebensstationen in Südafrika, USA und Japan lebt die Autorin und Herausgeberin zahlreicher Bücher heute mit ihrer Familie in Hamburg und Berlin.

Weitere Informationen über die Autorin, ihre Vorträge und Bücher finden Sie unter: **www.kerstinplehwe.de**

Regelmäßige Beiträge zum Thema *Female Leadership* finden Sie im *Female Leadership* Blog unter:
www.female-leaders.com/blog/

Wenn ein Mann zurückweicht, weicht er zurück. Eine Frau weicht nur zurück, um besser Anlauf nehmen zu können.

Zsa Zsa Gabor
Hollywoodschauspielerin